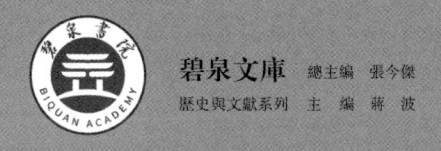

碧泉文庫 總主編 張今傑
歷史與文獻系列 主編 蔣波

章學誠著述稿鈔本研究

王園園 著

上海古籍出版社

教育部人文社會科學研究青年基金項目
"新發現章學誠著述稿抄本整理與研究"（19YJCZH180）
資助成果

序一　章著遺鈔稿　章學開新篇

在清代學術名家著述中，章實齋先生著述的文本生成與傳播"生態"，或許算得上是最爲豐富而複雜的；其豐富而複雜的特殊面相之一，便是他生前即有、流傳至今、分藏各處的衆多稿本、鈔稿本與早期鈔本。此一特殊面相的發生，皆因實齋撰文寫作及其文本流轉的諸多與衆不同所致。譬如他"性不善書，生平著作，皆倩人繕録"，"每有所撰，必留副草，以備遺忘"；譬如他慣常鈔録新篇舊文寄示師長學友，以推介其不合時髦的思想學術創獲；而從其問學或好其學、愛其文者，"亦多請鈔存副墨"。如此之結果，便是在他合上眼睛的那一刻，留下的數量衆多、形色各異、流散四處、未及本人校訂編次的稿本、鈔稿本與早期鈔本。這對實齋與儒林中人而言，固然是一個不小的遺憾，却也是不幸中大大的慶幸。因爲正是有了這些形成於實齋生前的文本的存在，才使後世學者對章氏遺著的追加編次、結集刊印得以可能。比如實齋卒後三十年最先付梓行世的大梁本《文史通義》《校讎通義》，即源自實齋次子章華紱手中的鈔稿本；而九十年後吳興劉承幹嘉業堂刊印《章氏遺書》，也主要得益於新發現的沈曾植家藏鈔本；再就是二十世紀八十年代中期北京文物出版社影印嘉業堂本《章學誠遺書》，也全靠北大圖書館藏章華紱鈔本、國家圖書館藏朱錫庚椒花唫舫鈔本，才得以新增佚篇十八，約五萬餘言，提供了前所未見的新資料。故此，自清末民初以來，學界書林對實齋遺著文本，尤其是其生前稿鈔本的搜求收藏、整理研究、刊印流布，始終抱以熱衷，一直持續不斷，既而成爲百多年來章學研究熱潮中的一個傳統支流。王園園同學《章學誠著述稿鈔本研究》的撰著和出版，正是這一研究傳統在當下的再延續和新成果。

《章學誠著述稿鈔本研究》的具體研究對象，衹是諸多章氏遺著稿鈔本中的四種：上海圖書館藏原稿本《章實齋稿》，臺灣圖書館藏沈氏"鳴野山房鈔本"《章氏遺書》，國家圖書館藏"王氏十萬卷樓鈔本"《章學誠全集》，華東師大圖書館藏"廬江何氏鈔本"《章實齋文史通義》。但此區區"一稿三鈔"，却是撰者在綜合考量衆多稿鈔本的生成背景、篇幅内容、編次特點等因素後，作出的慎重而恰當的選擇。《章實齋稿》"部分爲手書初稿，部分爲謄清之稿"，是保存篇帙數量最多的章氏原稿。"鳴野山房鈔本"係乾嘉著名藏書家沈復粲從實齋長子章貽選"家藏稿"直接鈔録而成，犖犖三十四大册，編次如"流水稿册"，較爲好地保留了章氏離世時著述文本的原始面貌。"王氏十萬卷樓鈔本"爲實齋晚年密友蕭山王宗炎所有，實齋去世前曾將全稿托付宗炎"乞爲校定"，他自己也説有實齋"《遺文》數百篇及《文史通義》《方志略例》《校讎通義》藁存予家"，是該鈔本與原稿之接近，可以合理推知。"廬江何氏鈔本"雖暫不能考定何氏何人，是否抄自原稿，但該本曾經黄丕烈收藏，保留了不少章氏著述的早期面貌，與通行的大梁本《文史通義》、嘉業堂本《章氏遺書》，在篇名、自注、文句、段落等方面，存在較大差異，堪爲章著早期鈔本的代表。且此"一稿三鈔"，皆歷經名家遞藏、留觀，流傳有序，淵源可溯。《章實齋稿》爲葉景葵先生舊藏，購自琉璃廠榮禄堂張禮庭，後歸上海合衆圖書館。沈氏"鳴野山房鈔本"，先後經會稽章氏式訓堂、桐城蕭穆、沈曾植海日樓、陳群澤存書庫收藏，終由南京中央圖書館携至臺灣。王氏"十萬卷樓鈔本"，咸豐間由琉璃廠書坊流出，皮架會稽平步青安越堂，後散入周作人書房。"廬江何氏鈔本"始藏黄丕烈士禮居，後歸江標靈鶼閣，再後是盛宣懷愚齋。故亦留下大量藏家、學者的批跋校識，既爲百多年來章學傳播與影響保存了豐富的信息資源，也爲當下的接續研究提供了可貴的參考文獻。由此可見，撰者優選"一稿三鈔"作文獻學深度研究，是經過通盤調查、深思熟慮後的一個合理、恰當的處置。當然，存世章著稿鈔本中並非別無可取者，祇是限於種種因素而未能盡如人願，姑且以區區"一稿三鈔"結稿成書，也是一個無奈、遺憾的選擇。

《章學誠著述稿鈔本研究》依循古籍版本學研究的普遍原則，從寫本形態、文本內容、傳播源流等多重視角，對"一稿三鈔"展開全面充分、細緻深入的文獻揭示。而令人印象尤深的，是撰者傾力於將此"一稿三鈔"與通行大梁刊本、嘉業堂印本的文本比對研究，從篇目題注，到篇幅文字，到篇章編次，詳加比較，異同並出，進而辨析"一稿三鈔"固有的文本參考價值。蓋其既能求實考究而"方以智"，兼有邏輯推理以"圓而神"，故所獲創意顯著，所見勝義紛呈，也是順理成章之事。此亦吾謂之"深度研究"之由也。茲試舉二例爲言。一是今藏臺灣的沈復粲"鳴野山房鈔本"，據該館《善本書志初稿》著錄爲"清稿本"。經撰者反復目驗考察，發現多處書頁版心鐫印"鳴野山房鈔本"六字；又其中《辛亥草》《知非日札》《乙卯劄記》三冊後有沈復粲跋。如《辛亥草》跋曰："右《辛亥草》，於道光四年續鈔，惜所假之本爲家鹿寢食，故諸文未能卒讀。嗣經其長公從遺稿補書，因再假錄入，庶稱完本云。丙戌仲冬粲誌。"又發見《戊申錄稿、辛丑年鈔》冊內，夾有"□□沈氏海日樓藏"書籤、"澤存書庫"書籤，空白處有墨筆手書"即嘉業堂刊原本"七字。循此綫索，取與嘉業堂刊本及《例言》記載稿冊形態，一一比照，若合符節；取與《原道篇》文本互爲校比，文字內容高度一致。經此內外考證，乃更訂臺圖所藏"清稿本"，應是錄自章氏"家藏稿"的沈復粲鳴野山房鈔本，亦即爲劉承幹嘉業堂刊刻所"假用"之"沈乙盦尚書所藏鈔本"。第二個事例是對"廬江何氏鈔本"的考究。余英時先生因反復研讀《與錢獻之書》《與朱少白書》等"前所未見的新史料"，"獲得一個

3

始料未及的新發現",從而"糾正了自胡適以來,認爲《文史通義內篇》作於《校讎通義》之前的觀點,證明《校讎通義》不但成書在前,而且《文史通義》正是建於其上的七寶樓臺",進而提出一個十分重要的新觀點:"'文史校讎'是章氏特創的專門術語,用以描述他自己的學術'門路'并持之與戴震的'經學訓詁'相抗衡"。而本書撰者則通過對"廬江何氏鈔本"的詳實考辨,發現"在寫作時間較早的《詩教》篇中,《校讎通義》還仍以《續通志校讎略擬稿》之篇名和形式流傳,引用時自然是初名","但隨着章氏學術思想的成熟,擬稿開始轉變爲正稿,書名正式由《校讎略》轉變爲《校讎通義》"。這就爲余氏新説之成立,提供了一份强有力的文獻佐證。惟此區區二例,撰者用力之勤,創獲之優,或亦可窺一斑。

　　古書稿鈔本的主要文獻價值,通常體現在能爲行世印本的文字校正提供可資參訂的文本信息,而章實齋著述稿鈔本尤爲顯著突出。章氏遺著自有後人編次刊行以來,儒林學界對其學術思想的研讀研判,便大多依憑這些通行易得的文本。然而,無論是實齋次子章華紱編次的大梁刻本,還是由民初名家孫德謙編校的嘉業堂刊本,非但不曾得到圈內行家的完全認同,甚至還遭到嚴厲批評,認爲二種本子在遺文搜羅、文字校勘、篇目編次方面,都存在不少瑕疵。比如對實齋"文史校讎"之學很是推崇的姚名達就説:"《文史通義》實未成之書,《章氏遺書》乃後來所集。"還發願花半年時間重新編排《章實齋遺書》:"一月辨別去取,一月標點句讀,一月分排部類,一月考定時地,一月校正文字,一月編寫標目。"惜其有志未酬,所願不償。此一情況,直至半個世紀後文物出版社出版《章學誠遺書》才有所改觀,該本附編增入佚文十數篇,章集文本的完整度獲得很大提升,但"分排部類""校正文字"問題仍未得到根本改善。於是便有人説,既往的章學研究都是建立在一個"未成之書"的基礎上。此話雖不免苛刻而誇張,却倒也提醒我們對這位清代中期傑出思想家的著述,還欠一樁"深度整理"的重要工作要做。

2022年正式公布的《2021—2035年國家古籍工作規劃》,已將"《章學誠全集》點校"列爲第一批重點出版項目。十分期待整理者能爲章學研究的繼續深入,奉獻一個點校精審的新善本。但私下想來,鑒於章著稿鈔本查閱之難,這項點校工作恐怕還祇能是章集的一般整理,求"校正文字"恐難以充分,求"分排部類"更難以達成。由此突然想到,數年前華東師大出版社有將"廬江何氏鈔本"《章實齋文史通義》影印出版,今若仿而效之,搜集遴選章氏遺著稿鈔本,輯成《章學誠著述珍稀稿鈔本叢刊》影印出版,則不但能爲章集之"深度整理"借來東風助力,還能爲實齋"文史校讎"之思想演變、百年章學熱潮起落之研究,提供"前所未見的新史料"。如此這般,豈非大大好事!

王園園同學出身史學科班,是虞萬里先生門下弟子,後考入華東師大古籍研究所,從我攻讀古典文獻學專業博士學位,研究方向爲"儒學文獻與學術史"。"章學誠著述稿鈔本研究",是她在讀書過程中有所發現而提出的論文選題。聽過她的立題大旨和考論大綱,我覺得這個選題與"儒學文獻與學術史"研究方向旨意頗爲契合。我之所以在原有的"版本目錄學"外添設這個研究方向,就因由章實齋"文史校讎"之學之影響。如今園園同學要用實齋"校讎"之法來研究實齋"文史"之學,豈不很有意義,也很有意思。讀博期間,園園同學獲得赴臺訪學機會,這不僅讓她有大把時間浸淫圖書館去發覆"鳴野山房鈔本"文獻真相,還有幸得到佛光大學李紀祥教授的指導和教誨。訪臺歸來,發現她學力猛進,知必經高人點撥才能。後來園園同學寫成博士論文稿,也呈紀祥教授煩勞審閲;博士論文答辯會,也蒙紀祥教授遠道親臨,不吝優評。所以我一直有此想法,園園同學這篇優秀博士論文的最終成就,紀祥教授付出的指導和幫助要比我更多。時光荏苒,倏忽數年,園園同學辛苦修得的學術成果終獲出版。聞此消息,固爲之喜。然我之所喜,不祇因其撰著之問世,還喜在看到她通過這項"儒學文獻與學術史"研究個案,加深了對實齋"文史校讎"之學的認知和認同。如她末章《結語》

中寫下的心得之言:"章氏認爲文以見道,考訂、義理和文辭皆是求道途徑的一種。他給朱錫庚的信説:'足下所謂學者,果何謂哉?學於道也。道混沌而難分,故須義理以析之;道恍惚而難憑,故須名數以質之;道隱晦而難宣,故須文辭以達之,三者不可有偏廢也。義理必須探索,名數必須考訂,文辭必須閑習。皆學也,皆求道之資,而非可執一端謂盡道也。'章學誠批評當時'相與貶義理而薄文辭'的學風,他畢生都在提倡文史之學,可以説文學批評與史學批評乃《文史通義》一書的雙翼,因'文'與'史'兩者皆寄寓着學術的最終目的——求道。"又如她在電話那頭興奮地告訴我説:今後將繼續文獻與思想學術史相結合的研究方向。是我固爲此而大喜,並祝她有志事竟成,知其未來必可期。1978年初春,起潛先生賜我篆書字幅:"謙虛謹慎,戒驕戒躁",並題識曰:"佐之同志,喜好流略之學,辨章學術,考鏡源流,堅持數年,必有成效。敬書毛主席語録,以與共勉。"兹特將先師諄諄教誨轉贈園園同學,也寄我不忘師訓,持志恒久之心。

嚴佐之

2023年8月20日序於滬上寓所

序二　近代章學研究的推進與突破

曩昔予讀葉瑛先生《文史通義校注》，依其言，知章氏《文史通義》有兩種版本系統流傳：大梁本與王宗炎本。大梁本出自章氏次子章華紱，王宗炎本則章氏生前稿本所托付之友人；予於章學誠著作之身後流傳，所知僅此而已。時方在素書樓受學，讀錢穆先生《中國近三百年學術史》章實齋卷，乃知章氏仍有稿本散落人間，佚文頗待蒐羅。後又讀吳興嘉業堂求恕居士劉承幹刊《章氏遺書》本，詫其版本與葉瑛注本異，劉本收有《禮教》一篇，乃葉本所無，則大梁本《文史通義》六經諸教篇，又非全矣。雖覺流傳有異本，然亦未察兩傳本所據底本源流實有原委之史可言。

2015年，王博士園園君正在上海華東師範大學古籍研究所攻讀博士，從學嚴佐之教授之門，獲華師獎學金，東渡海至臺灣佛光大學從予訪學，時間近一學期，遂於礁溪太平洋畔安頓，期間惟搜覽章氏史料讀書治學，一事而已。園園君更自臺圖發現善本書室所藏《章氏遺書》三十四冊，即是沈復粲自章貽選家傳所藏原稿之傳鈔本，更在章華紱本之前，且係後來嘉業堂刊《章氏遺書》底本源頭；惟流傳先後之序得其編年，方可以流衍考校諸本統系，言其身世紀事本末。自此，臺圖藏本之價值，得於章學世界再展風華之卷；晚近以來章學研究之滯，亦獲一扇突破之門。章氏身後稿鈔傳本迭經飄泊，即便此善本書室《章氏遺書》

珍本仍存天壤,厠身架上逾甲子,然對治章氏之學者而言,其實皆仍未覺察其價值,致令存者自存,無有訪識者,正所謂咫尺天涯也。園園君初來亦遇瓶頸,未能得緒,予讀《章學誠著述稿鈔本研究》,睹其埋首涓流,乃知治學門徑洞開,誠非易事。其書自厘清近代學人所易致混之稿本、鈔本、刊本概念始,而後遞進至於甄別傳本譜系;傳鈔本又可別爲生前傳抄與身後傳抄。此判別厘清對章學研究展開至關重要,蓋因傳抄,故必有其底本系統之源、流可探可讎可辨;亦因傳抄,而可究其流傳史中的"章學"接受樣態,與夫後世言詮立説者所據之底本實況。如此,章氏文本迄於今日,究竟有無生前原義定本,有無最後定讞定本,乃成一重要議題。如"紀事本末"能否成其因事命篇體裁,即有《書教》《史篇別録例議》《圓通》諸篇之議,未可論定。吾人雖知章氏生前有刊本,於定本則否,乃有王宗炎托付本誕生;而其身後亦無全書定本,甚至定本名稱亦成一課題,傳世諸《文史通義》諸篇各卷編訂,實非完本,所謂流傳本之通行,乃是後來編訂所爲,其底本來源或傳鈔章氏長子家藏遺稿,或出自實齋次子章華紱稿鈔,又或受於王宗炎本;則所謂定本與訂本者,實皆原本與傳本之概念運行,前者本無,後者則諸家皆有囿限,即令整理編次校題或亟於刊行,然皆未可視爲訂本之定。雖前輩學人研究者長期以來之銓考立説,勝義迭出,然無可諱言,長期以來章氏稿本之傳鈔散落未能統合問題,畢竟仍爲迄今章學研究推進與突破所遭遇之問題。

　　章學研究既然有此瓶頸問題,則據以爲刊的刊本脉絡與其底本之稿鈔本流傳譜系,便與詮釋章氏生前學思歷程、生命變化息息相關,歷史長河下的變遷與各家接受史圖景,適成另一部近三百年章學學術史。準此,後來刊行並已命名之兩書——《校讎通義》與《文史通義》,究竟在章氏生前編年序列的學思歷程中,先後爲何? 是否可視爲章氏原義取向下的兩種獨立書名。余英時先生在撰成《論戴震與章學誠》一書多年後,繼又發表《章學誠文史校讎考論》一文於《史語所集刊》,推證章氏的"文史"與"校讎"兩學問形成之先後與次第，以及兩學之互涵，頗欲考鏡總名與方法，抉發浙東與浙西異同。如此，則必涉及章氏早期之《史籍考》與《校讎略》兩書構想，已在章氏後來歲月出現變化；《文史通義》是否即是章氏最後著作總名，緣此相繼而來的《文史通義》內篇、外篇、雜篇結構，能否相應後世編次，諸本觀點是否仍有再議空間？凡此，皆爲治章學者所遇難題；亦關涉實齋生涯變化并章氏晚年之學定位的托付本、家藏本，此兩本系統即《稿鈔本研究》探究旨趣要軸，究竟此研究可以在章學世界扮演何種角色，乃成一新的考察角度。"文史校讎"作爲余英時提出觀點之名，其文正可置於此脉絡中視之，而《章學誠著述稿鈔本研究》於研究史所居位置及課題開展，亦可自此角度理解。

彼時園園君手中携來之章氏之稿鈔藏本者，尚有北京國家圖書館藏清王氏十萬卷樓鈔本《章學誠全集》，上海圖書館藏《章實齋稿》、無涯有涯齋鈔本《章實齋先生文集》、蕭穆《蕭敬孚書章實齋文集》，浙江圖書館藏徐氏鑄學齋鈔本《章氏遺書》，華東師範大學藏廬江何氏《章實齋文史通義》《續通志校讎略擬稿》，以及南京圖書館藏《蕭敬孚雜著》等，得與臺圖藏本一併通盤重新考校勾稽，無畏其難，竟使章氏身後各家鈔本系譜流傳與文本身世脉絡燦然。此一貢獻，已是清道光以降迄於民國晚近之"章學"研究緩滯後的一次推進。園園君正逢四九年後各地圖書館藏本黯然與再飄零之變遷，遂有斯任之際會，彼亦戰戰兢兢如履霜冰，讀實齋書如聆其聲，觸卷葉而聞叮嚀，故能考讎章氏學思變化之程，非僅稿鈔底本探研而已。實齋逝而稿本散，此羊祜峴山之嘆，元凱銘石之憂，誠待後世知音發覆。葉注雖善，然《禮教》篇闕注，未可即稱完本；余所自述治學讀葉本印象者，正可留一警策之痕。誤讀史之例又如胡適欲爲域内先聲，治戴震學後繼釋章學，與姚名達合撰《章實齋先生年譜》，釋六經皆史爲"史料"之讀，雖可理解，却因文獻不足故而難徵，又未能索得内藤湖南購藏本《章氏遺書》，故胡適實難視爲後世知音。内藤爲京都學派之第一代學人，方頡頑東京學派之白鳥庫吉，與王國維、沈曾植等相善，其所撰宇内首本《章實齋先生年譜》，所憑據者即是《文史通義》刊本與購藏本《章氏遺書》，此本《章氏遺書》現藏於關西大學内藤文庫，已由臺灣大學獲授權刊印問世，故不難獲得；今在園園君此書中，已臚列諸條史據，考證内藤藏本即爲沈復粲鈔傳之鳴野山房本，在《章學誠著述稿鈔本研究》第四章中，與臺圖藏本同章同系。是故讀錢穆先生章氏篇卷，可知章氏學術發展與停滯間，非僅與詮釋理解有關，更與底本所據新舊佚文資料相倚甚密。於是知世間所藏章氏稿本、刊本、生前自刊與傳鈔本、身後稿鈔所傳諸家各本，仍散在天壤各處，尚有未曾匯集編次之當務。原稿無論家傳或托付，兩本體系皆有待編待訂未竟，如園園君所言，此皆關涉接受史中各家態度所形成之編銓。章氏遺稿所成之兩本譜系：章華紱大梁本與王宗炎本，於今更可重審其名；前者涉及章家昆仲故事，較諸一般家藏傳本者更爲複雜；而大梁本後世多以爲章華紱傳本者，實則已歷經長兄章貽選後方至華紱，而最終又爲其四弟所奪，故大梁本非可以章華紱爲專名統稱，實齋家藏遺稿由長子繼承，今宜稱爲家傳本；王宗炎本則可別稱生前托付本。後世所稱與大梁本頡頑之遺書本者，其實乃沈復粲自章貽選處傳鈔，其源亦出於家藏本系統。臺圖所藏《章氏遺書》三十四冊，其中又收有王宗炎整理之《章氏遺書目錄》，則知實齋身後，兩本交互傳鈔，又亟于刊印，遂使章學文本流傳後世樣態更形錯綜；是故辨章實齋學術而考鏡稿鈔傳本源流，便成園園君此書撰寫構想之基調。始余雖知兩底本系統有鈔傳之不同，然生前本、家傳本、托付本、章貽選本、章華紱本，傳鈔則廬江何氏鈔本、十萬卷樓鈔本、鑄學齋鈔本、鳴野山房鈔本，各本又有題注、編次、目錄、批點、佚文、增補，成册與成書，兩系統各有傳鈔譜系，須逮園園君此書寫竟，觀其行文而知其所以，其書章節原委，思路燦然明白，書後所製附表《章學誠著述流傳譜系圖》旁行斜上，脉絡清晰。予觀園園君付梓之最後訂本，較諸當年滬上答辯博論本，意境又已不同，此固其自身伏案所歷，再三訂改之生命故事。

予之與王博士園園君相識，始於 2014 年 4 月，因華東師範大學史學系劉昶教授之邀，前往滬上客座，開設《史通》課程，彼與文獻所諸學子皆來旁聽，遂以結緣，歷近十載未已，其中又以園園與超杰二君最能學術氣息相通，亦最熟稔。其後，予復因曲阜孔子研究院聘爲泰山學者故，寒暑皆至魯地，並與研究院諸君組讀書會，共讀《春秋》并三傳各家注疏言，王博士與其夫君許超傑博士已在湖南任教，亦皆來問學，園園君治《公羊》，超杰君則治《穀梁》。每每黃昏散策，踱步於大小沂河之濱，聽河水流淌千古之訴，嚮舞雩曾點之樂；而一度冬雪專游孔林瞻夫子墓與子貢廬之景，則靄靄之白，蒼松之古，迄今仍歷歷在目。於是乃知其與夫君，皆嚮往原學師道，乃自視讀書等第之倫。今園園君《章學誠著述稿鈔本研究》交付上海古籍出版社付梓，問序於予，予以爲不能辭亦不當辭，蓋相稔知學既久，又身爲其畢業答辯委員，故序論其書根柢與學術格局；辛苦遭逢起一經，章氏學研究之推進，園園君此書實有精采，亦終將占一席之位。章氏生前與人書信嘗用關雎、鹿鳴之典；名山身後，發覆章氏之學，《章學誠著述稿鈔本研究》誠已鹿鳴於堂，無愧實齋矣。是爲序，並誌。

李紀祥
序於臺北，歲次癸卯春

目　录

序一　章著遺鈔稿　章學開新篇（嚴佐之）/ 1
序二　近代章學研究的推進與突破（李紀祥）/ 7

第一章　文本傳播視閾下的章學誠接受史 / 1
　　第一節　近代章學熱發展脉絡探源 / 2
　　　　一、不約而同：民國年間章學熱現象之興起 / 2
　　　　二、新舊之間：章學流傳與接受的兩條脉絡 / 4
　　　　三、身後桓譚：章學流衍之"不確定性"與"傳承有自" / 10
　　第二節　晚近章學研究展開所據底本及其相關問題 / 17
　　　　一、晚近章學研究的主要底本：大梁本兩《通義》/ 17
　　　　二、編次之爭與内容缺憾："未成書"的大梁本 / 20
　　第三節　晚近以來章學誠稿鈔本的搜求與研究回顧 / 23
　　第四節　章著稿鈔本的鈔存特點及留存概況 / 32
　　　　一、章著稿鈔本的鈔存特點 / 33
　　　　二、章著稿鈔本的留存概況 / 37

第二章　章學誠稿本研究
　　　　——以上海圖書館藏《章實齋稿》爲中心 / 44
　　第一節　《章實齋稿》之版本概貌 / 44
　　　　一、《章實齋稿》之版本特徵 / 44

1

二、《章實齋稿》之產生與流傳 / 46
　第二節　《章實齋稿》之文獻價值 / 50
　　一、勾乙增删所見章氏撰著修改經過 / 50
　　二、《章實齋稿》之校勘價值 / 57
　　三、《章實齋稿》批注述論 / 58

第三章　章學誠著述早期鈔本研究
　　——以華東師範大學藏廬江何氏鈔本《章實齋文史通義》
　　　　爲中心 / 62
　第一節　廬江何氏鈔本《章實齋文史通義》版本特徵及流傳 / 62
　　一、廬江何氏鈔本之版本概貌 / 63
　　二、廬江何氏鈔本之流傳 / 66
　第二節　廬江何氏鈔本《章實齋文史通義》文獻價值研究 / 68
　　一、篇名異同所見廬江何氏鈔本之價值 / 68
　　二、自注異同所見廬江何氏鈔本之價值 / 74
　　三、內容異同所見廬江何氏鈔本之價值 / 80
　第三節　章學誠《感遇》篇文本比較研究 / 92
　　一、廬江何氏鈔本與嘉業堂本《感遇》篇異同分析 / 93
　　二、兩種《感遇》篇文本寫作背景探析 / 97
　　三、由《知難》篇"知之難"再論《感遇》篇"遇"之難 / 100
　第四節　《校讎通義》溯源 / 105
　　一、《校讎通義》《續通志校讎略擬稿》篇名、叙言之異同分析 / 106
　　二、《續通志校讎略擬稿》學術史價值探析 / 113
　　三、《續通志校讎略擬稿》文獻價值再探 / 117

第四章　從"遺稿"到"定本"
　　——以臺圖藏鳴野山房鈔本《章氏遺書》爲中心的討論 / 121
　第一節　鳴野山房鈔本《章氏遺書》之版本概貌 / 122
　第二節　從"成冊"到"成書"：由鳴野山房鈔本回視章著撰寫
　　　　過程 / 125
　　一、《文史通義》內、外、雜篇之體例構想 / 125

二、鳴野山房鈔本流水簿冊式的著錄特點 / 128
三、由篇到冊：撰寫過程之必然 / 132
四、成"冊"與成"書"之異同 / 136

第三節　鳴野山房鈔本與嘉業堂底本關係考 / 142
一、《章氏遺書例言》可證鳴野山房鈔本爲嘉業堂本之底本來源 / 142
二、文本異同可證鳴野山房鈔本爲嘉業堂本之底本來源：以《原道》三篇爲例 / 146
三、以王秉恩《校記》爲中心的考證 / 152

第四節　鳴野山房鈔本之流傳刊刻考 / 153
一、鳴野山房鈔本之早期流傳及其與嘉業堂本關係再考 / 153
二、蕭穆、徐維則之籌刊未果 / 158
三、蕭穆與《章氏遺書》之再謀刻 / 164
四、嘉業堂刊《章氏遺書》之始末 / 177
五、從"澤存書庫"到臺圖之路 / 183
餘論 / 184

第五節　鳴野山房鈔本"目錄冊"研究 / 185
一、鳴野山房鈔本目錄之"題注"與章著稿冊冊名關係考 / 185
二、目錄冊"王宗炎編次《章氏遺書目錄》"產生背景 / 189
三、目錄冊"王宗炎編次《章氏遺書目錄》"補注之價值 / 191

第六節　源出鳴野山房鈔本之章著版本述略 / 198
一、平步青與國圖藏瀟雪氏節鈔本《章氏遺書》 / 199
二、柯逢時、繆荃孫對《章氏遺書》之傳抄 / 203
三、蕭穆對《章氏遺書》之傳抄 / 211
四、會稽徐氏鑄學齋鈔本《章氏遺書》 / 218
五、内藤湖南藏鈔本《章氏遺書》 / 220
小結 / 224

第五章　王氏十萬卷樓鈔本《章學誠全集》研究 / 226
第一節　王氏十萬卷樓鈔本概述 / 227
第二節　章學誠臨終托命與王宗炎編次《章氏遺書目錄》 / 228

一、章學誠與王宗炎交游考略 / 228
　　　二、王宗炎與《章氏遺書目錄》之編次 / 233
　　　三、十萬卷樓鈔本之編次 / 237
　　第三節　王氏十萬卷樓鈔本之文獻價值 / 239
　　　一、十萬卷樓鈔本之文本價值 / 239
　　　二、十萬卷樓鈔本批校之價值 / 243
　　小結 / 246

結語 / 249
　　一、撰著時之興會：章學誠書寫文化史 / 249
　　二、章學誠稿鈔本所見章學之傳播與影響 / 258

附錄一　章學誠重要稿鈔本之目錄 / 264
　　一、鳴野山房鈔本"王宗炎編次《章氏遺書目錄》"及題注 / 264
　　二、鳴野山房鈔本每冊冊名與實際抄錄篇目 / 286
　　三、國圖藏十萬卷樓鈔本《章學誠全集》目錄 / 295

附錄二　《章氏遺書》佚篇 / 302
　　一、《士習》篇 / 302
　　二、章學誠致孫星衍 / 305
　　三、汪氏二節母家傳 / 306
　　四、汪龍莊七十壽言 / 309
　　五、汪煥曾豫室志銘 / 311
　　六、元則公文師公二代合傳 / 313

附錄三　章學誠著述流傳譜系圖 / 315

參考文獻 / 316

後記 / 323

第一章
文本傳播視閾下的章學誠接受史

　　章學誠,字實齋,號少巖,浙江會稽人,生於乾隆三年(1738),卒於嘉慶六年(1801)。章學誠被當今學界譽爲清代著名的史學理論家、校讎學家、方志學家,然而這些光耀的头銜,祇是他的"身後之名"。乾嘉時期學界崇尚漢學家重小學、訓詁與名物考辯的學問路數,學者們的治學方法是實事求是、無徵不信,研究範圍以經學爲中心,衍及小學、音韵、史學、天算、水地、典制、金石、校勘、輯佚等。章學誠却不斷批評這種考據之風,他認爲學者們傾注畢生精力辨別字句音義并不具備現實意義,聖人之道在於人倫日用,學以經世纔是爲學的根本所在。因此,當其他學者都企圖由考經、證經以求道時,他却高呼"六經皆史",提出孔子删修的六經都是官禮之遺,是古代政王治理國家的記錄而已,隨着時易世變,必須"約六經之旨,隨時撰述以究大道"。章學誠特立獨行的學問路數被同時代人視爲怪物、詫爲異類。這種與主流相悖的學術路徑,導致他生前窮困潦倒、寂寂無聞。直到晚清民國,章學誠的學術思想開始受到學界格外的重視與肯定,聲名也隨之大盛。

　　漢娜·阿倫特爲瓦爾特·本雅明《啓迪》一書寫的導言云:"身後之名是名聲之神較爲稀罕、受企羡最少的貨品,但由於身後名很少追封加謐於区区商品,這種名聲臆斷較少,比別種更扎實可靠。……似乎歷史是一條跑道,有些競賽者跑得太快,結果消失在觀衆的視野之外。……有理由肯定身後之名不是平庸者的命運。"①生前寂寞、身後盛名的章學誠就與本雅明一樣,屬於在歷史跑道上跑得太快的競賽者,同代人没有足夠的遠見看到他們。直到他們身没之後,人們纔意識到,原來他們早已開啓了未來的方向。

第一節　近代章學熱發展脉絡探源

一、不約而同:民國年間章學熱現象之興起

有關章學誠的研究驟興於清末民初。民國九年(1920),梁啓超稱章學誠爲"清代唯一之史學大師"。② 胡適云:"我做《章實齋年譜》的動機,起於民國九年冬天,讀日本内藤虎次郎編的《章實齋先生年譜》。"③正是在"很替實齋抱不平"以及"慚愧的是第一次作《章實齋年譜》的乃是一位外國的學者"這兩種心理驅使下,胡適繼作《章實齋年譜》,詳細介紹了章學誠的生平和學術思想,從此揭開新史學派研究章學誠的熱潮。爲胡《譜》作序的何炳松也説"我研究章實齋大約在民國八九年的時候",他還聲稱:"他(胡適)和我不約而同,而且不相爲謀的研究章實齋,亦就是在那個時候。結果他做成一部很精美的《年譜》,我做了一篇極其無聊而且非常膚淺的'管見'。"④若如何氏所説,他對章學誠的研究與胡適是同步進行的,而且是不約而同又不相爲謀的,那麽是巧合還是必然導致了這種對章學誠在同一時期不約而同的關注呢?

對於章學何以在這段時間驟然成風,除了章學誠自身體系的博

---

① 漢娜·阿倫特編,張旭東、王斑譯:《啓迪:本雅明文選》,生活·讀書·新知三聯書店,2014年,第21—22頁。
② 梁啓超:《中國近三百年學術史》,天津古籍出版社,2003年,第339頁。
③ 胡適著,姚名達訂補:《章實齋先生年譜·胡序》,《胡適文集7》,北京大學出版社,2013年,第23頁。
④ 胡適著,姚名達訂補:《章實齋先生年譜·何序》,《胡適文集7》,第5頁。

第一章 文本傳播視閾下的章學誠接受史

大外,學界幾乎無一例外將之歸於時代背景的影響。"二十世紀西方思潮的涌入是章氏學術研究興起的思想文化背景。祇有將章氏學術置於西方學術思潮的背景下,纔有可能解釋清楚章氏學術接受史爲何發生以及爲什麽如此發生。"①事實也的確如此,胡適將章學誠的"六經皆史"增字釋義爲"六經皆史料",成功地祛除了"六經"本身附載的政治、倫理、道德價值,開啓了一種新的講究客觀、實證的西方科學史學研究範式,標志着傳統中國史學近代化之産生。

何炳松認爲章學誠對中國史學有三大貢獻,第一個是他提出記注和撰述的區别,第二個是對通史的提倡,第三個大貢獻"就是他所説的天人之際完全就是我們現在所説的歷史的客觀主義和主觀主義",②用客觀、主觀這樣的學術話語來對應章學誠的天人之際,正是受西學影響的表現。何氏對於章氏的第一個貢獻云:"换句話説,就是能够把中國二千年來材料和著作畛域部分的習慣和流弊完全廓清了。"③因此,何氏跟胡適一樣,也是從"史料"角度去肯定在西洋史學進入之前,章學誠已經在談相似的問題了。

1923年1月9日,梁啓超在東南大學演講《治國學的兩條大路》,云:"章實齋説'六經皆史',這句話我原不敢贊成,但從歷史家的立脚點看,説'六經皆史料',那便通了。既如此説,則何止六經皆史,也可以説諸子皆史,詩文集皆史,小説皆史。因爲裏頭一字一句都藏有極可寶貴的史料,和史部書同一價值。我們家裏頭這些史料,真算得世界第一個豐富礦穴,從前僅用土法開采,采不出什麽來,現在我們懂得西法了,從外國運來許多開礦機器,這種機器是什麽?是科學方法。我們祇要把這種方法運用得精密巧妙且耐煩,自然會將這學術界無

---

① 劉冬蕊:《章學誠與中國史學的近代轉型——章學誠學術接受史初探》,曲阜師範大學碩士學位論文,2007年,第1頁。
② 胡適著,姚名達訂補:《章實齋先生年譜》,《胡適文集7》,第3—17頁。
③ 胡適著,姚名達訂補:《章實齋先生年譜・何序》,《胡適文集7》,第5頁。

盡藏的富源開發出來，不獨對得起先人，而且可以替世界人類恢復許多公共產業。"①由此可見民國時期，在西學史學的影響下，"史料"獲得格外的重視，降"經"爲"史料"，乃至以"四部"皆爲史料，從史料價值多寡的角度，用科學考訂的方法衡量傳統經史子集的價值，成爲一種普遍的學術現象。從六經皆史料角度解説章學誠的"六經皆史"，是章學誠被晚近新派學者所重視與發揚的最重要的一個面相。

這一時期由上海梁溪圖書館廣泛發行的標點本《文史通義》，書前有曹聚仁《章實齋先生評傳》云："在史學方面，萬季野、全祖望而後，便有會稽的章實齋。我們讀他所著的《文史通義》，他的見解，會使我們十分驚異！他仿佛是滲透了科學精神，開始用科學方法來治史學。"②"科學精神"和"用科學方法來治史學"是章學誠被時代選中的重要原因。又如美國學者倪德衛所説："章學誠之所以能享有這一來得太晚的聲譽，是因爲在很多方面他是現代的，人們不斷地在他那兒（在陌生的背景中）發現更符合我們這個時代（而非他所處的時代）特徵的觀念。"③章學誠史學思想中的"現代性"，讓處於西方強大挑戰壓力下的近代中國學者們發現，原來西方學界倡導的科學觀念，我們老祖先早就有這套"現代"的學説，祇是這個老祖先被"那班蘗績補苴的漢學家的權威"所掩蓋，導致"他的生平事迹被埋没了一百二十年無人知道"④罷了。

二、新舊之間：章學流傳與接受的兩條脉絡

雖然不能否認西學東漸對章學驟興產生了巨大影響，然而，如果真

---

① 梁啟超著，湯志鈞、湯仁澤編：《梁啟超全集·第十六集演説二》，中國人民大學出版社，2018年，第42—43頁。
② 曹聚仁：《章實齋先生評傳》，載章學誠著，陶樂勤點校：《文史通義》，梁溪圖書館，1926年，第1頁。
③ 倪德衛：《章學誠的生平與思想》，臺北唐山出版社，2003年，第3頁。
④ 胡適著，姚名達訂補：《清章實齋先生學誠年譜·胡序》，第1頁。

的在其身後"一百二十年無人知道",那麽時代的聚光燈如何不約而同地照到章學誠呢?這種驟興若前有所承,又有哪些端倪可尋呢?

胡適、梁啓超、何炳松、姚名達、曹聚仁等"時代聞人"外,1931年秋,錢穆於北京大學任教講授《中國近三百年學術史》時,曾專辟一章論章實齋之學。隨後,他又在《中國史學名著》內云:"我説清代下面的今文學家主張經世致用,就從章實齋'六經皆史'論衍出。故從章實齋接下到龔定盦,這一層從來没有人這樣講過。"①錢基博1929年撰寫的《文史通義解題及其讀法》也説:"其學一衍而爲仁和龔自珍定庵,作《乙丙之際著議第六》,以明一代之治,即一代之學,'官師合一'之説也。又著《古史鈎沉論》以明五經爲周史之大宗,諸子爲周史之支孽小宗,'六經皆史'之衍也。"②二錢皆認爲龔自珍推衍了章學誠的"六經皆史"説。錢基博又云:"又一衍而爲錢塘張爾田孟劬、元和孫德謙隘堪。爾田考鏡六藝、諸子學術流别,著《史微》内篇八卷,以丕揚章氏'六經皆史'之義。而德謙則爲《漢書藝文志舉例》《劉向校讎學纂微》兩書,以論定讎例;又著《太史公書義法》二卷,以究明史意。斯皆《通義》之嗣響,章學之功臣。"③钱基博進一步指出張爾田、孫德謙皆是章學之功臣。④

若言胡適、何炳松、曹聚仁等人"重新發現"章學誠是由於西學東漸,尤其是日本學者内藤湖南的推動,進而"發現"章學誠"固有"的"科學觀念"與"科學方法",那麽,作爲有濃厚舊派學術傾向的錢基博、錢賓四則是勾勒了另一條綫索,也就是"章學誠—龔自珍—張爾田—孫

---

① 錢穆:《中國史學名著》,生活·讀書·新知三聯書店,2004年,第256頁。
② 錢基博:《文史通義解題及其讀法》,《大家國學·錢基博卷》,天津人民出版社,2008年,第329頁。
③ 錢基博:《文史通義解題及其讀法》,第328—329頁。
④ 張京華《文史通義注·整理弁言》一文對胡適自稱首先發現了章學誠的神話進行了一一撥正,並指出受章氏影響的學者一直綿延不絕,最終得出章氏對"張爾田、孫德謙、劉師培、江瑔、劉咸炘的影響尤大"的結論。詳見葉長青著,張京華點校:《文史通義注·整理弁言》,華東師範大學出版社,2012年,第30頁。

德謙"的流衍脈絡。稍晚於張爾田、孫德謙的劉師培、江瑔、劉咸炘亦可歸諸此一脈絡。因而,就"章學"而言,似乎存在兩條各有側重的綫索,即"內藤湖南—胡適、何炳松、梁啓超"的"重新發現"章學誠"科學史學"的脈絡與"章學誠—龔自珍—張爾田、孫德謙、劉師培、江瑔、劉咸炘"的"傳統史學"脈絡。兩條綫似乎各有傳承、互不相干。

其中,張爾田《史微》成書於光緒三十四年(1908),孫德謙的《漢書藝文志舉例》《劉向校讎學纂微》分别成書於 1917 年與 1923 年。《史微·凡例》云:"往與吾友孫君益葊譚道廣平,即苦阮氏、王氏所匯刊《經解》瑣屑餖飣,無當宏旨,嗣得章實齋先生《通義》,服膺之,始於周秦學術流别稍有所窺見。"①張爾田與孫德謙"譚道廣平"發生在光緒二十五年(1899)。張爾田爲孫德謙撰寫《漢書藝文志舉例序》云:"君書成,謂必得深於實齋之學者序我書。余之服膺實齋也與君同,曩嘗纂《史微》闡明實齋'六經皆史'之誼,每相與撫塵而笑,莫逆於心,海内同志,落落兩人。"②那麽,早在民國之前,張、孫二人就已被章學誠學術思想所吸引,且在胡適民國十年(1921)撰寫《章實齋先生年譜》之前,張、孫二人接續與推揚章學誠學術思想的代表作已經問世。孫、張二君在政治與學術上都具有濃厚的保守意味,張爾田曾多次撰文批評以胡適爲代表的科學方法派,因此,他們對章學誠學術之推崇和接續與西方科學史學觀念之影響并無關聯。

另一位私淑章學誠的四川雙流學者劉咸炘,自述學術淵源於章學誠,"犖犖實齋書八卷,逢源左右我心傾",③"吾祖世傳文史業,導師東浙一章君"。④"1914 年劉咸炘在父親去世後跟隨兄長劉咸焌學習,

---

① 張爾田:《史微》,孫文閣、張笑川編:《中國近代思想家文庫·張爾田、柳詒徵卷》,中國人民大學出版社,2014 年,第 5 頁。
② 張爾田著,段曉華、蔣濤整理點校:《張爾田集輯校》,黃山書社,2018 年,第 139 頁。
③ 劉咸炘:《論學韵語》,《推十書》(增補全本)己輯第 1 册,上海科學技術文獻出版社,2009 年,第 103 頁。
④ 劉咸炘:《論學韵語》,《推十書》(增補全本)己輯第 1 册,第 106 頁。

'始讀會稽章氏書'。1920年劉咸炘自述'浮沉學海,於今六年'……在專著方面,劉咸炘撰寫了《文史通義解》《續校讎通義》和《文史通義識語》三種。《續校讎通義》共十七篇,初稿於1919年,1928年劉咸炘在成都大學講授目錄學時重新修訂并出版。《文史通義識語》於1925年刪定,1927年出版,由正文三卷和附錄組成。"①因此,劉咸炘對章學誠學術的關注和研究也早於胡適撰寫《年譜》。在治學態度上,他始終堅持中國史學的本位價值,立足於中國傳統史學的基礎上回擊西方史學優越論,因此,屬於舊派一脉無疑。

以上諸君的學問路數皆屬於傳統的四部之學,與時代聞人胡適等所提倡的"科學方法"相去不啻千里。他們對章學誠學術之關注不僅早於胡適,持續時間和關注程度也比胡適更加深遠。由是可知,晚清民國時章學誠學術之傳播,存在着新、舊兩派,他們對章學誠學術思想之關注與接續各不相同,相應產出的章學研究論著體裁也新舊分明。

當我們進一步追問時,如果說民國年間胡適倡導章氏學說始於内藤湖南的刺激,那麼内藤湖南又是受何人影響而研究章學誠呢? 宋家復《章學誠的歷史構想與比較研究》一文從交游方面推測内藤湖南很可能是受張爾田的影響纔進而注意到章學誠:

> 張氏祖述章學誠學術宗旨所著的《史微》一書,則早在光緒三十四年(1908)已經完稿,出版後據說"君由是顯名,倭人至列爲大學研文史哲必讀之書"。雖然無法確定内藤湖南在一九二〇年以前是否曾經受到張爾田《史微》的影響,以至決定章學誠的重要性已大到值得爲其一生立譜。但是,至少從兩人的交誼與張氏著作流傳的方向來看,内藤對章氏的興趣是在與張爾田以文會友切磋

---

① 劉開軍:《傳統史學理論在民國史學界的迴響:論劉咸炘的章學誠研究》,《史學史研究》2015年第2期總第158期,第28頁。

琢磨的同時持續養成，應該是可以接受的合理推論。①

若宋家復所論不虛，則作爲"新派"章學研究開山的内藤湖南，實則導源於"舊派"張爾田。如是，則原本似乎"毫不相干"的新、舊二派在新派的源頭内藤湖南這點上却與舊派勾連起來。如此說來，與其說是新派"重新發現"了章學誠，倒不如說是新派脱胎於舊派，他們在舊派流傳接受譜中重新抉發了章學誠的"科學精神"。

當然，舊派對於章學之傳承，亦非由張爾田直承龔自珍。宋家復言張爾田對章學誠的關注可能源自譚獻的影響：

> 據張爾田的幼弟張東蓀的記述，"先兄……少曆聞鄉先生譚復堂緒論"，而且由張氏三十五歲以前的日記中明白顯示，他早年確實讀過譚獻的《復堂日記》。……如果張爾田對章學誠的興趣乃是直接淵源自同鄉前輩譚獻的狂熱，那麽，内藤湖南也許可以稱得上是譚獻的海外私淑者了。②

如是則張爾田之推崇章學又可上溯到譚獻了。錢基博對張爾田與譚獻的關係也有類似的表述："今人錢唐張爾田孟劬著爲《史微》一書，以公羊家言而宏宣章義，實與譚氏氣脉相通。"③事實上，不惟張爾田私淑譚獻，錢基博亦頗受譚獻之影響。錢基博《文史通義解題及其讀法》篇末云："博端誦章書，發蒙髫年，迄今四十，玩索不盡。"④因此，錢氏很早就接觸到章學誠的著作，其對章氏的關注很可能也與譚獻

---

① 宋家復：《章學誠的歷史構想與比較研究》，臺灣大學歷史研究所碩士學位論文，1992年，第12—13頁。
② 宋家復：《章學誠的歷史構想與比較研究》，第13—14頁。
③ 范旭侖、牟曉朋整理：《譚獻日記·錢基博序》，中華書局，2013年，第185頁。
④ 錢基博：《文史通義解題及其讀法》，《大家國學·錢基博卷》，天津人民出版社，2008年，第339頁。

的影響有關。①

此外，錢基博給譚獻《復堂日記》寫的《跋記》内，還批駁了章太炎刻意隱匿與譚獻的師生關係之事，其云："餘杭章炳麟太炎，漢學稱大師，治經尤長疏證，得高郵王氏法，自命其學出德清俞樾曲園。然文章之稱晋宋，問學之究流別，其意則本諸復堂者爲多。"②章太炎於1904年《訄書重訂本》的《清儒》篇提出"夷六經於古史"③之説，被視爲是受章學誠影響下的言論。1907年至1910年他於日本的演講"經的大意"，云："直到近來，百年前有個章學誠，説'六經皆史'，意見就説六經都是歷史。這句話，真是撥雲霧見青天！"④1922年他在上海江蘇教育會的演講"國學十講"又云："六經皆史也，這句話，詳細考察起來，實在很不錯。……六經無一非史，後人於史以外，別立爲經，推尊過甚，更有些近於宗教。"⑤儘管有學者研究指出章太炎對章學誠學術之態度不同於乃師譚獻，⑥但是，他對章學誠學術之關注或亦因譚獻而起。

章太炎、張爾田之外，其他受譚獻影響而關注章氏之學的浙江學人當也不在少數，馬叙倫云："昔前輩譚先生獻，每舉《文史通義》《校讎通義》以教學者。余束髪從瑞安陳介石師游，即承授以子元、夾漈及先生

---

① 按，錢基博與譚獻之淵源涉及到一中介人物徐彦寬。徐彦寬字薇生，號夷吾，又號商隱，是譚獻次子之妻男。徐彦寬與錢基博交誼深厚，意氣相洽。他曾與錢基博、錢基厚兄弟一起跟隨無錫名儒許國鳳問業，並共事於無錫圖書館。作爲譚獻次子的妻弟，徐彦寬在譚獻去世後，曾輯録譚氏未刊遺書數種收入《念劬廬叢刻》，該書經錢基博、唐文治等捐資刊刻行世。錢基博因受徐彦寬之託而爲《復堂日記》作序，又因徐彦寬的關係收藏了譚獻與友人的往來書札。錢基博在《復堂師友手札菁華》的《題記》内介紹手札云："辛亥之春，袁爽秋太常昶夫人年六十，亡友譚君薇生以譚紫銅之請，屬予爲文壽之。而以余不受潤金，因檢紫銅所藏先德譚復堂先生獻師友存札一巨束，相授以爲報。"綜上可知，很可能因這層關係，錢基博在譚獻的影響下加深了對章學誠學術之關注與研究。參：李俊《錢基博、錢鍾書父子與復堂因緣》，《讀書》2017年第7期，第58頁；錢基博整理編纂：《復堂師友手札菁華》，人民文學出版社，2015年，第4頁。
② 范旭侖、牟曉朋整理《譚獻日記續録》，《錢基博跋記》，第343頁。
③ 章太炎：《訄書重訂本》，《章太炎全集》（三），上海人民出版社，2014年，第158頁。
④ 章太炎：《演講集上·經的大意》，《章太炎全集》（十四），第99頁。
⑤ 章太炎：《演講集上·國學十講》，《章太炎全集》（十四），第319頁。
⑥ 張榮華：《章太炎與章學誠》，《復旦學報（社會科學版）》2005年第3期，第28—34頁。

遺書，未嘗不篤嗜深好焉。以爲傳向、歆之絶業，暢劉、鄭之緒餘者，五六百年來，先生一人而已。"①由是可知，譚獻在章學誠學術流傳史上占有重要地位。若就晚近以來章學誠流傳的兩條脉絡而言，追溯到譚獻已可作一分疏，即就新派而言，實亦非橫空出世，而是上有所承，其所承者乃是舊派學人。新舊之間的界限并非天壤，新派所謂"重新發現"也不確當。因此，受到西學影響的學者如梁啓超、胡適、何炳松、姚名達等并非無緣無故地"發現"章學誠，章學驟興背後很可能有一條長期發展的學術脉絡。

三、身後桓譚：章學流衍之"不確定性"與"傳承有自"

已有研究指出，在胡適諸人之前的章學研究，以維新運動前後最爲卓著。如龍武《清末湖南維新運動中的章學誠熱》一文，從這一時期章學誠著作的刊行、學政江標的倡導和維新人物引用章學誠話語等方面指出："清末學術界甚至底層知識分子，對於章學誠的著作和思想已經相當的熟悉。在湖南甚至全國範圍内，都興起了一股章學誠熱，而這并不亞於20世紀20年代民國學術界對章學誠的追捧。"②今人研究外，當時學者撰述中也有不少例證，如光緒十九年（1893）六月初一日，《皮錫瑞日記》云："連夜觀《文史通義》，粗畢。此書甚有名，予觀之，其言作史修志之法極有見解，可與彦和《雕龍》、子玄《史通》并傳。"③皮錫瑞之言"此書甚有名"，也説明早在維新運動前，《文史通義》一書就已聲名卓著。

因此，有學者將"章學誠第一次被發現"上推到咸、同年間，并云："在這個時期，人們對章學誠的發現主要是章學誠的'六經皆史'説，以及史學經世思想的價值。换言之，發現的重點在於學問

---

① 《中國學報》第六期《叢録二》，中華民國二年（1913）四月，第8頁。
② 龍武：《清末湖南維新運動中的章學誠熱》，《浙江歷史文化研究》第4卷，第204頁。
③ 皮錫瑞著，吴仰湘編：《皮錫瑞全集・皮錫瑞日記》（九），中華書局，2015年，第169頁。

第一章　文本傳播視閾下的章學誠接受史

的經世致用方面。"①這些發現者主要是爲時局感到不安,渴望解救時風世弊的士大夫,尤以龔自珍、魏源、李慈銘和譚獻四位學者爲代表。此外,陳鵬鳴《試論章學誠對於近代學者的影響》一文指出龔自珍、魏源、李慈銘、譚獻、鄭觀應、康有爲、蔡元培、章太炎和梁啓超等學者都受到章氏影響。②張京華《孫德謙及其諸子學》對章學子學傳承脈絡進行了梳理,他認爲:"孫氏嘗自言爲'章氏學派',而沈曾植亦稱之爲'今之章實齋'。予按晚清民國以來諸子之學,以孫德謙、張爾田開其先,劉師培、江瑔、劉咸炘承其後,具有宗旨。此五人俱皆私淑實齋,實可厘爲一部實齋學案。其學術始基皆自'篤信章實齋'而發。"③是以,張京華認爲從子學角度來説就"可厘爲一部實齋學案",更不用説史學、文論、方志等方面受章氏影響者了。

　　以上對章學傳播與接受過程之追溯,多從學術思想方面進行探源。如被視爲章學學派正傳的譚獻、張爾田、孫德謙、劉咸炘等,皆正面聲稱對章學之欽慕。譚獻《日記》云:"閲《文史通義·外篇》。表方志爲國史,深追《官禮》遺意,此實齋先生所獨得者。與《内篇》重規叠矩,讀者鮮不河漢其言,或浮慕焉,以爲一家之學亦未盡耳。懸之國門,羽翼六經,吾師乎,吾師乎!"④張爾田《史微·凡例》云:"往與吾友孫君益葊譚道廣平,……嗣得章實齋先生《通義》,服膺之。"⑤稍晚於孫、張二君的劉咸炘亦直接表明私淑章氏,《文史通義識語·叙》云:"先師章君,宏識探源,明統通類,披雲見天。以史御子,由合見分。通義百餘,會宗統元。"⑥

---

① 覃曉婷:《章學誠的兩次被發現與近代學術思想的變遷》,《華中科技大學學報》2008 年第 22 卷第 1 期,第 56—58 頁。
② 陳鵬鳴:《試論章學誠對於近代學者的影響》,載中國歷史文獻研究會編《章學誠國際學術研討會論文集》,北京圖書館出版社,2014 年,第 408—426 頁。
③ 張京華:《孫德謙及其諸子學》,《湖南農業大學學報》2012 年第 13 卷第 5 期,第 81 頁。
④ 譚獻著,范旭侖、牟曉朋整理:《復堂日記·補録卷一》,第 21 頁。
⑤ 張爾田:《史微》,孫文閣、孫笑川編:《中國近代思想家文庫·張爾田、柳詒徵卷》,中國人民大學出版社,2014 年,第 5 頁。
⑥ 劉咸炘:《文史通義識語·叙》,《推十書》(增補全本甲輯),上海科學技術文獻出版社,2009 年,第 1057 頁。

除此之外，學界多從學說立論角度推測誰可被視爲章氏後學。雖然錢基博和錢穆皆認定龔自珍承章學誠之餘緒，而龔自珍本人却"矜其獨得，而諱所自出，不云本章氏。近儒餘杭章炳麟太炎譏之，著爲《校文士》一文，謂'自珍剽竊成説，而無心得；其以六經爲史，本之《文史通義》而加華辭；觀其華，誠不如觀章氏之質'者也"。① 又如魏源雖在《經世文編》裏介紹并收錄了章學誠的《言公》《婦學》，也有一些學說與章說相似，但他從未正面表明自己受章學影響。不少學者都談到了章學誠對章太炎的學術影響，尤其是章太炎在"六經皆史"傳承體系中的作用，②但也有學人指出"章太炎的六經皆史論與章學誠之間不存在一脉相承的關係"。③ 章太炎本人對章學的態度并非從一而終，時而漫駡，時而丕揚。又如錢穆先生在章學傳承中獨樹一幟，他清醒地看出時人對章學之誤讀，同時又比固守舊傳統的一些學者有更寬廣的視野和新的學術研究方法。錢穆《中國近三百年學術史》爲章學誠獨立一章，還在《中國史學史名著》中撰《從黄全兩〈學案〉講到章實齋〈文史通義〉》《章實齋〈文史通義〉》兩節，又在《國學概論》《孔子與春秋》等書中多次提及章學誠。然而，黄兆强已指出錢先生在《中國近三百年學術史》内對章氏學術評價很高，可在《孔子與春秋》中對實齋評價則相當負面。④ 劉繼堯更是"以錢穆先生對浙東學術論述的轉變爲重心"來討論他對章學誠學術態度的變化。⑤ 當然，錢先生的這種轉變并非對章學的背離，而是對章學主旨認識的變化所致。但是，僅從後世學說

---

① 錢基博：《文史通義解題及其讀法》，第 328—329 頁。
② 參劉海静：《二章之間：章太炎的章學誠論評析》，《湖南科技學院學報》2013 年第 34 卷第 10 期，第 4—6 頁。
③ 張榮華：《章太炎與章學誠》，《復旦大學學報（社會科學版）》2005 年第 3 期，第 29 頁。
④ 參黄兆强：《錢穆先生章學誠研究述論》，《東吴歷史學報》第 15 期，2006 年 6 月。《附識：錢先生對實齋的負面評價》一節云："從上文可見錢先生對實齋學術之評價是非常高的，然而人的思想是會變異的。曾幾何時，錢先生撰寫於 1935 年的《孔子與春秋》便對實齋有相當不一樣的評價，可説都是比較負面的。"第 29—30 頁。
⑤ 劉繼堯：《錢穆先生對章學誠論述的轉變——以錢穆先生對浙東學術論述的轉變爲重心》，《東吴歷史學報》第 24 期，2010 年 12 月，第 109—147 頁。

第一章　文本傳播視閾下的章學誠接受史

的相似或傳承方面來講章學誠的影響，容易產生各自爲説、不易達成共識的矛盾。

是以被當今學界發掘出受章學影響的諸位學人，因個人學術和社會背景的差異，他們對章學的態度與接受側重亦各有不同。究竟誰纔是章學誠"身後桓譚"，究竟誰能成爲"章學流派"之人，并不容易定讞。尤其在"新派舊派"，"今文古文"等激烈的門户之爭中，在風移世易、時風頻轉的近代中國，學術體系的評判標準不同，就會產生不同的研究重點和相應的成果。隨着"我注實齋"主體的變換，"實齋爲我注脚"者也千姿百態。

相較於思想角度的探源，在手抄本爲主的時代，對一個學者學術思想之重視，通常會以傳抄、收藏乃至刊刻該人著述爲一重要表現。換言之，學說之流傳和接受，往往伴隨着文本之傳播，兩者相輔相成。甚至在某種程度上，文本更具有先行性。儘管文本祇具有物質載體的性質，但是，文本內容和形態却決定了人們的閲讀與接收範圍、先後。反是，學說的流行也會促使對文本的搜集、編輯以至完善的動力產生。文本形成與傳播過程本身即學說的流傳與接受過程，不僅能體現學說被接受的面向，也能體現學說被接受的程度。

就章學誠著述文本之流傳來看，如上文提及之譚獻，早在同治三年（1864）他就在《日記》内寫道：

> 於書客故紙中搜得章實齋先生《文史通義》《校讎通義》殘本，狂喜，與得《晉略》同。章氏之識，冠絶古今，予服膺最深。往在京師，借葉潤臣丈藏本，在廈門借孫夢九家鈔本，讀之不啻口沫手胝矣。不意中得之，良足快也。①

---

① 譚獻著，范旭侖、牟曉朋整理：《復堂日記》，第17頁。

譚獻這種"狂喜"的心情和對章著的"口沫手胝",一方面顯示出他對章學之服膺,另一方面也可看出當時尋覓章學著述之不易。同治元年(1861)九月廿日《復堂日記》云:"偕子高訪孫夢九司馬,閱其藏書目。予携《文史通義》歸,閱之。前在京師,借讀葉潤臣丈藏本。洞然於著作之故、文章之流別,實自此書。孫氏所藏爲録本,蓋當時尚未付刻也。視刻本少十之二三,又有《論課蒙作文法》二十餘條,似刻本所無,又刻本有《校讎通義》三卷,抄本亦無。"①自此之後,譚獻對章學誠著述之搜集持續了十餘年之久。"同治四年(1864),譚獻從福州返回闊別的杭州,此後便四處留心搜尋章氏遺書。同治十年(1871)上京參加會試期間,'借朱子清《文史通義》寫本閱之。僅刻本十之四五,有《雜說》二篇,爲刻本所未有'。又從時任户部候補郎中的李慈銘處獲知'章氏遺稿十餘册在越中'的消息,決定'南歸當渡江訪之'。并於同治十二年(1873)春下旬赴紹興訪求章氏遺稿,'書肆防書,章邵未有蹤',正當惆悵之際,收到友人陶子珍的信,獲知'《章氏遺書》《文史通義》《校讎通義》版刻在周氏,同年介孚名福清之族人也',欣慰地稱'不虚吾渡江一行'。"②譚獻訪求到兩《通義》的版刻之後,購歸浙江書局進行補刻出版,促使章氏著述得到進一步的傳播。正是對章學誠服膺與推崇的心理,使早年以詞學名家的譚獻,開始轉向經史諸子之學;浙江書局補刻本兩《通義》的出現,又反過來促進了章學進一步的流傳與接受。

譚獻而後,曾經一起"譚道廣平"并私淑章學誠的張爾田、孫德謙兩人,直接影響、參與了從民國六年(1917)至民國十一年(1922)間嘉業堂刊本《章氏遺書》之刊刻出版(詳本書第四章第四節"鳴野山房鈔本之流傳刊刻考")。孫、張二君持續數十年對章學誠的關注,也遠非西方新史學思想的影響所能解釋。在他們提倡下,搜羅最備之嘉業堂

---

① 譚獻著,范旭侖、牟曉朋整理:《復堂日記·補録卷一》,第188頁。
② 王標:《譚獻與章學誠》,《杭州師範大學學報(社會科學版)》2009年第1期,第66頁。

第一章　文本傳播視閾下的章學誠接受史

本《章氏遺書》刊刻行世，推動民國乃至當今章學研究的進一步深入。在推崇章學誠學術的過程中，劉咸炘校訂的《文史通義》於 1927 年由成都志古學堂刊刻發行，"這是 20 世紀前半期《文史通義》校讎上的代表性成果"。①

若繼續前溯就會發現，這條文本流傳脉絡下的章學接受史不僅時間久遠，而且具有多頭并進的特點。比較典型的如章學誠的同鄉平步青，也長期致力於章著文本之搜集與刊刻。《文史通義雜篇，實齋文略外篇跋》云：

> 咸豐庚申（1860）過夏京師於琉璃廠書肆，得十萬卷樓《章氏遺書》鈔本殘帙十一。同治丙寅（1866）上元夜，取校《粵雅堂叢書》中《文史通義》《校讎通義》，有見於二書而王鈔無者，亦有王本有而不見於二書者。……甲戌（1874）八月八日，病痁初起，假得郡城西街重遠堂楊氏所藏鳴野山房鈔本三十三册，爲沈霞西徵君故物，取二《通義》及王本檢勘，三日而畢。得多文二百三十五篇，屬友人録之。②

平步青曾將十萬卷樓鈔本《章氏遺書》與《粵雅堂叢書》本兩《通義》以及鳴野山房鈔本進行比較。其中，"得多文二百三十五篇，屬友人録之"，即今藏國家圖書館的瀟雪氏節抄本《章氏遺書》。節抄之外，平步青還刊刻了《章實齋劄記鈔》，上有牌記云"光緒壬辰仲春於安越堂刊板徐維則題"，安越堂乃平步青之藏書樓。《章實齋劄記鈔跋》云"此三卷爲蕭山王氏十萬卷樓傳録本"，因此，《章實齋劄記鈔》

---

① 劉開軍：《傳統史學理論在民國史學界的迴響：論劉咸炘的章學誠研究》，《史學史研究》2015 年第 2 期，第 28 頁。
② 平步青：《樵隱昔寱》卷一五，《清代詩文集彙編》第 720 册，上海古籍出版社，2010 年，第 329—330 頁。

是平步青从十萬卷樓鈔本《章氏遺書》中摘出章氏《乙卯札記》《丙辰札記》《丁巳劄記》三種刊刻而成。平步青以浙東史學的傳承者自任,對浙東前輩章學誠著述之重視再次説明了章氏的學術和著作早已被有識之士長期關注與留心保存,其發揚、傳播并非待民國纔發生。

平步青與譚獻幾乎同時開始關注章學誠著述文本,兩者之後,桐城文獻學家蕭穆也因偶然机緣投入到章氏著述之搜集中。蕭穆於"光緒十七年辛卯冬(1891),晤章氏族裔章小雅處士善慶於上海寓所……十二月朔日,同諸暨孫問清太史廷翰往訪小雅。觀所藏各古書善本,中有舊鈔《章實齋先生遺書》三十四册,云爲其鄉人沈霞西家藏本"。① 此後,由蕭穆《日記》的記載可知,他開始多次借抄、勘校該書,還爲這部鈔本之保存、刊刻等付出巨大努力。蕭穆先後尋求浙江藏書家徐維則、上海滬道余聯沅、海日樓主人沈曾植等有力者謀刊《章氏遺書》,儘管最終未能如願,但爲嘉業堂本《章氏遺書》之刊刻打下了堅實的基礎。以蕭穆爲介,可以串成一條以章善慶、章壽康、徐維則、譚獻、余聯沅、周星詒、沈曾植、吴士鑑等人爲中心的晚清民國舊派學人謀刻《章氏遺書》之學術脉絡。

綜上可知,從咸同年間至民國,從譚獻、平步青,到蕭穆、孫德謙、張爾田、劉咸炘等,學界對章學誠學術之接受和關注以及尋訪章氏遺文、佚稿之風一直綿延不絕。因此,由文本流傳的角度可以看出,在胡適、姚名達、何炳松等時代聞人以西方的科學觀念來提倡章學之前,章氏學術之流傳從未間斷。章學誠學術傳播的新舊兩條脉絡,表面上看似乎耆學宿儒與新進學者各不相謀,實際上很可能是在某一交叉點上,新派學者脱舊之胎、换舊之骨,形成與舊派學者不同的問題意識、話語體系、成果形式,進而開啓了章學研究的新局面。

---

① 蕭穆:《敬孚類稿》,黄山書社,1992年,第259頁。

第一章　文本傳播視閾下的章學誠接受史

第二節　晚近章學研究展開所據底本及其相關問題

晚清民國時期，新派學者在引入西學的過程中，自覺或不自覺地轉向傳統從中汲取營養。在中西話語體系的差異之下，他們努力發掘本土傳統文化資源裏面能夠與西方接近的概念，一方面是爲了更便捷地與西方接軌，另一方面則是在民族自尊心的作用下，指出傳統中國歷史敘事本身也蘊含着與西方同質的內容。章學誠就處於歷史發展十字路交叉口上的被選中者，他的學術思想既有被傳統舊派學者從今古文經、經世思想、古文、方志、辨章學術等角度的認可與肯定，也有被新派學者從史料與史學的關係、客觀與主觀的分別、歷史哲學之分析、文學理論之闡釋等角度的研究。儘管對章學誠學術抉擇存在着不同的側重，但是，無論是新派舊派、今文古文，無論是咸同年間、維新時期抑或是民國初年，後世學人對章學之毀譽祗能建立在章著文本的基礎上。他們都要面對相同的章著文本，也共同參與到章著文本與學術建構的關係中去。

一、晚近章學研究的主要底本：大梁本兩《通義》

當章學熱風靡全國時，不管是受到西學影響的胡適、何炳松、姚名達等，還是傳統派的孫德謙、張爾田、劉咸炘等，他們利用的多是通行已久的大梁《文史通義》八卷、《校讎通義》三卷。該版是章學誠著作第一次大規模的刊刻行世，由章氏次子章華紱於道光十二年（1832）開雕於河南開封。此後，咸豐元年（1851）伍崇曜《粵雅堂叢書》本兩《通義》、同治十二年（1873）譚獻主持下浙江書局補刻本兩《通義》、光緒四年（1878）章氏曾孫章小同貴陽本兩《通義》，其他如光緒年間的《寶墨齋叢書》本、菁華閣本、寶慶本、勤學書舍本等皆是

17

在大梁本基礎上翻刻、補刊、延續之作。① 大梁本刊刻時間早、翻刊次數多,因此成爲晚近諸家提出有關章學誠及其學術思想的論點和學說的根基。

兩《通義》之後,在章學愛好者的努力下,又有如安越堂《章實齋劄記鈔》、《禹域叢書》本《實齋文集》、江標《靈鶼閣叢書》本《文史通義補編》,乃至浙江書局鉛印本《章氏遺書》等問世,但因内容不全、流傳不廣或産生較晚等原因,以上諸本皆對章學誠在晚近的研究影響較爲有限。

可以説,直到1922年吴興劉承幹的嘉業堂刊本《章氏遺書》問世之前,世面上没有一種能夠與大梁本兩《通義》比肩的章著版本。

嘉業堂在借抄沈曾植家藏本《章氏遺書》的基礎上,又"益以已刊、未刊諸書",是搜羅章著最爲全面的版本。它依照章學誠去世前托付的好友王宗炎編次之《章氏遺書目録》進行編排,包括《文史通義·内篇》六卷、《外篇》三卷、《校讎通義·内篇》三卷、《外篇》一卷、《方志略例》兩卷、《文集》八卷、《湖北通志檢存稿》四卷、《外集》二卷、《湖北通志未成稿》一卷,共三十卷。儘管嘉業堂本内容遠較大梁本《文史通義》豐富,然而該本問世時,章學研究早已蔚爲大觀,故嘉業堂本并未成爲晚近學界研究章學誠所用的主流"底本",因而無法在晚近章學學説建構中發揮重大影響。

而且,以大梁本《文史通義》爲學説建構"底本"的現象,并未隨着嘉業堂本《章氏遺書》的出現就發生根本轉變。姚名達已深感同時代人在研究章學誠時所用"底本"的偏頗。其云:"讀《章氏遺書》者少,而讀《文史通義》者多,以謂《文史通義》足以窺實齋之學,而《章氏遺書》又非巨資不辦也。余以此懼!……夫《文史通義》固實齋精心著作之文,舉凡實齋平日所爲,倘有深義,無不結撰爲篇,歸諸其書。而惜其書

---

① 參張述祖:《文史通義版本考》,《史學年報》1939年第3卷第1期,第78頁。

第一章　文本傳播視閾下的章學誠接受史

未成,外此所遺深義尚多,不足以盡實齋學問之真相。則世之讀《文史通義》而不讀《章氏遺書》者,其於實齋之學,猶無與耳。"①姚氏認爲坊間通行的大梁本"惜其書未成",因此"所遺深義尚多,不足以盡實齋學問之真相"。雖姚氏早已有此先見之明,然這種研究"底本"的"不均衡"狀況并未隨着《章氏遺書》的刊行有所改觀。

嘉業堂本《章氏遺書》刊行後,大梁本系統的刊印依然源源不斷,并隨着新印刷技術和報刊宣傳的出現,流行愈發廣泛。如上海廣益書局於1923年、1924年接連鉛印出版《文史通義》八卷、《校讎通義》三卷。1924年上海東陸書局發行石印本。1925年成都志古堂本兩《通義》又在大梁本基礎上增加了江標的《文史通義補編》予以發行。此外,上海會文堂書局還有1925年影印本、1926年石印本。中華書局於1928年刻印《文史通義》以及上海鴻章書局於1929年石印《文史通義》。這些版本皆以大梁本系統作底本。

在校點譯注方面,陶樂勤校點的大梁本系統《文史通義》由上海梁溪圖書館於1924年首發之後,風行十餘年,不斷重版。至今還在重版的葉長青《文史通義注》,由無錫民生印書館於1935年發行,作注的底本也源於大梁本系統。"始於一九二九年,完成於一九四八年",對近幾十年章學誠研究影響最大的葉瑛《文史通義校注》也以大梁本系統爲底本。嚴傑、武秀成譯注《文史通義全譯》甚至直接"采用大梁本系統的中華書局1985年版葉瑛《文史通義校注》作爲底本"。② 2008年由李永圻、張耕華導讀,上海古籍出版社出版的吕思勉點評本《文史通義》也以大梁本系統爲"底本"。

這一時期笔者所見以嘉業堂本爲底本的僅有以下兩種。一是1926年商務印書館出版的章錫琛《文史通義選注》,它雖然先後被編入

---

① 姚名達著,羅艷春、姚果源選編:《姚名達文存》,江蘇人民出版社,2012年,第116—117頁。
② 嚴傑、武秀成譯注:《文通義全譯》,貴州人民出版社,1997年。

《學生國學叢書新中學文庫》《國學基本叢書簡編》《國學小叢書》等重要的叢書內,但其所選篇目除了《史篇別錄例議》以及《雜說》三篇外,其他篇章都與大梁本重複。① 二是劉公純於 1956 年"依據一九二一年吳興劉承幹所刻《章氏遺書》本排印"②的標點本《文史通義》《校讎通義》,然該書流傳較少,影響較小。

綜上可知,晚近以來猶如萬仞宮墻一般蔚然壯觀的章學誠研究基本是建立在通行已久的大梁本兩《通義》系統之上。大梁本作爲一種明顯不全面的章著版本,爲何能夠在後世章學的傳播中占有主要地位?建立在"未成書"的大梁本之上的論點、學説能否代表章學誠學術之全景?章學誠在清季民國成爲學術熱點與章氏著作底本的選擇之間又有何種關聯?這麼多疑惑驅使着筆者從看萬仞宮墻內的風景,轉向發掘萬仞宮墻建構過程即"章著文本"的形成過程。

二、編次之爭與内容缺憾:"未成書"的大梁本

章學誠易簀前,曾將"全稿付蕭山王毅勝先生乞爲校定",嘉業堂《章氏遺書》就是以章氏友人王宗炎編次之《章氏遺書目録》進行編排的,再加上它是收錄內容最爲全面的版本,因此,刊出之後即刻成爲影響章學研究的又一重要參考版本。面對嘉業堂本與大梁本這兩種編排不一、內容多寡懸殊的版本,學界對兩者編次孰優孰劣、誰最能代表作者原意,早有爭論。

首先,王宗炎的編次目録并未得到章學誠次子之認可,章華紱在刊刻大梁本《文史通義》時就批評王宗炎編次的《章氏遺書目録》,"查閱所遺尚多,且有與先人原編次互異者,自應更正,以復舊觀"。③ 然而,章華紱所編訂的《文史通義》也遭到部分學人的質疑,言論激烈者如錢

---

① 章學誠著,章錫琛編:《文史通義選注》,商務印書館,1925 年。
② 章學誠著,劉公純編:《文史通義》《校讎通義》,中華書局,1956 年。
③ 章學誠:《章學誠遺書‧附錄》,第 622 頁中。

基博云:"不知章氏當日,本不以原編篇次爲定,故以屬稿於王氏,而托言'更正',亂其篇從,可謂無知妄作,不善繼志者矣。"①又如劉咸炘云:"先生之書,生前既未手定,……其子反以托諸不知宗旨之劉子敬、姚春木,故今通行本頗多漏略。今劉刻全據蕭山王穀塍手定之本。王氏乃先生親托之人,然其所見未深,此刻之目又與其《復先生書》所説不同。華紱《序》稱王本多與先人原編互易,則劉姓所定亦未必全非也。今原編已不可考,大體自以王定爲較當。"②劉咸炘雖對兩種編排都不甚滿意,兩相比較之下還是傾向於王宗炎的編次。正如劉咸炘所説王宗炎《復章實齋書》中所説的體例編排與當今通行的王《目》又互有異同,爲章著編次之争再增了一層疑惑。

編次之争外,已有不少學者注意到大梁本《文史通義》的"先天不足"。姚名達云:"華紱刻鈔本於開封,竟無全本,僅校訂《文史通義·内篇》五卷,《外篇》三卷,《校讎通義》三卷,而總名爲《文史通義》。篇次一依實齋原草,而不從王,《外篇》内容亦與王編迥異,即今坊間之通行本也。全稿沉淪竟百餘年,世之知實齋者,僅而知《文史通義》爲實齋著書之總名,爲未成之書者,更無人矣。"③其實,章華紱自序内對此問題已有所交代,其云:"今勘定《文史通義·内篇》五卷,《外篇》三卷,《校讎通義》三卷,先爲付梓,尚有《雜篇》及《湖北通志檢存稿》,并《文集》等若干卷,當俟校定,再爲續刊。"④章華紱序内的"先爲付梓"和"再爲續刊"已明確説明大梁本《文史通義》是未完之作,至少還有《雜篇》等需"再爲續刊"。檢章華紱於道光壬辰(1832)刊刻的《文史通義》書口與書根處皆鎸有"章氏遺書"四字,也説明了華紱所刻原意當不僅是《文史通義》八卷和《校讎通義》三卷而已,其範圍應包括章學

---

① 錢基博:《文史通義解題及其讀法》,《大家國學·錢基博卷》,天津人民出版社,2008年,第324頁。
② 劉咸炘:《章氏遺書目録》,《推十書》(增補全本)甲輯第3册,第1127頁。
③ 姚名達著,羅艷春、姚果源選編:《姚名達文存》,第113頁。
④ 章學誠:《章學誠遺書·附録》,第622頁中。

誠的所有遺文。章華紱的長兄章貽選在《上朱石君先生書》中道出刊刻"半途而廢"的原因，其云："先君著述，丁亥年春，二舍弟俱索寄河南，抄錄未竟，四舍弟館鄧州者，言其居停易良儗相爲刊刻，誆寄鄧州。乃其居停竟無待刊之意，四舍弟直視以爲田疇貨物各得主先人之所有以爲利。"①章華紱對"章氏遺著"抄錄未竟，就被其四弟騙走全稿，故終未能完成《章氏遺書》全稿之刊刻。遺憾的是章華紱意欲刊刻完整"章氏遺書"的本意逐漸被人淡忘，隨着大梁本不斷被翻刻補刊，這一"未成之書"終成爲章氏學說建構之權威"底本"。

　　兩種刊本的編次之爭，說明無論是大梁本《文史通義》，還是嘉業堂本《章氏遺書》，書中包含的篇章之選擇，篇次之編排，皆是"編者"對"作者"本意之揣測。正如姚名達所云"《文史通義》實未成之書，《章氏遺書》乃後來所集"，②由於它們皆編刊於他人之手，而非章氏手定，因此，其所選、所編究竟與章氏本意有多大出入，則未可知也。王信凱敏銳地指出："'章氏遺書'的形成，在清中葉以來以迄民初，一直爭議不斷，'遺書'顯示的意義，實乃後世衆好事者搜羅章氏生前遺留著作的競爭。而各家所統稱的'章氏遺書'，嚴格講起來，都不是'全'的。種種版本、篇目……等問題，纏起百端苦思，未得一解。"③換言之，無論是章華紱刊的大梁本亦或是嘉業堂本，兩者皆是就章氏某一稿鈔本刊刻而成，他們以章學誠著作"完成式"的面貌出現，各自代表着一種"結果"。若要從根本上爲章學誠著作的編次體例之爭提供一解決辦法，探索章學誠學術不同接受面相及其原因，那麼探尋華紱編刊大梁本之前那些未經編次的先君"原草"是什麼樣子、如何流傳等，嘉業堂從沈曾植處所借的《章氏遺書》鈔本來自何方、又在何處，是否還有其他章

---

① 章學誠：《章學誠遺書·附錄》，第 624 頁中。
② 姚名達著，羅艷春、姚果源選編：《姚名達文存》，第 116 頁。
③ 王信凱：《從胡譜到姚譜：近代第一本域內章譜的問世及其後史》，"胡適與近代中國"學術研討會》，第 6 頁。

著稿抄本留存於世,以及它們的編排原貌以及被收藏、傳抄和刊刻歷程等,無疑是必要且緊迫的工作。

第三節　晚近以來章學誠稿鈔本的搜求與研究回顧

清末民國時期,隨着西方新史學理論的進入,不僅有傳統舊派學者對章學誠持續的關注,還有新派學人采取新的視角與方法推動章學誠研究進入一個新高度。學界對章氏著述文本搜集與整理日益繁盛,更多、更全面的章著文本的出現,反過來又推動着章學誠研究熱潮的進一步興盛。

新派學者在進行章學誠研究之初即積極參與章著文獻的搜集整理之中。胡適撰寫《章實齋先生年譜》時得知内藤湖南藏有十八册《章氏遺書》鈔本後,就立即寫信給青木正兒云:"《章氏遺書》此時很不易得。《文史通義》之外的遺文,我僅搜得四五十篇。内藤先生説他去歲得抄本《章氏遺書》十八册。這一句話引起我的'讀書饞涎'不少!内藤先生是否有意刊布此項遺書? 若一時不刊布,他能許我借觀此書的目録嗎?"①最終他得到了青木正兒"手抄本内藤先生藏本《章氏遺書》的目録"。此外,他還反復托人在國内尋找《章氏遺書》的鈔本,當他得到浙江圖書館校印本之後立刻對其進行校對和勘誤,還把一部浙江印本的《章氏遺書》送給内藤以示答謝,并在浙江印本的目録上注出了内藤本所無的各篇篇目。②

胡適之後,熱心章實齋年譜撰寫與史學研究的是清華高材生姚名達。1926年,他去清華研究院跟隨梁啓超讀書後便開始了章實齋史學的研究工作,并着手對胡適的《章實齋先生年譜》進行訂補。在研究過

---

① 胡適:《書信1920年》,《胡適全集》第23卷,安徽教育出版社,2003年,第277頁。
② 胡適:《書信1920年》,《胡適全集》第23卷,第298—301頁。

程中,姚名達發現章學誠著述的文本差異很大,"章先生自己已説過,他的文章,生前已有異同;但我們不曾留心,劉刻雖博,亦不及廣徵别本。我隨便拿别本來校,除了鈔胥手民因形似音近而致誤的文字以外,整段的多寡,整句的異同,兩皆可通的文字,就不知有多少,幾乎没有一篇全同的。"①因此,他開始進行《章氏遺書》的校勘工作。然而,"北京雖是書籍集中的所在,但我所要找的《章氏遺書》鈔本一本也不曾看到。……八九月裏,所以遠渡東海,浪游兩浙,不恤金錢和時間,不畏危險和辛苦的緣故,祇是要找幾個鈔本看看。"②苦尋章氏稿鈔本而不得的姚名達,於1928年1月11日寫信給内藤湖南云:"名達校讀章學誠先生之書於今三年,尚欲敬求寶藏《章氏遺書》鈔本一校,并思得京都某店朱少白自筆文稿一讀,不知先生能慨助之乎?抑俟四月來莅,遂携示之乎?"③遺憾的是,他與胡適一樣未能得見内藤藏本。

　　新派學者之外,傳統舊派學者對章學誠的熱情并未降低。除了傳統的傳抄與刊刻方式,新傳播媒介如報刊的出現,進一步促進了章學誠著述文本的流傳與影響。早在1905—1910年間,《國粹學報》④就先後刊出章學誠的《任幼植别傳》《述學駁義》《書朱陸篇後》《信摭》《又與永清論文》等逸文,這些逸文或是從焦循的《揚州足徵録》中録出,或是李審言、鄧實輾轉借鈔所得。⑤《國粹學報》隨後又刊出了蕭穆的《跋文史通義》《記章氏遺書》等與章氏著述相關之文。此外,鄧實的《風雨樓

---

① 姚名達:《章實齋先生年譜·姚序》,《胡適文集7》,第21頁。
② 姚名達:《章實齋先生年譜·姚序》,《胡適文集7》,第21頁。
③ 見内藤文庫藏姚名達於1928年1月11日寫給内藤湖南的書信。黄俊傑、陶德民主編:《内藤文庫藏鈔本〈章氏遺書〉》,《東亞儒學資料叢書9》,臺灣大學人文社會高等研究院東亞儒學研究中心,2017年,卷首圖像,第13頁。
④ 《國粹學報》是《國學保存會》的機關刊物,1905年由鄧實、黄節等人發起在上海創刊。該刊以"發明國學,保存國粹"爲宗旨,宣傳反清思想,愛國、保種、存學。主要撰稿人有劉師培、陳去病、章炳麟、王國維、羅振玉、柳亞子、黄侃、馬叙倫等。1911年停刊,後改名爲《古學彙刊》,從1912年至1914年繼續運行。
⑤ 參光緒三十一年(1905)六月《國粹學報》第六號載章學誠《任幼植别傳》篇後跋。光緒三十四年(1908)十一月《國粹學報》第四十八期載章學誠《述學駁義》篇後鄧實跋。宣統二年(1910)五月《國粹學報》第五號第六十七期李詳《跋》。

叢書》依"桐城蕭氏鈔校本"鉛印出版了章學誠的《乙卯劄記》《丙辰劄記》。鄧實與繆荃孫編《古學彙刊》時還刊出《章實齋文鈔》等。

光緒三十四年(1908)《國粹學報》第48期載章學誠《述學駁義》篇後有鄧實跋云:"右章實齋先生《述學駁義》,世無傳本,是乃江蘇興化李君福祚所藏。李君之祖晋埒,官安徽之亳州,實齋適以修志客彼。福祚之父佳言從實齋問學,於實齋稿中錄次四首及《書文史通義朱陸篇後》藏於家,以傳福祚……因亟校印,以供世之宗實齋學者一欣賞焉。"①這說明章學誠學術之傳播與接受早在章氏生前游幕授課生涯就已經開始了。宣統二年(1910)第67期《國粹學報》載有"章實齋《信摭》一卷",李詳跋云:"今世傾嚮實齋者夥,片言隻字,先睹爲快。"②《國粹學報》以"發明國學,保存國粹"爲宗旨,其對章實齋稿鈔逸文持續的關注,也足以證當時之世"傾嚮實齋者夥"。

民國二年(1913),馬叙倫從藏書家楊復所藏章氏未刊稿鈔本中檢出"《與陳觀民工部論湖北通志書》《論修史籍考要略》等篇,皆陳詣極精,闢史家之奧窔,爲乙部之林藪者,又王氏所未得而刊也",在《中國學報》第6期、第7期、第9期先後刊出。1919年《國民》報第1期和第4期先後刊有數篇章實齋先生遺文如《評沈梅村古文》《與史餘村論文》等。第1期前有識語云:"《章實齋先生遺文》一卷,爲霍邱王氏刊本所無,杭縣馬先生彝初得諸錢塘楊氏,舊曾刊於《中國學報》,未竟也。玆續爲刊布,以餉世之好先生書者。"③《國民》報此舉乃接續馬夷初數年前的未竟之業。

除了在報刊上刊發新獲得的章氏逸文外,先賢們還通過報刊廣告尋求章氏遺文。《申報》於1921年4月多次登載《訪求章實齋先生學誠遺著》的廣告:

---

① 《國粹學報》第四十八期,《撰錄》,光緒三十四年(1908)十一月,第6頁。
② 《國粹學報》第六十七期,《召介遺書》,宣統二年(1910),第11頁。
③ 《章實齋先生遺文》,見《國民·文錄》1919年第1卷第1期,第1—4頁。

會稽章實齋先生，一代史才，藝林泰斗，其所著遺書，敝號搜羅頗多，將付石印，公諸海內。尚有亳州、天門縣兩《志》，《史籍考》一種，遍訪未得。海內藏書家及各省書肆設有其書，倘肯成人之美，割愛見讓或鈔録寄，申如何論值及如何報酬，乞從郵局示知，不勝企盼之至。

上海四馬路西首同興里口博古齋書莊啓。①

綜上所述，民國時期尋訪章氏遺文佚稿的風氣頗盛。在這些對章氏遺文的搜輯之外，學界對章學誠稿鈔本的關注達到前所未有的盛況，尤以浙江圖書館校印本《章氏遺書》和嘉業堂本《章氏遺書》的刊布爲巔峰。1920年浙江圖書館"據會稽鑄學齋寫本校印"出版《章氏遺書》二十四卷。包括《文史通義》内外篇以及《校讎通義》外篇中大梁本所無的内容，又有《文集》《湖北通志檢存稿》《外集》《湖北通志未成稿》和《劄記》等，"多出前所未印者"。此書得到許多學者的重視，胡適特"以所校章實齋文寄示"，成《章氏遺書續正誤表》一卷。

浙江圖書館排印本《章氏遺書》刊行時，嘉業堂本《章氏遺書》也已處於緊鑼密鼓的準備階段，并最終於1922年刊刻出以内容最備著稱的《章氏遺書》。其《例言》云："今假自沈乙盦尚書所藏鈔本，兩《通義》外，又有《方志略例》諸種，復從尚書處借得《和州》《永清縣》二志，余又獲得《庚辛之間亡友傳》，益以風雨樓印行《信摭》一卷……今爲薈萃付刊，成一家言，亦庶幾告備矣。"②嘉業堂本最備的地位迄今未動搖。

然而，自嘉業堂本《章氏遺書》產生之初，就有學者對其書名、編排乃至校勘等疏失處提出異議。如劉咸炘《文史通義識語》雖稱贊"此刻出而前之碎印本皆可廢矣"，但緊接着說："然亦有小疏失，廬江何氏藏兩《通義》，藏本較通行本多，江建霞標據以刻爲《補編》，在《靈鶼閣叢

---

① 《申報》1921年4月18日、20日、23日、26日。
② 參《章學誠遺書·章氏遺書例言》，第1頁。

書》中，其標題亦有異處，劉刻未取校也。浙江圖書館活字印行《遺書》，在劉刻將成時，《文集》中有《江夏縣學□建忠義孝弟祠碑記》一篇，文中有余承之江夏語，蓋代人作，而劉刻獨無之。活字本亦從□本出，而編次乃與劉所據不同，且有勝處，劉刻亦未校也。"①姚名達云："世之編次實齋是書者，則亦太不究思矣。《文史通義》與《校讎通義》本是一書而分題爲二，猶可委曰'實齋之子實名之，其言必有所受'。若'某某某文集''某氏遺書'之稱，曰集曰氏，乃實齋所深惡者，顧舉而加之其書，何爲也？既題名爲《章氏遺書》矣，《文史》《校讎》《文集》各有内外篇，而皆隸於内編，《方志略例》有《通志稿》有州縣志而分隸内外編；謂以文體分乎？則序、跋、傳、記、詩、信同隸一卷；謂以文義分乎？則家譜之論，可附《校讎》，古史之辨，可附《文史》；同樣書信，或隸《文集》，或隸《外集》，或隸《文史》外篇：語其乖謬，累紙難窮。而名姓標題，亦有不可解者。同一邵晉涵也，忽名邵二雲，忽名邵與桐；同一朱珪也，忽名朱中堂世叔，忽名朱大司馬，忽名石君先生。或一人數信，毫無異稱。或空録官銜，不記名姓。或論學而稱論文，或與書而無殊面辨。欲一覽而得其指歸，鮮有不大失所望者矣。"②此外，陶存煦也指出三點意見："第一，章氏的遺稿，照他本意，似乎不應該是這樣編的；第二，劉先生之對於章氏遺文，搜羅似尚未遍，校勘亦太敷衍；第三，劉先生之編次前人文集，尚不免有守舊的偏見，所有附録和刻書的格式，都不完善。"③可見，嘉業堂本《章氏遺書》雖然功莫大焉，可在校勘、編次以及命名等方面仍存在不少異議。

又因嘉業堂本未用新式標點、注釋等進行整理，不方便利用，姚名達發願重新編排成《章實齋遺書》，并稱："自十五年秋，一月辨别去取，一月標點句讀，一月分排部類，一月考定時地，一月校正文字，一月編寫標目，

---

① 劉咸炘：《推十書》（增補全本）甲輯第 3 册，第 1126 頁。
② 羅豔春、姚果源選編：《姚名達文存》，第 116 頁。
③ 陶存煦：《劉承幹校刻的章氏遺書》，《圖書評論》第 1 卷第 12 期，1933 年，第 19 頁。

至是大體略具。"①遺憾的是,姚名達的《章實齋遺書》或許衹是一個初步的編排計劃,雖然他在該文篇末的"附注一"稱"《章實齋遺著》在數月内可以出版,書名或有變更",②筆者却并未查到姚氏改編的相關信息。

隨着新的章氏稿鈔本的出現,一些學人還對特定的稿鈔本撰文進行學術性的介紹。如侯雲圻《跋〈章實齋遺書〉稿本》對燕京大學圖書館所藏之武昌柯逢時鈔本《章實齋遺書未刊稿》進行了介紹和價值分析。③ 錢穆自稱好章氏之學,"章氏書幾無不過目"。民國二十五年(1936)他在北大任職時,"圖書館主持人携鈔本《章氏遺書》一大篋來詢余",經鑑定爲章華紱所録的"副本十六册"。他撰寫了《記鈔本章氏遺書》一文,細述了鑑定緣由,還將鈔本與劉刻《章氏遺書》和王宗炎編次《目録》進行比對,指出該本重要的文獻價值。④ 隨後,錢穆又從該鈔本録出部分重要篇章,"由成都四川省立圖書館出版兩百册分贈友好及學校圖書館"。⑤

這一時期還有學者在撰文過程中,對章氏著作兩種刊本進行比較研究。如錢基博《文史通義解題及其讀法》一文,分論世、叙傳、解題、讀法四類,其中最後一類又分三節即校本、析篇和原學。"校本"一節概括了大梁本及由之所出的粤雅堂本、黔刻本、浙刻本,并指出"華紱之大梁刻行,而王氏所編者不出"。他還概述了以王宗炎編目爲基礎的嘉業堂本《章氏遺書》之特點。針對王目和華紱所編目録的優劣,錢氏批評章華紱爲"無知妄作,不善繼志者矣"。⑥

另外,學界對章學誠著述版本系統撰寫專篇論文進行梳理者,以張

---

① 羅艷春、姚果源選編:《姚名達文存》,第117頁。
② 羅艷春、姚果源選編:《姚名達文存》,第119頁。
③ 侯雲圻:《跋章實齋遺書稿本》,《燕京大學圖報》第28期,1932年4月30日。
④ 錢穆:《中國學術思想史論叢(八)》,九州出版社,第391—398頁。原載於民國二十五年十二月北平國立圖書館《圖書館季刊》第3卷第4期。
⑤ 錢穆:《記鈔本章氏遺書·附記》,《中國學術思想史論叢(八)》,第398頁。
⑥ 錢基博:《文史通義解題及其讀法》,第324頁。

述祖《文史通義版本考》、孫次舟《章實齋著述流傳譜》等爲著。《文史通義版本考》分別對《文史通義》刊刻的諸本如選刻本、大梁本、《粤雅堂叢書》本、浙江書局補刻本、章季真貴陽本等依照時間順序進行梳理介紹，并選擇如王宗炎編目、浙江書局補刻、浙江圖書館排印、嘉業堂本和廬江何氏鈔本等幾種重要版本，進行篇目異同的比較，同時繪出各本的源流圖表以及對幾種佚篇的介紹。該文不僅包括常見的幾種重要版本，還涉及那些已經無考的《文史辨俗通義》本、山陰杜氏本等。但是，該文的研究對象以已刊本爲主，不包括章氏著述的稿鈔本。1940 年吳孝琳又取孫次舟所撰《章實齋年譜補正》的殘稿重加整理而成《章實齋著述流傳譜》，文中將與章氏著述相關的人物版本按照時間順序綴連成篇。

自從嘉業堂本《章氏遺書》問世以來，學界對章氏逸文的搜求暫告一段落。直到 1985 年文物出版社"據吳興嘉業堂劉承幹刻本斷句影印，并附王秉恩所著《校記》一卷，書名改爲《章學誠遺書》。爲便於讀者研究參考，從北京大學圖書館藏章華紱鈔本選錄《與孫淵如觀察論學十規》等十四篇，[①]和北京大學圖書館藏翁同龢舊藏朱氏椒花唫舫鈔本選錄《書左墨溪事》等四篇，約五萬餘言，分別作爲'佚篇'，標點排印在全書之後"。[②] 其中，除了《論課蒙學文法》篇外，其他十四篇已被錢穆於 1942 年刊發在四川省立圖書館的《圖書集刊》第二、第三期内。[③] 祇有朱氏椒花唫舫鈔本内的《書左墨溪事》《嘉善茜涇浦氏支譜序》《與朱少白書》[④]《與錢獻之書》四篇均爲首次刊行。

---

① 按，實際上選錄了十五篇文章。
② 史誠：《影印〈章學誠遺書序〉》，文物出版社，1985 年，第 9 頁。
③ 章學誠：《章氏遺書佚篇》，四川省立圖書館編，《圖書集刊》第 2 期，1942 年，第 29—52 頁；章學誠：《章氏遺書佚篇（續）》，四川省立圖書館編，《圖書集刊》第 3 期，1942 年，第 9—39 頁。
④ 按，本篇原題作《與朱少白書》，文物出版社在刊行時改題爲《與朱少白書》，并出注説明云："鈔本原題《與朱少河書》，而原札落款爲錫庚。錫庚字少白，朱筠次子。《遺書》中與少白書札不少，却無少河者。而且鈔本《書左墨溪事》有錫庚按語，落款却用朱少白印。并證錫庚即少白，據改。"然而，朱錫庚，字少白，號少河山人。國家圖書館朱錫庚鈔本《章氏遺著》《文理》篇篇名下鈐有"少河"白文印，文末跋文有"丁巳正月十七日少河識於安慶廨署"。另外《地志統部》篇末跋文亦有"少河山人識"字樣。可知，本篇不必改題，當以《與朱少河書》爲是。

文物出版社《章學誠遺書》輯錄佚篇的舉措是對晚清民國以來學界搜求章氏遺文傳統的繼承，這些佚篇的刊行也推動了章學研究的進一步深入。如章學誠研究大家余英時先生正是在《與錢獻之書》爲首的新材料的基礎上，對章學誠學術的發展歷程有了重要的新發現，促使他對《論戴震與章學誠》一書進行增訂重刊。余英時《增訂本自序》云：

> 《論戴震與章學誠》初版於一九七六年由香港龍門書店刊行，距今恰恰已二十年整……但是一九八五年《章學誠遺書》問世，提供了前所未見的新資料；經過反復研讀之後，我竟獲得了一個始料未及的新發現。過去我們讀到章學誠所經常提及的"文史校讎"四個字時，總以爲是泛指他的《文史通義》和《校讎通義》兩部著作而言，甚至誤認爲即是這兩部專著的簡稱。而且自胡適撰《章實齋先生年譜》以來，根據章氏的自述，《文史通義》的草創早於《校讎通義》也久已成爲定論。現在我們纔能斷定"文史校讎"是章氏獨創的專門術語，用以描述他自己的學術"門路"，并持之以與戴震的"經學訓詁"相抗衡。這一關鍵性的概念獲得澄清之後，不但章氏的成學過程層次分明，而且他的文史理論的針對性也更爲顯著，這一發現對於《論戴震與章學誠》的中心論旨是十分重要的……這一發現也是本書重印的主要理由。①

余英時先生利用新材料揭示了章學誠在1779年以前治學重點在校讎，後期纔達到思想的飛躍。説明新史料的發現和利用對更深層次的章學誠學術研究具有重要啓發和價值。

整體來看，相較於民國時期學界的熱鬧景象，今日學界對章學誠新史料的發掘利用却較少，純粹的章學誠著述文本研究更是寥寥。

---

① 余英時：《增訂本自序》，《論戴震與章學誠：清代中期思想史研究》，臺北東大圖書印行，1996年。

蘭州大學研究生王亞軍碩士論文《章學誠著述若干問題研究》，第一章《文史通義版本考論》祇是分析了大梁本、嘉業堂本與自刻本之間的差異，羅列了20世紀以來《文史通義》的刊本，指出在出版刊行中大梁本較嘉業堂本更占優勢。① 版本研究非王亞軍的重點，稿鈔本更不在他關注的範圍内，且其關注時間在民國及其之後，對民國以前的版本未涉足。于延亮《章學誠著述整理史簡述》包括"重編章學誠著述的設想（1919—1949）""章學誠著述整理的實踐（1985—2010）"以及"章學誠著述整理成果述略"三個部分，有助於考察晚清民國和當代章學誠著述的整理活動，如著述重編、標點注釋和佚文補録的成果等，但該文多簡單的事實羅列，述多論少，未對各項内容進行縱向深入分析。②

當今對章氏著作稿鈔本的研究以梁繼紅最爲重要，她的博士論文《章學誠學術研究》"以章學誠學術中重要領域——校讎學、歷史編纂學以及道學爲研究範圍，聯繫章學誠學術發展的綫索，并從章學誠著作中重要專門術語的疏解入手，對章學誠的學術體系作整體研究"。③ 在此基礎上，她又對北京大學和國家圖書館藏朱錫庚鈔本《章氏遺書》以及北京大學藏章華紱鈔本等進行研究，先後撰寫了《朱錫庚鈔本〈章氏遺著〉及其利用價值》④《章學誠〈釋通〉與〈答客問〉寫作時間考訂》⑤和《章學誠〈文史通義〉自刻本的發現及其研究價值》⑥三篇論文，指出這些鈔本不僅具有重要的校勘價值，還修正了以往學界對《感遇》《假年》《釋通》《答客問》等寫作時間的看法，有助於加深對章學誠生前影響以及撰寫、修改過程等的認識。她依據章華紱鈔本考訂章氏自刻本

---

① 王亞軍：《章學誠著述若干問題研究》，蘭州大學碩士學位論文，2014年。
② 於延亮：《章學誠著述整理史研究簡述》，《浙江歷史文化研究》（第三卷）。
③ 梁繼紅：《章學誠學術研究・博士論文摘要》，《中國典籍與文化》2003年第4期，第94頁。
④ 梁繼紅：《朱錫庚鈔本〈章氏遺著〉及其利用價值》，《文獻》2005年4月第2期。
⑤ 梁繼紅：《章學誠〈釋通〉與〈答客問〉寫作時間考訂》，《史學史研究》2007年第2期。
⑥ 梁繼紅：《章學誠〈文史通義〉自刻本的發現及其研究價值》，中國歷史文獻研究會編：《章學誠國際學術研討會論文集》，北京圖書館出版社，2004年，第201—202頁。

《文史通義》共二十二篇,包括四個部分的内容,并稱"《文史通義》本身當僅含内篇、外篇、雜篇三個部分",指出章氏著作編排當以大梁本爲善。梁繼紅對章學誠幾種重要鈔本的研究收穫頗豐,説明以文獻入手有助於揭示章氏學術的内在發展脉絡,厘清當下章學研究存在的一些疑惑。遺憾的是,在梁繼紅所利用的幾種稿鈔本外,章氏著作還有許多稿鈔本遍布於海内外圖書館,有待進一步的梳理利用。尤其是在章氏學術研究成果已蔚爲大觀的今日,亟需對當今所存章氏著述的稿鈔本進行一系統梳理和研究。

第四節　章著稿鈔本的鈔存特點及留存概况

　　章學誠一生著述豐富,撰寫了數百篇"涉世之文"與"著作之文",還參與多部地方志以及《史籍考》的編纂,并留下數部學術札記。然而,由於學問路數不投時好,生平坎坷,他的著述或因故未完成,或完成後遭篡改、散佚。如《和州志》《亳州志》等半途而止,四十四歲以前的撰著因辛丑大梁遇盗"蕩然無存"。《湖北通志》雖成却遭人改竄,《史籍考》幾經波折最終灰飛烟滅。但是章學誠吸收大梁遇盗"盡失篋携文墨"的教訓,"自是每有所撰,必留副草,以備遺忘"[1]。友朋、學生素愛章氏之文者,亦多抄存副墨。章氏生前還曾將《言公》《説林》等十餘年前舊稿"急取訂正付刊",[2]并將印本呈正給"同志中人"閲讀。此外,他的《庚辛之間亡友傳》被友人周震榮刊刻出版。[3] 因此,儘管散毁嚴重,仍有不少著述因章氏的有意保存和友朋傳抄而留存世間。

---

[1] 章學誠:《章學誠遺書》卷二九《外集二》,第325頁上。
[2] 章學誠:《章學誠遺書·佚篇》,第643頁。《又答朱少白》云:"《通義》書中,《言公》《説林》諸篇,十餘年前舊稿,今急取訂正付刊,非市文也。蓋以頹風日甚,學者相與離跂攘臂於桎梏之間,紛争門户,勢將不可已也。"
[3] 詳見章學誠:《章學誠遺書》卷二九《外集二》,第336頁中。

第一章　文本傳播視閾下的章學誠接受史

一、章著稿鈔本的鈔存特點

章學誠撰寫過程通常是先結草成文，初稿完成之後，又會在三易其稿的過程中産生一種或若干種修改稿，直到最終"定稿"。① 這個由"初稿"到"定稿"的過程往往并非一朝一夕而就，通常會有很長的時間跨度，有時可達十多年之久。經歷大梁遇盗事件之後，章氏"自是每有所撰，必留副草，以備遺忘"，故而産生"原稿"和"副草"兩種文本。這些文本多是章著的早期形態，没有因再傳抄或刊刻産生新的訛誤，將它們與晚期定稿進行比較，有助於考察章學誠爲學、成書的心路歷程。

章學誠自己的撰寫和保存外，還有他所在學術圈内部的互動與流通環節。其著述流向大概可歸納爲以下幾條脉絡。一是，章學誠的師長、幕主等的鈔存收藏。章學誠學古文辭於朱筠，客幕朱氏門下最久，深受朱氏賞識，是以撰文多主動呈送給朱筠。他還多次將自己的文章呈送給朱珪、錢大昕、孫星衍、朱春浦、尹楚閣等尊長或學界名流等。如《上朱大司馬書》："前日有新撰《通義》一首及所上啓事一通，論近日學者風氣，想邀鈞鑒。"② 又如，他曾選録《文史通義》三篇文章，同時呈送給錢大昕、朱春浦、曹學関三人，詢問他們的看法。《上曉徵學士書》云："又取古今載籍，自六藝以降訖於近代作者之林，爲之商榷利病，討論得失，擬爲《文史通義》一書，分内外雜篇，成一家言。雖草創未及十一，然文多不能悉致，謹録三首呈覽，閣下試平心察之，當復以爲何如也？"③《上慕堂光禄書》："衰集所著《文史通義》，其已定者，得《内篇》五，《外篇》二十有二，文多不可致，謹録三首，求是正訛，轉致辛楣先

---

① 參《跋丙辰山中草》《癸卯通義草書後》，《章學誠遺書》，第 319 頁上—中，第 325 頁下。
② 章學誠：《章學誠遺書·補遺》，第 608 頁下。
③ 倉修良：《文史通義新編新注》，商務印書館，2017 年，第 649—650 頁。

生、朱春浦師。"①章學誠還想要把這三篇文章日後寄給嚴長明閱覽,即《與嚴冬友侍讀》云:"曾錄《内篇》三首,似慕堂光禄乞就觀之,暇更當錄寄也。"②章氏的師長也有主動提出鈔存文稿者,如過維揚時"薦師沈虀使先生,亦令人鈔存新舊文四卷"。③章學誠一生"職業文墨,碌碌依人",④基本靠依人游幕或在書院教書爲生,不得不多次向達官貴人或當時的學界要人呈送自己的文章或編纂的方志等推介自己,這種推介活動是章學誠學術思想和著作傳播的第一條路徑。

二是,章氏友朋與弟子的鈔存,這類鈔存活動是章氏著述流傳之大宗。章學誠與好友邵晉涵、周震榮、朱錫庚以及族子廷楓、弟子史餘村等人通過頻繁書信往來切磋學術,多涉及對所著文章之討論分析,必然伴隨着文稿的互相傳抄流動。書信中有不少章氏將寫好的文章寄給友人或友人求文以鈔存的記載。如《與史餘村簡》云:"近撰《史德》諸篇,所見較前有進,與《原道》《原學》諸篇足相表裏。而《原道》諸篇既不爲人所可,此篇足下觀之可耳,勿示人也。"⑤另一篇寫給史餘村的信中開篇就説:"去冬歸太守入都,所寄近著文字甚多,足下想皆寓目,所見又如何邪? 冬杪又有所著,今錄數篇,從邵先生轉寄永清,惟足下閲訖,即轉致也。"⑥《又答朱少白書》云:"今將《列女傳》摘錄之一册呈閲……足下昨云鄙一切散篇不復還,將自彙爲一本,可謂嗜痂之癖矣。"⑦朱錫庚寫信求文時,章學誠回信云:"俟明日可檢尋奉上,此等文近年時有塗改,而鈔胥又不多得,故不能整齊便覽耳。"⑧另一給朱錫庚

---

① 倉修良:《文史通義新編新注》,第659頁。
② 章學誠:《章學誠遺書》卷二九《外集二》,第333頁下。
③ 章學誠:《章學誠遺書》卷二九《外集二》,第325頁上。
④ 章學誠:《章學誠遺書》卷二二《文集七》,第225頁下。
⑤ 章學誠:《章學誠遺書》卷二九《外集二》,第325頁上。
⑥ 章學誠:《章學誠遺書》卷二九《外集二》,第335頁中。
⑦ 章學誠:《章學誠遺書·補遺》,第610頁中。
⑧ 章學誠:《章學誠遺書·補遺》,第609頁中。

第一章 文本傳播視閾下的章學誠接受史

的回信云:"規正孫淵如書稿呈閲,中有圈點,乃姚姬傳先生動筆。"①章氏同桐城姚鼐一起"規正"孫星衍的很可能是《與孫淵如觀察論學十規》一文,其正文"九曰天地之大,可一言盡,學固貴博,守必欲約,人如孔子,不過學《周禮》一言,足以盡其生平"句下,有小字注云:"别有專篇論著,容另呈録。"②這説明章氏不僅主動給孫星衍的書稿提意見,也請孫星衍批評他的文稿。再如,他另一篇寫給孫星衍的信云:"二月初旬,一緘奉候,并兩與邵二雲先生書,皆屬與足下共觀之,想俱邀鑒悉也。"③《又與正甫論文》云:"近與朱少白書,爲論學文之要,其中所言,亦有必欲與足下言者,就近自可取觀。且凡論文之言,俱彚史餘村處,故不復綴述。"④由這兩條可以推測,章氏寫好的文章,在友朋中互相傳抄閲讀應該是比較常見的現象。章氏自稱:"故人愛余文者,亦多請鈔存副墨。嘉善周明府青在,山陰史修撰餘邨,鈔藏尤多。大興朱孝廉少白稍次。"⑤如今留存較多的友人鈔本反而是鈔存"稍次"的大興朱孝廉少白,朱錫庚鈔本現分藏於國家圖書館、北京大學圖書館和上海圖書館。

章氏友人抄存的章著副墨在章學誠著作保存和流傳中發揮了重要作用。例如,章學誠生命中損失最慘重的一次即乾隆四十六年"辛丑游古大梁",遇匪導致"盡失篋携文墨,四十四歲以前撰著,蕩然無存",幸而"後從舊家存録别本借鈔,十得四五耳"。這次一同被盜的還有己亥撰寫的《校讎通義》四卷,所幸"未赴大梁時,知好家前鈔三卷者,已有數本"。⑥ 因此,書信和文章不僅是學術圈子内思想交流與交鋒的手段,也是"共觀"與"傳抄"的對象。而且,這些友朋的早期鈔本具有"稿

---

① 章學誠:《章學誠遺書・補遺》,第611頁上。
② 章學誠:《章學誠遺書・佚篇》,第640頁。
③ 章學誠:《章學誠遺書》卷二九《外集二》,第335頁上。
④ 章學誠:《章學誠遺書》卷二九《外集二》,第328頁上。
⑤ 章學誠:《章學誠遺書》卷二九《外集二》,第325頁上。
⑥ 章學誠:《章學誠遺書》卷二九《外集二》,第325頁上。

本"的性質,對它們的比較分析有助於我們了解章學誠學術思想的前後變化。

三是,其他鈔存章氏著述的情況。章學誠在書院授課或者在地方修方志時,所著文稿被當地學生或學者鈔存者。《國粹學報》曾刊出的《述學駁義》等章氏逸文後,鄧實跋云:"右章實齋先生《述學駁義》,世無傳本,是乃江蘇興化李君福祚所藏。李君之祖晋埒,官安徽之亳州,實齋適以修志客彼,福祚之父佳言從實齋問學,於實齋稿中,錄次四首及《書文史通義朱陸篇後》藏於家,以傳福祚。"①此外,不排除其他愛好章氏之文者,從已鈔存了章氏著作之家進行再傳抄的活動。

最後值得一提的是章學誠著述的流傳還有一個特殊之處,就是他的文稿經常隨寫隨傳,導致"書有異同,不待著書之人身後"的稿鈔本流傳特點。章學誠云:

> 己亥著《校讎通義》四卷,自未赴大梁時,知好家前鈔三卷者,已有數本。及余失去原稿,其第四卷竟不可得。索還諸家所存之前卷,則互有異同,難以懸斷。余亦自忘真稿果何如矣。遂仍訛襲舛,一并鈔之。戊申在歸德書院,別自校正一番。又以意爲更定,則與諸家所存又大異矣。然則今存文字,諸家所鈔,寧保與此稿本必盡一耶。嗟乎,書有異同,不待著書之人身後。因念古人之書存今日者,不必盡古人之實矣。②

此例非常典型地説明了章學誠的著述在他生前流傳中就存在文本異同,諸家鈔存的《校讎通義》互有差異,而章氏自己"亦忘真稿果何如矣"。章著文本傳抄的這一特點增加了章氏稿鈔本研究的複雜性,也

---

① 《述學駁義》篇後"跋",參《國粹學報》第48期,1908年11月。
② 章學誠:《章學誠遺書》卷二九《外集二》,第325頁上。

爲我們勾勒更豐富的章著形態提供了契機。

二、章著稿鈔本的留存概況

據《中國古籍總目》和相關數據庫如"全國古籍普查登記基本數據庫"等的記載，以及筆者的實地考察統計，現存於海內外各大圖書館的章學誠著作稿鈔本共有三十餘種。章著稿本僅兩種：國家圖書館藏《章實齋手札》不分卷①和上海圖書館藏《章實齋稿》不分卷。另有私人藏書中也涉及到章學誠稿鈔本的收藏，如田家英的小莽蒼蒼齋就收藏有章學誠致孫星衍的信札原件一封，吉光片羽，頗足珍貴。②

關於章學誠著作的鈔本，其中國家圖書館藏有：清王氏十萬卷樓鈔本《章學誠全集》五種十八卷十六册，包括《文史通義》八卷，《文史通義·雜篇》一卷，《校讎通義》三卷，《湖北通志檢存稿》一卷，《雜文》五卷；清朱氏椒花吟舫鈔本《章氏遺著》不分卷，共四册，内有朱錫庚校并跋，清翁同龢跋；蕭雪氏《章氏遺書節鈔本》共十一種二十册；清朱格鈔本《章實齋遺書》不分卷，共四册；清虞山周氏鵠峰草堂鈔本《庚辛之間亡友列傳》一卷。

北京大學圖書館藏的章著鈔本有：乾隆五十二年朱錫庚鈔本《文

---

① 按，國家圖書館藏《章實齋手札》原件無法提供閱覽。梁繼紅《章學誠著作稿本考述》對該《書札》的流傳作了較爲詳細的闡述，其云："1945年，陳監先在山西太原書肆偶然發現章學誠《上慕堂光禄書》與《上曉徵學士書》原札，於1946年天津《大公報》文史周刊第4期發表了《章實齋年譜的新資料》一文，將這兩封信首次公諸於世。此後，黄雲眉又據《大公報》將這兩通書信收入他的《史學雜稿續存》中（作者注：見該書附錄二《〈章氏遺書〉未收之實齋手札二通》）。1984年《晋陽學刊》第5期發表了陳監先、胡適的《關於章實齋的爭鳴》，再一次刊載這兩通手札。然而，1985年文物出版社出版《章學誠遺書》爲目前章學誠著作收集最全面的本子，却未能將這兩封書信收入。1993年，倉修良先生從黄雲眉《史學雜稿續存》將兩信選入《文史通義新編》之中，至此兩信纔被編入章學誠的著作集。……陳監先在發現這兩通書信後，曾與代胡適回信的鄧廣銘及胡適本人有過多封書信交流，胡適欲通過陳監先將這兩封信札買下，終因對方要價太高，未能成行。從1945年陳監先在太原見到信札到其現藏國家圖書館，其間必有曲折的過程，我們不得而知。"梁繼紅：《章學誠著作稿本考述》，《書目季刊》第40卷第4期，第71頁。又，倉修良《文史通義新編新注上》（商務印書館，2017年）書前附有《上慕堂光禄書》與《上曉徵學士書》兩通書信的影印件，可供參閱。

② 陳烈主編：《小莽蒼蒼齋藏清代學者書札》，人民文學出版社，2012年，第227—228頁。

史通義》有朱錫庚、趙之謙跋；章華紱本《文史通義》內篇六卷，《外篇》四卷，《外集》二卷，共十六冊，該本錢穆先生在《記鈔本章氏遺書》考訂爲章華紱在刊刻大梁本兩《通義》時抄錄的副本十六冊；①光緒九年武昌柯逢時傳抄章碩卿藏本《章實齋遺書》三十卷；乾隆精鈔本《文史通義》（殘）一冊。②

上海圖書館藏有：無涯有涯齋鈔本，清佚名校《章實齋先生文集》不分卷；顧氏小石山房鈔本《庚辛之間亡友列傳》一卷；光緒七年吳縣曹允源鈔本《章氏方志通例》二卷《通義內篇輯要》一卷；沈善登編《豫恕齋叢書》二十一種清光緒間刻朱印本及寫樣本《章氏遺書》三種寫樣本（清譚獻校）：《乙卯劄記》一卷，《知非劄記》一卷，《論修史籍考要略》一卷；鈔本章學誠《文史通義內篇》一卷；③繆荃孫鈔校本《章實齋先生遺稿》兩冊，紅格本，抄錄內容爲章實齋《丙辰劄記》；蕭穆的《蕭敬孚書章實齋文集》二冊，共抄錄章著文章55篇；朱錫庚鈔本《和州志》三卷。上海其他單位收藏章著鈔本的還有：華東師範大學圖書館藏廬江何氏《章實齋文史通義》不分卷《續通志校讎略擬稿》三卷。上海師範大學圖書館藏清徐維則編《會稽徐氏初學堂群書輯錄十七種》，光緒二十年會稽徐氏鑄學齋稿本《信摭》一卷。

浙江圖書館藏有徐氏鑄學齋鈔本《章氏遺書》九種。南京圖書館藏有清末丁秉衡家鈔本《信摭》一卷，李詳校并跋，該本已經由《國粹學報》於宣統二年（1910年5月）第5號第67期刊出。南京圖書館藏有《蕭敬孚雜著》四冊，包括章學誠《知非日劄》《閱書隨劄》《乙卯劄記》

---

① 錢穆：《記鈔本章氏遺書·附記》，《中國學術思想史論叢（八）》，第391—392頁。
② 北京大學圖書館編：《北京大學圖書館善本古籍書目》，《史部·史評類》，北京大學出版社，1999年，第218頁。
③ 上海圖書館藏抄本"章學誠《文史通義內篇》一卷"，該本鈐有"沈裕君秘賞印"朱文方印、"蓮松家風"朱文方印、"沈善登印"白文方印，因此，當爲沈善登所鈔。收錄內容包括：《言公上》《言公中》《言公下》《説林》《知難》《釋通》《申鄭》《答客問上》《答客問中》《答客問下》《橫通》《史德》《史釋》《史注》《傳記》《習固》《詩話》《婦學》《文集》《答問》《篇卷》《天喻》《師說》《假年》《感遇》《雜説上》《雜説中》《雜説下》《雜説》諸篇。

的部分節抄内容以及《閱章氏遺書隨劄》,抄本《丙辰劄記》一卷。

此外,東北師范大學藏有清鈔本《閱書隨劄》。重慶圖書館藏有民國二十五年鹽亭蒙文通鈔本《章氏遺書補抄》不分卷,蒙文通校點并跋。湖南師範大學圖書館藏有《實齋文集》八卷(存卷一、三)。湖南圖書館藏《文史通義補》一卷。寧波天一閣藏道光八年(1828)《信摭》一卷,山陰沈復燦鈔本,沈復燦題記。紹興圖書館藏《信摭》一卷,道光八年山陰沈復燦鈔本,沈復燦題簽并跋。天津圖書館藏漢陽葉氏鈔本《文史通義》不分卷《續通志校讎略擬稿》三卷。

臺圖藏有鳴野山房鈔本鈔本《章氏遺書》,共三十三册,《中國古籍總目》著録爲"臺灣圖書館藏《章氏遺書》五十一卷,稿本",實際上該本爲沈復粲的鳴野山房鈔本。周退舟雙藤花館鈔本《文史通義》不分卷。臺北"中研院"歷史語言研究所傅斯年圖書館藏稿本《和州志》不分卷。日人内藤湖南藏抄本《章氏遺書》十八册現藏於關西大學。

綜上可知,當今留存的章著稿鈔本相當豐富,散落於海内外各大圖書館。依照産生的時間順序,以上諸種稿鈔本大致可概括爲三種類型:

一是章學誠的稿本,僅存有上圖藏《章實齋稿》和國圖藏的兩封《章實齋手札》以及小莾蒼蒼齋藏的章學誠至孫星衍的書信一封,它們最能直觀考察章學誠寫作與修改情景。

二是章學誠著作生前友朋傳鈔本。這種類型的鈔本以朱錫庚鈔本最爲典型,現分藏於國家圖書館、北大圖書館和上海圖書館。國圖藏朱錫庚鈔本内有三卷《續通志校讎略擬稿》,即刊本《校讎通義》的前身。經比較發現東師範大學藏廬江何氏鈔本《續通志校讎略擬稿》三卷與朱錫庚鈔本内容一致,廬江何氏鈔本《文史通義》的部分篇章也與朱錫庚鈔本異文一致。因此,可以推測廬江何氏鈔本也源於章學誠生前的友朋傳鈔本。此外,天津圖書館藏漢陽葉氏鈔本《文史通義》不分卷《續通志校讎略擬稿》三卷與廬江何氏鈔本篇題名稱卷數一致,當源於同一流傳譜系。是以朱錫庚鈔本、廬江何氏鈔本、漢陽葉氏鈔本應都屬於章學誠的早期鈔本流傳系統，三者與今刊本《文史通義》存在較大內容出入，多爲就章氏原草的謄抄，具有稿本的性質，較能反映章氏著作的早期面貌。比較研究這些早期的稿鈔本，有助於考察章氏學術思想的形成和發展過程，對章氏思想前後變化有進一步深入了解。

三是章學誠去世之後的傳鈔本。如瀟雪氏鈔本、會稽徐氏鑄學齋鈔本、丁秉衡家鈔本、光緒九年武昌柯逢時傳抄章碩卿藏本、光緒七年吳縣曹允源鈔本、《蕭敬孚書章實齋文集》、民國二十五年鹽亭蒙文通鈔本等，由抄寫時間或鈔存者的時代就可看出屬於章氏身後的傳鈔本。其他如王氏十萬卷樓抄《章學誠全集本》，臺灣圖書館藏《章氏遺書》等通過鈔本内的前序或跋語也可發現屬於章學誠身後傳鈔本。

當今留存的章著稿鈔本内容卷次多寡不一，多則三十餘册，少則一卷，甚至祇有幾頁殘札。篇章編排也相當不一致，除了特定體裁内容的文稿如《乙卯劄記》《丙辰劄記》《和州志》《湖北通志稿》《信摭》《庚辛之間亡友列傳》之外，有的鈔本如流水簿册般凌亂無章，有的則以内外分篇或以文章體例分類。如朱錫庚鈔本除了第三册皆爲方志義例類文章外，其他册的篇章與廬江何氏鈔本《文史通義》一樣排列無序。臺圖藏周退舟鈔本依據章氏生前自刻本的面貌抄寫。曹允源鈔本則依據傳抄者的喜好進行摘錄。臺圖藏《章氏遺書》抄錄内容最爲豐富，該部書内雖然有王宗炎編次《章氏遺書目錄》，但實際上册與册之間以及每册内諸篇之間并無一定編次。徐維則藏本《章氏遺書》依照王宗炎編次的《章氏遺書目錄》抄錄大梁刊本所無之内容。但是，源於王宗炎之家的王氏十萬卷樓鈔本《章學誠全集》其編排却與王宗炎編次的《章氏遺書目錄》不同，反而更接近於章華紱刊大梁本《文史通義》之編次。

在現存的章著稿鈔本内，部分鈔本已經刊刻出版。如《庚辛之間亡友列傳》在章氏生前已由好友周震容刊刻出版，因此兩種現存《庚辛之間亡友列傳》的鈔本價值就相對較小。丁秉衡家鈔本《信摭》於宣統二年（1910）被《國粹學報》刊出。國圖藏的四册朱格鈔本《章實齋遺書》，抄錄内容是《湖北通志稿》，實爲王潛剛 1910 年刊《章實齋先生遺書》之紅印本。蕭穆鈔本《乙卯札記》《丙辰札記》被鄧實《風雨樓叢書》刊刻出版，繆荃孫的兩册《章實齋先生遺稿》內容爲《丙辰劄記》，也被鄧實刊於《古學彙刊》。無涯有涯齋鈔本《章實齋先生文集》於 1918 年被華陽王氏菊飲軒刊出名爲《章實齋文鈔》。浙圖藏會稽徐氏鑄學齋鈔本《章氏遺書》在 1920 年被浙江圖書館校印出版。民國二十五年（1936）鹽亭蒙文通鈔本是從北大圖書館藏章華紱鈔本中摘鈔出比嘉業堂刊本多出的十八篇文章，①蒙氏摘出來的十八篇文章除《定武書院教諸生集經傳文異同凡例》《爲畢制府擬進湖北三書序後跋語》《寇難熊倩傳》外，其他十五篇皆已於 1942 年被刊入《圖書集刊》内，②又於 1985 年被文物出版社影印出版嘉業堂刊本《章氏遺書》時作爲《章氏遺書佚篇》補入《章學誠遺書》内。③ 因一些主客觀原因，如國圖藏《章實齋手札》、北大藏武昌柯逢時傳抄章碩卿藏本，北大藏朱錫庚鈔本和乾隆精鈔本《文史通義》，天圖藏漢陽葉氏鈔本等筆者皆未能寓目。

---

① 據陽海清主編，孫震副主編：《中南、西南地區省、市圖書館館藏古籍稿本提要》記載，"《章氏遺書補鈔不分卷》民國二十五年鹽亭蒙文通鈔本，蒙文通點校并跋二册（重慶）"條云："蒙文通氏，於二十世紀三十年代，在北京借得舊鈔本《章氏遺書》一種，用以對勘清末王秉恩，民初劉承幹二家刻本，發現此多於彼者，近萬言，計有：《與孫淵如觀察論學十規》《又與朱少白論文》《又與少白》《與史餘村》《答邵二雲》《與史氏諸表姪論對策書》《史考摘錄》《書宋孝女附采案牘》《書李孝婦事》《書李節婦事》《家石亭封君七十初度屏風題辭》《許可型七十初度幛子題辭》《清漳書院留別條訓三十三篇》《定武書院教諸生識字訓約》《定武書院教諸生集經傳文異同凡例》《爲畢制府擬進湖北三書序後跋語》《寇難熊倩傳》等十八篇文章。蒙氏裒集成此《章氏遺書補鈔》。復錄舊鈔本、柯逢時鈔本《章氏遺書目錄》以附。……補鈔係以無格白紙行書發寫，半葉十四行，行二十八至三十字不等。全書經蒙氏用紅、藍、墨筆校勘、標點一過。卷末有蒙氏親筆題跋。書皮有朱筆'章氏遺書補鈔'題簽，下有'丙子孟冬'字樣。全書無藏書人印記。（張拱卿）"陽海清主編，孫震副主編：《中南、西南地區省、市圖書館館藏古籍稿本提要》，華中理工大學出版社，1998 年，第 290—291 頁。
② 參章學誠：《章氏遺書佚篇》，四川省立圖書館編，《圖書集刊》第 2 期，1942 年，第 29—52 頁；章學誠：《章氏遺書佚篇（續）》，四川省立圖書館編，《圖書集刊》第 3 期，1942 年，第 9—39 頁。
③ 章學誠：《章學誠遺書·佚篇》，第 635—688 頁。

綜合考量以上諸稿鈔本產生的背景和內容多寡、編次特點等，當今留存的章著稿鈔本中尤以上圖藏《章實齋稿》，華東師範大學藏廬江何氏鈔本《文史通義》《續通志校讎略擬稿》，國圖、北大、上圖藏的朱錫庚鈔本《章氏遺著》《和州志》等，北大藏章華紱鈔本、臺圖藏鳴野山房鈔本《章氏遺書》以及國圖藏王氏十萬卷樓鈔本《章學誠全集》最具典型意義與研究價值。尤其是臺圖藏鳴野山房鈔本先後衍生出國圖瀟雪氏節抄本、北大藏武昌柯逢時鈔本、浙圖藏徐維則鈔本、內藤湖南藏本、繆荃孫鈔本、蕭穆鈔本等，在章學誠著作流傳史上占據重要地位。鑒於梁繼紅已經對朱錫庚鈔本以及章華紱鈔本做了研究，本書將對這兩種之外的幾種重要章著稿鈔本進行分析。

若以章著鈔本的產生時間爲序，則上圖藏《章實齋稿》是迄今筆者所見保存數量最多的章氏稿本，其增刪、修改、塗乙處，最可直觀考察章學誠撰文時的心態和學術思想的前後變化。華師大藏廬江何氏鈔本是章學誠生前早期著作鈔本的代表，這類早期鈔本具有稿本性質，因而其研究價值頗高。臺圖藏本《章氏遺書》源於章學誠去世之後的家藏遺稿，其未經編排的"流水簿册"式的稿册著錄形態對我們了解章學誠最終遺稿概況具有重要借鑒意義。該本又是嘉業堂刊《章氏遺書》的底本，因而它既是章學誠遺稿的集大成又是章著刊刻之集大成，具有重要版本價值。王氏十萬卷樓是蕭山王宗炎、王端履父子的藏書樓。王宗炎承章學誠臨終托命擔當《章氏遺書》的編次重任，其編撰的《章氏遺書目錄》被嘉業堂刊《章氏遺書》采用，成爲與章華紱刊大梁本兩《通義》比肩的章著編次目錄。然而，十萬卷樓鈔本《章學誠全集》却并未按照王宗炎編目進行排列，反而與章華紱編次的大梁本相似，爲章氏遺著之編次再增加一層迷障。

綜上，筆者將以上述幾種稿鈔本及在它們基礎之上的傳鈔本爲中心進行考察，比較它們之間及其與章著刊本在篇名差異、段落移易、文字內容、篇目編次等方面的異同。一方面嘗試動態立體的勾勒學誠著述、成書之過程及其學術思想的發展變化;另一方面,通過對章著稿鈔本流傳過程的研究,即由誰所抄、被誰傳抄、又流經誰手、被誰刊刻等,勾勒出章學發展脈絡,以此來探求章學流傳與被接受的過程,考察章學誠學術之發展及其背後的學風、時風之變遷。

第二章
章學誠稿本研究
——以上海圖書館藏《章實齋稿》爲中心

第一節 《章實齋稿》之版本概貌

章學誠先生一生著述頗豐，生前就有不少友朋競相傳抄其作品。在他去世之後，學界對其著作的傳抄也從未間斷，然而，章氏手稿存世甚少。所幸上海圖書館藏四册《章實齋稿》，經上圖專家鑒定當爲章氏手稿本，"此稿部分爲手書初稿，部分爲謄清之稿"，[①]因此彌足珍貴，具有重要的文物價值和文獻價值。

一、《章實齋稿》之版本特徵

上海圖書館對《章實齋稿》的著録信息爲：

稿本，四册，原書尺寸：25.7×17.8 cm。版式：格口邊魚尾。批校者：張禮庭。藏印：章學誠印，杭州葉氏藏書，合衆圖書館藏書印，武林葉氏藏書，寔齋，國子典籍。

[①] 上海圖書館編：《上海圖書館藏明清名家手稿》，上海古籍出版社，2006 年，第 71 頁。

第二章　章學誠稿本研究

《章實齋稿》的版本形態共有三種，一種爲淺綠格紙，四周雙邊，單魚尾；一種爲深綠格紙，四周單邊，無魚尾；一種爲無界行者。三者皆每半頁十二行，行二十五字，小字雙行同。稿本正文内，有不少章氏對初稿或謄清稿作的朱筆或墨筆之鈎乙、增删痕迹，還有少量黄色或粉色涂痕。

　　《章實齋稿》四册之間無前後次序，爲了論述方便，筆者依照上海圖書館電子化處理的順序分别稱之爲第一册、第二册、第三册、第四册。《章實齋稿》第一册始於《釋通》篇，終於《家書》七篇，共三十四篇。册内有夾簽云"章學誠著述按目對証，禮庭識"。該册目録首頁卷端依次鈐有：合衆圖書館藏印（朱文長方）、杭州葉氏藏書（朱文長方）、章學誠印（白文方）、實齋（朱文方）、上海圖書館藏（朱文長方）諸印。正文《釋通》篇名下鈐有"武林葉氏藏書"印（朱文長方）。第二册内容爲《校讎通義》三卷，内有夾簽云："稿本《校讎通義》三卷，章學誠著，按篇對證，禮庭。"正文每卷卷端題"校讎通義卷第某"，正文内有黄色塗痕。第三册僅包括《讀北史儒林傳隨劄》等八篇文章，書衣與第一册一樣，寫有八篇篇目及在嘉業堂本《章氏遺書》中的對應卷次。内有夾簽云："章實齋著述按目對証"，正文首頁鈐有"國子典籍"印（朱文方）。第四册始於《與李訥齋太守論碑刻書》，終於《與曹定軒侍御論貢舉書》，共十八篇。《知難》篇名下寫有"文史通義内篇"，字體小一號，魚尾下方寫有"文史通義"四字，是爲稿本内之僅見。該册有夾簽云："章學誠著述，目記列下：《曹定軒侍御論貢舉書》《李訥齋書》《知難》《爲蔡灤州夫人詩草》《邵晉涵書》《甄鴻齋書》《曹府君墓志》《凌書巢詞》《題壬癸尺牘》《喬氏三子字説》《上執政論時務書》。"夾簽左下方空白處識云："乙卯秋八月□下特記，張禮庭。"本册内有章氏的朱筆或墨筆删改痕迹，部分篇内有墨筆句讀，《與曹定軒侍御論貢舉書》内有粉色涂痕。

　　《校讎通義》三卷外，其他各册目録篇名下及其正文篇名下皆有"卷某之某"的批校。如《釋通》篇在該册目録與正文篇名下皆寫有"卷四之七"。此類批校當是收藏者將該稿本與嘉業堂本《章氏遺書》比較後,標注出稿本每篇文章對應嘉業堂本之卷數與篇次信息。另外,多數正文的篇名上方寫有"核對""對"字樣,書眉間或部分正文內也有少量批校。因四張夾簽内有三張分別寫有"禮庭""禮庭識""張禮庭",所以,上海圖書館認爲批校者是張禮庭。

《章實齋稿》被選入《上海圖書館藏明清名家手稿》時,選編者稱:"此稿部分爲手書初稿,部分爲謄清之稿,編次無序,多未刻入《實齋文集》。"①據筆者辨識,《章實齋稿》有五種以上筆跡,其中如《江母姚太孺人八十屏風題辭》《爲蔡灤州夫人詩草》等篇字跡較潦草,鉤乙刪改和塗抹痕跡較多,或爲章氏"手書初稿",其他篇章當多爲謄清稿,章學誠倩人謄錄之後,再對之進行修改。《章實齋稿》諸篇皆見於嘉業堂刊本《章氏遺書》。

二、《章實齋稿》之產生與流傳

上圖鑒定該本爲章學誠的手稿本,但并未詳述鑒定依據,接下來有必要再作進一步分析。首先,《章實齋稿》內"章學誠印""實齋"兩枚印鑑是判斷其版本信息的重要依據。章學誠"丙申援例授國子典籍",②所以"國子典籍"印亦是一證。另外,還可以通過章氏平時撰文之用紙特徵及修改習慣進行考察。章學誠《又與朱少白書》云:

> 曾記有小本面書"文史通義"四字,其内八篇文字,前七篇皆綠色印板格鈔寫,末篇白紙無印格者,皆朱筆點句逗。③

《章實齋稿》内除《校讎通義》三卷都用無印格白紙書寫外,其他三册内

---

① 上海圖書館編:《上海圖書館藏明清名家手稿》,上海古籍出版社,2006年,第70頁。
② 章學誠:《章學誠遺書》卷一九《庚辛之間亡友傳》,第189頁下。
③ 章學誠:《章學誠遺書》,《外編·補遺》,第611頁中。

的"綠色印板格"與"白紙無印格"混雜并出，是以，《章實齋稿》的紙張形態與此信所述章學誠書寫所用紙張特點正相一致。由該信可知，章學誠的"文史通義"册由"綠色印板格"與"白紙無印格"共同構成。該稿《知難》篇名下有"文史通義内篇"小字注文，魚尾下方寫有"文史通義"四字。因此，《知難》篇很可能就屬於此信所云之"文史通義"册。

其次，書寫紙張之外，章學誠自述的修改習慣也在《章實齋稿》内有所體現。《癸卯通義草書後》云：

自七月初三日置册，結草訖九月初二日。閲兩閲月而空册已滿，得書七篇，分八十九章，三篇不分章者不與，總得書十篇，計字兩萬有餘。用五色筆，逐篇自爲義例，加之圈點。性不善書，生平著作，皆倩人繕錄。……故草稿作字，皆疏朗清徹，其更改多者，則用粉黄塗滅舊迹，改書其上。行款清疏，無毫髮模糊，晴窗把玩，亦殊不惡。①

章氏"性不善書"，故多請人謄抄書稿，《章實齋稿》内不同的字迹當是謄抄者不同所致。另外，《上梁相公書》《題温芘山房》《爲蔡瀼州叙其夫人詩草》《與李訥齋太守論碑刻書》等俱用朱筆或墨筆圈改，《校讎通義》三卷和《與曹定軒侍御論貢舉書》内分别有黄色與粉紅色塗痕。以上諸篇寫作及文章修改的方式與《癸卯通義書後》章氏自述特徵一致。其中，《江母姚太孺人八十屏風題辭》字迹相當潦草，勾乙塗改頗多，很可能是章學誠的親筆手書。其他字迹各異的篇章當多屬謄清稿，謄錄之後再經章氏親筆修改。整體而言，《章實齋稿》保留了章氏親筆手書，也最爲直觀地呈現了他修改文章的過程。

再次，比較《章實齋稿》與臺圖藏本《章氏遺書》可以發現，《章實齋

---

① 章學誠：《章學誠遺書》卷二九《外集二》，第325頁下。

稿》第一册的内容與臺圖藏鳴野山房鈔本《庚辛間草》册的内容多相一致,《與史餘村簡》《書朱陸篇後》《雜說一》三文外,其他三十一篇皆出自《庚辛間草》册。第三册《婦學》篇外,其他七篇皆屬於臺圖藏鳴野山房鈔本《雜訂》册的内容。而第四册除《知難》《淩書巢哀詞》《與曹定軒侍御論貢舉書》三篇,其他十五篇皆出自臺圖藏鳴野山房鈔本《戊申秋課、庚申雜訂》册的内容。鳴野山房鈔本源自沈復粲從章學誠的長子章杼思處抄録之家藏遺稿,較爲完善的保存了章著遺稿之原貌。①《章實齋稿》不分卷,并無《文史通義》内、外、雜篇之分,或文集、外集之別,實際上體現了章著原稿的稿册形態。將《章實齋稿》與鳴野山房鈔本對應篇册比較之後,不僅可以互證章氏遺稿之形態,更可説明《章實齋稿》爲原始章氏書稿。

那麽,這批手稿是如何成爲上圖藏品的呢?我們不妨先由印鑑等標識來回溯其流。首先,《章實齋稿》内"杭州葉氏藏書"和"武林葉氏藏書"兩枚印章,爲近代著名實業家、藏書家、合衆圖書館創辦人之一葉景葵先生的藏書印。葉景葵先生在抗日戰争全面爆發後,痛心中華典籍慘遭兵燹之禍,"自戰事以後,公私書藏,流轉散佚,慘不忍言。余於是有發起私家圖書館之宏願"②。又感慨:"子弟不喜書,易將藏書散失,乃有喜書之子弟,亦復不能保有,其亡也忽焉,於是嘆私家藏守之不易,而創立公共圖書館之不可不努力也。"③因此,他發起籌建合衆圖書館,出資十萬并將全部藏書捐出。④《章實齋稿》就是葉景葵之舊藏,合

---

① 參本書附録一"二、鳴野山房鈔本每册册名與實際抄録篇目"。
② 葉景葵:《卷盦書跋》,上海古籍出版社,2006年,第84頁。
③ 葉景葵:《卷盦書跋》,第88頁。
④ 《葉景葵致顧廷龍論書尺牘》云:"弟因鑑於古籍淪亡,國内公立圖書館基本薄弱,政潮暗淡,將來必致有圖書而無館,私人更無論矣。是以發願建一合衆圖書館,弟自捐財産十萬(已足),加募十萬(已足)。(此二十萬爲常年費,動息不動本。)又得租界中心地二畝,惟尚建築基金,擬先租屋一所,作籌備處。弟之書籍即捐入館中。蔣抑卮君書籍亦捐入之。發起人現衹張菊生與弟二人,所以不多招攬,因恐名聲太大,求事者紛紛,無以應之也。惟弟與菊生均垂暮之年,欲得一青年而有志節,對於此事有興趣者,任以永久之責。故弟屬意於兄,菊生亦極贊許。今得來示,有意南還,可謂天假之緣。"上海圖書館歷史文獻研究所:《歷史文獻》(第一輯),上海科學技術文獻出版社,1999年,第31頁。

衆圖書館創建之後,順理成章被合衆收藏,鈐蓋"合衆圖書館藏書印"。1953年合衆圖書館將藏書捐獻給上海市人民政府,合衆原來的藏書也就成爲上海圖書館之藏品。①

然而,葉景葵先生收藏的《章實齋稿》又來自何方?上文已述《章實齋稿》內的四張籤條中有三張皆出現"禮庭"這一名字。可知,這部《章實齋稿》曾經張禮庭之手。張禮庭,名立莊,是琉璃廠書肆榮禄堂丁福毓的弟子。長澤規矩也《收書遍歷》云:"路南的榮禄堂是前清以來的老店,每年刊行《縉紳全書》(職員録),編定刊行簡要的北京導游記《都門紀略》,盛況直至民國初年,昭和初年開始漸漸衰落。最後一位活躍的店員是張禮庭。"②長澤規矩也《琉璃廠書肆新記》又云:"榮禄堂丁氏在路南,清末……盛行一時,1927年我在北京的時候,有個叫張禮庭的店夥,時常拿着兩三部書訪靳軒學士,近來也衰落了,有很多書架上竟空空如也。"③他在《中國版本目録學書籍解題》設有"《禮庭書目》張立莊"條,載曰:"無序跋。分經史子集,注記版本。觀其涉及版本之良否,似非藏書目而系知見之版本。"④綜上可知,張禮庭當爲榮禄堂書肆的一個夥計。受到長澤規矩也如此格重視,説明他具有一定書籍鑑識水平。另外,孫殿起《琉璃廠小志》有"三友書社"條,指出該書社爲韓榮華、丁冬長、張禮庭三人於民國二十年在萬源夾道路東開設,經營數年歇。⑤ 上圖藏《章實齋稿》在葉景葵先生之前,當流經書肆夥計張立莊之手。然該鈔本在張氏之前的流傳情況,因資料

---

① 按,《章實齋稿》並非葉景葵先生收藏的唯一一部章學誠著述之稿鈔本,還有一部章學誠"《和州志》"三卷,今藏於上海圖書館,爲朱錫庚校鈔本。其上鈐有朱錫庚的"錫庚閲目"白文方印,還鈐有葉景葵先生的"武林葉氏藏書印"朱文長方印以及"卷盦六十六以後所收書"白文長方印,以及"合衆圖書館藏書印"朱文長方印。
② [日]内藤湖南、長澤規矩也等著,錢婉約、宋炎輯譯:《長澤規矩也篇·收書遍歷》,《日本學人中國訪書記》,中華書局,2006年,第255頁。
③ [日]長澤規矩也:《三十年代北京舊書業及其他》,見王曉建編:《逛舊書店淘舊書》,中國文史出版社,1994年,第170頁。
④ [日]長澤規矩也著,梅憲華、郭寶林譯:《中國版本目録學書籍解題》,書目文獻出版社,1990年,第177頁。
⑤ 孫殿起:《書肆變遷記》,《琉璃廠小志》,上海書店出版社,2011年,第93頁。

缺失難以考察。

第二節 《章實齋稿》之文獻價值

上圖藏《章實齋稿》具有重要文獻價值。首先，通過文中勾乙、塗改的痕迹，可直接看出章學誠著述與修改過程。其次，章氏手稿本雖然編次凌亂，却是未經傳抄、刊印等產生訛誤的第一手資料，將之與今刊本《章氏遺書》進行比勘，可訂正刊本之訛誤、遺漏等。

一、勾乙增删所見章氏撰著修改經過

《章實齋稿》内無論是章氏初稿還是謄抄之後的修改稿，從題目到具體文字内容皆有或多或少的修改。這些衆多勾乙、塗抹痕迹可直接看出章氏撰文過程中對字詞之斟酌、對語句之考量，因而是《章實齋稿》最突出的價值所在。這種情況大致又可分爲三種類型，一是同義或同類字詞之更换，以求語義精準；一是删减贅語、冗文等以求精簡，或者删改一些關涉隱私的内容；一是增加語句以修飾、潤色文章或其他情況。

（一）同義或同類字句之修改

同義或同類字詞替改者的例證最多，如《朱崇沐校刊韓文考異書後》今本作"是時，先君方官湖北應城知縣"，①"知縣"，《章實齋稿》原作"縣令"。又如《章實齋稿》内《校讎通義·宗劉第二》："明茅坤、鍾惺輩復加圈點批評，是所重不在百三十篇，而在點識批評矣。""鍾惺"上有删除符號，旁添加"歸有光"三字，成爲嘉業堂本所見之"明茅坤、歸有光輩復加點識批評"。②再如《別裁第四》"《小爾雅》在《孔叢子》

---

① 章學誠：《章學誠遺書》卷一三《校讎通義·外篇》，第112頁下。
② 章學誠：《章學誠遺書》卷一〇《校讎通義·内篇一》，第96頁中。

之外，而《孔叢子》合之，則小學而入於子矣"，①《章實齋稿》"外"原作"先"，"先"字刪去，旁有校文"外"，"合"原作"收"，"收"字刪除，旁出校文"合"。

這種對遣詞造句的推敲現象以《知難》《爲蔡灤州叙其夫人詩草》兩篇内最多。章學誠《知難》篇慨嘆真知之難，比勘《章實齋稿》與嘉業堂刊本《章氏遺書》可發現，刊本"讀其書，知其言，知其所以爲言而已矣"，②《章實齋稿》作"讀其書，知其文，知其所以爲文而已矣"。不僅如此，本篇所有刊本的"言"字，《章實齋稿》皆原作"文"。如刊本《知難》：

讀其書者，天下比比矣，知其**言**者千不得百焉。知其**言**者天下寥寥矣，知其所以爲**言**者，百不得一焉。然而，天下皆曰：我能讀其書，知其所以爲**言**矣，此知之難也。③

《章實齋稿》原作：

知其名者，天下比比矣，知其**文**者千不得百焉。知其**文**者天下寥寥矣，知其所以爲**文**者，百不得一焉。然而，天下皆曰：我知文，我知所以爲**文**矣，此知之難也。

除了"知其名者"被改作"讀其書者"，"我知文"被改作"我能讀其書"外，《章實齋稿》内"文"字右側皆旁注"言"字。易言之，《知難》篇今刊本所見之"言"字，原皆作"文"字。《知難》篇在《章實齋稿》中被抄録在綠色版格紙内，字迹工整，頁面整潔，鮮有鈎乙塗改者，很可能是謄

---

① 章學誠：《章學誠遺書》卷一〇《校讎通義·内篇一》，第97頁中。
② 章學誠：《章學誠遺書》卷四《文史通義·内篇四》，第35頁中。
③ 章學誠：《章學誠遺書》卷四《文史通義·内篇四》，第35頁中。

清稿。其改動之處，祇有"知其名"被删去後旁注"讀其書"，《章實齋稿·知難》篇內的"文"字在原文并未被删去，僅在"文"字旁注"言"字。因此，章學誠撰寫《知難》最初使用的"文"字，或是在謄清稿後，斟酌之下覺得"文"字不如"言"字妥帖，纔旁注"言"字。至於爲何不直接將"文"字删掉，或許章氏內心仍在用"文"與用"言"之間有所搖擺。

上圖《章實齋稿》內還有一篇《爲蔡灤州叙其夫人詩草》，①寫於無行格白紙上，朱筆圈改、删削頗多。如嘉業堂本"直以是爲寄也，諸妾迭侍"②，《章實齋稿》原作"以是爲曼衍而究年也，諸姬迭侍"，旁添"直"字外，"曼衍而究年"被朱筆勾乙，旁出"寄"字，"姬"被勾乙後旁注"妾"字。又如"經生不能過也，由是知其中慧"③，《章實齋稿》原作"經生不能過，以是知其中慧"，"以"被朱筆删去，旁出朱筆"也由"二字。又如"余或不及周詳"句，④"周"原作"邃"，"邃"被朱筆删去，旁出朱筆"周"字。再如"因謂居民上者"，⑤《章實齋稿》原作"簡素以謂居民上者"，"簡素以"被朱筆删去，旁出朱筆"因"字。又如嘉業堂本"其兩幼弟，則又簡肅躬自課讀，并嫻吟咏。閨門之內，自爲師友，淵源可謂盛矣"，⑥《章實齋稿》本作："而二幼弟，則又簡肅躬自課讀，俱美吟咏。閨門之內，自爲師友，淵源可謂一時之盛矣。""而二""俱美"確實不如"其二""并嫻"表達的典雅，且"可謂盛矣"一旦加上"一時"二字，又有畫蛇添足之嫌。由以上改動可見初稿完成後，章氏仍對字句進行慎重的斟酌。再舉一例，文中"亦以慰其志也"⑦句，原作"亦藉以慰其志

---

① 蔡灤州，名熏，字涵齋，四川崇寧人。章學誠主永平書院、蓮池書院時與之交往頗密，詳見章氏撰《蔡灤州哀辭》。章學誠還撰有《蔡灤州采芝圖記》《書灤志後》兩文，皆與蔡熏有關。
② 章學誠：《章學誠遺書》卷二九《外集二》，第 321 頁中。
③ 章學誠：《章學誠遺書》卷二九《外集二》，第 321 頁中。
④ 章學誠：《章學誠遺書》卷二九《外集二》，第 321 頁中。
⑤ 章學誠：《章學誠遺書》卷二九《外集二》，第 321 頁中。
⑥ 章學誠：《章學誠遺書》卷二九《外集二》，第 321 頁中。
⑦ 章學誠：《章學誠遺書》卷二九《外集二》，第 321 頁下。

也","藉"被朱筆刪去,其實"藉"刪除與否對文義并無甚影響,然刪改於一字之間,也反映出章氏認真的態度。

（二）刪減冗煩和關涉隱私者

同類詞句之刪修、潤飾外,章學誠還對初稿進行精簡。如《三史同姓名錄序》內"道通於神明變化"句下,①原有小字雙行注"別有專篇討論",在《章實齋稿》中被刪去。又如"今龍莊所考"句,《章實齋稿》在"龍莊"前原有"汪君"二字被墨筆刪除。

《章實齋稿》內有一封給梁國治②的《上梁相公書》,抄錄在綠色印板格紙上,亦有數處較大的改動。本篇刊本首句作"自違函丈,荏苒經年",③《章實齋稿》在這句前又多出"學誠恭請老夫子大人萬福金安,學誠"。"恭請老夫子大人萬福金安",爲下級或晚輩給上級、長輩寫信時常用的頌祝詞,寫信時自然需要這種問候語,但收入文集之時,則刪去了這種書信問候語。原稿"夫子大人",修改稿皆改作"先生",也是因私人書信與公開文集受衆有別而進行的修改。又如"初冬晴淑"前,《章實齋稿》原有"玆值扈蹕將旋,塞天高潔"句被朱筆刪去。"仲將隨侍左右"句,《章實齋稿》本原作"世兄隨侍左右","世兄"被朱筆刪去,旁出"仲將"二字。

再者,嘉業堂本"秋盡無衣,數年遭困以來,未有若此狼狽特甚者。目今留滯肥鄉,至於都門內外,一切糊口生涯",④《章實齋稿》原作:

又以積逋累累,出都門時約以歸家,即日秋深氣肅,無衣無褐,難以禦冬,自數年遭困以來,未有若此次之狼狽特甚者。目今留滯

---

① 章學誠:《章學誠遺書》卷八《文史通義·外篇二》,第67頁中。
② 梁國治,字階平,號瑤峰,又號豐山,浙江會稽人。乾隆四十二年,章學誠應順天鄉試,梁國治任主考官,榜發,章學誠中試,并館其家兩年。章學誠還撰有《梁文定公年譜書後》一文。
③ 章學誠:《章學誠遺書》卷二九《外集二》,第326頁下。
④ 章學誠:《章學誠遺書》卷二九《外集二》,第326頁下。

> 肥鄉,官署進退兩難,至於都門內外,一切糊口生涯。

章氏將描述自己極度困窘境況的詞句刪掉,簡單以"秋盡無衣"四字代之,可能是出於維護顏面的考慮。此外,《上梁相公書》有"當此水火急迫之際,不得仰望長者知己一爲拯援,先生當不以爲躁也"句,①《章實齋稿》原作:

> 當此水火急迫之際,不得仰望長者知己一爲拯援,蓮池掌教一席,春間已蒙□芬噓植,徒以所問未諦,致茲舛錯。今肥鄉令尹張君實,與現在掌教董君同鄉素好。董君老病辭館,其信甚諦。張君與同好諸君,餽贐贈行已俱致去,此事想已不致參差。特恕強有力者,又□先籌,則南陽、天津前事之鑒,不得不急爲籌策,想夫子大人不以爲躁求也。

可知,章學誠此信是希望梁相公能夠幫他引薦蓮池掌教一席。他當時正在投靠肥鄉友人張維祺,張氏與蓮池現掌教董君爲"同鄉素好",因此,章學誠樂觀的認爲"此事想已不致參差"。然而,這封求救信并沒有得到他心中渴望的職位,章學誠最終在蓮池書院任職乃三年之後的事。"南陽、天津前事之鑒",不知何所指。據與《上梁相公書》寫作時間相當的《與邵與桐書》云:

> 弟以蹇運,所如轍蹶,顛倒狼狽,竟至不可復支。以海度之素交,而刻薄無情,迥出意計之外,所謂病寒而益之以冰雪也。……羇栖肥鄉,忽忽半載,羝羊藩觸,進退斯難。天津一席,既爲庶子所欺,蓮池又復再成畫餅。②

---

① 章學誠:《章學誠遺書》卷二九《外集二》,第326頁下。
② 章學誠:《章學誠遺書》卷二九《外集二》,第334頁下。

綜上,南陽、天津兩事,或許皆因章氏遇人不淑,致使自身處於困難境地,這些關係人事隱私的内容在嘉業堂本内皆被删除。又如嘉業堂本"夫干謁貴人,熱中躁進,小子竊所深恥。惟是水火求拯,饑寒呼救,伊古豪傑,有時不免",①《章實齋稿》原作:

> 至於不自量力,強所難能,熱中躁進,求爲富貴功名,此則小子竊所深恥。雖夫子大人,當亦知其無是疾矣。惟是水火求拯,饑寒呼救,伊古豪傑,皆所不免。

此例將"求爲富貴功名"這種直白的表述删掉,還删去"雖夫子大人,當亦知其無是疾矣",并將"皆所"改爲"有時",使語意表達更加精煉。上圖《章實齋稿》内《上梁相公書》既可以讓我們看到本篇的初稿,即章學誠寫給梁相公信件之原貌,又可以讓我們看出其由私人信件向個人文集的過渡變化形態。

另外,《爲蔡灤州叙其夫人詩草》篇末,《章實齋稿》在"季冬之月"下還多出"涵齋蔡薰叙"五字。之所以被朱筆删去,或因此篇是章學誠代蔡熏撰寫之叙,應酬完成之後,歸入自己文集時,將所代寫的人名删掉仍屬情理之常。

筆者推測《章實齋稿》内凡被鈔録在"緑色板格紙"上的文章應該都是謄清稿。章學誠在謄清稿上進一步的修改,乃章氏撰文過程中由初稿向定稿過渡之重要一環。《上梁相公書》爲私人信件時,無論是表述之畢恭畢敬,或是直抒胸臆、坦露隱私,都因信件本身的私密性而不傷顔面或引起他人不滿。但當私人信件被收入文集時,必然會面臨公諸於世的可能,過分客套話語與關乎内幕的隱私難免遭到被删改的命運。同時,信中表述不完善之處,也在此修改中得到潤飾和雅化。

---

① 章學誠:《章學誠遺書》卷二九《外集二》,第 326 頁下。

（三）增加語句及其它

《章實齋稿》還有些增補內容的例子。如《婦學》篇"有禮加封"句下，旁注補充"士師考終牖下，婦有諡辭，國殤魂返沙場，妻辭郊弔"，補入之句業堂刊本作"士師考終牖下，妻有誄文，國殤魂返沙場，赘辭郊弔"。① 又如，嘉業堂本《漢志詩賦第十五》"右十五之九"節末尾處，②《章實齋稿》多出一句正文"且詩必系曰歌詩，豈當時詩有不被樂者皆不錄耶？然賦則誦而不歌，已列之於詩首，豈必待選擇而後錄哉？""右十五之九"節是對"《漢志》詳賦而略詩"這一特點的討論，《章實齋稿》多出之句，乃爲"詳賦而略詩"原因的推測，嘉業堂本不知何故，未有這條內容。

另一例《章實齋稿》有增改但未被嘉業堂本錄用的見於《上尹楚珍先生書》篇。③《章實齋稿》原"或簡員勘驗，或因事參稽，果否實力奉行，或之以罪，且責成原奏之員，隨時糾核，量加甄叙"句內"果否實力奉行，或之以罪"被墨筆刪去，旁補入"如此則條奏之員，或有欲劾之人，而先爲此奏，且或拘泥原奏，迴護執拗，以釀事端，如安石之青苗，似不可行"句。然而，嘉業堂本作："或簡員勘驗，或因事參稽。且責成原奏之員，隨時糾核，量加甄叙。"④是以，《章實齋稿》新增的內容不見於刊本。或是後來再改時刪去，抑或是傳抄時漏抄耶？然無論何種可能，《章實齋稿》爲我們展示了這種增添內容的例證。

再者，《題溫芘山房》篇名原作"溫芘山房匾叙"，《章實齋稿》

---

① 章學誠：《章學誠遺書》卷五《文史通義・內篇五》，第47頁上。
② 章學誠：《章學誠遺書》卷一二《校讎通義・內篇二》，第107頁上。
③ 尹楚珍，名壯圖，雲南昆明人，乾隆三十一年進士，改庶吉士散館，授禮部主事，再遷郎中。三十九年考選江南道監察御史，轉京畿道，三遷至內閣學士，兼禮部侍郎。多次上書乾隆帝，諫言朝政得失，如乾隆五十五年(1790)，和珅創設議罪銀制度，尹氏上書乾隆皇帝，直言議罪銀制不利於朝廷，此議遂罷。參《清史稿・尹壯圖傳》。按，《上尹楚珍先生書》，嘉業堂本作《上尹楚珍閣學書》，見《章學誠遺書》卷二九《外集二》。
④ 章學誠：《章學誠遺書》卷二九《外集二》，第331頁中。

將"區叙"二字圈去，首加"題"字修改成今日所見篇名。該篇結尾，嘉業堂本作"因以溫芘顏其山房"，①《章實齋稿》則多出本篇寫作時間，作"因以溫芘顏其山房，庶幾有以得君之雅素歟。乾隆壬寅秋日會稽章學誠頓首"。是以，章學誠應酬之作，在被收録文集時多有改動，如上文提及的《爲蔡灤州叙其夫人詩草》《上梁相公書》等皆屬此種情況。

二、《章實齋稿》之校勘價值

上文所述爲章學誠直接在初稿或謄清稿上進行删改的例子，未經章氏改動的内容，也具有重要文獻價值。不僅有助於訂正今通行刊本在流傳過程中因抄手或刻工等造成訛誤、漏抄等，也爲我們展示了不同階段的文本形態，使我們對章氏著作特點有多層次的認識。嘉業堂本《章氏遺書》以沈曾植家藏舊鈔本爲底本，在其輾轉流傳過程中難免會出現鈔胥手誤或形近而訛等情況，鈔本付梓時刻工手誤等也在所難免。如《與邵二雲論學》"假有真知者出，未我輩之可聞果何物哉"②句"未我輩之可聞"令人不知所云。檢《章實齋稿》當作"求我輩之可聞"，這樣一來文意就較爲通順。"求""未"乃形近而訛，《章實齋稿》因是早期稿本所以保留了作品原貌。

又如，嘉業堂本《校讎通義·宗劉第二》："文集熾盛不能定百家九流之名目，四部之不能返七略者三；鈔輯之體，既非叢書又非類書，四部之不能返七略者四。"③《章實齋稿》在"文集熾盛，不能定百家九流之名目，四部之不能返七略者三"下面多出一條："纂類之書，不能次爲一家之言，四部之不能返七略者四。"以此類推，"鈔輯"爲"不能返七略者五"，"評點詩文"爲"不能返七略者六"。很可能是嘉業堂本的底本在

---

① 章學誠：《章學誠遺書》卷二九《外集二》，第326頁上。
② 章學誠：《章學誠遺書》卷九《文史通義·外篇三》，第80頁下。
③ 章學誠：《章學誠遺書》卷一〇《校讎通義·内篇一》，第96頁上。

流傳中遺漏了"纂類之書"條,《章實齋稿》作爲原始史料,可訂正傳鈔本的遺漏。再如,《漢志兵書第十六》有"《漢志》僅記八十三篇之總數"①,《章實齋稿》作:"《漢志》僅記八十二篇之總數",訂正了今本之誤。

訂正訛誤外,《章實齋稿》還可以補充通行本之闕漏。嘉業堂本《鴻齋甄公傳》"嘗與其子□□云",②《章實齋稿》作"嘗與其子松年云";嘉業堂本"時長子松年官京師",③《章實齋稿》作"時長子□□官京師"。雖不知爲何,嘉業堂本和《章實齋稿》對"松年"一出一隱,但兩相比對正可將彼此空缺信息補充完整。

經過比勘可知《章實齋稿》一些原有錯誤之處在嘉業堂本中已得到修正。且嘉業堂本還有多出《章實齋稿》的內容,説明章學誠當不止一次對自己的論著進行修改,《章實齋稿》僅是章氏修改稿中較爲早期的一種文本形態而已。如嘉業堂本《漢志諸子第十四》有"儒家部有《周政》六篇,《周法》九篇",④"《周法》九篇"《章實齋稿》作"《周法》六篇",檢《漢書·藝文志》知嘉業堂本爲是,此例或是作者再修改時發現錯誤進而改正,或是他人傳抄、刊刻時改正。然而,嘉業堂本較《章實齋稿》多出的部分,必爲作者日後所增添。如嘉業堂本《校讎通義·鄭樵誤校漢志第十一》就比《章實齋稿》多出"右十一之二":"鄭樵云《漢志》於醫術類有經方……不知樵因何所見聞而爲此説也。"⑤這節多出來的內容,再次説明章學誠對自己文稿進行過反復修改。

三、《章實齋稿》批注述論

《章實齋稿》內有一些批注內容是在篇名下標出《章實齋稿》各篇

---

① 章學誠:《章學誠遺書》卷一二《校讎通義·內篇三》,第107頁下。
② 章學誠:《章學誠遺書》卷一七《文集二》,第164頁中。
③ 章學誠:《章學誠遺書》卷一七《文集二》,第164頁中。
④ 章學誠:《章學誠遺書》卷一二《校讎通義·內篇三》,第103頁中。
⑤ 章學誠:《章學誠遺書》卷一一《校讎通義·內篇二》,第100頁中。

對應的嘉業堂本之卷數和篇次信息,①還有一些篇目上方寫有"對"字,意爲已經核對過嘉業堂本。其他一些批注如《祭族子婦李孺人文》篇天頭上有"不全"二字,因爲本文寫至"頭角嶷然,煢煢疚中形"這句就戛然而止,嘉業堂本云"此下原缺"②。據筆者所見,臺圖藏沈復粲鳴野山房鈔本《章氏遺書》亦止於"形"字。《章實齋稿》乃章氏親筆手稿或謄錄後修改稿,也是止於"形"字,此篇未完之謎甚令人不解。

另外,稿本内還有一些批注是對章著内容的補充解説,最顯著者如嘉業堂本《漢志詩賦第十五》小字注後③《章實齋稿》多出:"且詩必系曰歌詩,豈當時詩有不被樂者皆不録耶?然賦則誦而不歌,已列之於詩首,豈必待選擇而後録哉?"該處天頭上有批注云:"此處又有新解,在札記者補。"本節末尾空白處,批注者補入一段内容如下:

《藝文志》"不歌而誦謂之賦",《漢志·詩賦略》中詩稱歌詩,蓋被弦管者始著於録也,故表明賦之不歌耳。然《屈原賦》二十五篇,其《九歌》即當時樂章。《荀子·成相》雜辭,音樂相和,賦亦不盡徒誦不歌者也。或問《漢志》何以賦多於詩?後代何爲詩多於賦?曰:《漢志》所載歌詩被於管絃,登於樂府,職有司存,故《七略》得從而著録,當時未嘗有徒誦之詩,如後世文人之著詩集,其勢自不能多。而賦則雖爲古詩之流,然自屈、宋以來,敷陳排比,多出戰國諸子家言,自成一家,命意不盡爲六藝作附庸已也。故劉、班區爲五家流別,明乎其略近於諸子耳。因爲著述專門,是以轉多於詩也。自詩入文人刻畫,不必通於音律,别爲一種專藝家風,是以後代詩多於賦也。夫《樂經》亡而三百篇詩已爲徒誦,漢魏樂府至江左而又亡。文人之詩,止是押韵之言,其與古詩分途非一日矣。

---

① 按,個別篇次與實際對應嘉業堂本之篇次略有出入。
② 章學誠:《章學誠遺書》卷二八《外集一》,第313頁上。
③ 章學誠:《章學誠遺書》卷一二《校讎通義·内篇三》,第107頁上。

後附按語云：

> 此據劄記抄補，然後補入"十五之九"條，其文法似尚須稍爲更易始合。

按語雖云"此據劄記抄補"，然筆者檢尋章氏今存諸劄記似未有本段摘錄的內容，不知此"劄記"是否爲章氏已佚失的劄記。然而，補入的這段與章氏《詩教下》篇的內容主旨極其相近，爲論述之便，現鈔錄於下：

> 傳曰："不歌而誦謂之賦。"班氏固曰："賦者，古詩之流。"劉氏勰曰："六藝附庸，蔚爲大觀。"蓋長言咏嘆之一變，而無韵之文，可通於詩者，亦於是而益廣也。屈氏二十五篇，劉、班著錄以爲《屈原賦》也。《漁父》之辭，未嘗諧韵而入於賦，則文體承用之流別，不可不知其漸也。文之敷張而揚厲者，皆賦之變體。不特附庸之爲大國，抑亦陳完之後，離去宛邱故都，之而大啓疆宇於東海濱也。後世百家雜藝，亦用賦體爲拾誦，蓋與歌訣同出六藝之外矣。然而賦家者流，猶有諸子之遺意。居然自命一家之言者，其中又各有其宗旨焉。殊非後世詩賦之流，拘於文而無其質，茫然不可辨其流別也。是以，劉、班《詩賦》一略，區分五類，而屈原、陸賈、荀卿定爲三家之學也（自注：説詳外篇《較讎略》中《漢志詩賦論》）。馬、班二史，於相如、揚雄諸家之著賦，俱詳載於列傳。自劉知幾以還，從而抵排非笑者，蓋不勝其紛紛矣，要皆不爲知言也。蓋爲後世文苑之權輿，而文苑必至文采之實迹，以視范史而下，標文苑而止叙文人行略者爲遠勝也。然而漢廷之賦，實非苟作，長篇錄入於全傳，足見其人之極思。殆與賈疏、董策，爲用不同，而同主於以文傳人也。是則，賦家者流，縱橫之派別，而兼諸子之餘風。此其所以異

第二章　章學誠稿本研究

於後世辭章之士也。故論文於戰國而下,貴求作者之意指,而不可拘於形貌也。①

將《詩教下》篇與上文抄補的内容進行比較就可發現,兩者皆認爲詩與賦的區别在於是否被於聲歌以及賦體的發展脉絡。此論與章學誠《校讎通義·漢志詩賦第十五》各節討論主旨相關。尤其是《詩教下》的"傳曰""班氏固曰""屈氏二十五篇"正與抄補中的《藝文志》《漢志·詩賦略》《屈原賦》二十五篇等相對應。而《詩教下》"賦家者流,縱横之派别,而兼諸子之餘風"與《漢志詩賦第十五》"右十五之二"條"古之賦家者流,原本詩騷,出入戰國諸子"②所論一致。因此,可以肯定《章實齋稿》内抄補的内容爲章氏所寫。且嘉業堂本《漢志詩賦第十五》第"右十五之九"節,僅在本節開頭云"《漢志》詳賦而略詩,豈時尚使然歟"句後,就開始舉例論證,如果能夠加入《章實齋稿》補入的"且詩必系曰歌詩,豈當時詩有不被樂者皆不録耶。然賦則誦而不歌,已列之於詩首,豈必待選擇而後録哉"句,并將抄補的札記内容酌情"稍爲更易",那麽此節的論述必然會更加完善詳實。由此可知章著《校讎通義》與他的學術劄記以及《文史通義》的内容相互呼應,將它們結合起來閱讀,有助於加深對章氏學術思想及其發展脉絡的了解。

綜上所述,上圖藏《章實齋稿》直觀地展現了章氏本人對文字、語句乃至段落前後認真修改的過程,將我們帶回到作者的著述現場,去體會他寫作時的字斟句酌與情緒變化。《章實齋稿》還有助於訂正章著刊本在流傳過程中産生的訛誤、闕漏等,爲我們展示了不同的章著文本形態,使我們對章氏文本有多層次的認識。

---

① 章學誠:《章學誠遺書》,第 6 頁中—下。
② 章學誠:《章學誠遺書》,第 106 頁中。

第三章
章學誠著述早期鈔本研究
——以華東師範大學藏廬江何氏鈔本《章實齋文史通義》爲中心

　　章學誠文稿具有隨寫隨傳的特點，傳錄給友朋鈔存的文章，日後又多被進行了修改，因此，章學誠生前，其著作文本就已經存在異同。這些章學誠生前的鈔本、傳鈔本可以視爲章氏著述早期鈔本。現藏華東師範大圖書館古籍部"廬江何氏鈔本《章實齋文史通義》"（以下簡稱"廬江何氏鈔本"）經筆者比勘後發現，該本當屬於章氏著作早期傳鈔本，它在篇名、自注、文句段落等方面，與當下通行刊本如大梁本《文史通義》和劉承幹嘉業堂本《章氏遺書》都存在較大異同，保留了不少章氏著作的早期面貌。該本在章氏著述流傳史上占有重要地位，不僅有重要的版本校勘價值，還有利於我們考察章氏寫作過程和學術思想的變化。

第一節　廬江何氏鈔本《章實齋文史通義》
　　　　　版本特徵及流傳

　　學界較早利用廬江何氏鈔本的是元和江標，江氏在光緒年間刊刻"《靈鶼閣叢書》五十六種"，其中第四集第一册有《文史通義補編》一卷，牌記"丁酉春元和江氏靈鶼閣據廬江何氏鈔本刻"。江標將廬江何氏鈔本與刊本《文史通義》①比較之後，刊出廬江何氏鈔本有而刊本無的內容，是爲《文史通義補編》。至此之後，學界對廬江何氏鈔本雖偶有提及，然多是建立在《靈鶼閣叢書》本《文史通義補編》基礎上。如張述祖《文史通義版本考》内《各本篇目異同表》將"王宗炎編目""浙江書局補刻本""浙江圖書館排印遺書本""劉氏嘉業堂刻《章氏遺書》"和"廬江何氏鈔本"的篇目次第羅列於表中進行比較。但作者明確指出"廬江何氏據靈鶼閣《補編》本"，②因此，他并未親見廬江何氏鈔本之真貌。葉瑛《文史通義校注》"出版説明"雖稱："校注用浙江書局本、《粵雅堂叢書》本等九個本子，其中劉咸炘校志古堂刻本、廬江何氏鈔本更重要，何氏鈔本可考訂《文史通義》各篇的作年和有關文獻。"③然《文史通義校注》以大梁刊本爲底本，因此廬江何氏鈔本有而大梁刊本無的部分，并不在葉瑛校注利用的範圍内。而且，葉瑛所參校者亦非廬江何氏鈔本之原本，如葉瑛於《詩話》篇"附録"下云："按江氏《靈鶼閣叢書》據廬江何氏鈔本《詩話》，此下尚有九條，兹録如左。"④事實上，除"尚有九條"外，兩者正文内還有多處差異，葉氏并未出校。可知葉瑛也僅參校了《靈鶼閣叢書》本的《文史通義補編》，并非直接利用廬江何氏鈔本之《章實齋文史通義》。或許由於該鈔本乃深藏華師大古籍特藏室之孤本，故迄未見學界對它有深入介紹和闡述者。本章將試着對廬江何氏鈔本之版本特徵、流傳過程情況和文獻價值等予以考察。

一、廬江何氏鈔本之版本概貌

廬江何氏鈔本共六册，不分卷。藍格，白口，三魚尾，四周雙欄，版心上方鐫有"章實齋文史通義"七字，版心下方鐫"廬江何氏鈔書"六字。每

---

① 按，此處的"刊本《文史通義》"及下文"廬江何氏鈔本《章實齋文史通義》"中天頭的校語和簽條批注上的"刊本"皆指大梁本系統的《文史通義》。
② 張述祖：《文史通義版本考》，《史學年報》1941年第1期，第81頁。
③ 章學誠著，葉瑛注解：《文史通義校注·出版説明》，中華書局，1985年，第5頁。
④ 章學誠著，葉瑛注解：《文史通義校注》，第566頁。

半頁十行,行二十四字,小字雙行同。其中"易教上"篇首頁鈐有"士禮居藏"印(朱文長方)和"愚齋圖書館藏"印(朱文方)。廬江何氏鈔本被華東師範大學收藏之前曾經盛宣懷收藏,《愚齋圖書館藏書目錄》卷四著錄爲:"《章實齋文史通義》不分卷,廬江何氏鈔本,六本,第一九二一號。"①該本無書名題簽,卷端也無書名標識,或許因爲版心上方題"章實齋文史通義"故《愚齋書目》以之爲書名著錄。2019年《華東師範大學圖書館珍稀文獻叢刊》將該本影印刊出,命名爲《文史通義廬江何氏鈔本》。②

廬江何氏鈔本内有校語,如《言公中》篇天頭書:"此下刊本易去此數語。"《言公下》篇天頭書:"刊本此段在'樂府之公'下,'擬文之公'上。"《答客問上》天頭上:"摧陷,摧蹈,恐是誤書。"《詩教下》篇末尾處題:"刊本此下尚有《經解》三篇,《原道》三篇,《原學》三篇,《博約》三篇。"此外,正文中還有少量錯訛之字旁出校文,校者不詳。廬江何氏鈔本内還附有夾簽二十餘條,内容多爲該本與刊本之比較,如云"刊本無此條""刊本以下均無""刊本似無""刊本無"等字樣。需要説明的是,廬江何氏鈔本内批注所云之"刊本"當指大梁本系統的《文史通義》,如《説林》篇"才之長短不可掩而時之今古不可强……故聽人決擇而已不與也"天頭上批注云"刊本無此條"③;"集之始於流别也……是則一人之史之説也"天頭上批注云"刊本無此條"④;"厲風可以拔百圍之木……小智察察,不究大道"天頭上批注云"刊本無此條"⑤;"人生不飢則五穀可以不藝也……非爲人士樹名地也"與"漢廷治河必使治《尚書》者……得一言而致用愈於通萬言而無用者矣"天頭上批注云"刊本無此二條"⑥;"樊遲問仁……必有先後矛盾之消矣"天頭上批注

---

① 繆荃孫等編:《愚齋圖書館藏書目錄》卷四,上海大成印務局,民國二十一年(1932)鉛印本,第38頁。
② 章學誠:《〈文史通義〉廬江何氏鈔本》,華東師範大學出版社,2019年。
③ 章學誠:《〈文史通義〉廬江何氏鈔本》冊一,第94—95頁。
④ 章學誠:《〈文史通義〉廬江何氏鈔本》冊一,第98—99頁。
⑤ 章學誠:《〈文史通義〉廬江何氏鈔本》冊一,第106頁。
⑥ 章學誠:《〈文史通義〉廬江何氏鈔本》冊一,第106頁。

第三章　章學誠著述早期鈔本研究

云"刊本無此條"①;"韓子曰博愛之謂仁……此論古之深患也"與"李漢序韓氏文曰……不當又有一物以率之矣"天頭上批注云"刊本無此二條"②。以上諸條在大梁本《文史通義》內皆無,但在嘉業堂本内皆有。是以廬江何氏鈔本批注中的刊本皆指大梁本《文史通義》。這些校語、夾簽或是收藏者江標在刊行《文史通義補編》時,校對廬江何氏鈔本與刊本《文史通義》異同時所加。

廬江何氏鈔本六册之間并無明確的前後順序。2019年華東師範大學圖書館將該本影印出版時,其册一包括《易教上》《易教中》《易教下》《書教上》《書教中》《書教下》《詩教上》《詩教下》《言公上篇》《言公中篇》《言公下篇》《説林》《知難》共十三篇;其册三包括《鍼名》《砭異》《文德》《文理》《釋通》《申鄭》《答客問上》《答客問中》《答客問下》《横通》《史德》《史釋》《史注》《傳記》《習固》《匡謬》《莊騒》《砭俗》共十八篇;其册四包括《俗嫌》《繁稱》《文集》《答問》《篇卷》《師説》《感遇》《假年》《婦學》《詩話》《雜説上》《雜説中》《雜説下》《雜説》《天喻》《古文十弊》共十六篇。以上三册共四十七篇都屬於大梁刊本《文史通義·内篇》。另有兩册内容主要關於《湖北通志》《和州志》《永清志》《亳州志》的序例及其它一些關於地方志的序與書後等。這兩册與大梁本《文史通義·外篇》三卷的内容高度一致。最後,還有一册名爲《續通志校讎略擬稿》三卷,即今本《校讎通義》内篇三卷的内容。

從字迹來看,其中五册當爲一人所抄,共同特點是字體渾厚,字形圓潤,每行字都偏向絲欄右側。另一册前一部分,即《爲畢制府擬進湖北三書序》至《永清縣志前志列傳序例》,字形長瘦,筆鋒較突出;後一部分即《亳州掌故例議上》至《書靈壽縣志後》,字體寬扁,着力較重,幾乎填滿行格,似乎又是另一抄手所爲。整體而言,廬江何氏鈔本《章實

---

① 章學誠:《〈文史通義〉廬江何氏鈔本》册一,第109—110頁。
② 章學誠:《〈文史通義〉廬江何氏鈔本》册一,第111—112頁。

齋文史通義》,抄寫整潔雅致,可謂精鈔本。

二、廬江何氏鈔本之流傳

廬江何氏鈔本《章實齋文史通義》鈐有"愚齋圖書館藏"印,説明了它曾是盛宣懷的愚齋藏書。盛宣懷別號"愚齋",是清末著名政治家、企業家。盛氏對文化事業也很熱心,他利用自己雄厚的經濟實力和政治權力積極收藏圖書。他還趁着在日本養疴期間,大肆購求圖書,親自考察日本新式圖書館建設,并於宣統二年(1910),在自己藏書基礎上創建了"上海圖書館"。① 廬江何氏鈔本在華東師範大學圖書館索書號爲"S 愚 史/1921 0","愚"即指盛宣懷之"愚齋",索書號也可表明此鈔本曾爲愚齋圖書館的史部藏書。

至於該鈔本是如何由盛宣懷愚齋藏書再到華師大的過程,鄭麥《盛宣懷與愚齋圖書館》一文有詳細的論述。概言之,盛氏去世後,其後人"將愚齋藏書中的普本一分爲三,分贈給盛宣懷創辦的交通大學、聖約翰大學、山西銘賢學校三家圖書館……新中國建立後,上海教育戰綫院系大調整。聖約翰大學的愚齋藏書,於 1951 年歸華東師範大學圖書館收藏。華東師範大學的有識之士,將愚齋藏書作爲特藏,據 1932 年編印的十八卷本書目十册,按經史子集四部分類,照原順序號排架,保持愚齋藏書的原貌。這部分愚齋藏書共六萬六千餘册,占盛宣懷藏書的三分之二"。② 因此,廬江何氏鈔本很可能作爲"普本"被盛氏子孫贈給聖約翰大學,後又轉歸華師大圖書館。

盛宣懷藏書其中一個重要的來源即是收購江標靈鶼閣藏書。《愚齋圖書館藏書目録》序中稱:"從政餘閑,輒喜收集圖書,逮官京曹,收羅益富。

---

① 鄭麥:《盛宣懷與愚齋圖書館》,《華東師範大學學報(哲學社會科學版)》2002 年第 4 期。
② 鄭麥:《盛宣懷與愚齋圖書館》,《華東師範大學學報(哲學社會科學版)》2002 年第 4 期,第 66—67 頁。

最後收得元和靈鶼閣江氏、巴陵小玲瓏館方氏之書,皮架圖籍已贏十餘萬卷。"①又如江標任湖南學政期間刊刻《靈鶼閣叢書》本《文史通義補編》一卷,牌記云"丁酉春元和江氏靈鶼閣據廬江何氏鈔本刻"。因此,廬江何氏鈔本《章實齋文史通義》很可能是盛宣懷收購江標的靈鶼閣藏書所得。

廬江何氏鈔本《易教上》篇名右側鈐有"士禮居藏"印,士禮居是清代著名藏書家黃丕烈之藏書室。是以江標收藏之前,此本當爲黃丕烈所藏。黃氏嗜好宋本,自稱佞宋主人,宋元珍本之外亦收藏有大量精校精鈔本,廬江何氏鈔本就屬此類。

那麼,原藏於黃丕烈之家的廬江何氏鈔本又是如何被江標選刊於《靈鶼閣叢書》內呢？對此,可作如下兩種推測。一是,江標與黃丕烈同出生於藏書淵源深厚的蘇州,"江標最爲崇敬的鄉里先賢,是藏書校書的巨擘黃丕烈。無論是古籍的收藏側重、鑒定方法,還是整理思路,江氏都從黃丕烈著作中汲取了豐富營養,故作《黃蕘圃先生年譜》以爲紀念"。② 江標對黃丕烈藏書事業的繼承和《年譜》之作,都可看出江氏對黃丕烈的敬仰。因此,他在藏書過程中盡力搜求黃氏藏書乃在情理之中。二是,黃氏藏書後被汪士鐘藝芸書舍與楊以增海源閣所收,而汪氏藏書後來也多數歸入海源閣。是以,楊氏海源閣乃收藏黃丕烈藏書之大成。光緒九年至十二年間,"(江標)就幕府於內兄汪鳴鑾(時任山東學政),在山左各地批改試卷,輔試童生,同時爲汪搜集金石碑貼、古籍書畫,十一年三月在楊氏海源閣觀書的經歷更是開拓視野"。③ 或是江標在山東游幕期間,於海源閣得見到黃丕烈原藏之廬江何氏鈔本《文史通義》,并購入囊中。以上兩種皆衹是筆者在苦無資料證實情況下的揣測,但無論究竟通過何種門路,可以肯定的是,江標獲得了廬江何氏鈔本《文史通義》,并將該鈔本與當時通行的刊本《文史通義》進行了比對,還選出

---

① 繆荃孫等編:《愚齋圖書館藏書目錄·叙》。
② 黃政:《江標生平與著述刻書考》,北京大學碩士學位論文,2011年,第10頁。
③ 黃政:《江標生平與著述刻書考》,第12頁。

何氏鈔本多出刊本的部分,刊刻成《靈鶼閣叢書》本《文史通義補編》。

綜上所述,盧江何氏鈔本曾屬黃丕烈藏書,遞經江標靈鶼閣、盛宣懷愚齋珍藏。解放後何氏鈔本又作爲愚齋藏書之一種,轉藏於華東師範大學圖書館。

第二節　盧江何氏鈔本《章實齋文史通義》文獻價值研究

比對盧江何氏鈔本《章實齋文史通義》與嘉業堂刊《章氏遺書》相對應的内容可知,盧江何氏鈔本未有溢出《章氏遺書》之外的篇章。但是,兩者之間存在大量異文、異名,乃至語句、段落等差異。故筆者將分別以篇名、自注、文句等爲中心,對二者之文本異同予以分析,以展現盧江何氏鈔本之文獻價值。

一、篇名異同所見盧江何氏鈔本之價值

盧江何氏鈔本與刊本《文史通義》相比,存在數篇篇名不同的現象。這些差異透露出頗多章學誠著述的原始信息,對了解章氏的學術傾向、文章修改歷程具有重要價值。現將二者篇名異同列表於下:

嘉業堂本《章氏遺書》與盧江何氏鈔本篇名異同表[①]

嘉業堂本	盧江何氏鈔本
《申鄭》	《申鄭(釋通傳一)書友人擬續通志昆蟲草木略叙後》
《質性》	《莊騷》

---

① 除了以上幾篇外,盧江何氏鈔本中有關地方志如《和州志》《永清縣志》等,因祇選取地方志的部分義例或序例抄錄,與大梁本《文史通義》和嘉業堂本的篇名雖稍異但無本質差别,所以不在篇名異同討論範圍内。其中,盧江何氏鈔本《續通志校讎略擬稿》這册,實爲今本《校讎通義》,但該册除了册名不同之外,篇目名稱亦有很大出入,詳見本章第四節《校讎通義》溯源"。

第三章　章學誠著述早期鈔本研究

續　表

嘉業堂本	廬江何氏鈔本
《爲畢制府撰湖北通志序》	《爲畢制府擬進湖北三書序》
《與陳觀民工部論史學》	《與陳觀民工部論湖北通志》
《校讎通義》	《續通志校讎略擬稿》

（一）《申鄭》《申鄭（釋通傳一）[①]書友人擬續通志昆蟲草木略叙後》篇名異同分析

廬江何氏鈔本《申鄭（釋通傳一）書友人擬續通志昆蟲草木略叙後》這一篇名透露出兩個嘉業堂本所無之信息，一是該篇乃《釋通》篇之"傳"，二是《申鄭》篇乃章氏爲友人《擬續通志昆蟲草木略》所作之叙後。對於本篇内容和作者寫作用意，葉瑛《文史通義校注》云："史裁以通史爲貴，而通史之利病，《釋通》篇論之已詳。杜氏《通典》、馬氏《通考》所述，專明典章制度，而鄭氏《通志》則兼及治亂興衰。惟以包羅宏鉅，非一人力所能勝，故多疏略。當章氏之世，王鳴盛則指鄭樵爲妄人，戴震則斥之爲陋儒，準經衡史，語有過當。章氏心不能平，特著此篇。"[②]章學誠贊成修通史，相當推崇鄭樵的識斷力，其云："樵生千載而後，慨然有見於古人著述之源，而知作者之旨，不徒以詞采爲文，考據爲學也……而獨取三千年來遺文故册，運以別識心裁，蓋承通史家風，而自爲經緯，成一家言者也。"[③]章氏同時之學者對鄭樵多所訾議，《答客問上》云："癸巳在杭州，聞戴徵君震與吴處士穎芳談次，痛詆鄭君《通志》，其言絶可怪笑，以謂不足深辯，置弗論也。"[④]然章氏終究難以壓抑自己内心的不平來"置弗論"，廬江何氏鈔本《釋通》篇名下有章氏自注

[①]　按，本篇寫作過程中涉及原作者自注者，一律用括號標示。
[②]　葉瑛：《文史通義校注》，第465頁。
[③]　章學誠：《章學誠遺書》卷四《文史通義·内篇四》，第37頁中。
[④]　章學誠：《章學誠遺書》卷四《文史通義·内篇四》，第37頁下。

"經",《申鄭》《答客問上》《答客問中》篇名下分別有"釋通傳一""釋通傳二""釋通傳三"的自注,說明章氏有體系的撰寫《釋通》與《申鄭》《答客問》上中下三篇,藉着爲鄭樵正名而表達自己貴別識心裁的通史觀,指責戴震等人不清楚古人的著述義例,對鄭樵的批評衹在細枝末節。本文除了"若夫二十略中《六書》《七音》與《昆蟲草木》三略,所謂以史翼經"句外,并無内容涉及到任何有關《續通志昆蟲草木略》的内容。因此,若非廬江何氏鈔本,根本無法得知章氏《申鄭》所作的直接促因。

(二)《質性》《莊騷》篇名異同分析

廬江何氏鈔本《莊騷》篇即嘉業堂本《質性》篇,嘉業堂本目録卷《質性》下有自注云:"王目題'性情',今從浙本。"①"王目"指章學誠的友人王宗炎給《章氏遺書》編次的目録。王宗炎在編次章書目録的過程中,曾與章氏互相寫信討論,就涉及到本篇篇名。《王宗炎復書》云:"《質性》篇題欲改《文性》,亦似未安,不如竟題《性情》乃得(自注:言史德者,與史才、史識例耳。言文性則不可,若云文本於性,則語未混成,若云因文見性,亦未醒豁。若言文亦有性,則大非矣。質性二字亦近生撰)。憂至樂至者,情也。毗陰毗陽者,性也。能性其情則利貞,即狂獧之進於中行,似與尊著命意較合。"②由上可知,《質性》篇名之擬定幾經波折,章氏本人考慮以《文性》命篇,而王宗炎則以爲"性情"更合適,加上該鈔本内的"莊騷"以及最終的"質性"名篇,共有四種不同的篇名。毋庸置疑《莊騷》屬於本篇最早的命名,廬江何氏鈔本《莊騷》篇所論以《離騷》和《莊子》爲主,是今本《質性》篇的主體部分,衹比今本《質性》篇少了前兩段以及文末"族子廷楓曰"云云。本篇中章氏認爲屈原和莊子都是著述之狂狷者,然後來的似是而非者,捨去屈原與莊

---

① 章學誠:《章學誠遺書·章氏遺書目録》,第1頁。
② 《章學誠遺書·附録》,第624頁上。

子的志向,衹見屈、莊之情之至奇,而不見其性之至真,立言宗旨茫然不知。是以用《莊騷》命名與本篇主體内容若合符節。再看嘉業堂本較廬江何氏鈔本多出的部分:

前人尚論情文相生,由是論家喜論文情。不知文性實爲元宰,離性言情,珠亡櫝在,撰《質性》篇。

《洪範》三德,正直協中……學者將求大義於古人,而不於此致辨焉。則始於亂三而六者,究且因三偶而亡三德矣。嗚呼,"質性"之論,豈得已哉!①

今本《質性》篇較《莊騷》篇多出的兩段,無一不是特意標明撰述之由和寫作主旨,并反復申明《質性》之論迫在眉睫和不得不爲。

總之,廬江何氏鈔本《莊騷》篇衹是就《莊子》和屈原的《離騷》而發論,就事論事的分析不足以使章氏滿意。嘉業堂本呈現給我們的是在《莊騷》原文基礎上,又在文前、篇後皆增益新内容以進一步突出主旨。由"撰《質性》篇"和"質性之論,豈得已哉",都可看出章氏此時已用《質性》來代替《莊騷》爲本文篇名。或許是由於本篇所論所議畢竟皆是關於"文",章氏認爲文性而非文情纔是作文主旨,論文家多喜論文情不知文性,乃捨本逐末、取櫝還珠之舉。篇末章氏族子廷楓跋云:"論史才、史學而不論史德,論文情、文心而不論文性。前人自有缺義,此與《史德》篇俱足發前人之覆。"②廷楓也認爲此篇發了前人衹論文心、文情而不論文性之覆。因此,章氏又考慮是否要將"質性"改作"文性"。然章氏此舉,王宗炎并不認可,以爲不如將"質性"改成"性情"爲善,所以,王氏編訂的目録就用"性情"作篇名。王氏的回信,章氏或未來得及回復即溘然長逝,這使我們無法得知章氏最終會如何定奪該篇

---

① 章學誠:《章學誠遺書》卷三《文史通義·内篇三》,第24頁中。
② 章學誠:《章學誠遺書》卷三《文史通義·内篇三》,第25頁中—下。

篇名。最終，王宗炎編目仍用"性情"，而章著的傳抄本則既有早期以"莊騷"命名的，又有以"質性"命名者。無論如何，當下的史料展示給我們了該篇篇題由《莊騷》到《質性》（《文性》）與王氏《性情》，再到嘉業堂本《遺書》最終選擇《質性》爲篇名的過程。

（三）《爲畢制府撰湖北通志序》《爲畢制府擬進湖北三書序》篇名異同分析

嘉業堂本《爲畢制府撰湖北通志序》，廬江何氏鈔本作《爲畢制府擬進湖北三書序》。本篇是《湖北通志》編纂之前，章學誠代替畢沅撰寫的向乾隆帝呈進的序文，文章詳細說明了《湖北通志》的框架構思，較全面地反應了章氏學術思想成熟時期的方志理論與史學思想。儘管兩種文本內容差異不大，但廬江何氏鈔本篇名中"擬進"二字說明何氏鈔本尚處在擬定階段，較嘉業堂本早。且何氏鈔本篇名內"湖北三書序"還透露出《湖北通志》主要包括三個部分，分別指《通志》《掌故》《文徵》。其文曰：

> 臣愚以爲，志者識也。……今參取古今史志例議，翦截浮辭，禀酌經要，分紀、表、圖、考、略、傳，以爲《通志》七十三篇，所以備史裁也。臣又惟簿書案牘，不入雅裁，而府史所職，周官不廢。……今於《通志》之外，取官司見行章程，分吏户禮兵刑工，以爲《掌故》六門，分六十六篇，所以昭典例也。臣又惟兩漢而後，學少專家，而文人有集。……今取傳記、論説、詩賦、箴銘之屬，别次甲乙丙丁上下八集，以爲《文徵》，所以俟采風也。昔隋儒王通，嘗謂古史有三，《詩》《書》與《春秋》也。臣愚以謂：方志義本百國春秋，掌故義本三百官禮，文徵義本十五國風。①

---

① 章學誠：《章學誠遺書》卷二四《湖北通志檢存稿》，第 243 頁下—244 頁上。

章氏認爲一方之志當分別包括方志、掌故、文徵三部分纔算完備。他在與本篇寫作時間同時的《方志立三書議》一文對"方志三書之體"有更明確的闡釋，其云："凡欲經紀一方之文獻，必立三家之學，而始可以通古人之遺意也。倣紀傳正史之體而作志，倣律令典例之體而作掌故，倣文選、文苑之體而作文徵。三書相輔而行，闕一不可，合而爲一，尤不可也。"①章氏這種方志三分法，博中約取，類例清晰，是他編撰方志實踐之產物。《爲畢制府擬進湖北三書序》這一篇名，突出的正是章氏方志三書之體的編撰思想。或許是經畢沅目驗認可後，"擬定"變成"已定"，且鑑於最終要達聖聽，祇用突出《湖北通志》這一目的，不用標榜《通志》獨特的編撰體裁，遂將篇名改爲嘉業堂本之面貌。

（四）《與陳觀民工部論史學》《與陳觀民工部論湖北通志》篇名異同分析

嘉業堂本《與陳觀民工部論史學》，廬江何氏鈔本作《與陳觀民工部論湖北通志》②。《湖北通志》是章學誠晚年編修的地方志，始於乾隆五十七年（1792），終於五十九年（1794），代表了章氏成熟的方志學思想。《與朱少白書》云："鄙撰有《與陳工部論史學書》即辨《湖北通志》者，已錄呈中丞足下。"③是以章氏與陳觀民所論之"史學"即其所修之《湖北通志》。編修方志是章學誠的終身事業，他將編修方志提升到事關國史編纂的高度，《跋湖北通志檢存稿》云："余撰方志，力闢纂類家之蕪沓，使人知方志爲國史羽翼。"④"志爲史體"，方志備國史之要刪的方志學思想，是他改"論《湖北通志》"作"論史學"之要因。

---

① 章學誠：《章學誠遺書》卷一四《方志略例一》，第123頁上。
② 按，陳觀民，名詩，蘄州人。倉修良《文史通義新編新著》云："當時作者主持的《湖北通志》因畢沅調離，而不能刊刻。賞識章氏此《志》的陳詩，正在武昌府知府胡齊侖幕中，胡請於當道，以《通志》屬陳校定。這就是章氏寫此文的背景。"見《文史通義新編新注》，第409頁。
③ 章學誠：《章學誠遺書·補遺》，第610頁下。
④ 章學誠：《章學誠遺書·補遺》，第611頁下—612頁上。

二、自注異同所見廬江何氏鈔本之價值

章學誠撰寫文章時，用"自注"之處俯拾即是，甚至在給友人的信中也頻用自注。因此，篇名差異之外，廬江何氏鈔本與嘉業堂本《章氏遺書》之間，另一顯著的差異即二者自注之不同。章氏《史注》云："太史敘例之作，自注之權輿乎？明述作之本旨，見去取之從來。……使自注之例得行，則因援引所及，而得存先世藏書之大概，因以校正藝文著錄之得失，是亦史法之一助也。……誠得自注以標所去取，則聞見之廣狹，功力之疏密，心術之誠偽，灼然可見於開卷之項，而風氣可以漸復於質古。"①雖然《史注》篇討論重點是史作之注，然對章氏廣泛使用自注的原因仍可有所參照。既然自注不僅可以"明述作之本旨，見去取之從來"，又可以考驗著述者"聞見之廣狹，功力之疏密，心術之誠偽"。因此，章氏頻繁使用自注亦當懷有以上目的。

章氏著作中的自注大約有以下三種作用。一是類似於"互著"的作用，即本篇所論的部分觀點、內容等詳見另外某篇所論。如《易教下》篇有"詳《詩教》篇"，②《詩教上》有"詳見《文集》篇"、③"詳見《外篇·較讎略》"、④"詳《諸子》篇"，⑤《經解中》篇有"説詳《詩教上》篇"，⑥《經解下》篇有"詳《易教》篇"，⑦等等。二是補充解釋的作用。《易教上》篇"三《易》各有所本，《大傳》所謂庖羲、神農與黃帝、堯、舜是也"下有自注："《歸藏》本庖羲，《連山》本神農，《周易》本黃帝。"⑧《詩教上》"今即《文選》諸體，以徵戰國之賅備"下有自注："摯虞《流

---

① 章學誠：《章學誠遺書》卷五《文史通義·內篇五》，第42頁上—中。
② 章學誠：《章學誠遺書》卷一《文史通義·內篇一》，第2頁中。
③ 章學誠：《章學誠遺書》卷一《文史通義·內篇一》，第5頁中。
④ 章學誠：《章學誠遺書》卷一《文史通義·內篇一》，第5頁中。
⑤ 章學誠：《章學誠遺書》卷一《文史通義·內篇一》，第6頁上。
⑥ 章學誠：《章學誠遺書》卷一《文史通義·內篇一》，第9頁上。
⑦ 章學誠：《章學誠遺書》卷一《文史通義·內篇一》，第9頁中。
⑧ 章學誠：《章學誠遺書》卷一《文史通義·內篇一》，第1頁上。

別》、孔逭《文苑》今俱不傳,故據《文選》。"①三是辨明觀點之用。如《詩教上》"記管子之言行,則習管氏法者所綴輯,而非管仲所著述也"下有自注云:"或謂管子之書不當稱桓公之謚,閻氏若璩又謂後人所加非管子之本文,皆不知古人并無私自著書之實,皆是後人綴輯。詳《諸子》篇。"②此條自注先羅列兩種不同觀點,一一駁正後再申明自己的觀點,并指出詳細論證在《諸子》篇,遺憾的今衆多章著傳抄本皆未見該篇,章學誠的《諸子》篇很可能已經亡佚。

比較廬江何氏鈔本與嘉業堂本之間自注異同,大約可分爲三種類型:一是廬江何氏鈔本有自注而嘉業堂本無;二是廬江何氏鈔本無自注而嘉業堂本有;三是兩者皆有自注但互有異同。以下將分別對這三種情況予以分析,并簡要歸納自注差異產生的原因。

(一) 廬江何氏鈔本有自注嘉業堂本無者之分析

廬江何氏鈔本有自注而嘉業堂本無,這種情形集中在《說林》篇,另外《釋通》《史注》《俗嫌》也各有一二例。廬江何氏鈔本《說林》篇"墨者述晏嬰之事"下自注曰:"說詳《言公上》篇第四章。"③此注當指《言公上》"《晏子春秋》,柳氏以謂墨者之言,非以晏子爲墨,爲墨學者述晏子事以名其書,猶孟子之《告子》《萬章》名其篇也"。④這例自注起"互著"作用,表明可參考《言公上》篇的論述。又《說林》"有離其文字而自立於不朽者,不敢望諸子也"下,注云"說詳《言公上》篇第三章",⑤與上例作用同。《說林》"張儀破蘇秦之縱,宗旨不殊,而所主互異者也"下,注云:"蘇張則同術異用,不繫於所見"⑥;《說林》"其有暑

---

① 章學誠:《章學誠遺書》卷一《文史通義・內篇一》,第5頁下。
② 章學誠:《章學誠遺書》卷一《文史通義・內篇一》,第5頁下—6頁上。
③ 章學誠:《〈文史通義〉廬江何氏鈔本》册一,第93頁。
④ 章學誠:《章學誠遺書》卷四《文史通義・內篇四》,第29頁下。
⑤ 章學誠:《〈文史通義〉廬江何氏鈔本》册一,第98頁。
⑥ 章學誠:《〈文史通義〉廬江何氏鈔本》册一,第93頁。

資裘而寒資葛者"下,注云"言預圖也"①,這兩注皆起進一步闡釋補充正文的作用。《說林》"學問不求有得,而矜所托以爲高,王公僕園之類也"下,自注云:"本無得於經史,而勉强支撑經史面目,自謂得根本之學,而俯視一切,是甚妄也。"②此注體現了章學誠一貫好發議論的性格,旨在反復申述學貴有得的觀點。

《釋通》篇"魏了翁取趙宋一代之掌故,亦標其名謂之《國朝通典》乎,既曰國朝,畫代爲斷,何通之有,是亦循名而不思其義者也"下,廬江何氏鈔本自注云:"本朝《續三通》亦以皇朝標目,自爲一類者,蓋宋元遼金一體連編,特標皇朝,別於前代,與魏氏異。"③章氏對魏了翁的《國朝通典》祇寫宋代一朝的掌故而仍標"通"予以非議。又廬江何氏鈔本《史注》篇"明述作之本旨,見去取之從來"下有自注"義詳《敘例》篇",④屬互著例,然章氏現存著作中無《敘例》篇。廬江何氏鈔本《俗嫌》篇"措語必用助辭"下有自注"焉、哉、乎、也",⑤此例乃是對助辭的補充説明。然"焉、哉、乎、也"作爲常用助辭,幾乎無人不知,此注不免有畫蛇添足之弊。

《釋通》《俗嫌》篇中廬江何氏鈔本的自注其實皆可不必,或是章氏後來修改過程中自删而不見於嘉業堂本内。《説林》一文,葉瑛注云:"《史記·韓非傳·索隱》:'説林者,廣引諸事,其多如林,故曰説林也。'本篇所論,多發《原道》《原學》《言公》《辨似》諸篇之義。"⑥章氏《説林》一文内容繁雜,的確"廣引諸事,其多如林",其中大梁本《説林》篇相較於嘉業堂本與廬江何氏鈔本少八條之多。《又答朱少白》云:"《通義》書中,《言公》《説林》諸篇,十餘年前舊稿,今急取

---

① 章學誠:《〈文史通義〉廬江何氏鈔本》册一,第113頁。
② 章學誠:《〈文史通義〉廬江何氏鈔本》册一,第108頁。
③ 章學誠:《〈文史通義〉廬江何氏鈔本》册三,第304頁。
④ 章學誠:《〈文史通義〉廬江何氏鈔本》册三,第345頁。
⑤ 章學誠:《章學誠遺書》卷三《文史通義·内篇三》,第26頁下。
⑥ 章學誠著,葉瑛注解:《文史通義校注》,第356頁。

訂正付刊。"①説明《説林》并非一次性成文，初稿完成之後章學誠又對它進行過"訂正"。至於廬江何氏鈔本有自注而嘉業堂本無的現象多集中在《説林》篇，其中的原因很難推測。至少廬江何氏鈔本展示給我們一個與衆不同的文本形態，尤其有助於我們增加對《説林》文意的體認。

（二）嘉業堂本有自注而廬江何氏鈔本無者之分析

嘉業堂本有自注而何氏鈔本無者，分別出現在《言公上》《言公下》《砭俗》《俗嫌》以及《校讎條理第七》。

《言公上》篇："世之譏史遷者，責其裁裂《尚書》《左氏》《國語》《國策》之文，以爲割裂而無當"下有自注"出蘇明允《史論》"；"世之譏班固者，責其孝武以前之襲遷書，以謂盜襲而無恥"下有自注"出鄭漁仲《通志》"，②兩注皆補充出處以"見去取之從來"，而以上兩注廬江何氏鈔本俱無。

《言公下》篇最後一章末自注云："或疑著述不當入辭賦，不知著述之體，初無避就，荀卿有《賦篇》矣。但無實之辭賦，自不宜溷著述爾。"③此注何氏鈔本無。《言公下》篇每章章末皆有自注，如"館局之功"，"書記之公"，"募集之功"，"樂府之公"，"點竄之公"，"擬文之公"，"假設之公"，"制義之公"，以上皆起到點明本章主旨的作用。最後一章是對《言公下》篇文意的總結，其自注與本章無直接關聯，祇是説明爲何《言公下》篇采用賦體進行書寫。

而嘉業堂本《砭俗》篇內自注何氏鈔本皆無。如"一似雅鄭之不可同日語也"下自注"汪鈍翁以古文自命，動輒呵責他人，其實有才無識，

---

① 章學誠：《章學誠遺書·佚篇》，第643頁。
② 章學誠：《章學誠遺書》卷四《文史通義·內篇四》，第29頁下。
③ 章學誠：《章學誠遺書》卷四《文史通義·內篇四》，第32頁下。

好爲無謂之避忌,反自矜爲有識,大抵如此"①;"進士題名之碑,必有記焉"下有自注"明人之弊,今則無矣"②;"科擧拜獻之録,必有序焉"下有自注"此則今尚有之,似可請改用一定格式,如賀表例"③;"雖使李斯刻石"下有自注"指題名碑"④;"劉向奏書"下自注:"指進呈録"⑤。《砭俗》篇自注或予以進一步論辯,或予以補充説明。然嘉業堂本全篇自注皆不見於何氏鈔本,這些自注或爲章氏後期補入,廬江何氏鈔本作爲早期鈔本,所以未有自注。

此外,《俗嫌》篇"請但述母氏之苦,毋及親族不援"下有自注"此等拘泥甚多,不可更僕數矣。亦間有情形太逼,實難據法書者,不盡出拘泥也"。⑥ 此注對正文所述之例子申述己見。又,嘉業堂本《校讎通義・校讎條理第七》第一章末有自注云:"書掌於官,私門無許自匿著述,最爲合古。然數千年無行之者,一旦爲之,亦自不易。學官難得通人,館閣校讎未必盡是向、歆一流。不得其人,則窒礙難行,甚或漸啟挾持、訛詐、騷擾多事之漸,則不但無益而有損矣。然法固待人而行,不可因一時難行,而不存其説也。"⑦以上兩例,或是章氏後補,或是鈔本漏抄,難以定論。

雖然歷史的真相已無法還原,自注增删的真正原因也難以定論,但可以肯定的是,由何氏鈔本無自注到嘉業堂本增入自注,體現着章氏撰文過程中不斷修改、完善的學術歷程。章學誠《又答朱少白》云:"《通義》書中,《言公》《説林》諸篇,十餘年前舊稿,今急取訂正付刊,非市文也。蓋以頹風日甚,學者相與離跂攘臂於桎梏之間,紛争門户,勢將不

---

① 章學誠:《章學誠遺書》卷三《文史通義・内篇三》,第28頁上。
② 章學誠:《章學誠遺書》卷三《文史通義・内篇三》,第28頁上。
③ 章學誠:《章學誠遺書》卷三《文史通義・内篇三》,第28頁上。
④ 章學誠:《章學誠遺書》卷三《文史通義・内篇三》,第28頁上
⑤ 章學誠:《章學誠遺書》卷三《文史通義・内篇三》,第28頁上。
⑥ 章學誠:《章學誠遺書》卷三《文史通義・内篇三》,第26頁下。
⑦ 章學誠:《章學誠遺書》卷一〇《校讎通義・内篇一》,第98頁中。

可已也。得吾説而通之,或有以開其枳棘,靖其噬毒,而由坦易以進窺天地之純,古人之大體也。或於風俗人心不無小補歟。"①章氏對文稿的修改不僅體現了他嚴謹的學術態度,也體現了他力行以學術來挽救世風的努力。

(三)嘉業堂本與廬江何氏鈔本皆有自注但互有異同者之分析

兩種文本自注互有異同的情況不少,分別出現在《繁稱》《言公下》《説林》《傳記》《永清縣志七·列女列傳第八》等篇。

《繁稱》篇末段嘉業堂本自注云:"歐蘇諸集,已欠簡要,猶取文足重也。近代文集,逐狂更甚,則無理取鬧矣。"②廬江何氏鈔本作:"歐蘇諸集,開之於前,猶取文足重也。近代文集,逐狂更甚,則無理取鬧矣。"③"開之於前"不如"已欠簡要"更能點明"繁稱"特點。《言公下》"至於右文稽古……而尸祝辭陳"段下自注"館局之公",④廬江何氏鈔本作"書局之公"。⑤儘管"館""書"兩可,仍不失其校勘價值。

《説林》篇"風會所趨,傭人亦不能免赴……謂不達而已矣"段下,嘉業堂本自注作:"尊漢學,尚鄭許,今之風尚如此。此乃學古,非即古學也。居然唾棄一切,若隱有所恃。"⑥廬江何氏鈔本自注作:"講考據、講六書,今之風尚如此,其爲之固亦不甚精也,而輒鄙別門專業爲不足道。"⑦本段內容關乎學術風氣對一時學者的影響,段末自注乃章氏再次闡發觀點,批判那些視考據爲一切學問之上的學風。兩種自注所表達的觀點一致,然嘉業堂本提出"學古"與"古學"之不同,較何氏鈔本措辭更精闢有深度。

---

① 章學誠:《章學誠遺書·佚篇》,第643頁。
② 章學誠:《章學誠遺書》卷三《文史通義·內篇三》,第23頁上。
③ 章學誠:《〈文史通義〉廬江何氏鈔本》冊四,第403—404頁。
④ 章學誠:《章學誠遺書》卷四《文史通義·內篇四》,第31頁下。
⑤ 章學誠:《〈文史通義〉廬江何氏鈔本》冊一,第83頁。
⑥ 章學誠:《章學誠遺書》卷四《文史通義·內篇四》,第34頁中。
⑦ 章學誠:《〈文史通義〉廬江何氏鈔本》冊一,第108頁。

又《傳記》篇"但揭姓名爲人物表"下,嘉業堂本自注作"說詳本篇序例",①何氏鈔本作"詳説篇序本例"。②此處不同乃鈔胥手誤所致,因何氏鈔本雙行自注中的前四字處於行末,另外兩字處於下一行開頭,鈔胥先是誤將"說詳"寫作"詳説",後又將"本例"而非"序例"二字置於下一行的開頭,導致"説詳本篇序例"成爲"詳説篇序本例"。再如《永清縣志·列女列傳第八》"惟兹《列女》一篇,參用劉向遺意"下有自注,嘉業堂本作:"劉傳不拘一操,每人各爲之贊。"③何氏鈔本"劉傳"之"劉"作"列",作者旨在談劉向《列女傳》,劉、列似皆可。

綜上所述,嘉業堂本與何氏鈔本自注互異者,除了一例可確定爲鈔胥訛誤外,其他幾例多是章學誠在文章寫成後,又修飾潤色而進行的改動。整體而言,經過刪修後的嘉業堂本較善。

三、内容異同所見廬江何氏鈔本之價值

廬江何氏鈔本與嘉業堂本的内容差異大致可歸納爲三類情况。第一類是何氏鈔本内容較嘉業堂本爲多者,第二類是兩者在遣詞造句上互有異同,但基本兩可者;第三類是嘉業堂本内容較何氏鈔本多者。這種按照字數多寡的分類形式,祇是爲了行文和分析的方便,其實每類"形似"之下,定然存在着諸多"實非"的現象,因此,筆者將在每大類之下再作小目分析。

(一)廬江何氏鈔本内容較嘉業堂本爲多者

廬江何氏鈔本内容較嘉業堂本爲多者,主要指何氏鈔本内容明顯比嘉業堂本多出一句或數句。由於廬江何氏鈔本的"早期性",其收錄内容保存了文章早期形成時的面貌,那些繁瑣、不恰當或粗疏之處,在

---

① 章學誠:《章學誠遺書》卷五《文史通義·内篇五》,第43頁上。
② 章學誠:《〈文史通義〉廬江何氏鈔本》册三,第353頁。
③ 章學誠:《章學誠遺書·外編·永清縣志》,第502頁中。

日後形成的嘉業堂"定本"中，難免會被作者進行有意刪改和修飾潤色。還有就是鈔本在流傳過程中，不可避免遭遇漏抄、誤刪等非作者主觀意願的改變，但是，何氏鈔本作爲早期鈔本，則避免了文本在流傳過程中的這類訛誤漏抄等情況。

因此，廬江何氏鈔本内容較嘉業堂本爲多者又包含了三種類型：一是何氏鈔本在某種程度上提供了補充遺漏、增加例證等作用，保留多出之處似乎更詳善者。二是廬江何氏鈔本表述不當、或繁瑣失次等，嘉業堂本將之刪除固然在情理之内，但仔細揣摩由何氏鈔本"不完美"到嘉業堂本"相對完美"之轉换，我們可發現章氏頗費心思斟酌、刪改、修飾、甚至完全改變觀點的心理歷程，這未嘗不是何氏鈔本的另一種價值。還有一種情況，廬江何氏鈔本作爲早期的鈔本，傳抄時難免保留了作者與傳抄者之間互動信息，而這些互動在作者文章由"草稿"到"文集"的最終形成時，遭到刪削，可稱爲體例性刪略。

1. 廬江何氏鈔本較詳，存留更善

例如，嘉業堂本《言公中》："言公於世，則書有時而亡，其學不至遽絶也。蓋學成其家，而流衍者長，考求而能識別也。"① 廬江何氏鈔本作：

> 言公於世，則書有時而亡，其學不至遽絶也。蓋學成一家，而流衍者長，觀者考求而能識別也。費直之《易》雖亡，而鄭、王之學出費氏。今王《易》俱存，而費氏之《易》未亡也。②

西漢費直開創了"費氏易學"，鄭玄"初從第五元先受京氏《易》，又從馬融受費氏《易》，故其學出入於兩家。然要其大旨，費義居多，實爲傳

---

① 章學誠：《章學誠遺書》卷四《文史通義·内篇四》，第30頁下。
② 章學誠：《〈文史通義〉廬江何氏鈔本》册一，第75頁。

《易》之正脉。"①王弼《周易注》又宗鄭玄,是以鄭玄、王弼學出費氏。今費氏著作已亡,鄭氏僅有宋王應麟輯《周易鄭康成注》一卷,惟存王弼《周易注》。在學術傳承的脉絡下,王弼的《周易注》必然保留有鄭玄的《易》學,而鄭玄的《易》學一定又上承著費直。因此,承載費氏《易》學的文本雖亡,然費氏之學仍存。廬江何氏鈔本較嘉業堂本多出該例,與下文"孔氏古文雖亡,而史遷問故於安國,今遷書俱存,而孔氏古文未盡亡也。……而韓嬰之詩未盡亡也……而劉氏之學未盡亡也……"這幾個例子爲排比關係。是以,加上廬江何氏鈔本這例爲更善,然不知嘉業堂本中爲何無該條,或因流傳過程中的誤刪、漏鈔。

若上例還不足以完全肯定何氏鈔本補充例證的價值,那麼《説林》篇多出的這句則具較明顯補充作用。嘉業堂本《説林》:"司馬遷襲《尚書》《左》《國》之文,非好同也。"②廬江何氏鈔本作:"司馬遷襲《尚書》《左》《國》之文,班固襲司馬遷之文,非好同也。"③多出"班固襲司馬遷之文",與本篇下文"司馬遷點竄《尚書》《左》《國》之之文,班固點竄司馬遷之文,非好異也"句正相對應。因此,可以肯定嘉業堂本遺漏了"班固襲司馬遷之文"句。

上例由於司馬遷與班固間關聯之緊密足以讓大家在部分文本缺失的情況下,依然毫不費力明白作者的意思。然而,特殊情況下,除非體現原貌的早期文本出現,否則文本的缺失很可能造成"永久性空白"。就如廬江何氏鈔本《假年》篇篇末"是妖孽而已矣"下較嘉業堂本多出:"其視玩愒廢時者,害爲尤甚矣。而人或疑其爲好學,蓋既不知學之所以爲學,則又安知好之所以爲好哉。"④多出這句是進一步批評假年之説者,然若非何氏鈔本,我們就以嘉業堂本爲常了。

---

① 永瑢等:《四庫全書總目・經部・易類》,中華書局,1965年,第2頁上。
② 章學誠:《章學誠遺書》卷四《文史通義・内篇四》,第32頁下。
③ 章學誠:《〈文史通義〉廬江何氏鈔本》册一,第95頁。
④ 章學誠:《〈文史通義〉廬江何氏鈔本》册四,第440頁。

又如盧江何氏鈔本《續通志校讎略擬稿·四部當宗七略論八篇》即嘉業堂本的《校讎通義·宗劉第二》,《宗劉第二》"文集熾盛不能定百家九流之名目,四部之不能返七略者三"①後,盧江何氏鈔本多出:"纂類之書,不能次爲一家之言,四部之不能返七略者四。"②此例何氏鈔本比嘉業堂本多出一種"四部之不能返七略者"的情況。由於這部分内容是"總分總"的論證關係,即第一段總括四部不能返七略的六種情形,接下來用六段分別詳論以上六種情況,最後一段作總結。盧江何氏鈔本多出的"纂類之書,不能次爲一家之言,四部之不能返七略者四"這條,正對應下文"類書自不可稱爲一子,……或擇其近似者,附其說於雜家之後可矣"這段。因此,聯繫上下文義,可以肯定嘉業堂本漏抄了"纂類之書"這條。這條的缺失進而也導致嘉業堂本做總結時,不得不將何氏鈔本中"凡四部之所以不能復七略者,不出以上六條"改作"凡四部之所以不能復七略者,不出以上所云"這一籠統概論。因此,盧江何氏鈔本無疑具有補充文獻缺失的價值。

2. 盧江何氏鈔本表述不當或失之繁瑣,删之更善

盧江何氏鈔本是章學誠著作的早期傳鈔本,難免還存在較爲粗疏之處,部分篇章在日後又被章氏加以删改潤色。例如,盧江何氏鈔本《言公上》:"《虞書》曰:敷奏以言,明試以功。此以言語觀人之始也。要在試功而庸以車服,則所貴不在言辭也。静言庸違,其言必有當矣,帝堯屏斥而不用,則所貴不在言辭也。"③嘉業堂本《言公上》作:"《虞書》曰:敷奏以言,明試以功。此以言語觀人之始也。必於試功而庸服,則所貴不在言辭也。"④何氏鈔本并列兩句"所貴不在言辭",較嘉業

---

① 章學誠:《章學誠遺書》卷一〇《校讎通義·内篇一》,第96頁上。
② 章學誠:《〈文史通義〉盧江何氏鈔本》册六,第661頁。
③ 章學誠:《〈文史通義〉盧江何氏鈔本》册一,第61頁。
④ 章學誠:《章學誠遺書》卷四《文史通義·内篇四》,第29頁上。

堂本多出"静言庸違"句。"静言庸違"本意爲共工之巧言令色、貌恭實違。章學誠在引用典籍的過程中常斷章取義以爲我用，他本意或是將"静言"視爲"謀言"，若如此理解自然無異論。然"静言庸違"通常等同於"巧言令色"，若作此種理解，那麼"其言必有當矣"之説就欠妥。章氏撰寫完成後，或許是發覺此句容易引起誤會，進而删去"静言庸違"句而成當下嘉業堂本之貌。

除了以上這種容易引起爭端誤解的内容被嘉業堂本删改外，還有一些繁瑣之嫌者，也被進行了删略。例如，廬江何氏鈔本《言公中》："若夫前人已失其傳，不得已而取裁後人之論述。若遷《史》之於《古文尚書》，《説文》之於韓嬰《詩傳》，則誠無可如何，而賴有是之僅存耳。然遷《史》未嘗不參以今文，而《説文》未嘗不參以齊魯之説焉。是又在乎專門絶學，辨析微茫，心領神會，所以貴乎知言之士也。"①嘉業堂本作："若夫前人已失其傳，不得已而取裁後人之論述，是乃無可如何。譬失祀者，得其族屬而主之，亦可通其魂魄爾。非喻言公之旨，不足以知之。"②檢上下文，可知何氏鈔本中"若遷《史》之於《古文尚書》……所以貴乎知言之士也"句實與本篇上文"孔氏古文雖亡，而史遷問故於安國，今遷書俱存，而孔氏之書未盡亡也；韓氏之《詩》雖亡，而許慎治《詩》兼韓氏，今《説文》俱存，而韓嬰之《詩》未盡亡也"③句相對應。因爲何氏鈔本這兩句語義一樣，嘉業堂本將何氏鈔本多出的這句删除，用一個"失祀者得其族屬而主之"的比喻作結語，很可能是爲了行文簡潔，文末再次突出言公之旨，主題更加鮮明。

3. 體例性删略

《爲畢制府撰湖北通志序》一文中，廬江何氏鈔本較嘉業堂本在篇末多出一段：

---

① 章學誠：《〈文史通義〉廬江何氏鈔本》册一，第80頁。
② 章學誠：《章學誠遺書》卷四《文史通義·内篇四》，第31頁中。
③ 章學誠：《章學誠遺書》卷四《文史通義·内篇四》，第30頁下。

兼攬之才與專門之業，迹相左而實相成也。蓋兼攬無所不收，而專門毫髮不容假借，不可合也。然不可與語專門之精者，即不可以任兼攬之鉅者也（專門之精其曲折自難共喻，但能確信專門而又能任之，斯不愧兼攬矣）。此序雖爲擬筆，實皆當日幕中討論之辭。制府欣然首肯，且矜言於衆，謂於斯事得未曾有也。嗚呼，知己之感，九原不可作矣。①

本段内章氏再次闡發"兼攬之才與專門之業"的關係，突出了他所提倡的專門之學。由"此序雖爲擬筆，實皆當日幕中討論之辭"可知，該段是章氏回憶當日在畢沅幕府修《湖北通志》情景時的有感而發，他借"知己"畢制府之口流露出對該文的自信、自得之情。也正因此段是本篇完成後作者的"回憶"性文字，因此，它與原文本非一體，可能是送友人傳抄時作者寫的短箋，被傳抄者附在篇末。

（二）廬江何氏鈔本與嘉業堂本互異者

廬江何氏鈔本與嘉業堂本内容互異者，主要是指兩者在遣詞造句的表述上互有異同，甚或整段内容都有差異。筆者將之分爲兩種類型，一是辭藻語義的修飾，并無本質改變，祇起修潤作用；二是兩者論述差異較大，作者所論、所講既有表象差異，也隱含着個人態度、學術思想等的變化。

1. 遣詞造句之同級修飾者

將何氏鈔本與嘉業堂本進行比較，發現語義相同而辭藻、表述相異的現象比比皆是，以下僅選取數例予以説明。如《言公中》篇"曰非此之謂也"，②何氏鈔本作"曰言不可若是其幾也"③；"毋論辭之如何"，④何氏

---

① 章學誠：《〈文史通義〉廬江何氏鈔本》册二，第132—133頁。
② 章學誠：《章學誠遺書》卷四《文史通義·内篇四》，第31頁上。
③ 章學誠：《〈文史通義〉廬江何氏鈔本》册一，第78頁。
④ 章學誠：《章學誠遺書》卷四《文史通義·内篇四》，第31頁上。

鈔本作"無論平奇偏全"。① 這兩例言語表述微有差異,但表達的語義相同。又如《説林》篇"而不泥小數善矣",②何氏鈔本作"而不泥小數其庶幾乎"。③《鍼名》篇"而但以飽暖相矜耀",④何氏鈔本作"而但曰飽暖即可以加人"。⑤《答問》篇,嘉業堂本"果於是非得失,後人既有所見,自不容默矣,必也出之如不得已",⑥何氏鈔本作"果於是非得失,確有所見,亦必出之如不得已"。⑦ 以上數例表達微異,表達主旨則一致。

此外,還有不少同義或近義詞"替換"現象,這些"替換"背後多是章氏仔細推敲的結果。如《言公下》"制誥之公"這段,嘉業堂本作"雖木天清閟,公言自有專官",⑧何氏鈔本作"雖三墳五典,公言自有專官"。⑨ "木天清閟"一詞較爲冷僻,葉瑛校注爲:"《唐六典》'内閣惟祕書閣最閎壯,穹窿高敞,謂之木天。'《詩·閟宫·傳》:'閟者,閉也。先妣姜嫄之廟,在周常閉而無事。'"⑩因此,木天、清閟無論"高敞"還是"常閉",皆是普羅大衆難以企及的遥遥之地。"制誥之公"這段,旨在説明即使是"九重高拱"之處的"王言",仍不妨"外傳"爲"公言"。"三墳五典"概指傳説中的古書,雖然爲大衆所熟知,然"古籍"畢竟無法代表王室威嚴的"門庭",故以"木天清閟"爲佳。又《言公下》篇,嘉業堂本"茁百穀於東菑",⑪何氏鈔本作"茁百穀於春畦"。⑫ "春畦"與"東菑"皆指田園,然前者僅指"春日的田園",或是章氏覺得"春畦"所指範

---

① 章學誠:《〈文史通義〉廬江何氏鈔本》册一,第78頁。
② 章學誠:《章學誠遺書》卷四《文史通義·内篇四》,第34頁上。
③ 章學誠:《〈文史通義〉廬江何氏鈔本》册一,第107頁。
④ 章學誠:《章學誠遺書》卷三《文史通義·内篇三》,第27頁上。
⑤ 章學誠:《〈文史通義〉廬江何氏鈔本》册三,第272頁。
⑥ 章學誠:《章學誠遺書》卷六《文史通義·内篇六》,第50頁中。
⑦ 章學誠:《〈文史通義〉廬江何氏鈔本》册四,第415—416頁。
⑧ 章學誠:《章學誠遺書》卷四《文史通義·内篇四》,第31頁中。
⑨ 章學誠:《〈文史通義〉廬江何氏鈔本》册一,第82頁。
⑩ 章學誠著,葉瑛注解:《文史通義校注》卷四《文史通義·内篇四》,第201頁。
⑪ 章學誠:《章學誠遺書》卷四《文史通義·内篇四》,第31頁下。
⑫ 章學誠:《〈文史通義〉廬江何氏鈔本》册一,第83頁。

圍較狹,因而改作"東菑"。

再如,《婦學》篇,嘉業堂本"蔡琰失節婦也"之"蔡琰",①廬江何氏鈔本作"文姬"。② 兩者一個稱名一個用字,或許章氏有意貶低"失節婦"因此改字稱名,亦或許是爲了與上文"文君淫奔人也"稱名相對應,纔將"文姬"改作"蔡琰"。與此相仿,《感遇》篇嘉業堂本"曼倩托言於諧隱,……韓非卒死於説,而曼倩尚畜於俳",③何氏鈔本作"方朔托言於諧隱,……韓非終死於説,而方朔尚畜於俳"。④ 曼倩是東方朔之字,儘管"東方"是複姓,但史書中出現"方朔"連用的例子并不少見。兩個版本中分別使用意義相同的兩個詞,作者究竟是出於何種考慮不得而知。又如,《俗嫌》篇嘉業堂本中"某夫人",⑤何氏鈔本則作"王恭人",⑥何氏鈔本透露出較多原始信息,可能是章學誠對這類關乎隱私的內容在日後有意進行了模糊處理。

詞組變化外,還有對文句的同義潤色。如章氏自稱他對"十餘年前舊稿,今急取訂正付刊"⑦的《言公》篇,《言公下》"募倩之公"條:

爵擅七貂,抑或户封十萬。當退食之委蛇,或休沐之閒宴。恥汨没於世榮,乃雅羨乎述贊。於是西園集雅,東閣賓儒,列鉛置槧,紛墨披朱。求藝林之勝事,遂合力而并圖。或抱荆山之璞,或矜隋侯之珠。或寶燕市之石,或濫齊門之竽。皆懷私而自媚,視匠指而奔趨。既取多而用宏,譬峙糧而聚薪,藉大力以賅存,供善學之搜討。立功固等乎立言,何嘗少謝於專家之獨造也哉。⑧

---

① 章學誠:《文史通義校注》卷五《文史通義·內篇五》,第47頁中。
② 章學誠:《〈文史通義〉廬江何氏鈔本》册四,第444頁。
③ 章學誠:《章學誠遺書》卷六《文史通義·內篇六》,第53頁下。
④ 章學誠:《〈文史通義〉廬江何氏鈔本》册四,第430—431頁。
⑤ 章學誠:《章學誠遺書》卷三《文史通義·內篇三》,第26頁下。
⑥ 章學誠:《〈文史通義〉廬江何氏鈔本》册四,第391頁。
⑦ 章學誠:《章學誠遺書》,第641—642頁。
⑧ 章學誠:《章學誠遺書》卷四《文史通義·內篇四》,第31頁下—32頁上。

廬江何氏鈔本作：

> 爵擅七貂,抑或財雄百萬。貴饒聲勢之招,富給衣被之願。當退食之委蛇,或持籌之閒宴。耻汩沒於世榮,乃雅羡乎述贊。於是聚賓客,購圖書,走估販,集鈔胥,列鉛置槧,紛墨披朱。求藝林之缺事,遂合力而補苴。惟利源之所出,咸才智之爭趨。或抱荊山之璞,或矜隋侯之珠。或寶燕市之石,或濫齊門之竽。皆懷私而自媚,或知人爲要圖。既取多而用宏,譬峙糧而聚稟,藉大力以賅存,待善學之搜討。立功固等乎立言,何當概論以專家之獨造也哉。①

嘉業堂本"西園集雅,東閣賓儒,列鉛置槧,紛墨披朱",顯然是對何氏鈔本"聚賓客,購圖書,走估販,集鈔胥,列鉛置槧,紛墨披朱"的潤色和升華,"户封十萬"替換"財雄百萬"又是對遣詞之雅化。此外,嘉業堂本還刪減了何氏鈔本"貴饒聲勢之招,富給衣被之願""惟利源之所出,咸才智之爭趨"這些相對直白的詞句。

2. 内容改變後語義有區别者

上文所述字詞改换的例子,多與文義無關,也與作者思想態度和文章主旨關係較輕。與此同時,也有内容出入較大之處,或是對自身激烈言辭的收斂,或是對原稿訛誤的修正及内容增補,甚者緣於作者思想之改變。

廬江何氏鈔本與嘉業堂本内容差異最大的要數《感遇》《假年》二文。如《假年》篇開頭云：

> 客有論學者,以謂書籍至後世而繁,人壽不能增加於前古,是以人才不古若也。今所有書,如能五百年生,學者可無遺憾矣;計千年後,書必數倍於今,則亦當以千年之壽副之。或傳以爲名言

---

① 章學誠:《〈文史通義〉廬江何氏鈔本》册一,第85—86頁。

也。余謂此愚不知學之言也。必若所言,造物雖假之以五千年,而猶不達者也。①

盧江何氏鈔本《假年》開篇作:

有賤儒者騖博強識,欺名於當世,世人不察而猥曰某也才。其人慨然曰:嗟乎,造物假我五百年生,庶幾讀書,其無遺憾乎。或舉其説以告章子,謂是好學之篤也。章子曰:是好名而愚者也,烏知好學哉?必若所言,造物雖假之以五千年,而猶不達者也。②

盧江何氏鈔本言辭激烈,有意氣之爭的嫌疑,而嘉業堂本則語氣平和,立言發論也較爲中肯客觀。又,何氏鈔本原作"今賤儒不知爲己",③嘉業堂本改爲"今不知爲己",④何氏鈔本"今賤儒以凡猥之資",⑤嘉業堂本作"今以凡猥之資",⑥此二例將帶有明顯貶義稱謂的"賤儒"删去。這種删改應該是作者有意收斂言辭,避免意氣用事引起爭端。章氏在《跋丙辰劄記》云:"而閑居思往,悼其平日以文墨游,而爲不知己者多所牴牾,而謬托於同道也。故其論鋒所指,有時而激,激則恐失是非之平,他日録歸《文史通義》,當去其芒角,而存其英華。"⑦《假年》篇這種修改或正是章學誠"去其芒角,而存其英華"的舉動。

(三) 嘉業堂本內容較盧江何氏鈔本爲多者

嘉業堂本較何氏鈔本內容爲多的,最能見證章氏著作本身之增益、

---

① 章學誠:《章學誠遺書》卷六《文史通義·内篇六》,第 52 頁上。
② 章學誠:《〈文史通義〉盧江何氏鈔本》册四,第 437 頁。
③ 章學誠:《〈文史通義〉盧江何氏鈔本》册四,第 440 頁。
④ 章學誠:《章學誠遺書》卷六《文史通義·内篇六》,第 52 頁中。
⑤ 章學誠:《〈文史通義〉盧江何氏鈔本》册四,第 440 頁。
⑥ 章學誠:《章學誠遺書》卷六《文史通義·内篇六》,第 52 頁下。
⑦ 章學誠:《章學誠遺書》卷二八《外集一》,第 319 頁上—319 頁中。

完善的過程。可大致分成爲何鈔本漏抄、《遺書》本增補及其他三種情况。

1. 廬江何氏鈔本漏抄之例

比較廬江何氏鈔本與嘉業堂本可知，何氏鈔本較嘉業堂本缺失一兩句內容的例子不少。如嘉業堂本《答客問上》篇"其書足以明道矣"①句，《匡謬》篇"亦有無所取於義例者焉"②句，何氏鈔本皆無。然而，與廬江何氏鈔本內容高度相似的國圖藏朱錫庚鈔本，此兩例文本內容却與嘉業堂本一致。因此，可以肯定這兩句乃何氏鈔本漏抄。又如嘉業堂本《文理》篇"時文當知法度，古文亦當有知法度。時文法度顯而易言，古文法度隱而難喻"③句，何氏鈔本僅寫作"時文當知法度隱而難喻"，缺少中間"古文亦當有知法度，時文法度顯而易言，古文法度"，導致與作者原意相反，文理不通。又經筆者比較國圖藏朱錫庚鈔本，發現此例朱錫庚鈔本又與嘉業堂本同，因此，這例也是廬江何氏鈔本漏抄所致。

2. 嘉業堂本增補完善之例

嘉業堂本《章氏遺書》其底本屬於章氏晚年鈔本一脉，因而具有"相對完備"的特點，嘉業堂本比廬江何氏鈔本內容較多的例子多爲後期補充、完善所致。最明顯者如上文提及的何氏鈔本《莊騷》篇到嘉業堂本《質性》篇之轉變，隨着篇題變化，內容也有較大的增補。又如《答問》篇，何氏鈔本"未嘗不可攻古人之閒，拾前人之遺，但無關大義"④句，嘉業堂本作："未必不可攻古人之閒，拾前人之遺。此論於學術，則可附於不賢識小之例，存其說以備後人之采擇可也。若論於文辭，則無關大義。"⑤而《師說》篇，何氏鈔本"況成我術藝者，而可無以報之耶，又況成我道德者耶"⑥，嘉業堂本作："況成我道德術藝，而我固無從他

---

① 章學誠：《章學誠遺書》卷四《文史通義·內篇四》，第38頁中。
② 章學誠：《章學誠遺書》卷三《文史通義·內篇三》，第23頁上。
③ 章學誠：《章學誠遺書》卷二《文史通義·內篇二》，第18頁中。
④ 章學誠：《〈文史通義〉廬江何氏鈔本》册四，第440頁。
⑤ 章學誠：《章學誠遺書》卷六《文史通義·內篇六》，第50頁中。
⑥ 章學誠：《〈文史通義〉廬江何氏鈔本》册四，第426頁。

受者乎。至於弟子不必不如師,師不必賢於弟子,則觀所得爲何如耳。所爭在道,則技曲藝業之長,又何沾沾而較如不如哉。"①以上兩例,嘉業堂本皆較何氏鈔本論述更爲詳善。

另外,嘉業堂本的例證也有較何氏鈔本爲多者。如《俗嫌》篇,嘉業堂本"退之遭李愬之毀(《平淮西碑》本未略李愬功),歐陽辨師魯之志,從古解人鮮矣"。②廬江何氏鈔本無此句,很可能是章學誠後來又增補韓愈與歐陽修的例子以明俗嫌之難與語諸文事。又如,《校讎通義·補鄭第六》:"昔王應麟以《易》學獨傳王弼,《尚書》止存僞孔傳,乃采鄭玄《易注》《書注》之見於群書者,爲《鄭氏周易、鄭氏尚書注》。"③何氏鈔本無"《尚書》止存僞《孔傳》"和"《鄭氏尚書注》"等内容。檢王應麟輯佚有《古文尚書注》《鄭玄周易注》《三家詩考》,所以,嘉業堂本新增的兩句當是章氏後來有意增補。

3. 其他

嘉業堂本《橫通》篇末較廬江何氏鈔本多出一段内容:

> 辛亥修《麻城志》,有呈《食貨志》稿者,内論行市經紀(即市司評物價者也)。乃曰:"貧人荒年,需升斗活八口家,與錢不如數。睫毛長一尺,無顧盼情;出百錢爲壽,輒強顔作鸝鵡笑。"此乃《聊齋志異》小説内譏貪鄙教官者,其人竊以責行市經紀,則風馬牛矣。此公以藏書之富著名也。④

劉咸炘、葉瑛皆云《橫通》篇主旨在譏當時目錄、版本之學,⑤本段内容不

---

① 章學誠:《章學誠遺書》卷六《文史通義·内篇六》,第52頁上。
② 章學誠:《章學誠遺書》卷三《文史通義·内篇三》,第26頁中。
③ 章學誠:《章學誠遺書》卷一〇《校讎通義·内篇一》,第98頁上。
④ 章學誠:《章學誠遺書》卷五,《文史通義·内篇五》,第40頁上。
⑤ 參章學誠著,葉瑛注解:《文史通義校注》,第390頁。劉咸炘:《文史通義識語》,《推十書》,上海科學文獻技術出版社,2009年,第1084頁。

僅與目録、版本無關，也没有起總結文意的作用，且大梁本《文史通義》亦無此段。因此，筆者推測多出的這段或許是章氏後來補入的一例新證。

另外，嘉業堂本《假年》篇後附有章氏族子廷楓跋，①而何氏鈔本則無。這其中的緣由很可能與章學誠的著作習慣有關。章氏常將自己的著作呈送給師友閲讀，其友生如周震榮、史餘村、朱錫庚等亦常索鈔副墨以留存。② 故廷楓之跋或許是這種傳抄過程中的産物，章氏對廷楓之評深表贊許，而後將之謄抄於篇末。《假年》篇外，廷楓對《原道篇》亦有評述，嘉業堂本與大梁本《原道》篇後皆附之。并且，《原道》篇後不僅有廷楓跋，還附有邵晉涵的跋文，兩者均是對《原道》篇閲後之感言、評論。

這些友朋之"跋"等可能是章學誠在文章傳抄過程中，擇其一二善者增入自己所存文稿而成。廬江何氏鈔本屬於章氏早期傳鈔本，其内多爲章氏未經修改的早期文稿，因此，章學誠還未來得及將反應友朋傳抄過程中的評語、意見等跋文録入文末。

第三節　章學誠《感遇》篇文本比較研究

《感遇》篇分别位於嘉業堂刊《文史通義·内篇五》與大梁本《文史通義·内篇三》中，其中嘉業堂本與大梁本《感遇》篇之間并無文字差異。然廬江何氏鈔本《感遇》篇，與前兩者相比則存在着大量的文字、語句異同，内容多寡亦較懸殊。本文以嘉業堂刊《章氏遺書》爲比較對象，就何氏鈔本《感遇》篇與它之間的異同分析解讀，進而探尋章氏撰寫背景及思想變化。

---

① 参《章學誠遺書》卷六《文史通義·内篇六》，第52頁下。
② 章學誠：《章學誠遺書》卷二九《外集二》，第325頁上。《跋酉冬戌春志餘草》："故人愛余文者，亦多請鈔存副墨。嘉善周明府青在，山陰史修撰餘村，鈔藏尤多。大興朱孝廉少白稍次。昨歲過維揚，薦師沈蒓使先生，亦令人鈔存新舊文四卷。"

一、廬江何氏鈔本與嘉業堂本《感遇》篇異同分析

在分析《感遇》篇文本異同之前，有必要對本篇內容予以概述。就今通行本《感遇》篇來説，大致包括三個部分。第一部分從篇首至"亦人情之難者也"，主要論述"士"在今古處境之不同。第二部分自"商鞅浮訾以帝道"至"豈不難哉"，着重論述了"君子不難以學術用天下，而難以所以用其學術之學術"。① 由於帝王好尚、學風、時勢的變化，士子不僅要有才學，還要懂得如何運用和發揮自己的才學。最後一部分論述了時風好惡與學術真僞的關係，作者譴責了那些"但襲其僞造也"的"趨之者"，強調"學術不能隨風尚之變"，"遇與不遇聽乎天"。

《感遇》篇兩種文本之間有諸多文字、語句差異，其中，不影響文章主旨的個別異文并非本文討論重點，故略而不談。本篇所論集中於數處差異較大，内容多寡懸殊并對文章主旨有影響者。爲便於比讀，以下將嘉業堂本與廬江何氏鈔本中的《感遇》篇兩者内容差別較大之處，分別羅列於下表，再分析於表後。

《感遇》篇兩種文本異同表一

嘉業堂本	廬江何氏鈔本
古者官師政教出於一，秀民不藝其百畝，則餼於庠序，不有恒業（謂學業），②必有恒產，無曠置也。周衰官失道行，私習於師儒，於是始有失職之士，孟子所謂尚志者也（士與公卿大夫皆謂爵秩，未有不農不秀之間，可稱尚志者也。孟子所言，正指爲官失師分，方有此等品目）。進不得禄享其恒業，退不得耕獲其恒產。處世孤危，所由來也。聖賢有志斯世，則有際可、公養之仕，三就三去之道，遇合之際，蓋難言也。③	唐虞之世，明明揚側陋，敷奏而明試，明良際遇風斯盛矣。三代之衰，辟門籲俊之典不舉，夢卜旁求之道無聞。聖賢有志斯世，則有行可、際可之仕，三就三去之道，遇合之際，蓋難言也。④

---

① 章學誠：《章學誠遺書》卷六《文史通義·内篇六》，第53頁下。
② 按：本篇凡引文涉及到原文自注的，統一用括弧標示。
③ 章學誠：《章學誠遺書》卷六《文史通義·内篇六》，第53頁中。
④ 章學誠：《〈文史通義〉廬江何氏鈔本》册四，第429頁。

本條嘉業堂本從官師、政教的角度，以"士"爲對象，就其古今處境之不同予以言説。在"官師政教出於一"的時代裏，"秀民不藝其百畝，則餼於庠序，不有恒業，必有恒產，無曠置也"。然在周衰之後，"處世孤危"的"失職之士"却"進不得禄享其恒業，退不得耕獲其恒產"。相較而言，何氏鈔本開篇所舉《尚書》中的"明明揚側陋，敷奏而明試"，旨在表達唐虞之世盛行的"明良際遇"之風，相對應則是三代之衰下"辟門籲俊之典不舉，夢卜旁求之道無聞"的境況。何氏鈔本更像是在"君臣之遇"的範圍内討論"遇與不遇"，主角除了士子之外，既可以是出身微賤的"側陋"之人，也可以是四方來朝的諸侯。而嘉業堂本則傾向於衹談"士"，尤其從"不有恒業"下的自注"謂學業"三字，可知章氏感慨對象是"學術之士"。另外，十萬卷樓鈔本《章學誠全集》裏有《士習》篇，經筆者比較分析，其文本異同介於盧江何氏鈔本與嘉業堂刊本《感遇》篇之間，是《感遇》篇的一種修改過渡稿。"士習"這一篇題，正説明了章學誠這篇文章的寫作主旨越來越側重於學術之士與時勢、學風的遇合與否之感嘆。嘉業堂本内，"古者"之時代，士即使"不遇"仍可退以"隱居下位"的"躬耕樂道"，然周衰之後的士，則有"下位不可以幸至也"[①]的悲涼。其實，這也是章氏自身懷才不遇、憤懣不平的寫照。

《感遇》篇兩種文本異同表二

嘉業堂本	盧江何氏鈔本
淳于量飲於斗石，無鬼論相於狗馬，所謂賦《關雎》而興淑女之思，咏《鹿鳴》而致嘉賓之意也。……亦世士羔雁之質。[②]	夫才生於天，學成於人，世不數出，求不易得。及其得之，而以間世不可遇之英，聽決擇於黨援私心之予奪，定妍媸於鄭畋女子之愛憎。則學術既成，而所以用其學術者，談何容易也。商君陳帝王之説，賈生對鬼神之辭，所謂賦《關雎》而興淑女之思，咏《鹿鳴》而致嘉賓之意也。……亦世士羔雁之贄。[③]

---

① 章學誠：《章學誠遺書》卷六《文史通義·内篇六》，第53頁下。
② 章學誠：《章學誠遺書》卷六《文史通義·内篇六》，第54頁上。
③ 章學誠：《〈文史通義〉盧江何氏鈔本》册四，第433—434頁。

第三章　章學誠著述早期鈔本研究

本條何氏鈔本多出"夫才生於天……談何容易也"這句,實際上是對《感遇》篇上文舉出的"牛李之黨惡白居易"和"鄭畋之女對羅隱才貌去取"兩例的進一步總結。嘉業堂本内有如下文字:"嗚呼,士之修明學術,欲求寡過,而能全其所自得豈不難哉。……則非學術之爲難,而所以用其學術之學術,良哉其難也。……則士之修明學術,欲求寡過,而能全其所自得豈不難哉。"①兩個"而能全其所自得豈不難哉"後面一個明顯缺少一條似於"良哉其難也"的對應句。何氏鈔本多出"則學術既成,而所以用其學術者,談何容易也"這句,恰好可復原出兩個相互對應的總結模式,即兩個"豈不難哉"分别對應著"良哉其難也"與"談何容易也"。因此,嘉業堂本缺失的這句實際上是對前文舉例的總結語,何氏鈔本此處提供給我們一個更具完整性的文本面貌。

那麽,盧江何氏鈔本"商君陳帝王之説,賈生對鬼神之辭"句,爲何在嘉業堂本呈現的是"淳于量飲於斗石,無鬼論相於狗馬"? 或是由於何氏鈔本這句與上文"商鞅浮誉以帝道,賈生詳對於鬼神"的舉例重複。而且,嘉業堂本所舉淳于髡飲酒與徐無鬼相狗馬的例子,更能突顯"有所托以起興,將以淺而入深"這種委婉的勸諫方式下,應該關注表像背後的意涵,即要"察其言之所謂者"。

《感遇》篇兩種文本異同表三

嘉業堂本	盧江何氏鈔本
有賤丈夫者,知其遇合若是之難也。則又舍其所長,而强其所短,力趨風尚,不必求愜於心。風尚豈盡無所取哉? 其開之者嘗有所爲,	有賤丈夫者,知其遇合若是之難也。則又舍其所長,而强其所短,巧餂嘗試,無所不爲,以爲庶幾得之矣。又懼嘗試者之淺薄,而未足以人人也,則遂以其學徇之,兼營猝嘗,所學未必精也,則獵取近似掩襲速成。古人畢生之功力,不難倉猝假之也,久假不歸,則遂以所掩襲者,居然自名其學術。而人之稱之

---

① 章學誠:《章學誠遺書》卷六《文史通義·内篇六》,第53頁下—54頁上。

續　表

嘉業堂本	廬江何氏鈔本
而趨之者，但襲其僞也。……然而爲是僞者，自謂所以用其學術耳。……學術不能隨風尚之變，則又不必聖賢，雖梓匠輪輿，亦如是也。是以君子假兆以行學，而遇與不遇聽乎天。①	者，亦遂以爲學術成而見知於時矣，而不知其速成以眩人，掩襲以欺世，固恃世之真知者少也。……然而爲是僞者，心知才識未嘗不可反求於己，而爲自得之學也。其意以爲非是不足取速成而炫耀於世，以免溝壑也。……學術一成而不可變，不必聖賢也。梓匠輪輿，且有不可徇，可得而徇者，皆非自得之學也。是以，君子假兆以行學，而遇與不遇聽乎天。僞以徇焉，非特拘於理之所不可，實亦限於勢之所不能也。②

此條嘉業堂本用短短五六十個字貶斥了"賤丈夫"爲求"遇"而追逐風尚，衹是襲其僞而非自得之學。何氏鈔本更多是對"賤丈夫者"行爲一步步的痛斥，即此人爲了求遇合，而"巧飾嘗試，無所不爲"，又循風尚以求近似，最後竟然"以所掩襲者，居然自名其學術"。又何氏鈔本中"然而爲是僞者，心知才識未嘗不可反求於己，而爲自得之學也。其意以爲非是不足取速成而炫耀於世，以免溝壑也"句，嘉業堂本僅用"自謂所以用其學術耳"一句就全部予以概括了。兩相對比，嘉業堂本的精簡令人吃驚。

然而，再次回到《感遇》篇首條對兩種不同開篇的分析，廬江何氏鈔本開篇所感、所論是對遇與不遇，尤其是君臣之遇的討論；而嘉業堂本所論則集中於對"學術之士"遭遇的分析。結合上下文的論述，可知章學誠在嘉業堂本中反復討論古今士人"不遇"的不同處境尤其耐人尋味。章氏已不是在憤恨不遇，而是早已做好了不遇的準備，衹是對當下"不遇"後所要遭受"下位不可以幸至"慘況之痛斥。因此，兩種不同文本呈現的其實是作者所論主旨有所轉變。即何氏鈔本中《感遇》撰寫時，作者撰文觸機很可能是風尚驅動下，"僞學"泛濫，真學如他者則

---

① 章學誠：《章學誠遺書》卷六《文史通義·內篇六》，第 54 頁上。
② 章學誠：《〈文史通義〉廬江何氏鈔本》册四，第 434—436 頁。

黯然神傷。相隔數年之久，再次修改《感遇》篇時，作者當初因爲一個"賤丈夫"觸發的憤懣早已平淡了許多，進而能更冷靜地看待遇合之際。因此，他表達的重點已不再是對"僞學者"的不滿，而是"學術不能隨風尚之變，則又不必聖賢"，"君子假兆以行學，而遇與不遇聽乎天"的決心。正是由於作者"安之若命"的超脱境界，何氏鈔本内諸如"可得而徇者，皆非自得之學也"以及"僞以徇焉，非特拘於理之所不可實，亦限於勢之所不能也"等内容，這些專就僞學所發之論，在嘉業堂本中遭到或删或改的命運。

二、兩種《感遇》篇文本寫作背景探析

廬江何氏鈔本不僅提供了重要校勘價值，還讓我們更深入瞭解文本差異間體現出章氏思想和學術態度的轉變。然這些轉變并非一蹴而就，《感遇》篇如此大的變動也非一朝一夕的心情突變。因此，弄清楚兩種文本《感遇》篇寫作時間及背景就顯得格外迫切。

浙江圖書館藏會稽徐氏鈔本《章氏遺書目録》中《感遇》篇下原注爲"庚戌鈔存通義"。名爲"庚戌"者，實乃前一年即己酉年四五月間所作之文，因此，胡適據此將本篇寫作時間定爲乾隆己酉年(1789)。① 錢穆依據武昌柯氏藏《章氏遺書》鈔本的注"庚戌鈔存通義"，亦將之定爲乾隆己酉年(1789)作。② 隨之葉瑛《文史通義校注》以及倉修良《文史通義新編新注》皆同。③ 對此，諸家都無異辭。直到梁繼紅發表《朱錫庚鈔本〈章氏遺著〉及其利用價值》一文時，纔出現了乾隆癸卯(1783)説。梁繼紅據國家圖書館藏朱錫庚鈔本《章氏遺著》内《感遇》篇題下注"癸卯"二

---

① 參胡適著，姚名達訂補：《章實齋先生年譜》，臺灣商務印書館，1987年，第71頁。
② 參錢穆《章實齋·章實齋文字編年要目》，《中國近三百年學術史》，九州出版社，2011年，第463頁。在"乾隆五十四年己酉"條下，錢氏云："《辨似》、《説林》、《知難》、《史釋》、《史注》、《文集》、《天喻》、《師説》、《假年》、《感遇》、《感賦》……皆稱《庚戌鈔存通義下》。"
③ 章學誠著，葉瑛注解：《文史通義校注》，第329頁；倉修良：《文史通義新編新注》，第346頁。

字,將本篇寫作時間定於乾隆四十八年,并云:"這些關於時間的附注文字的重要意義在於,它修正了以往學者對於《感遇》《假年》兩篇文章寫作時間的看法。"①朱錫庚鈔本與廬江何氏鈔本中《感遇》《假年》兩篇文本内容一致,另外還有一些篇章内容亦與廬江何氏鈔本相同,可以推測廬江何氏鈔本《感遇》篇寫作時間當爲朱錫庚鈔本所題"癸卯"。梁繼紅又指出:"章學誠很可能是在乾隆五十五年,將這兩篇文章抄入《文史通義》的時候,而對這兩篇文章作的修改。"②章學誠撰寫《文史通義》過程中,對之前舊稿始終不斷修改和彙編整理。因此,筆者認同梁繼紅的推測,也認爲這兩種同出自章氏之手篇題一樣但内容不同的文本,確有時間先後以及初稿與修改稿的不同。

　　隨着學力的長進、閱歷之增加,章學誠的心態和學術觀點也隨之有所調整,這就導致每次對舊文進行整理時,他難免會對之前的初稿予以修潤、删改、增補等。對於《感遇》篇兩種文本的差異,我們也有必要回到該篇撰寫前後章氏的生活處境,這樣纔能更好理解文本改動及文本差異產生原因。

　　乾隆癸卯(1783)之前數年,是章氏生活中最爲困苦的時期。經歷多次科考,③他終於在乾隆四十三年(1778)即四十一歲時中進士。然高中之後,他并未因此登上廟堂之高、走上仕途亨通的道路,而是先後經歷了"死喪、疾厄、患難之遭"。乾隆四十四年(1779)章氏遇危疾,乾隆四十五年(1780)"困極思游,冬辭館後,歲事殊窘,又逢第三女痘殤"。乾隆四十六年(1781)游古大梁,不但失志而歸,又中途遇盗,盡失囊篋及生平撰著,狼狽投奔肥鄉同年張維祺。在肥鄉期間,《上梁相公書》感慨道:"數年遭困以來,未有若此之甚者。"④即使在這種情況下,他仍期望能有

---

① 梁繼紅:《朱錫庚鈔本〈章氏遺著〉及其利用價值》,《文獻》2005年第2期,第174頁。
② 梁繼紅:《朱錫庚鈔本〈章氏遺著〉及其利用價值》,《文獻》2005年第2期,第185頁。
③ 《與汪龍莊簡》:"然登第在四十外,則命使然,中間七應科場,三中(兼副榜)一薦一備二落。"《章學誠遺書》卷二九《外集二》,第334頁上。
④ 章學誠:《章學誠遺書》卷二九《外集二》,第326頁下。

第三章　章學誠著述早期鈔本研究

所遇。《上梁相公書》云:"妄自詡謂稍辨菽麥,不甘自棄,又自以爲迂拘,不合世用,惟是讀古人書,涇渭黑白,差覺不誣。……尚思用其專長,殫經究史,寬以歲月,庶幾勒成一家,其於古今學術,未必稍無裨補。"①此次上書,雖爲衣食所逼的求人之舉,他也自知"不合世用",却仍懷抱"尚思用其專長",并期待"庶幾勒成一家"。

《上梁相公書》中有"初冬晴淑"語,因此,這篇書信應該作於十月初。與此信約略同時,還有十月初三日章學誠向好友邵晉涵寫的一封求助信。《與邵與桐書》中有"夏間接讀手示,以關中一席,畢中丞覆以緩商"句,②可知,邵晉涵曾向畢沅舉薦過章氏。此次作書,是催請好友再向畢沅問詢,以探試畢沅究竟"覆意如何"。且心急如焚的章氏,竟然親自"示範"好友如何向畢沅推薦自己,③并舉出"昔退之爲孟郊致書張建封,子瞻爲董傅致書歐陽子"的例子,兩人在友人已死之後纔乞求"當道有力者爲之恤其後人,葬其遺骸",并云"何況當日身親其事者耶"。④内心急迫的章學誠,以至於不僅親自擬定上畢沅的信,還再三向友人邵晉涵申述:"當此相須殷而相遇甚疏之際,苟不爲公一言,則負知遇之恩,莫斯爲大。"又稱:"如待既轉溝壑之後,而後有如退之、子瞻之所請焉,抑其晚矣。"⑤可以看出,在窘困之中被迫向人乞食的同時,章學誠也焦慮着自己一家之言是否可以形成,他不願意身轉溝壑之後纔得到認可,那樣"亦其晚矣"。

直到乾隆四十九年(1784),或是由於梁相公的推薦,章學誠纔得

---

① 章學誠:《章學誠遺書》卷二九《外集二》,第 326 頁下。
② 章學誠:《章學誠遺書》卷二九《外集二》,第 334 頁下。
③ 參《與邵與桐書》:"不妨少假羽毛,高抗其説。意謂中丞愛才如性命,慕賢如饑渴,而蘭苕翡翠,無不處之上林。碧海長鯨,幾不免於溝壑,當亦仁人君子所不忍聞。往者朱君先生泛愛及衆,有所舉於中丞,皆一時之選。然亦有拯憫饑寒,僅就尺短寸長,使之有以自效。中丞雅善衡量,亦既隨其器之大小,以有滿其劑量。以是,人稱中丞能得士矣。而斯人亦出朱君先生門下,袖手冷笑,獨謂人世不必更求知音,倔强自喜,不復顧屑,以至於今,故困窮轉出藩籬鷃雀下也。"《章學誠遺書》卷二九《外集二》,第 334 頁下。
④ 章學誠:《章學誠遺書》卷二九《外集二》,第 334 頁下。
⑤ 章學誠:《章學誠遺書》卷二九《外集二》,第 335 頁上。

99

已主講保定蓮池書院，①到乾隆五十二年（1787）他纔正式入畢沅幕。這説明無論是梁相公還是畢中丞，都没有解决他曾經的燃眉之急。不幸又接踵而至，乾隆癸卯（1783）春，章學誠再次卧病京寓，邵晉涵將之接到家中延醫治，他纔得以死裏逃生。自信能成一家之言的章學誠，却始終不遇，遭受着接二連三的打擊與困苦的煎熬。然而章氏所不齒的"賤丈夫"，則"捨其所長，而强其所短，巧舍嘗試，無所不爲"遂"獵取近似掩襲速成"。换言之，自負才高的章學誠不僅不遇，且遭受如此之多的艱難坎坷。因此，對"賤丈夫"的激憤之情，就在同年撰寫《感遇》篇時迸發而出。

再看乾隆己酉（1789）前後的章氏，學術思想已經成熟，正處於厚積薄發的著作期。乾隆五十二年（1787）冬，在於好友周震榮推薦下，章學誠赴河南見畢沅，欲藉其力編撰《史籍考》，并獲得畢沅"延見卧榻猶嫌遲"的厚遇。在上一個幕主朱筠去世之後，長達數年流落無依的章學誠終於找到了一個在他看來可以托付下半生的新幕主。因此，館於安徽學使署"爲徐使君校輯《宗譜》"的章學誠在這一相對閒暇且前途無憂的時間内，不僅撰寫了大量新著，同時對舊作進行了一翻梳理，曾經的激憤之情隨之被更爲高遠的學術志向所取代。所以，嘉業堂本《感遇》呈現給我們的已不再是對"賤丈夫"的不平，而是升華之後"君子假兆以行學，而遇與不遇聽乎天"的態度。

三、由《知難》篇"知之難"再論《感遇》篇"遇"之難

與《感遇》一起被歸入《庚戌鈔存通義》的還有《知難》篇，由篇名

---

① 范耕研：《章實齋先生年譜》，文史哲出版社，1999年，第72頁。范耕研依據《丁巳歲暮書懷投贈賓穀轉運因以誌别》詩有云"甲乙丙主蓮花池，相國殷勤推項斯"，又云"相府荒凉韓愈罷"，推測："相國蓋指梁文定，文定以五十一年十二月卒，次年先生即辭館，是先生之主蓮池，必文定薦之也。"

第三章 章學誠著述早期鈔本研究

可知,《知難》乃慨嘆真知之難而作。章學誠首先給"知"下了定義:"所謂知者,非知其姓與名也,亦非知其聲容之與笑貌也;讀其書,知其言,知其所以爲言而已矣。"①《知難》篇討論的對象也是讀書人,即"學術之士",所論之知乃特指學術之"知"。在章氏看來"讀其書者,天下比比矣;知其言者,千不得百焉。知其言者,天下寥寥矣;知其所以爲言者,百不得一焉。"②"知"與"遇"是亦此亦彼的關係,且《知難》篇所舉之例與《感遇》篇中的例子高度重複,兩者所論都是學術上的"知"與"遇"。真知無人,其遇何來,《知難》篇所論的"真知之難"似乎已經昭示了《感遇》篇所感的"不遇之必然"。因此,對《知難》篇的分析,能夠使我們加深對章氏所感之遇以及章氏對知遇態度的了解。

《知難》篇論述了"知"的三個境界,首論"遇合之知所以難言也",再論"同道之知所以難言也",最後論"身後之知所以難言也"。在"遇合之知"中章氏稱"丈夫求知於世",并舉出兩個"可謂遇矣"的例子:

> 賈生遠謫長沙,其後召對宣室,文帝至云:"久不見生,自謂過之,見之乃知不及。"君臣之際,可謂遇矣。然不知其治安之奏,而知其鬼神之對,所謂迹似相知而心不知也。劉知幾負絶世之學,見輕時流,及其三爲史臣,再入東觀,可謂遇矣。然而語史才則千里降追,議史事則一言不合,所謂迹相知而心不知也。③

西漢賈誼《過秦論》與《治安策》無一不透露出他卓越的學識及其對時局安危、國家治政方針的關切。然其"召對宣室",獲得皇帝"前席之

---

① 章學誠:《章學誠遺書》卷四《文史通義》内篇四,第35頁中。
② 章學誠:《章學誠遺書》卷四《文史通義》内篇四,第35頁中。
③ 章學誠:《章學誠遺書》卷四《文史通義》内篇四,第35頁中。

迎"的不是"其治安之奏"而是"其鬼神之對"。唐代劉知幾"三爲史臣，再入東觀"，在外人看來，亦可稱得上是有所遇了，可自負史才的劉知幾，"語史才則千里降追"，他的史才并未被認可，正如章氏在《感遇》篇所云"劉知幾先以詞賦知名，而後因述史減譽"。① 由這兩例來看，"迹相知"所獲之盛"遇"，恐怕難以與"心"相合，得失之間，仍是某種程度上的"不遇"。

在"相須之殷，相遇之疏"的年代裏，定不能對君臣之遇有過多的奢望，那麽求同道之知與遇又如何呢？章氏云："天下鮮自知之人，故相知者少也。"又云："凡禀血氣者，不能無争心也。……有争心，則挾恐見破，嫉忌詆毁之端開矣。"②無自知，又有争心，結果就是同走者雖衆，而同走者之心則異，是以"同道之知亦難言也"。章氏之學與同時代乾嘉考據之風相異，因此"僕之所學，自一二知己外，一時通人，未有齒僕於人數者"，③不僅在國子監的時候，他被人"視爲無物"，且"歷聘志局"期間還"頻遭目不識丁之流，橫加彈射"。④

其實，章氏的學問門路即使是"一二知己"，也未必真能心知其意。如《家書二》云："致論學問文章與一時通人全不相合……愛我如劉端臨，見翁學士詢吾學業究何門路，劉則答以不知。"⑤向來被章氏視爲同道的邵晉涵，他曾多次在章氏貧病交加時予以大力幫助，兩人亦有頻繁的學術切磋。《邵與桐别傳》云："（邵晉涵）與余論史，契合隱微。余著《文史通義》，不無别識獨裁，不知者或相譏議。君每見余書，輒謂如探其胸中之所欲言，間有乍聞錯愕，俄轉爲驚喜者，亦不一而足。"⑥章氏不僅將邵氏視爲知己，也自詡能知邵氏之深與世

---

① 章學誠：《章學誠遺書》卷六《文史通義·内篇六》，第54頁上。
② 章學誠：《章學誠遺書》卷四《文史通義·内篇四》，第35頁下。
③ 章學誠：《章學誠遺書·佚篇》，第646頁。
④ 章學誠：《章學誠遺書》卷九《文史通義·外篇三》，第83頁上。
⑤ 章學誠：《章學誠遺書》卷九《文史通義·外篇三》，第92頁中。
⑥ 章學誠：《章學誠遺書》卷一八《文集三》，第177頁中。

殊異者三，①并自信"僕亦自謂邵君之傳，實有一二非僕著筆必不得其實者"，"已刻《爾雅正義》，祇是邵氏皮毛，世人之知邵氏不過在皮毛，是以須僕爲發幽潛"。② 即使是這位被章學誠視爲"并世桓譚"的知己，終其一生未見他爲"知己"揚名，邵氏本人也未以章氏深知的"與世殊異者三"來顯世。甚至在某些程度上，還存在着他本人不願作章氏并世桓譚之嫌，迫使章氏不得不在信中抱怨和督促道："足下嘗許僕爲君家念魯身後桓譚，僕則不敢讓也。今求僕之桓譚，舍足下其誰與？ 雄、譚并時而生，於古未有，可無名言高論，激發後生志氣，而顧嘿嘿引嫌，不敢一置可否，豈不惜哉！ 足下勉之而已！"③章自恃爲深知邵氏，亦視邵爲知己，遺憾的是，落花有意，流水無情，邵氏儘管認可章氏的學問，但他名家的路數却是章氏批評的考據之學。是以同道之知亦難言也。

章氏《知難》篇所論的第三種情況是"身後之知所以難言也"，他舉司馬遷和班固之書，雖爲著述之盛事，而後世專門攻習遷、固之書的學者，如徐廣、裴駰、服虔、應劭諸家之詁釋，"其間不得遷、固之意者，十常四五焉"。④ 具有意味的是，生前落落不得志的章學誠，在他去世一百多年後的清末民初，逐漸得到學界的普遍認可和重視，研讀《文史通義》幾乎成爲一代風氣，章氏可謂獲得了身後之遇矣！"在20世紀20年代，章學誠研究已經成爲一個熱點，内藤湖南、胡適、張其昀、何炳松、姚名達、傅振倫、錢基博諸著名學人，均投入到章學誠史學之研究。"⑤然學界對章氏史學的研究，是章氏自詡爲"吾於史學，蓋有天授"之"史

---

① 章學誠：《章學誠遺書》卷一八《文集三》，第177頁下。"族子廷楓曰：叔父嘗自謂生平蘊蓄，惟先師知之最深，亦自詡謂能知先師之深與世殊異者三，先師以博洽見稱，而不知其難在能守約；以經訓行世，而不知其長乃在史裁；以漢詁推尊，不知宗主乃在宋學。"
② 章學誠：《章學誠遺書·佚篇》，第642頁。
③ 章學誠：《章學誠遺書·佚篇》，第646頁。
④ 章學誠：《章學誠遺書》卷四《文史通義·内篇四》，第35頁下。
⑤ 錢茂偉：《浙東史學研究述評》，海洋出版社，2009年，第360頁。

學"么？章氏晚年給朱錫庚的信中有云："鄙著《通義》之書，諸知己者許其可與論文，不知中多有爲之言，不盡爲文史計者，關於身世有所根觸，發憤而筆於書，嘗謂百年而後，有能許《通義》文辭與老杜歌詩同其沉鬱，是僕身後之桓譚也。"① 那麽，"百年而後"衆多章學崇拜者、私淑者以及研究者，又有誰"許《通義》文辭與老杜歌詩同其沉鬱"？又有誰真能夠稱得上是章氏的"身後桓譚"？這種"後世之知"，到底屬於章氏所言的"迹相知"還是"心相知"呢？

綜上，《知難》篇由"知"之難而發端，提出那些當世有所遇者，可能衹是"迹相知"而非"心相知"，而那些看似同道者實則心如其面，"同道不同心"，那些後世之知也未必達古人之精微，真知古人之意。儘管如此，章氏還是發出了"不得生而隆遇合於當時，亦將歿而俟知己於後世"的期許。因此，他決意寧願"寡和無偶"也不能"屈折以從衆"。幸運的是，他身後未成爲"湮没而不彰者"，而是引領了一個時代的風氣。這對於深知世俗風尚流弊的章氏來説，或許是命運給他開的又一個玩笑。

細繹《感遇》篇兩種文本的差異，進而探討兩種文本產生前後章氏生平的遭遇以及與《感遇》篇所論主題有密切關聯的《知難》篇，可知，章氏并非不想獲得當世之遇，也并非不想獲得通人之知，他衹是深知自己性之所近的學問路數與當世學風格格不入，因而鮮能獲得同道之知，也就不期待有什麽當世之遇。在這種情況下，既然不能以"口"來"化當世"，就衹能"筆"之於書以"傳來世"。所以他要"思斂精神爲校讎之學，上探班、劉，溯源官禮，下該《雕龍》《史通》，甄別名實，品藻流別，爲《文史通義》一書"。② 然"屢遭坎坷、不能忘情"的他，難免會激昂的"筆於書"，撰《感遇》《知難》以"申其孤憤"；也難免寄希望於"百年而

---

① 章學誠：《章學誠遺書·佚篇》，第643頁。
② 章學誠：《章學誠遺書》卷二九《外集二》，第333頁下。

後"的"身後桓譚"。最終,他"專爲著作之林較讎得失"①"於世教民彝,人心風俗,未嘗不三致意"之意雖未得到當世之遇,但"著書爲後世計"之《文史通義》,最終使他獲得了由"諸君不知鄙爲何許人"到"天下誰人不識君"的"盛遇"。

第四節　《校讎通義》溯源

章學誠《校讎通義》在近代中國學術史,尤其在古典目録學史上産生了重要影響,其"辨章學術,考鏡源流"的校讎思想至今仍爲不刊之論。章學誠曾在《跋酉冬戌春志餘草》中自述《校讎通義》身世云:

> 余自辛丑游古大梁,所遇匪人,盡失篋携文墨,四十四歲以前撰著,蕩然無存。後從舊家存録別本借鈔,十得四五耳。……昨歲過維揚,薦師沈轟使先生,亦令人鈔存新舊文四卷。雖諸家有無互校,未必遽全,然十可得八九矣。但己亥著《校讎通義》四卷,自未赴大梁時,知好家前鈔三卷者,已有數本。及余失去原稿,第四卷竟不可得。索還諸家所存之前卷,則互有異同,難以懸斷。余亦自忘真稿果何如矣。遂仍訛襲舛,一併鈔之。戊申在歸德書院,別自校正一番。又以意爲更定,則與諸家所存又大異矣。然則今存文字,諸家所鈔,寧保與此稿本必盡一耶。嗟乎,書有異同,不待著書之人身後。因念古人之書存今日者,不必盡古人之實矣。②

學界就章氏此説,將《校讎通義》撰寫時間定爲乾隆己亥(1779),并一

---

① 章學誠:《章學誠遺書》卷九《文史通義·外篇三》,第86頁上。
② 章學誠:《章學誠遺書》卷二九《外集二》,第325頁上。

致推定《校讎通義》原本有四卷,其第四卷由於稿本失竊而"竟不可得"。今通行本《校讎通義》有大梁本和嘉業堂刊《章氏遺書》本兩種,其中內篇三卷的面貌一致,嘉業堂本多出《校讎通義》"外篇"一卷。錢穆曾對章學誠"戊申更定"按曰:"此年校正者,即今傳本。議論與《文史通義》相發,而言之未暢,蓋此後《文史通義》之先聲也。惜《校讎通義》初稿不可見,否則必可證實齋思想進展之痕迹。"①幸運的是,錢穆所惋惜的《校讎通義》初稿,或許仍有部分留存於世。

華東師範大學圖書館藏"廬江何氏鈔本《章實齋文史通義》"鈔本共六册,其中一册名為《續通志校讎略擬稿》。② 經筆者比對,即為今大梁本《校讎通義》和嘉業堂《校讎通義》內篇三卷的部分,祇是該鈔本保留了許多異於通行本的原始面貌。廬江何氏鈔本與通行本《校讎通義》內容高度相似,但是兩者叙言和每章節的篇目名稱却有較大差異,正文亦存在着不少字句異同、段落移易等現象。筆者推測,廬江何氏鈔本《續通志校讎略擬稿》當是章學誠己亥(1779)所著《校讎通義》四卷中被"知好家前鈔三卷者"之一。廬江何氏鈔本《續通志校讎略擬稿》不僅具有較高校勘價值,還有助於我們考察《校讎通義》的成書過程以及深入瞭解章氏學術思想。

一、《校讎通義》《續通志校讎略擬稿》篇名、叙言之異同分析

廬江何氏鈔本《續通志校讎略擬稿》與今通行本《校讎通義》③的差異首先以篇名最為顯著。以下將兩者對應篇名分列於下表,以便於分析:

---

① 錢穆:《中國近三百年學術史》,第462頁。
② 2019年《華東師範大學圖書館珍稀文獻叢刊》將該本影印刊出,《續通志校讎略擬稿》被排為"册六"。
③ 按,由於今大梁本《校讎通義》與劉承幹嘉業堂刊《章氏遺書》本《校讎通義·內篇》一致。本文為討論的方便,以嘉業堂刊《章氏遺書·校讎通義》之《內篇》三卷為依據,與廬江何氏鈔本《續通志校讎略擬稿》三卷進行比較研究。

嘉業堂本《校讎通義》與《續通志校讎略擬稿》篇名異同表

嘉業堂本《校讎通義·內篇一》	廬江何氏鈔本《續通志校讎略擬稿》第一
原道第一	著錄先明大道論三篇
宗劉第二	四部當宗七略論八篇
互著第三	著錄不避重複論五篇
別裁第四	校讎須明裁篇法論二篇
辨嫌名第五	校讎當辨嫌名論二篇
補鄭第六	補書有名亡實不亡論二篇＋補缺書備於後世論一篇
校讎條理第七	著錄有殘逸論一篇（按，"補缺書備於後世論一篇"原本位於該篇後）
著錄殘逸第八	校讎須明條理論五篇
藏書第九	藏書論一篇
嘉業堂本《校讎通義·內篇二》	廬江何氏鈔本《續通志校讎略擬稿》第二
補校漢藝文志第十	補校漢志藝文論十篇
鄭樵誤校漢志第十一	鄭樵誤校漢志論五篇
焦竑誤校漢志第十二	焦竑誤校漢志論十五篇
嘉業堂本《校讎通義·內篇三》	漢志六藝論十二篇
漢志六藝第十三	廬江何氏鈔本《續通志校讎略擬稿》第三
漢志諸子第十四	漢志諸子論三十三篇
漢志詩賦論第十五	漢志詩賦論十篇
漢志兵書第十六	漢志兵書論八篇
漢志數術第十七	漢志數術論四篇
漢志方技第十八	漢志方技論一篇

由上表可知，《續通志校讎略擬稿》與《校讎通義》的篇名存在較大差別，尤其是"校讎略擬稿一"與當下流行之《校讎通義》"內篇一"，幾乎無一相同。推究其由，主要在於章氏最早寫作時旨在仿照、續編鄭樵《通志》。廬江何氏鈔本《續通志校讎略擬稿》之名意爲"續"鄭樵的《通志·校讎略》。《續通志校讎略擬稿第一》前有"臣等謹按"云："今特補其討論所未周者，踵其條例，先爲一卷以討其原。而鄭《志》以後諸家編録之訛錯者，隨其本書，各爲讎正，以次於後云。"可知，章氏"先爲一卷以討其原"的《續通志校讎略擬稿》即踵接鄭樵《通志》之條例，"特補其討論所未周者"也。既然如此，《續通志校讎略擬稿》在外貌形態上與鄭樵《通志·校讎略》存在相似之處就不足爲奇了。事實上，《擬稿》每篇篇名的標題都是對本篇主旨簡略概括基礎上再注明篇數，此一形態結構恰與鄭樵《通志·校讎略》篇題形式基本一致。①

篇名之外，兩者差別主要集中在"叙言"部分。爲了論述方便，筆者將把兩"叙言"詳列下表，進而探討文字異同產生之原因。

《校讎通義》《續通志校讎略擬稿》叙言內容異同表

嘉業堂本《校讎通義》	廬江何氏鈔本《續通志校讎略擬稿》
叙曰： 　　校讎之義蓋自劉向父子，部次條別，將以辨章學術，考鏡源流……特以部次條別，疏通倫類，考其得失之故，而爲之校讎。蓋自石渠天禄以還，學者所未嘗窺見者也。顧樵生南	臣等謹案： 　　校讎之業本於劉向父子，部次條別，將以辨章學術，考鏡源流……而特以部次條別之通於大道者，論其得失之故，而爲之校讎。蓋自石渠天禄以還，學者所未嘗聞見者也。其卓識創論，洞究精奥，

---

① 按，鄭樵《通志·校讎略》的篇題分別如下：秦不絶儒學論二篇，編次必謹類例論六篇，編次必記亡書論三篇，書有名亡實不亡論一篇，編次失書論五篇，見名不見書論二篇，收書之多論一篇，闕書備於後世論一篇，亡書出於後世論一篇，亡書出於民間論一篇，求書遣使校書久任論一篇，求書之道有八論九篇，編次之訛論十五篇，崇文明於兩類論一篇，泛釋無義論一篇，書有不應釋論三篇，書有應釋論一篇，不類書而類人論三篇，編書不明分類論三篇，編次叙論二篇，編次不明論七篇。鄭樵的篇題形式與廬江何氏鈔本《續通志校讎略擬稿》的篇題形式極其相似，都是立論式篇題。

續　表

嘉業堂本《校讎通義》	廬江何氏鈔本《續通志校讎略擬稿》
宋之世……又其議論過於駿利……以究悉其是非得失之所在。故其自爲《通志》，《藝文》《金石》《圖譜》諸略，牴牾錯出，與其所譏前人著録之謬，未始徑庭。此不揣本而齊末者之效也。又其論求書之法，校書之業，既詳且備。然亦未究求書以前文字如何治察，校書以後，圖籍如何法守，凡此皆鄭氏所未遑暇。……今爲折衷諸家，究其源委，作《校讎通義》，總若干篇，勒成一家。庶於學術淵源，有所厘别，知言君子，或有取於斯焉。①	所謂通史心裁，自成一子，非如禮樂兵刑可益以累朝沿革，天文曆律可備以一代憲章，蓋無以續爲也。顧樵生南宋之時……議論過於駿厲……以究悉其是非得失之所在。以故後之人亦知其當然，而不能悉其所以然。誠不免跋於前而躓於後矣。又其論求書之法，校書之業，既詳且備。然亦未究求書以前文字如何治察，校書卒業，圖籍如何收藏，然此皆非鄭樵學術有所未至。……今特補其討論所未周者，踵其條例，先爲一卷以討其原。而鄭《志》以後諸家編録之訛錯者，隨其本書，各爲讎正，以次於後云。②

由上表可知，短短的叙言中，差異之處甚多。首先，《校讎通義》的"叙言"，《續通志校讎略擬稿》作"臣等謹案"。撇開《續通志校讎略擬稿》之名所隱含的意義，即章氏此作目的是"續"鄭樵之《通志·校讎略》。就"臣等謹案"四字來看，也説明了章氏"初稿本來是代替三通館給《續通志》所擬的稿子"③。其初衷并非自己要撰寫成"一己之作"，而是要向官方呈進。正因此乃向官方進獻的"擬稿"，所以，《續通志校讎略擬稿》叙文中罕見"章氏"的身影，更多是對鄭樵"通史心裁，自成一子"學術之褒揚。章氏自稱作此書目的是補鄭樵"討論所未周者"，而其所遵守的亦是鄭樵原書之條例。然而，未被官方采用的結果就是本要向官方進獻的"擬稿"，最終衹是章氏的"私稿"。因此章氏在《校讎通義》叙内稱其作寫作目的是"勒成一家"，以成就章氏自己的一家之言。

其次，兩叙對鄭樵的評價存在着明顯差異。如嘉業堂本"窺見者

---

① 章學誠：《章學誠遺書》卷一〇《校讎通義·内篇一》，第95頁中。
② 章學誠：《〈文史通義〉廬江何氏鈔本》册六，第655—657頁。
③ 章學誠著，王重民通解：《校讎通義通解·序言》，上海古籍出版社，2009年。

也"在何氏鈔本中作"聞見者也","聞"與"窺"語意差別并不很大。但"聞見者也"後,廬江何氏鈔本有而嘉業堂本無的那句,則讓人不得不產生一些疑竇。廬江何氏鈔本多出一句:

> 其卓識創論,洞究精奧,所謂通史心裁,自成一子,非如禮樂兵刑可益以累朝沿革,天文曆律可備以一代憲章,蓋無以續爲也。①

"卓識創論""通史心裁""自成一子"等,無一不可看出章學誠對鄭樵的溢美與贊譽。然而,這些高度評價的詞語在嘉業堂本中皆銷聲匿迹。又如,嘉業堂本:

> 故其自爲《通志》,《藝文》《金石》《圖譜》諸略,牴牾錯出,與其所譏前人著錄之謬,未始徑庭,此不揣本而齊末者之效也。②

廬江何氏鈔本作:

> 以故後之人亦知其當然,而不能悉其所以然。誠不免跋於前而躓於後矣。③

相較嘉業堂本嚴苛批評"此不揣本而齊末者之效也",廬江何氏鈔本則用相對温和的"誠不免跋於前而躓於後也"句。又如廬江何氏鈔本:

> 然亦未究求書以前文字如何治察,校書卒業,圖籍如何收藏,

---

① 章學誠:《〈文史通義〉廬江何氏鈔本》册六,第655—656頁。
② 章學誠:《章學誠遺書》卷一〇《校讎通義·内篇一》,第95頁中。
③ 章學誠:《〈文史通義〉廬江何氏鈔本》册六,第656頁。

然此皆非鄭樵學術有所未至。①

嘉業堂本一改何氏鈔本理解、同情的辯護口氣,苛責其原因爲"皆鄭氏所未遑暇"②。相較廬江何氏鈔本對鄭樵的贊美,嘉業堂本對鄭樵的評價已有所降低。

再者,叙言内兩種結語全然不同。廬江何氏鈔本作:

>今特補其討論所未周者,踵其條例,先爲一卷以討其原。而鄭《志》以後諸家編録之訛錯者,隨其本書,各爲讎正,以次於後云。③

廬江何氏鈔本所補、所踵皆是鄭樵《通志》,"以次於後"的讎正者,依然是依鄭《志》之條例。概言之,廬江何氏鈔本展現給我們的完全是接續者的面貌。然而,嘉業堂本作:

>今爲折衷諸家,究其源委,作《校讎通義》,總若干篇,勒成一家。庶於學術淵源,有所厘别,知言君子,或有取於斯焉。④

"折衷諸家"而非獨守一鄭,"究其源委"而非僅僅"踵其條例"。"勒成一家",更一語道破了章氏改變的動機,那就是要像他所推崇的通史之家太史公那樣成"一家之言",以達到辨章學術、考鏡源流之目的。因此,廬江何氏鈔本中續鄭之迹要儘量降低,贊鄭之語也要儘量弱化。因爲,此時作者要成就的是章學誠自己的一家之言,而非鄭樵的"通史心裁,自成一子"。

---

① 章學誠:《〈文史通義〉廬江何氏鈔本》册六,第 656—657 頁。
② 章學誠:《章學誠遺書》卷一〇《校讎通義·内篇一》,第 95 頁中。
③ 章學誠:《〈文史通義〉廬江何氏鈔本》册六,第 657 頁。
④ 章學誠:《章學誠遺書》卷一〇《校讎通義·内篇一》,第 95 頁中。

兩叙之所以存在如此巨大的差別,究其原因是兩種文本寫作目的不同,作者身份也隨即變化。廬江何氏鈔本作者的身份是"臣等謹案"之"臣"。清廷於乾隆三十二年(1767)詔修《續通志》至乾隆五十年(1785)成書。《通志》一書顯然得到了官方高度認可,所以纔有"續《通志》"這一舉動産生。《四庫全書總目》對《通志》評價云:

> 樵恃其該洽,睥睨一世,諒無人起而難之。故高視闊步,不復詳檢。遂不能一一精密,致後人多所譏彈也。特其采摭既已浩博,議論亦多警辟。雖純駁互見,而瑕不掩瑜,究非游談無根者可及。至今資爲考鏡,與杜佑、馬端臨書并稱"三通",亦有以焉。①

《通志》儘管有事實疏漏之處,爲例不純之弊,但四庫館臣對它評價爲"瑕不掩瑜",本朝所修《欽定續通志》必然會在此基礎上更趨完善,如《總目》云:"參考異同,折衷沿革,定爲二例。一曰異名者歸一……一曰未備者增修……較諸原書體例,實詳且核焉。"②《總目》作爲對歷代學術總結的官方定本可以對鄭樵學術有所批評,既然出於"續《通志》"之目的,必然要對《通志》有所拔高,否則官方"續"編之舉就難以成立。因此,撰寫"擬稿"的章學誠,必然會考慮官方的態度,對鄭樵及《通志》就難免會存在一些過譽之詞,而對鄭樵所不足之處亦難免辯解維護。

至乾隆戊申(1788),清廷《續通志》之舉已在三年前結束,章學誠《續通志校讎略擬稿》最終未被官方採用。因此,很可能在"戊申更定"中章氏對《擬稿》進行修改,以突顯自己的學術立場。他已不再滿足於"續仿"鄭樵《校讎略》的姿態,而是有意淡化自己踵繼鄭樵之痕跡,以突顯他的"一家之言"。因此,除了在叙言中進行了較多變動外,他對原《續通志校讎略擬稿》的書名及篇名結構也進行了調整。將篇名如

---

① 永瑢等:《四庫全書總目》卷五〇,中華書局,1965年,第449頁。
② 永瑢等:《四庫全書總目》卷五〇,第452頁。

"著録先明大道論三篇""四部當宗七略論八篇"等之"三篇""八篇"分節列在正文之後,用通行本《校讎通義》中的"右某之某"①來標識。同時,將原來篇名再度精煉提純,以"原道""宗劉""互著""別裁"等代替"鄭樵式"標題,以突顯自己學術的獨創性。此外,他還對《續通志校讎略擬稿》三卷中一些語句内容、段落順序等進行了删改、調整和潤色。

經過章學誠"戊申在歸德書院,别自校正一番,又以意爲更定"之後,原有《續通志校讎略擬稿》最終以《校讎通義》這一爲人習知的新面目出現。原有諸家之早期傳鈔本,②也逐漸被束之高閣,淡出人們的視野。如華師大所藏之何氏鈔本等,因深藏皮閣世人罕有見其真貌者,更毋論研究與利用了。

二、《續通志校讎略擬稿》學術史價值探析

今通行章氏著作内存在着"詳《校讎略》"和"詳《校讎通義》"兩種自注現象。如《詩教上》篇"而以文字爲一人之著述者也"句下,章氏自注云:"詳見外篇《校讎略·著録先明大道論》。"③又《詩教下》篇"先王禮樂之變也"句下,自注云:"六藝爲官禮之遺,其説亦詳外篇《校讎略》中《著録先名大道論》。"④"而屈原、陸賈、荀卿定爲三家之學也"句下,自注云:"説詳外篇《校讎略》中《漢志詩賦論》。"⑤同篇"蓋有八十二篇

---

① 按,"右某之某"是指嘉業堂本《校讎通義》每篇的篇數不在篇名上標注,而是在每篇内每章後標注"右一之一""右一之二"等字樣。
② 國家圖書館藏朱錫庚鈔本《章氏遺著》内亦有《續通志校讎略擬稿》三卷。梁繼紅指出,此三卷本《續通志校讎略擬稿》"實際上是乾隆四十四年以前章學誠漸次寫成的《校讎通義》稿本,原命名爲《續通志校讎略擬稿》。將其與通行的三卷本《校讎通義》相比較,這兩種本子祇是在文句上稍有出入,而文意上並無絲毫的改變。……乾隆五十三年所謂的校正祇是因各家鈔本互有異同而做的一次字句校勘的工作"。參梁繼紅:《朱錫庚鈔本〈章氏遺著〉及其利用價值》,第176頁。按,朱氏鈔本《續通志校讎略擬稿》與廬江何氏鈔本内之《續通志校讎略擬稿》面貌一致,皆爲章氏生前友朋傳鈔本。梁氏認爲"文意上並無絲毫的改變",這話對章氏《校讎通義》内篇三卷主旨來説是成立的,但從寫作背景與寫作目的來看,兩者實際存在較大區别,不盡是"一次字句校勘的工作"。
③ 章學誠:《章學誠遺書》卷一《文史通義·内篇一》,第5頁下。
④ 章學誠:《章學誠遺書》卷一《文史通義·内篇一》,第6頁上。
⑤ 章學誠:《章學誠遺書》卷一《文史通義·内篇一》,第6頁下。

矣"句下，自注云："説詳外篇《校讎略》中《漢志兵書論》。"①然而，《繁稱》篇"此皆校讎著録之家所當留意"句下，自注則云："已詳《校讎通義》。"②《婦學》篇"春秋以降，官師分職，學不守於職司，文字流爲著述"句下，自注云："古無私門著述，説詳《校讎通義》"。③自注外，《述學駁文》篇正文内還有"余於《校讎通議》，嘗辨之矣"的内容。④因此，章著内既有"校讎略"者，也有用"校讎通義"者。

正因以上兩種不同稱謂同時出現在章氏著述内，致使一些學者誤認爲《校讎略》與《校讎通義》不可混爲一談。如張述祖《文史通義版本考》在"十、校讎略"條云：

> 按，文中常有"外篇《校讎略》"之稱，同時，又有明引"《校讎通義》"（見《繁稱》《婦學》《述學駁文》等篇），故知《校讎略》自爲《文史通義》外編之目，不可與《校讎通義》混爲一談。⑤

張氏將《校讎略》看作是《文史通義》外編中的一篇。但是，何氏鈔本可證明《校讎略》就是《續通志校讎略擬稿》之省稱，其與《校讎通義》乃異名同實之作。⑥《詩教》篇作於乾隆四十八年（1783），《繁稱》篇寫作時間不詳，《婦學》《述學駁文》都見於《戊午鈔存》，分别是對袁枚和汪中的批駁，這兩篇著作時間可能都在嘉慶三年（1798）前後。因此，在寫作時間較早的《詩教》篇時，《校讎通義》還仍以《續通志校讎略擬

---

① 章學誠：《章學誠遺書》卷一《文史通義·内篇一》，第6頁下。
② 章學誠：《章學誠遺書》卷三《文史通義·内篇三》，第22頁下。
③ 章學誠：《章學誠遺書》卷五《文史通義·内篇五》，第47頁上。
④ 章學誠：《章學誠遺書》卷七《文史通義·外篇一》，第58頁上。
⑤ 張述祖：《文史通義版本考》，《史學年報》第3卷第1期，第96頁。
⑥ 按，梁繼紅早於筆者指出："從朱氏鈔本《續通志校讎略擬稿》來看，可以肯定《詩教》自注中提到的《校讎略》其實就是《續通志校讎略擬稿》的省稱，《校讎通義》與《校讎略》並非是毫無關係的不同著作。"參梁繼紅：《論章學誠校讎理論的發展脉絡》，《北京大學古文獻研究中心集刊》第4輯，北京大學出版社，2004年，第499頁。

稿》之篇名和形式流傳,引用時自然用初名。但隨着章氏學術思想的成熟,尤其是經過"戊申在歸德書院,別自校正一番"之後,《擬稿》開始轉變爲"正稿",書名正式由《校讎略》轉變爲《校讎通義》,因此新撰之文,無論是正文或自注,引用皆用新名《校讎通義》。

除可解決《校讎略》與《校讎通義》兩者關係誤會外,《續通志校讎略擬稿》還有助於考察《文史通義》與《校讎通義》撰寫的先後關係。姚名達云:

> 然《文史通義》迄未成書,而《校讎通義》在《詩教》篇注中已改名《外篇·校讎略》。《詩教》作於四十六歲(1783),出《校讎通義》之後,是實齋有意并《校讎》於《文史》。特以《文史》尚未成書,而《校讎》早有鈔本,是以五十一歲(1788)校改《校讎》時,仍以《通義》爲名,而後來刻本,遂以"文史""校讎"并稱《通義》耳。①

姚氏因"校讎略"出現在寫於乾隆四十八年(1783)《詩教》篇注文中,而章學誠又自稱"己亥著《校讎通義》四卷",因此,他認爲《校讎通義》是此書早期的名字,而《校讎略》當爲後期書名,改名原因是章學誠晚年有意併《校讎通義》於《文史通義》。然而,廬江何氏鈔本《續通志校讎略擬稿》可直接證明《校讎略》是《校讎通義》早期文本形態,姚名達的推測與實際情況正好相反。

以上皆因《校讎通義》書名異同,引發章學研究者產生誤解。但是,也有學者在未見《校讎通義》初稿時,就已經憑着自身對章氏學問路數之熟稔,推測出章學誠由"校讎"進而"文史"的學術路徑,余英時先生即是其人。《章學誠文史校讎考論》一文指出:

> (章學誠)重視後期的《文史通義》過於前期的《校讎通義》,

---

① 姚名達著,羅春豔、姚果源選編:《姚名達文存》,第111頁。

> 則因爲"校讎"尚是奠基工作,今本《文史通義·内篇》纔是建立在"校讎"之上的七寶樓台。《詩教》上下篇成於1783年,其自注中屢引及《外篇·校讎略》諸文,似乎即是《校讎通義》未遺失前的初稿。可見《校讎通義》本名《校讎略》,一度列爲《文史通義》的《外篇》。不過《校讎略》稱爲《外篇》,也許是1783年《詩教》《言公》諸文寫成以後纔改定的。①

余英時這一推測建立在對《與錢獻之書》和《與孫淵如觀察論學十規》兩封信閱讀的基礎上,廬江何氏鈔本《續通志校讎略擬稿》這一至關重要、又規模龐大的新史料,爲余氏推測提供了一個力證。不僅有助於我們厘清《文史通義》《校讎通義》之間著作的先後關係問題,還對了解章學誠學術思想發展的歷程等有重要幫助。從中我們可知《校讎通義》不僅包含着章氏學術的方法論思想,亦是他整個學術成就的根基之所在。但是,余先生認爲"《校讎略》稱爲《外篇》,也許是1783年《詩教》《言公》諸文寫成以後纔改定的",事實則未必如此。章學誠在《文史通義》撰寫之初就以内外雜篇來規劃自己的文章體例,生前也曾刊刻數篇自刻本以内外雜分篇,②但是,他最終未來得及對全部著作進行分類編排就溘然長逝。很多篇章儘管在早期他將之歸爲内篇或外篇,但并未有一個最終的定論或定本出現。他對自己大作進行内、外、雜篇之分的理念充其量是個宏觀設想,并未完全付諸實踐。③ 因此,筆者更傾向於認爲稱"《校讎略》稱爲《外篇》"是章學誠撰寫《校讎略》之初就有的一個想法。

---

① 余英時:《論戴震與章學誠:清代中期學術思想史研究》,生活·讀書·新知三聯書店,2005年,第178頁。
② 詳見梁繼紅:《章學誠〈文史通義〉自刻本的發現及其研究價值》,中國歷史文獻研究會編:《章學誠國際學術研討會論文集》,北京圖書出版社,2004年,第199—213頁。
③ 按,有關章學誠著述的編排體例與著述過程,可參本書第四章第二節"從'成册'到'成書':由鳴野山房鈔本回視章著撰寫過程"。

三、《續通志校讎略擬稿》文獻價值再探

廬江何氏鈔本《續通志校讎略擬稿》與今本《校讎通義》除了篇名、敘言差異之外，正文中還存在着諸多文字異同，具有重要校勘價值，有助於我們糾正今本的遺漏和訛誤。下文將列舉數例予以分析。

首先，廬江何氏鈔本與嘉業堂本之間存在頗多字詞差異。如嘉業堂本曰：

> 明茅坤、歸有光輩復加點識批評，是所重不在《百三十篇》，而在點識批評矣。①

廬江何氏鈔本作：

> 明茅坤、鍾惺輩復加圈點批點，是所重不在《百三十篇》，而在圈點批評矣。②

明代評點之風興盛，茅坤、歸有光、鍾惺三家皆有關於《史記》點評的著作，嘉業堂本以"歸有光"易"鍾惺"，或因歸氏聲名較鍾惺顯赫。再如嘉業堂本：

> 《小爾雅》在《孔叢子》之外，而《孔叢子》合之，則小學而入於子矣。③

廬江何氏鈔本原寫作：

---

① 章學誠：《章學誠遺書》卷一〇《校讎通義·內篇一》，第96頁中。
② 章學誠：《〈文史通義〉廬江何氏鈔本》冊六，第666頁。
③ 章學誠：《章學誠遺書》卷一〇《校讎通義·內篇一》，第97頁中。

《小爾雅》在《孔叢子》之先,而《孔叢子》收之,則小學而入於子矣。①

《小爾雅》與《孔叢子》誰先誰後,學界還未有定讞。但是,今本《小爾雅》從《孔叢子》抄出則是事實。因此,嘉業堂本論述較廬江何氏鈔本爲確。

其次,嘉業堂本還有較廬江何氏鈔本增加例證者。如《校讎通義·補鄭第六》:

昔王應麟以《易》學獨傳王弼,《尚書》止存僞《孔傳》,乃采鄭元《易注》《書注》之見於群書者,爲《鄭氏周易、鄭氏尚書注》。②

廬江何氏鈔本無"《尚書》止存僞《孔傳》"和"鄭氏《尚書注》"的内容。檢王應麟輯有《古文尚書注》《周易注》《三家詩考》。所以,嘉業堂本新增的兩句很可能爲章氏後來補充入。

再次,例證增加之外,還存在内容增改使論述更完善者。如《校讎通義·焦竑誤校漢藝文志第十二》的"右十二之十三"節與廬江何氏鈔本此節存在着較大出入。現列表於下:

嘉業堂本《焦竑誤校漢志第十二》右十二之十三	廬江何氏鈔本《焦竑誤校漢志論十五篇》
焦竑以《漢志》《管子》入道家爲非,因改入於法家,其説良允。又以《尉繚子》入雜家爲非,因改入於兵家。則鄭樵先有是説,竑更申之。按《漢志》,《尉繚》本在兵形勢家,書凡三十一篇,其雜家之《尉繚子》書止二十九篇,班固又不著重複併省,疑本非一書也。③	焦竑以《漢志》《管子》入道家爲非,因改入於法家,以《尉繚子》入雜家爲非,因改入於兵家,其説俱允,無可議者。尉繚子之誤入雜家,鄭樵亦嘗議之,非焦氏之創見也。④

---

① 章學誠:《〈文史通義〉廬江何氏鈔本》册六,第673頁。
② 章學誠:《章學誠遺書》卷一〇《校讎通義·内篇一》,第98頁上。
③ 章學誠:《章學誠遺書》卷一二《校讎通義·内篇三》,第102頁上。
④ 章學誠:《〈文史通義〉廬江何氏鈔本》册六,第708頁。

此條嘉業堂本與廬江何氏鈔本的差異集中在《尉繚子》一書上。廬江何氏鈔本對《尉繚子》入雜家爲非而應入兵家之説持認可態度。同時，指出此説最早出自鄭樵，"非焦氏之創見"。但在嘉業堂本中，作者修正了廬江何氏鈔本之説，指出《漢志》中有兩《尉繚子》，一爲三十一篇在兵形勢家，一爲二十九篇在雜家，并懷疑這兩《尉繚子》"本非一書"。嘉業堂本之説與更符合《漢志》記載之實，何氏鈔本之説則欠妥，且嘉業堂本前後語氣更加貫通，層次邏輯也更分明。

另外，還有段落移動合并，使整體結構更加緊湊者。如廬江何氏鈔本的"漢志六藝論十二篇"位於《續通志校讎略擬稿》卷二，嘉業堂本内與之對應的"漢志六藝論第十三"則被置於《校讎通義》卷三。這樣，《校讎通義》卷三分别爲"漢志六藝論""漢志諸子論""漢志詩賦論""漢志兵書論""漢志數術論""漢志方技論"六個部分，内容更爲一體緊湊，較何鈔本分卷更善。

又如嘉業堂本《補鄭第六》包括廬江何氏鈔本"補書有名亡實不亡論二篇"和"補缺書備於後世論一篇"兩部分。易言之，《補鄭第六》中"右六之一"和"右六之二"的内容對應廬江何氏鈔本"補書有名亡實不亡論二篇"；而《補鄭第六》"右六之三"在廬江何氏鈔本中獨立爲"補缺書備於後世論一篇"。何氏鈔本這兩部分，討論的内容皆與鄭樵有關，又都是關於補缺之事，因此，合二爲一的嘉業堂本主旨更加鮮明突出。

最後，廬江何氏鈔本《續通志校讎略擬稿》起到了補充文獻遺漏的作用。如在嘉業堂本《校讎通義·宗劉第二》的"右二之一"，即廬江何氏鈔本《四部當宗七略論八篇》的第一篇。對於"四部之不能返七略"的原因，廬江何氏鈔本在"文集熾盛不能定百家九流之名目，四部之不能返七略者三"下面多出一條："纂類之書，不能次爲一家之言，四部之不能返七略者四。"由於《宗劉第二》八段内容是"總分總"的論證關係，即第一段總括"四部之不能返七略"的六種情形，再用六段分别詳論六種情況，最後一段則作總結。而嘉業堂本中"右二之五"的內容恰好對應著何氏鈔本中"纂類之書，不能次爲一家之言，四部之不能返七略者四"這條。因此，可以肯定嘉業堂本漏抄了"纂類之書"這條。嘉業堂本的缺失進而也導致最後一段做總結時，不得不將何氏鈔本中"凡四部之所以不能復七略者，不出以上六條"改作"凡四部之所以不能復七略者，不出以上所云"這一籠統概論。

綜上可知，華東師範大學圖書館藏"廬江何氏鈔本《章實齋文史通義》"中的《續通志校讎略擬稿》，對我們瞭解《校讎通義》一書之形成過程具有很大幫助。《續通志校讎略擬稿》原本是向三通館進獻的擬稿，未被官方使用之後，纔成了章學誠的一家之作。廬江何氏鈔本不僅較全面保存了《校讎通義》的早期面貌，透露出較多章氏仿照、續編鄭樵《校讎略》之痕迹，爲我們考察《校讎略》與《校讎通義》之關係、《校讎通義》與《文史通義》的先後次第等章氏著述過程有重要借鑑意義。另外，兩者在文字異同、語句變化、段落移易等方面的差異，具有重要校勘價值，起補充通行本《校讎通義》訛誤、脱漏的作用。廬江何氏鈔本亦"可證實齋思想進展之痕迹"，爲我們展示了章氏在撰文過程中頗費心思的斟酌過程。

第四章
從"遺稿"到"定本"
——以臺圖藏鳴野山房鈔本《章氏遺書》爲中心的討論

　　章學誠去世之後,長子章貽選有一封寫給朱珪的信,詳述了家藏先君遺稿之流向。《章貽選上朱石君先生書》云:

　　　　先君著述,丁亥(1827)年春,二舍弟俱索寄河南。抄錄未竟,四舍弟館鄧州者,言其居停易良倣相爲刊刻,誆寄鄧州。乃其居停竟無待刊之意,四舍弟直視以爲田疇貨物各得主先人之所有以爲利。今大梁書院山長劉子敬(師陸)與二舍弟商議,欲爲刊行,惜二舍弟竟無全本。而四舍弟與二舍弟同在河南,兩載未通音問,又無從向索。今四舍弟又脱館,想赴陝西投尹世叔佩珩及查廷寀觀察。先著不知存何處矣。①

據上信内容推測,章學誠於嘉慶六年(1801)去世,身後遺稿應由長子章貽選保存。道光丁亥(1827),原藏於章貽選處的遺稿又被章氏次子索要至河南進行抄錄。然抄錄未竟,就被章氏四子誆走,導致下落全無。章華紱刊大梁本《文史通義》序云:

---

① 《章學誠遺書・附錄》,第 624 頁中。

道光丙戌(1826)，長兄杼思自南中寄出原草，并穀塍先生訂定《目録》一卷……先録成副本十六册，其中亥豕魯魚，別無定本，無從校正。庚寅、辛卯，得交洪洞劉子敬、華亭姚春木二先生，將副本乞爲覆勘。今勘定《文史通義·内篇》五卷,《外篇》三卷,《校讎通義》三卷，先爲付梓，尚有《雜篇》及《湖北通志檢存稿》，并《文集》等若干卷，當俟校訂，再爲續刊。①

章華紱序與章貽選信中所述一致，其中章氏遺稿被章華紱"先録成副本十六册"，進而又刊刻了流行最廣的大梁本《文史通義》《校讎通義》，而原遺稿因被章氏四子誆騙走不知踪迹。所幸，當章氏遺稿還在長子章貽選處時，曾被沈復粲借鈔而成"鳴野山房鈔本《章氏遺書》"，較爲完備的保存了章學誠著述之最終面貌。經筆者考證臺灣"國家"圖書館藏《章氏遺書》三十四册，就是沈復粲抄存的"章著家藏稿"，可謂章學誠著述最後定型時期的文本，故對章氏著述之研究具有重要意義。該本在流傳過程中，先後被多位章學愛好者、藏書家等遞藏和再傳抄，在章學誠著述流傳史上具有重要地位。

第一節　鳴野山房鈔本《章氏遺書》之版本概貌

　　鳴野山房鈔本《章氏遺書》共三十四册。其中有一册爲該本在流傳過程中由桐城蕭穆抄録而成的"目録册"。"目録册"共四部分，包括譚獻的《章先生家傳》一篇，每半頁十行，行二十四字；後接一份寫有册名和册數的簡目，單魚尾，每半頁十行；再後爲一份王宗炎編次《章氏遺書目録》，寫在無行格的紙張上；最後還附有寫着每册册名及其頁數

---

① 《章學誠遺書·附録》，第622頁中。

的簡目。目錄册内字迹較爲潦草,寫有册名和頁碼的兩份目錄均爲蕭穆對鳴野山房鈔本册名、册數和頁碼統計整理的記載。其餘三十三册正文册,四周單邊,白口,單魚尾。每半葉十行,行二十五字,小字雙行同。偶有如《禮典目録叙》《黄節婦列傳》等篇寫於無行格的紙張上。三十三册册前皆黏有寫了該册實際鈔存篇目的簽條,這些簽條上的字迹與目録册的一致。正文册内也有少量簽條,如《與石首王明府論志例》篇前有兩簽條分别云"《與石首王明府論志例》此篇已刻,不鈔","《與石首王明府論志例》已刻,外篇三"。又如《甲乙剩稿》册内有簽條云:"《常德府志序》《石首縣志序》《荆州府志序》《復崔荆州書》刻過,不鈔。"

鳴野山房抄本以《原學》篇爲首之册,册前有蕭山王宗炎編次《章氏遺書目録》(以下簡稱"王《目》"),其他個别册册前有本册的目録。部分册卷端題有册名,如"庚戌鈔存通義""丙辰山中草篇目""碑志目録""邛上草""方志義例目""庚辛間草目録""辛亥草目録"等。王《目》首頁依次鈐有"會稽章氏式訓堂藏書"(朱文方)、"善慶私印"(白文方)、"國立中央圖書館藏"(朱文長方)、"棟山讀過"(白文方)。每册册前目録或正文首頁皆鈐有"國立中央圖書館藏"(朱文長方)和"善慶私印"(白文方),個别册册末鈐有"善慶讀過"(白文方)。以《原學》篇爲首的這册以及"知非日劄"册册末鈐有"棟山讀過"(白文方)。"甲辰存録、桐署偶鈔、申冬酉春歸扲草"册首頁版心上鎸有"鳴野山房鈔本"六字,同册《文理》篇前空白頁版心處亦鎸有"鳴野山房鈔本"。"丙辰山中草"册有武進臧鏞堂跋,以《禮典目録叙》篇開頭之册册末有陳濂跋,"辛亥草""知非日札""乙卯劄記"册末有沈復粲跋。

鳴野山房鈔本《湖北通志辨例》這部分内容分墨、藍、朱三色繕寫,"駁議""又議""又云"及其下面所議、所云的内容爲藍色字體,"今案"二字爲紅色字體,"今案"下的内容爲墨色字體。

臺灣《"國家"圖書館善本書志初稿》將該本著録爲"《章氏遺書》

三十卷三十四册,清稿本"①,之所以著録爲"三十卷",或許是因爲"目録册"和以"原學上"篇開頭的這册前有"蕭山王宗炎編次《章氏遺書目録》",該目録包括《文史通義》九卷,《校讎通義》四卷,《方志略例》二卷,《文集》八卷,《湖北通志稿》四卷,《外集》二卷,《湖北通志未成稿》一卷,共三十卷。然而,鳴野山房鈔本三十四册内容并未依照王氏編目進行編排,實爲一部依寫作時間或地點或文章體例集結而成的"流水稿册"。因此,"三十卷"並非鳴野山房鈔本自身的分卷,僅爲"王宗炎編次《章氏遺書目録》"之卷數。

其次,《"國家圖書館"善本書志初稿》將該書定爲"清稿本"也欠妥當。稿本是圖書版本的最初形態,按照寫稿時間大約可以分爲初稿本、修改稿和定稿本。清稿本就屬於定稿本之一種,"凡經謄清的定稿稱謄清稿,謄稿或爲作者親筆,或請他人代筆"。② 清稿本或言謄清稿,一般是作者本人或者請他人尤其是門人代筆繕録的定稿本。該本版心有"鳴野山房鈔本"六字,"鳴野山房"是清代著名金石學家、藏書家沈復粲的藏書樓名。其"辛亥草"册末有跋云:"右《辛亥草》,於道光四年(1824)續鈔,惜所假之本爲家鹿寢食,故諸文未能卒讀,嗣經其長公從遺稿補書,因再假録入,庶稱完本云。丙戌仲冬粲志。"《知非日劄》册末跋云:"右劄戊午己未所記,亦從其嗣君杼思先生借鈔,道光八年(1828)秋仲,屬石樓侄録校竟,志此。"這條跋文雖未出現沈復粲的名字,但依據跋文内容及字跡推測應屬沈復粲無疑。前一跋文内的"長公"即是章學誠的長子章貽選,字杼思。由以上跋文以及版心"鳴野山房鈔本"六字,可知該本實爲沈復粲從章學誠長子章貽選處借抄而成的抄本,并非章學誠本人或請人謄清之稿。因此,書志中將其定爲"清稿本"并不確切。

鳴野山房鈔本"蕭山王宗炎編次《章氏遺書目録》"每卷篇題下皆

---

① 臺灣圖書館編印:《"國家"圖書館善本書志初稿》,2000年,第186—187頁。
② 嚴佐之:《古籍版本學概論》,華東師範大學出版社,2008年,第114頁。

有朱筆記注如"戊午鈔存""庚辛間草""丙辰山中草""邗上草"等有關寫作時間或地點等的信息。胡適稱它們爲"原注",劉承幹稱之爲"諸目",錢穆稱之爲"題注"或"題下附注",因它們都位於目錄篇題下,本文借鑑錢穆先生的說法,統以"題注"名之。《"國家"圖書館善本書志初稿》稱之爲"總目之下各卷目下方有朱筆記鈔錄時間"。[①] 其實,這些題注不僅有"抄錄時間",也有關於寫作地名如"邗上草"或文章體例如"碑志""方志義例"等。仔細分析這些題注,可以發現它們其實是章氏著述過程中對所撰稿册之命名,即臺圖藏本三十三册之册名。另外,"目錄册"内的"蕭山王宗炎編次《章氏遺書目錄》"不僅也有完善的朱筆題注,還有不少補注内容寫於天頭、篇題左右兩側以及題注下方。這些補注内有多處"穆記"字樣,如《代擬續通典禮典目錄序》題注"癸卯錄存"下有"原本及《目》均無名目,今因此册他文有'癸卯錄存'小注,即通以此名之。穆記"。"穆"指蕭穆,他對傳抄、保存、刊刻《章氏遺書》作出了重要貢獻。

第二節 從"成册"到"成書":由鳴野山房鈔本回視章著撰寫過程

一、《文史通義》内、外、雜篇之體例構想

章學誠著作之通行刊本主要包括大梁本系統的《文史通義》《校讎通義》以及劉承幹嘉業堂刊刻的《章氏遺書》。前者由章學誠之子章華紱編次而成,分别包括有《文史通義》内篇五卷、外篇三卷,《校讎通義》三卷。後者依照章氏友人王宗炎編次的《目錄》編排而成。這兩種版本產生伊始就因其體例編排差異而爭議頗多。如章華紱首先就對王宗炎編次《目錄》表示異議,"查閱所遺尚多,亦有與先人原編次互異者,

---

[①] 臺灣圖書館編印:《"國家"圖書館善本書志初稿》,2000年,第187頁。

自應更正，以復舊觀"。① 而章華紱所編訂的《文史通義》也遭到部分學人的質疑，言論激烈者如錢基博云："（章華紱）不知章氏當日本不以原編篇次爲定，故以屬稿於王氏，而托言'更正'，亂其篇從，可謂無知妄作，不善繼志者矣。"②由上可知，眾人的爭議主要集中在《文史通義》內、外、雜篇的選文範圍，對於哪些當屬於內篇，哪些屬於外篇或雜篇有分歧，但對於章學誠著作的"內外分篇"模式則并無異議。換言之，雖然在具體的細節上有分歧，但章著內外分篇的體例乃是大家的"共識"。然而，兩種刊本皆未經章氏認定，其編次之爭也因章學誠本人的"缺席"無法得到印證。

那麼章學誠自己對《文史通義》的編撰又有何看法呢？章氏以"文史校讎"之學自重，撰文論著尤其強調類例之分。早在章學誠動筆撰寫《文史通義》時，他就已經以內外分篇的模式來規劃自己的終身著述。乾隆三十七年（1772），章學誠《候國子司業朱春浦先生書》云："是以出都以來，頗事著述，斟酌藝林，作爲《文史通義》。書雖未成，大指已見《辛楣先生侯牘》所錄《內篇》三首，併以附呈先生，試查其言，必將有以得其所自。"③余英時先生稱："此書作於1772年秋冬間，因此近代學者都一致斷定這是《文史通義》始撰之年。"④此信中談及《辛楣先生侯牘》即爲寫於同年的《上曉徵學士書》，信中明確說其撰寫的體例是："擬爲《文史通義》一書，分內、外、雜篇，成一家言。"⑤可看出章學誠在開始撰寫《文史通義》時，已經作好了分"內、外、雜篇"的構想。與以上兩信同年寫的還有《上慕堂光祿書》亦云："哀集所著《文史通義》，其已

---

① 《章學誠遺書·附錄》，第622頁中。
② 錢基博：《文史通義解題及其讀法》，《大家國學·錢基博卷》，天津人民出版社，2008年，第324頁。
③ 章學誠：《章學誠遺書》卷二十二，《文集七》，第225頁中。
④ 余英時：《論戴震與章學誠：清代中期學術思想史研究》，第163頁。
⑤ 倉修良：《文史通義新編新注》，第648頁。

定者,得《內篇》五,《外篇》二十有二,文多不可致,謹録三首求是正。"①是以章氏"內外雜"的分篇模式在撰寫《文史通義》之初就已付諸於於實踐中。

再者,大梁本《文史通義》與嘉業堂本《章氏遺書》的正文與自注內也多處出現有"説詳《外篇》","得《通義》内外二十三篇","補苴《文史通義》内篇"等涉及内外分篇的實證。章氏生前還曾有自刻本《文史通義》刊出,梁繼紅依據北京大學圖書館藏章華紱鈔本《章氏遺書》考證章氏自刻本《文史通義》共二十二篇。并指出:"歸納起來,章學誠《文史通義》自刻本共分爲四個部分,即《文史通義・内篇》《文史通義・外篇》《文史通義・雜篇》以及《雜著》,而且不分卷。但需要强調的是,《論課蒙學文法》名稱下題'雜著'字樣,這説明《論課蒙學文法》不屬於《文史通義》所有,僅是《文史通義》自刻本的附刻内容。《文史通義》本身當僅含内篇、外篇、雜篇三個部分。"②學界一般依據章學誠《與汪龍莊書》内"拙撰《文史通義》,中間議論開闢,實有不得已而發揮,爲千古史學辟蓁蕪……姑擇其近情可聽者,稍刊一二,以就正同志之質"③句,將自刻本刊刻時間定爲嘉慶元年左右。因此,自刻本可視爲章氏晚年對《文史通義》内外雜篇編排體例的踐履。衹是"二十二篇"選文,相較於章氏撰寫的數百篇文章來說實在太少,不足以將章氏著述整體編纂結構確定下來。這種缺憾導致章氏去世後,產生兩種編次不同的刊本,隨之而來的就是誰的編次更接近章氏本意之争。而鳴野山房鈔本恰處於章氏去世之後,刊本產生之前的過渡階段,是未經"他人"之手編次的章著稿本原貌,其"流水簿册"式的著録特點顯然與我們所熟知的兩種刊本"内外分篇"的編排模式極其不同,爲我們考察章

---

① 倉修良:《文史通義新編新注》,第660頁。
② 梁繼紅:《章學誠〈文史通義〉自刻本的發現及其研究價值》,中國歷史文獻研究會編:《章學誠國際學術研討會論文集》,第201—202頁。
③ 章學誠:《章學誠遺書》卷九《文史通義・外篇三》,第82頁下。

氏著述分類提供了一個新的視角。

二、鳴野山房鈔本流水簿册式的著録特點

嘉業堂刊刻《章氏遺書》時依王宗炎編次《章氏遺書目録》,分爲《文史通義·内篇》六卷、《外篇》三卷,《校讎通義·内篇》三卷,《外篇》一卷,《方志略例》二卷,《文集》八卷,《湖北通志檢存稿》四卷,《外集》二卷,《湖北通志未成稿》一卷,共三十卷。其他如《信摭》《乙卯劄記》《丙辰劄記》《知非日札》《閲書隨劄》《永清縣志》《和州志》等皆歸於《章氏遺書·外編》内。鳴野山房鈔本雖然有兩份字迹不同的王宗炎編次《章氏遺書目録》,然三十三册内容并未依照王氏編《目》進行排列。不僅這三十三册之間前後順序無規律可言,每册内各篇編次也無規律可言。但通過王宗炎編次《目録》篇題下的題注以及"目録册"内的兩份"册名目録",我們可推知每册的相應册名。

因鳴野山房鈔本目録册内的"册名目録",對於了解這部鈔本每册情况有重要作用,現將其抄録如下:

辛丑年鈔一册(乾,四六;1781);癸卯録存一册(乾,四八;1783);甲辰存録(乾,四九;1784)、桐署偶鈔、申冬酉春歸扴草(乾,五三—五四;1788—1789)、文史通義一册;戊申録稿(乾,五三;1788)、庚夏鈔存(乾,五五;1790)一册;戊申秋仲序記雜文①(乾,五三;1788)、庚辛間草(乾,五五—五六;1790—1791)一册;庚辛間草(乾,五五—五六;1790—1791)一册;戊申録稿一册(○平金川文等十七篇,乾,五三;1788);庚戌鈔存通義(乾,五五;1790)上、下册;庚申雜訂(嘉五,1800)、辛亥草一册②;庚戌鈔存雜文一册(乾,五五;1790);辛亥草一册(乾,五六;1791);辛壬剥復

---

① 按,原作"戊申秋仲記序雜文",當作"戊申秋仲序記雜文"。
② 按,原作"《庚申雜訂》《辛亥草》一册",當作"《戊申秋課》《庚申雜訂》一册"。

刪存(乾,四六、四七;1781—1782)、癸丑錄存(乾,五八;1793)、雜訂一册;甲乙剩稿一册(乾五十六—六十;1794—1795);丙辰山中草一册(嘉元,1796);邗上草一册;戊午鈔存一册(嘉三,1798);庚申新訂(嘉五,1800);傳記小篇一册;碑志一册;方志義例一册;王目遺存一册;雜組、癸春存錄一册;湖北通志稿六本;讀書隨札一册;知非日札一册;丙辰劄記一册(嘉元,1796);乙卯劄記一册(乾六十,1795)。

以上各册册名或依寫作時間命名,或依寫作地點命名,或依文章體例命名。内容較多的如《庚戌鈔存通義》分爲上下兩册,《湖北通志稿》有六册;内容較少的《甲辰存錄》《桐署偶鈔》《申冬酉春歸扐草》《文史通義》合爲一册;也有如《庚辛間草》既有單獨成册者,亦有與《戊申秋仲序記雜文》合爲一册者。此外,《庚戌鈔存通義》上下册,以及《庚辛間草》《辛亥草》《甲乙剩稿》《丙辰山中草》《碑志》《邗上草》《方志例議》和《王目遺存》這幾册前都有册前目錄。但是,除了《庚辛間草》《辛亥草》《甲乙剩稿》《邗上草》《王目遺存》外,其他幾册的"册前目錄"與本册實際抄錄内容之間互有出入。

另外,以上每册内的篇目排列既無内外篇之别,也無文集、外集之分,從内容上來看,并無規律可言。如《戊申錄稿》册包括:《蔣河南先生家傳》《馮定九家傳》《周松巖先生家傳》《直隸按察使司按察使郎公家傳》《載璜公家傳》《高太宜人家傳》《李縈月小傳》《童孺人家傳》《章氏二女小傳》《從嫂荀孺人行實戊子》《田孺人行實》《禮教》《所見》《原道上》《原道下》。① 其中,前五篇屬於嘉業堂刊《章氏遺書·文集二》,而接下來的《高太宜人家傳》至《田孺人行實》這幾篇又都屬於嘉業堂刊《章氏遺書·文集五》之内容。章學誠自稱《原道》篇"所發明實從古

---

① 按,鳴野山房鈔本《章氏遺書》《原道下》包括今嘉業堂本《章氏遺書》的《原道中》與《原道下》。

未盡之寶"①。即使如此,《原道》篇祇是被置於《戊申録稿》册末,其在章氏著述重中之重的地位并未得到突顯。

現就以上所述,再以鳴野山房鈔本《庚戌鈔存通義》上、下册爲例予以説明:

《庚戌鈔存通義》上下册册前目録與實際抄録篇目比較表

《庚戌鈔存通義》上册册前目録	《庚戌鈔存通義》上册實際抄録篇目	《庚戌鈔存通義》下册册前目録	《庚戌鈔存通義》下册實際抄録篇目
原學上	原學上	言公上	天喻
原學中	原學中	言公中	師説
原學下	原學下	言公下	朱陸
經解上	經解上	駁雜②	記與戴東原論修志
經解中	經解中	假年	史釋
經解下	經解下	逢遇③	亳州志人物表例議上
易教上	篇卷	史注	亳州志人物表例議中
易教下	點陋	文集	亳州志人物表例議下
天喻	匡謬	詩教上	史學例議上
師説	習固	詩教下	史學例議下
史釋	質性莊騷篇改	篇卷	家譜雜議
文理	博約上	辨似	假年
感賦	博約中	點陋	博雜

① 章學誠:《章學誠遺書》卷九《文史通義·外篇三》,第86頁上。
② 當作"博雜",或是抄手誤抄。
③ 當作"感遇",或是抄手誤抄。

130

续　表

《庚戌鈔存通義》上册册前目録	《庚戌鈔存通義》上册實際抄録篇目	《庚戌鈔存通義》下册册前目録	《庚戌鈔存通義》下册實際抄録篇目
知難	博約下	鍼名	感遇
砭俗		砭異	史注
俗嫌		匡謬	文集
雜説甲		習固	辨似
雜説乙		莊騷	雜説甲
雜説丙		朱陸	雜説乙
雜説上		繁稱	雜説丙
雜説中			雜説上
雜説下			雜説中
博約上			雜説下
博約中			感賦
博約下			知難
記與戴東原論修志			
傳記			
史學例議上			
史學例議下			
亳州志人物表例議上			
亳州志人物表例議中			
亳州志人物表例議下			
亳州志掌故例議上			

續 表

《庚戌鈔存通義》上册册前目録	《庚戌鈔存通義》上册實際抄録篇目	《庚戌鈔存通義》下册册前目録	《庚戌鈔存通義》下册實際抄録篇目
亳州志掌故例議中			
亳州志掌故例議下			
家譜雜議			
説林			

上表直觀的反映了《庚戌鈔存通義》上下册册前目録與實際抄録篇目之間的差異。《庚戌鈔存通義》上册册前目録内部分篇目實際上被抄録在《庚戌鈔存通義》下册中，而《庚戌鈔存通義》上册也抄録有《庚戌鈔存通義》下册册前目録的内容。此種册前目録與實際内容的不一致，或許是鳴野山房鈔本流傳過程中被重新裝訂所致。又如《庚戌鈔存通義》上册册前目録中的《文理》《砭俗》《俗嫌》三篇實際上屬於《甲辰存録、桐署偶鈔、申冬酉春歸扨草、文史通義》這册中《文史通義》部分的内容。而《亳州志人物表例議》三篇與《亳州志掌故例議》三篇又同屬於《方志義例》册。我們可以推測，章學誠將一篇篇寫好的文章彙編成册時，并没有嚴格的内、外篇之别，很大程度上是依時而定，也偶有依體例或編撰地點而命名者。同一册内收録的諸文寫作時間并不完全一致，排列次序較爲隨意，這種流水簿册的著録方式，正表明了鳴野山房鈔本的稿册特性。

三、由篇到册：撰寫過程之必然

由上文分析可知，章學誠撰寫《文史通義》之初就開始構想和實行"内外雜"篇之分的體例安排，晚年自刻本《文史通義》亦踐行了"内外雜"之分篇。章氏身後兩種刊本内外篇之分，亦是編刊者對章氏著作

第四章　從"遺稿"到"定本"

編纂體例的繼承和發揚。但是，章氏平生除了編撰有數部方志外，其"涉世之文與著作之文"等達數百篇之多，他能否在每篇撰寫時就已經明確本文當歸爲内篇、外篇或雜篇呢？這樣的話，我們可以推測章氏每寫完一篇後，就按照"内外雜篇"的體例，將寫好的文章依類分别，那麽也就不存在當下兩種刊本的體例糾紛，而章氏似乎也没必要在易簀前將全稿交給王宗炎編次《目録》了。祇能説章氏著作"内外雜"篇之分的理念雖然貫串始終，但充其量是個宏觀的大概設想，將其付諸實踐并非一蹴而就之事。

令人遺憾的是，章學誠最終未能完成自己著作的編纂就溘然長逝，也就是説，他生前并未有一"定稿"出現。那麽面對如今兩種刊本之間的糾紛，如果往前回溯，我們首先到達的便是"易簀時，以全稿付蕭山王穀塍先生乞爲校定"之"全稿"。章氏給王宗炎的"全稿"是何種形態的呢？《王宗炎復書》或可爲我們提供一些綫索：

> 奉到大著，未及編定體例。昨蒙垂問，欲使獻其所知。……至於編次之例，擬分内、外二篇，内篇又别爲子目者四，曰《文史通義》，凡論文之作附焉；曰《方志略例》，凡論志之作附焉；曰《校讎通義》，曰《史籍考叙録》。其餘銘、志、叙、記之文，擇其有關係者，録爲外篇，而以《湖北通志傳藁》附之。此區區論録之大概也。惟是藁本叢萃，而又半無目録，卷帙浩繁，體例複雜，必須徧覽一過，方能定其去取。擬編出清目，竢稍有就緒，當先奉請尊裁。至於繕録，此時却無穩妥之人，緣大作無副本，不敢輕以示人，恐有損失，非細故也。總之，編次既定，繕録不妨稍需時日。①

由"大作無副本"可知，此"全稿"不僅是章氏生前最全之稿，也是"唯

---

① 《章學誠遺書·附録》，第624頁上。

一"全稿,且章學誠給王宗炎的"大作""全稿"是尚未編定體例的稿本。但信中"惟是稿本叢萃,而又半無目録"之"半無目録"又何指呢?筆者以爲,今鳴野山房鈔本正給我們了一些啓示。上文已述,鳴野山房鈔本三十三册中的《庚戌鈔存通義》上下册、《庚辛間草》《辛亥草》《甲乙剩稿》《丙辰山中草》《碑志》《邗上草》《方志例議》和《王目遺存》這十册册前都有目録,除此十册外,其他册前皆無目録。王氏所云的"半無目録",當是這種情况。也可進一步證明,王宗炎得到的章氏"全稿"正是如鳴野山房鈔本的流水簿册式樣。

其實,《王宗炎復書》外,章氏之稿爲流水簿册式樣亦有不少例證可尋。如在鳴野山房鈔本的《丙辰山中草》這册册前有臧鏞堂《跋》云:"《論文十規》《古文十弊》《淮南子洪保辨》《祠堂神主議》等偉論閎議,……穀膡先生以此册惠讀,即以鄙見質之然否。武進臧庸堂識於杭州紫陽別墅之校經亭。""穀膡"乃王宗炎之號,由"穀膡先生以此册惠讀"句,亦可推得王宗炎拿到的章氏"全稿"是流水簿册式樣。

又如,《癸卯通義草書後》云:"自七月初三日置册,結草訖九月初二日,閲兩閲月而空册已滿。得書七篇分八十九章,三篇不分章者不與,總得書十篇,計字兩萬有餘。……自此以後,更有著述,又當別置册矣。"①《書後》比較明確說明了章氏的撰文形態,即先"置册結草","空册已滿"後"再別置册"。還有如《跋申冬酉春歸扐草》所云:

> 戊申(1788)之冬,自歸德書院將遷亳州。因衷録一年所著,分別撰述,與雜體文字各爲一册。而一時隨筆所記,與因請而給者,不及裝册。己酉(1789)之春,則又奔走不遑,間有撰著,亦復不能以類相從。三月之杪,下榻太平使院,爲徐使君校輯《宗譜》。丹鉛之餘,日月稍暇,乃出囊草,俾傭僕鈔之,書字拙劣,猶愈齟齬

---

① 章學誠:《章學誠遺書》卷二九《外集二》,第325頁下。

第四章 從"遺稿"到"定本"

初結草,不復辨行列也,題爲《歸扨草》。則以每年所著,各自爲編,用驗學力有進與否。此册所存,不申不酉,文亦雜出,不分類例,象閏餘之歸奇於扨也。嗟乎,歲月蹉跎,如此易過,童心猶是,而人見之者,謂余叟矣。檢視前後閱涉,大少長進,能不滋荒落之懼歟。己酉四月之望,書於使院之百穫齋。①

此跋也説明章學誠撰文不僅"以每年所著,各自爲編",還在彙編時盡可能做到"以類相從"。"裒録一年所著分別撰述,與雜體文字各爲一册",正是依照撰寫時間并兼顧體例的原則予以彙編成册的證明。而《申冬酉春歸扨草》册由於它"不申不酉,文亦雜出,不分類例"的特點,遂成爲依時依類編撰中的特例。《癸卯通義草書後》《跋申冬酉春歸扨草》這兩篇外,嘉業堂刊本《章氏遺書》中還有《跋丙辰山中草》《跋甲乙剩稿》《題壬癸尺牘》《跋酉冬戌春志餘草》《跋戊申秋課》《姑孰夏課甲編小引》《姑孰夏課乙編小引》等數篇跋文,都是章氏將所寫草稿彙編成册時對本册内容所作的文字説明。

在章學誠寫滿的衆多稿"册"中,有一册名爲《文史通義》,亦見於鳴野山房鈔本中。此册《文史通義》祇有八篇文章,由於内容較少,被附於"《甲辰存稿》《桐署偶鈔》《申冬酉春草歸扨草》"三册後,共爲一大册。章學誠給朱錫庚的一封信就是因是册而作,《又與朱少白書》曰:

> 現在桐城人士有索觀敝帚者,清厘行笈,有遺失之件,心甚惶惑。曾記有小本面書"文史通義"四字,其内八篇文字。前七篇皆緑色印板格鈔寫,末篇白紙無印格者,皆朱筆點句逗。此册曾記足下已經付還,今遍檢不得。豈當日未還耶?此八篇中有全無底稿

---

① 章學誠:《章學誠遺書》卷二九《外集二》,第 325 頁上一中。

者，今檢此不得，甚悶悶也。如足下未還，則將來祈檢還；如已還，則足下有鈔存者，反須轉借鈔補也。并乞先爲示悉，以慰懸念。不宣。學誠又及。①

信中指出《文史通義》這冊"其內八篇文字"，與鳴野山房鈔本中《文史通義》這冊內容一致。鳴野山房鈔本《文史通義》冊內八篇文章分別是《文理》《傳記》《砭俗》《俗嫌》《砭異》《鍼名》《繁稱》《方志辨體》。而信中"小本面書'文史通義'四字"可知，章學誠每冊都寫有冊名。其實，我們也可以推測章學誠每寫完一冊，必然標注相應的冊名，而且冊名很可能就寫於冊面之上。這些冊名正是鳴野山房鈔本王宗炎編《目錄》篇題下"題注"來歷。但"面書"的冊名頁恰好是最容易丟失的部分，因此，經過輾轉的流傳，今鳴野山房鈔本每冊已無冊名頁的蹤影。

綜上所述，現有史料可幫助我們梳理章學誠"由篇到冊"的著述與編纂過程。通常作者會將寫好的數篇彙編成冊，也是較爲普遍的寫作模式。但是正如筆者前文所述，章學誠"內外篇"的編撰體例是其一以貫之的寫作理念。那麼，這兩種看似不一致的撰寫思路之間是什麼關係？是否互有衝突呢？

四、成"冊"與成"書"之異同

除去《湖北通志稿》《閱書隨劄》《知非日札》《丙辰劄記》《乙卯劄記》等，鳴野山房鈔本《章氏遺書》顯示出章氏曾經"結草成冊"之"冊"如下：《辛丑年鈔》、《甲辰存錄》、《桐署偶鈔》、《癸卯錄存》、《申冬酉春歸扸草》、《文史通義》、《戊申錄稿》、《庚夏鈔存》、《戊申秋仲序記雜文》、《庚辛間草》、《戊申錄稿》（兩冊）、《庚戌鈔存通義》（上、下冊）、

---

① 章學誠：《章學誠遺書·補遺》，第611頁中。

《戊申秋課》、《庚申雜訂》、《辛亥草》、《庚戌鈔存雜文》、《辛壬剝復刪存》、《癸丑錄存》、《雜訂》、《甲乙剩稿》、《丙辰山中草》、《邗上草》、《戊午鈔存》、《庚申新訂》、《傳記小篇》、《碑志》、《方志義例》、《雜俎》、《癸春存錄》、《王目遺存》。再由嘉業堂本內的跋文可知，當還有《癸卯通義草》《壬癸尺牘》《姑孰夏課甲編》《姑孰夏課乙編》等。

因此，章氏撰寫成的"稿冊"至少應該包括以上諸種，這些冊名或綴以"鈔""鈔存"，或綴以"錄""錄存""存錄"，或綴以"草"，或綴以"錄稿""剩稿"，或以"訂"名，或以"編"稱，等等。無論是鈔、是草、是錄、是稿、是編、是訂，無不說明這些"冊"的早期稿本性，說明它們非最終版本，祇是處於起草、謄抄、刪存、編訂、成書過程中之一環。換言之，這些是章氏著述的過程而非寫作之終結。

以《癸卯通義》冊為例，該冊實際內容已無從尋覓，但《癸卯通義書後》較詳細記載了章學誠的撰述過程，是以不避繁複，全引如下：

> 自七月初三日置冊，結草訖九月初二日。閱兩閱月而空冊已滿，得書七篇，分八十九章，三篇不分章者不與，總得書十篇，計字兩萬有餘。用五色筆，逐篇自為義例，加之圈點。性不善書，生平著作，皆倩人繕錄。此間書院生徒本少善書者，又皆游惰不知學業，命之繕錄，都是勉強應命，是以不肯過煩勞之。又七八月間，生徒散去，應順天鄉試。此冊所草，竟無脫稿之人。故草稿作字，皆疏朗清徹。其更改多者，則用粉黃塗滅舊迹，改書其上，行款清疏，無毫髮模糊。晴窗把玩，亦殊不惡。至逐日結草一章，甫畢，即記早晚時節，風雨陰晴氣候，庶他日展閱，并憶撰著時之興會。而日月居諸，歲不我與，則及時勉學之心，亦可奮然以興。若其著述之旨，則得自矜誇，隨其意趣所至，固未嘗有意趣時，亦不敢立心矯異。言惟其是，理愜於心。後有立言君子，或有取於斯焉。自此以後，更有著述，又當別置冊矣。乾隆癸卯季秋二日，書於敬勝書院

之東軒，於時日卓午，天晴雲開，鵲聲噪簷際也。①

上文明確說明章著由草稿到脱稿的過程需要經歷以下階段，即由章而成篇、由篇成册。章氏寫完一篇後，不僅"加之圈點"，還要記上"早晚時節風雨陰晴氣候"。而草稿上難免有塗改鉤乙，因此，草稿册通常還要"倩人著録"，繕録成副本之後，此册纔算脱稿完成，此册的寫作也纔最終告一段落。

再如，《跋酉冬戌春志餘草》云：

> 起己酉十一月二十四日霽雪夜寒，訖庚戌二月三日催花釀雨，得大小雜著文稿二十一件，占流水簿紙三十六番。值裴使君修《亳州志》，命掌故鈔書，因假以繕録脱稿。行有楚游，録本當攜行笈，此稿藏於家，因書其後。余自辛丑游古大梁，所遇匪人，盡失篋攜文墨，四十四歲以前撰著，蕩然無存。後從舊家存録别本借鈔，十得其四五耳。自是每有所撰，必留副草，以備遺忘。而故人愛余文者，亦多請鈔存副墨。嘉善周明府青在、山陰史修撰餘村，鈔藏尤多，大興朱孝廉少白稍次。②

此《跋》也説明章氏寫完草稿後要再次"繕録脱稿"，而脱稿之本名"録本"，即是在原稿外又延伸出的一個版本。由跋可知《酉冬戌春志餘草》的録本隨章氏楚游而將"當攜行笈"，但此册原稿則被"藏於家"，且被作者題跋於上。之所以繕録"副本"，是因章學誠經歷大梁失竊事件後，"自是每有所撰，必留副草，以備遺忘"。因此，這些"録本"，正是作者擔心遺忘或丟失等意外的防備之舉。"録本"相較於有不少塗抹修改痕迹的原草，必定會更加整齊和清楚。章氏自己存録外，其友生亦多

---

① 章學誠：《章學誠遺書》卷二九《外集二》，第 325 頁下。
② 章學誠：《章學誠遺書》卷二九《外集二》，第 325 頁上。

第四章　從"遺稿"到"定本"

鈔存副本。無論是章氏的録本、副草，亦或是友生鈔存的别本、副墨皆是在原草基礎上的衍生品。章氏著作最初就以這種别本、副墨形態的鈔本進行傳播。

以上，筆者對章學誠結草所成之"册"進行了冗長的分析，那麽它們與章氏聲稱的"思斂精神爲校讎之學，上探班劉，溯源官禮，下該《雕龍》《史通》，甄别名實，品藻流别，爲《文史通義》一書"①之"書"是何種關係呢？可以説，繕録脱稿後，雖然這册的撰寫暫告一段落，但由册到《文史通義》之書的過程還遠未完結。如《文理》篇，它既是《文史通義》册的首篇，亦屬於《文史通義》一書的"内篇"。這兩個同名的《文史通義》，一個爲流水簿册之一種，衹包括八篇文章；一個則是章學誠終身的學術志向，是衆人共識的章學誠所要成之"書"。不過，相較於前者這一具體涵括此八篇文章而成的一册"實物"，作爲章氏之書的《文史通義》，却是更爲重要也更具有意義性的一步。

鳴野山房鈔本諸册衹有《文史通義》《庚戌鈔存通義》這幾册直接綴以"通義"之名，從命名上就可以看出它們與章氏聲稱所要成的《文史通義》一書的關係。而其他册雖未直接以"通義"稱之，但仍不失爲《文史通義》的内容。如《跋丙辰山中草》云："故其論鋒所指，有時而激，激則恐失是非之平，他日録歸《文史通義》，當去芒角，而存其英華。庶俾後之覽者，猶見其初心爾。"②是以《丙辰山中草》册雖然未以"通義"命名，但册内諸篇的命運仍是"他日録歸《文史通義》"。又如《姑孰夏課乙編小引》："起四月十一，訖五月初八，得《通義》内外二十三篇，約二萬餘言，生平爲文，未有捷於此者。"③是以我們也不難推測，《姑孰夏課甲編小引》中"因推原道術爲書得十三篇"④之"十三篇"與

---

① 章學誠：《章學誠遺書》卷二九《外集二》，第333頁下。
② 章學誠：《章學誠遺書》卷二八《外集一》，第319頁上—中。
③ 章學誠：《章學誠遺書》卷二九《外集二》，第325頁中—下。
④ 章學誠：《章學誠遺書》卷二九《外集二》，第325頁中。

《乙編》一樣，屬於《文史通義》一書的內容。

　　乾隆五十五年（1790）章學誠的《亳州志》成書，他在《又與永清論文》中云："近日撰《亳州志》，頗有新得，視《和州》《永清》之志一半爲土苴矣……此志擬之於史，當與陳、范抗行。義例之精，則又《文史通義》中之最上乘也。"①存於今的《亳州志人物表例議》上中下三篇，既在鳴野山房鈔本《方志義例》册，又屬於《庚戌鈔存通義》（下）册的內容。章氏《與邵二雲論文書》云："《郎通議墓志後》則《通義》之外篇也。"②而《郎通議墓志後》屬於鳴野山房鈔本《申冬酉春歸扴草》册。

　　以上皆可看出，這些流水簿册與《文史通義》一書有着密不可分的關聯，但它們能等同於《文史通義》么？毋庸置疑，它們是《文史通義》一書的基礎，分屬於章學誠"專爲著作之林校讎得失"的《文史通義》部分，但我們不能用簡單的加減法來計算他們之間的關係，因爲它們既非章氏心目中由內、外、雜篇組成的體例分明之《文史通義》，亦與通行的大梁本《文史通義》及嘉業堂本《章氏遺書》中《文史通義》相差甚遠。綜其原因，則是這些册還停留在"稿"的層面，它們祇是作者撰寫過程的一種成果，而非最後結果。章氏通過對它們的撰寫和彙編成册來向自己著述的終身目標——《文史通義》邁進。但這些流水簿册以及每册內無次序、無類列的篇章還不足以達到其理想、實現其宏願，必須經過至關重要的一點即"體例編排"纔行。然而，章氏未能將諸册分門別類進行編訂就與世長辭。死別之憾永遠注定了《文史通義》乃一未完書的命運。

　　當我們研究章學誠的學術思想時，首先利用的便是《文史通義》一書。而我們所用的《文史通義》或是章氏次子章華紱編刊的大梁本系統《文史通義》，或是劉承幹嘉業堂刊《章氏遺書》內的《文史通義》，或是倉修良折衷二家而成之《文史通義新編新注》。前兩者除了部分篇

---

① 章學誠：《章學誠遺書》卷九《文史通義·外篇三》，第86頁下。
② 章學誠：《章學誠遺書》卷九《文史通義·外篇三》，第82頁上。

章有文字異同、內容出入外,各自收錄的篇目及其編次也存在着較大的差別。學界對它們孰優孰略,誰最能反映章氏原意之爭迄今未有定讞。倉氏《新編新注》乃是對此種爭端的調和之舉,其目的也在於反映章學誠"著作本書的想法和意願","盡可能的恢復《文史通義》內容的全貌"①。然而,這三種同名爲《文史通義》的書,究竟誰最能反映章氏原貌?它們還是章學誠要寫成的"《文史通義》一書"之"書"麽?

雖然《文史通義》一書在章學誠生前,作者具有唯一性。然而,具體到以上三種同名異實的"文史通義"面世時,每個版本內容篇章的選擇、篇次的編排無一不是"編者"對"作者"原意揣測下的舉動,代表着章學誠的學術因人、因時而異的被理解和被接受過程。但其所編、所選究竟與章學誠理想的《文史通義》有多大出入,則未可知也。又如,從時間性上,當今通行的《文史通義》諸書皆以章學誠著作"完成式"的面貌出現,各自代表着一種"結果"。而"結果"產生前,《文史通義》撰寫的緣起、過程,及其流傳和成書的緣起、過程,不僅包含着章學誠的生命故事,還融入了衆多傳抄者、收藏者、校訂和刊刻者等等的生命故事。

因此,當人們在概念上將《文史通義》與章學誠等同起來的時候,實則要注意我們手上所拿的那本《文史通義》是誰的《文史通義》?或者是經誰"加工"過的《文史通義》。往前回溯,我們雖然可以通過章氏生前的文字記載,對其理想中的《文史通義》窺測一二,但其最終成果則是鳴野山房鈔本這三十餘册內容。章學誠畢生精力所成在此,此也藴含着他的理想和抱負。因此,我們可以說它們是章學誠的《文史通義》,但我們怎麽能忍心說,章學誠的《文史通義》就是它們呢?畢竟它們還未最終被分門別類的突出章氏的立言宗旨,畢竟它們還衹是册、衹是稿,而不是"《文史通義》一書"。但是,如今若真的去尋求唯一作者性的《文史通義》,捨棄它們,又有誰堪任?

---

① 倉修良:《文史通義新編新注·序》,第1頁。

第三節　鳴野山房鈔本與嘉業堂底本關係考

臺圖藏鳴野山房鈔本不僅爲我們展示了《文史通義》從"成册"到"成書"的過程，還爲我們重新探討嘉業堂本《章氏遺書》的底本問題提供了新史料。鳴野山房鈔本《戊申録稿、辛丑年鈔》册内，夾有"□□沈氏海日樓藏"書簽，海日樓乃沈曾植的藏書樓。而嘉業堂刊《章氏遺書》主體部分的底本源自沈曾植藏本，《章氏遺書例言》云："今假自沈乙盦尚書所藏鈔本，兩《通義》外，又有《方志略例》諸種。"[1]嘉業堂主人劉承幹的序云："前歲始得見王穀塍原編於沈子培尚書，許爰録而覆刊之，又益以已刊、未刊諸書，都爲一集，以備先生一家之言。"[2]因此，從藏弆源流可推測該本可能是嘉業堂刊《章氏遺書》時從沈曾植家借的抄本。另外，通過兩者文本内容之比較，亦可證明鳴野山房鈔本即嘉業堂刊《章氏遺書》之底本來源，下文將分三個方面進行考察。

一、《章氏遺書例言》可證鳴野山房鈔本爲嘉業堂本之底本來源

嘉業堂刊刻《章氏遺書》時，請孫德謙"佐編校之役"。孫氏將"分年銓次、各自爲篇"的"原稿"按照王宗炎編次《目録》分門別類，并酌情進行了删改、增損。因此，嘉業堂刊本對沈氏家藏本進行重新編排之後纔刊刻出版。嘉業堂刊《章氏遺書例言》（以下簡稱《例言》）内記載了刊刻過程中的諸多細節，尤其是嘉業堂對原沈氏家藏鈔本進行的改編、增益、删訂之處，將這些記載與鳴野山房鈔本進行比對，可見二者若合符節。

《例言》云："先生《遺書》鈔本，原有《戊午鈔存》《庚辛間草》諸目，

---

[1]《章學誠遺書·章氏遺書例言》，第1頁上。
[2]《章學誠遺書·劉承幹序》，第2頁下。

蓋當時稿本,必分年銓次,各自爲篇。"①鳴野山房鈔本中王宗炎編次《章氏遺書目録》篇題下題注有《戊午鈔存》《庚辛間草》諸目,或"分年銓次",或依體例編冊,各自爲篇。因此,從題注和鳴野山房鈔本稿冊形態上來説,鳴野山房鈔本與嘉業堂所言"鈔本"一致。

《例言》又云:"王《目》編訂,其文字皆取先生原書,如《禮教》本之《戊申録稿》,《經解》三篇本之《庚戌鈔存通義》,是也。今《外編·知非日札》中所載'周官媒氏、柏舟之詩'六條,王氏定爲《述學駁文》,已入之《文史通義·外篇》内者,文既相同,無用複出,爲删去之。此外已見《内編》者同。"②《例言》所説的"《禮教》本之《戊申録稿》","《經解》三篇本之《庚戌鈔存通義》"皆可在鳴野山房鈔本得到驗證。鳴野山房鈔本《戊午鈔存》冊有《述學駁文》,其"周官媒氏""柏舟之詩""禮既納幣""未婚守貞""聖人過猶""諸子之書"六條,同樣出現在鳴野山房鈔本《知非日札》冊内。嘉業堂刊刻時將《知非日札》中與《述學駁文》重複的以上六條删除,并在《例言》中予以説明。

嘉業堂刊刻時也有對文辭重複但辭句詳略不同者予以保留之例。如:"今卷二十三《祭漢太尉楊伯起先生文》與卷二十九附入《弔楊太尉墓》,題既不同,而《祭文》首有年月致祭,篇末有尚饗等字,《弔》則無之,幾成四言詩體。"③《祭漢太尉楊伯起先生文》屬鳴野山房鈔本《戊申録稿、辛丑年鈔》冊,《弔楊太尉》屬於《王目遺存》冊,兩文的差異如《例言》所云,嘉業堂刊刻時將兩文并著共存。因此,由《例言》對嘉業堂刊刻底本的説明可知,嘉業堂所用鈔本與鳴野山房鈔本內容相一致。

其次,嘉業堂刊刻《章氏遺書》時,對原鈔本有但鈔本前的王宗炎《編目》未載之篇章,分别依類增入内相應卷次中,并在《章氏遺書目

---

① 《章學誠遺書·章氏遺書例言》,第1頁上。
② 《章學誠遺書·章氏遺書例言》,第1頁中—下。
③ 《章學誠遺書·章氏遺書例言》,第1頁下。

錄》下出注"王目無"。如《例言》云："其卷二十九《外集》中，自《與史梧園書》以下詩文，則鈔本所有，而王《目》亦不登，今悉取以備列於後。"①嘉業堂刊本《與史梧園書》下有《咏史六首》《觀筆洞歌》《弔楊太尉墓》《望西岳歌》《硤石》《韓城》《曲沃居》《王猛墓》《華佗墓》《寇公祠》《段太尉墓》《邵平居》《唐宮》《屈原廟》《賈誼祠》《韓夫子祠堂》《囗開府摘句圖贊》《韓吏部摘句圖贊》等篇。它們皆在鳴野山房鈔本《王目遺存》册內，但王《目》并未著錄，與《例言》所述一致。

又，《例言》指出"其文爲鈔本所載，王《目》未編入者，如卷八《朱先生墓誌書後》下，今有《説文字原課本書後》一篇，卷二十八《記館穀二事》下，今有《上朱中堂世叔》諸文，非敢亂其次序，以王《目》一采《庚戌鈔存雜文》，一采《傳記小篇》，其原第如此也。"②檢鳴野山房鈔本《庚戌鈔存雜文》可知，《朱先生墓誌書後》下爲《説文字原課本書後》一文，王宗炎編次《目錄》未載。再如《傳記小篇》這册的《記館穀二事》文下有《上朱中堂世叔》《與邢會稽》《與趙山陰》《修宗祠落成告祖文》《修宗祠落成謝土神祝文》《宗人公祭繼輝就窆文》六篇，王宗炎原《編目》皆無。其他"王目無"但鈔本有者，如《答甄秀才論修志第一書》《答甄秀才論修志第二書》《祭族子婦李孺人文》《又答朱少白》《論文示貽選》《博雜》《爲長興紳士撰公祭湖北驛鹽道劉君文》等篇，鳴野山房鈔本皆有文，但鳴野山房鈔本前的王《目》則無。

再次，也有王宗炎編次的《章氏遺書目錄》雖有目，但鈔本內無文者，嘉業堂對此種情況就在刊本內的《章氏遺書目錄》③中注"王目有，文缺"。《例言》云："凡爲王《目》所有，而鈔本未見其文者，故於《目錄》之下，皆注'原缺'二字。（原缺諸文後別得一鈔本，其有者今錄入

---

① 《章學誠遺書·章氏遺書例言》，第1頁上。
② 《章學誠遺書·章氏遺書例言》，第1頁上—中。
③ 按，嘉業堂本《章氏遺書目錄》基本上依照王宗炎編次《章氏遺書目錄》進行編排，但對王《目》有改動之處，或者王《目》內有篇名却無正文等特殊情況者，就在篇名下出注予以說明。

《補遺》。)"①原缺者是指鈔本沒有的篇章,今嘉業堂本《目錄》下注"王目有文缺"者如下:《士習》《孫淵如觀察論學十規》《評沈梅村古文》《評周永清書其婦孫孺人事》《與邵二雲論文》《與史餘村》《又與史餘村》《與史餘村論文》《書李孝婦事》《書李節婦事》《與朱少白書》《答朱少白》。以上諸篇,鳴野山房鈔本皆無。

最後,《例言》云:"王《目》如《古文公式》省去'古文'二字,諸如此類,不免過從簡略,今悉用《通義》諸刻本。"②可知嘉業堂刊刻沈曾植藏鈔本時,對鈔本內王宗炎編次《目錄》"過從簡略"或與刻本有出入之處,都依照諸刻本《文史通義》進行增刪改訂,并在相應篇目之下出注予以說明。詳見下表:

嘉業堂本與鳴野山房鈔本篇名異同表

嘉業堂本·篇名	嘉業堂本篇目下注文	鳴野山房鈔本·篇名
質性	王目題性情,今從浙本。	性情
爲張吉甫司馬撰大名縣志序	王目"吉甫"作"維祺",無"司馬"二字,今從浙本。	爲張維祺撰大名縣志序
爲畢秋帆制府撰常德府志序	王目作"畢制軍",今從浙本。	爲畢制軍撰常德府志序
爲畢秋帆制府撰荊州府志序	王目作"畢制軍",今從浙本。	爲畢制軍撰荊州府志序
爲畢秋帆制府撰石首縣志序	王目祇作"石首縣志序"無上數字,今從浙本。	石首縣志序
書靈壽縣志後	王目無"縣"字,今從浙本。	書靈壽志後
記大名縣志軼事	王目無"志"字,今從《禹域叢書》本。	記大名縣軼事

---

① 《章學誠遺書·章氏遺書例言》,第1頁中。
② 《章學誠遺書·章氏遺書例言》,第1頁下。

通過上表可知，嘉業堂本《章氏遺書例言》所載對鈔本王《目》的改易情況，基本與鳴野山房鈔本一致，也可進一步揭示兩者之間的關係。然嘉業堂本《章氏遺書目錄》卷十四《報廣濟黃大尹論修志書》篇下注云："王目無書字，今從浙本。"①檢鳴野山房鈔本王《目》有"書"字。又嘉業堂本卷十六《洪山寺碑二》下有注文："王目本祇作一'又'字，今改題。而於上篇碑下故亦加'一'字別之。"②然鳴野山房鈔本王《目》中只有一"洪山寺碑"，無"又"字。劉承幹《序》云"許爰錄而覆刊之"，或許是嘉業堂借刊《章氏遺書》時，先謄抄一份，在謄抄過程中導致《目錄》與原目略有出入，漏抄"書"字，并將《洪山寺碑》的第二篇用"又"字標目。而且，"洪山寺碑"條在浙江圖書館校印本《章氏遺書目錄》中作"又"，也可能是校對者將兩種目錄弄混了。

除以上兩細節之外，從《例言》涉及相關稿冊形態、文本內容、目錄改動之說明等，可證明嘉業堂所用底本與鳴野山房鈔本高度一致。嘉業堂刊刻沈曾植家藏鈔本時，雖然依王宗炎編次《目錄》爲主，但對王氏原《目》作了不少調整。并吸收借鑒了已刊大梁本兩《通義》以及浙江圖書館校印本《章氏遺書》等的相關內容。因此，鑒於《目錄》在嘉業堂刊刻中的特殊地位，雖然《例言》對《目錄》中有兩處描述與鳴野山房鈔本王《目》略有出入，但不影響我們對鳴野山房鈔本與嘉業堂本之間關係的考證。

二、文本異同可證鳴野山房鈔本爲嘉業堂本之底本來源：以《原道》三篇爲例

章學誠著述較爲通行的刊本包括大梁本《文史通義》系統和嘉業堂刊《章氏遺書》兩種，兩者不僅在篇章選錄以及編次有差異，同一篇內容也有字句段落的不同。其中，兩刊本都有的《原道》上、中、下三篇

---

① 《章學誠遺書·章氏遺書目錄》，第3頁。
② 《章學誠遺書·章氏遺書目錄》，第3頁。

第四章　從"遺稿"到"定本"

就存在較大出入。鳴野山房鈔本《原道》篇位於"戊申錄稿"册末,題注云"庚夏鈔存";與通行刊本《原道》分上、中、下三篇不同,鳴野山房鈔本《原道》分上、下兩篇,其中《原道下》篇的内容包括嘉業堂刊本《原道中》與《原道下》兩部分。

擔任嘉業堂刊《章氏遺書》"編校之役"的孫德謙,曾依照嘉業堂本所用之底本,謄抄了一份王宗炎《章氏遺書原目》①,亦著錄爲"庚夏鈔存,《原道》上、下"。這就説明孫德謙在編校《章氏遺書》時所用的底本跟鳴野山房鈔本一致,同時也説明嘉業堂本《原道》上、中、下三篇當是孫德謙在編校《章氏遺書》時依照大梁本系統《原道》上、中、下篇的起訖進行分篇。

接下來,筆者將嘉業堂本、大梁本《原道》篇與鳴野山房鈔本對應部分選取有代表性段落進行比較,列表如下,可發現鳴野山房鈔本與嘉業堂本内容高度一致。

《原道》篇文字異同表

篇名	嘉業堂本②	鳴野山房鈔本	大梁本③
原道上	人之生也,自有其道,人不自知,故未有形。 聖人創製,祗覺事勢出於不得不然,一似暑之必須爲葛,寒之必須爲裘。	人之生也,自有其道,人不自知,故未有形。 聖人創製,祗覺事勢出於不得不然,一似暑之必須爲葛,寒之必須爲裘。	人生有道,人不自知。 聖人創製,則猶暑之必須爲葛,寒之必須爲裘。

---

① 孫德謙:《章氏遺書原目》不分卷一册,《孫德謙遺稿》八册,上海圖書館藏。
② 本部分所引《原道》上、中、下三篇内容見《章學誠遺書》卷二,《文史通義·内篇二》,第10—12頁。
③ 伍崇曜《粤雅堂叢書》本《文史通義》即翻刻大梁本而成,本部分内容即參考《文史通義》卷二,《粤雅堂叢書》第五集第二册,咸豐元年(1851)刊本,第1—16頁。

續 表

篇名	嘉業堂本	嗚野山房鈔本	大梁本
原道上	聖人有所見而不得不然也。故言聖人體道可也,言聖人與道同體不可也。	聖人有所見而不得不然也。故言聖人體道可也,言聖人與道同體不可也。	聖人有所見而不得不然也。
	孟子所謂集大成者,乃對伯夷、伊尹、柳下惠而言之也,意謂伯夷、尹、惠皆古聖人。恐學者疑孔子之聖與三子同。公孫丑氏嘗有若是其般之問矣。故言三子之偏與孔子之全無所取譬,譬於作樂之大成也。……孔子集伯夷、尹、惠之大成,孔子固未嘗學於伯夷、尹、惠。	孟子所謂集大成者,乃對伯夷、伊尹、柳下惠而言之也,意謂伯夷、尹、惠皆古聖人。恐學者疑孔子之聖與三子同。公孫丑氏嘗有若是其般之問矣。故言三子之偏與孔子之全無所取譬,譬於作樂之大成也。……孔子集伯夷、尹、惠之大成,孔子固未嘗學於伯夷、尹、惠。	孟子所謂集大成者,乃對伯夷、伊尹、柳下惠而言之也。恐學者疑孔子之聖與三子同,無所取譬,譬於作樂之大成也。……孔子非集伯夷、尹、惠之大成,孔子固未嘗學於伯夷、尹、惠。
	天地之大,可以一言盡,孔子之大,亦天地也,獨不可以一言盡乎?	天地之大,可以一言盡,孔子之大,亦天地也,獨不可以一言盡乎?	天地之大,可一言盡,孔子雖大,不過天地,獨不可以一言盡乎?
	孔子與周公,俱生法積道備,至於無可復加之後。	孔子與周公,俱生法積道備美善,至於無可復加之後。	孔子與周公,俱生法積道備無可復加之後。

續　表

篇名	嘉業堂本	鳴野山房鈔本	大梁本
原道上	曰孔子之大成，亦非孟子僅對夷、齊、尹、惠之謂也。又不同於周公之集也。孟子曰集大成也者，金聲而玉振之也。竊取其義以擬周、孔。周公其玉振之大成，孔子其金聲之大成歟。周公集義、軒、堯、舜以來之道法，而於前聖所傳，損益盡其美善，玉振之收於其後者也。孔子盡周公之道法，不得行而明其教，後世縱有聖人不能出其範圍，金聲之宣於前者也。蓋君師分而治教不能合於一，氣數之出於天者也。周公集治統之成，而孔子明立教之極，皆事理之不得不然，而非聖人故欲如是以求異於前人。此道法之出於天者也。故隋唐以前，學校并祀周、孔，以周公爲先聖，孔子爲先師，蓋言製作之爲聖，而立教之爲師。故孟子曰周公、仲尼之道一也。	曰孔子之大成，亦非孟子僅對夷、齊、尹、惠之謂也。又不同於周公之集也。孟子曰集大成也者，金聲而玉振之也。竊取其義以擬周、孔。周公其玉振之大成，孔子其金聲之大成歟。周公集義、軒、堯、舜以來之道法，而於前聖所傳，損益盡其美善，玉振之收於其後者也。孔子盡周公之道法，不得行而明其教，後世縱有聖人不能出其範圍，金聲之宣於前者也。蓋君師分而治教不能合於一，氣數之出於天者也。周公集治統之成，而孔子明立教之極，皆事理之不得不然，而非聖人故欲如是以求異於前人。此道法之出於天者也。故隋、唐以前，學校并祀周、孔，以周公爲先聖，孔子爲先師，蓋言製作之爲聖，而立教之爲師。亦見周、孔之道本一也。	曰孔子之大成，亦非孟子所謂也。蓋與周公同其集義、農、軒、項、唐、虞三代之成，而非集夷、尹、柳下之成也。蓋君師分而治教不能合於一，氣數之出於天者也。周公集治統之成，而孔子明立教之極，皆事理之不得不然。而非聖人異於前人。此道法之出於天者也。故隋、唐以前，學校并祀周、孔，以周公爲先聖，孔子爲先師。蓋言製作之爲聖，而立教之爲師。故孟子曰周公、仲尼之道一也。

續　表

篇名	嘉業堂本	嗚野山房鈔本	大梁本
原道上	有若以夫子較古聖人，則謂出類拔萃，三子得毋阿所好歟。曰朱子之言盡之矣，語聖則不異，事功則有異也。然而治見實事，教則垂空言矣，立言必折衷夫子。大賢而下，其言不能不有所偏矣。宰我、子貢、有若，孟子並引其言，以謂知足知聖矣，子貢之言固無弊，而宰我賢於堯、舜且曰遠，使非朱子疏別爲事功，則無是理也。夫尊夫子者，莫若切近人情，雖固體於道之不得不然，而已爲生民之所未有矣。蓋周公集成之功在前王，而夫子明教之功在萬世也。若歧視周、孔而優劣之，則妄矣。故欲知道者，在知周、孔之所以爲周、孔。	有若以夫子較古聖人，則謂出類拔萃，三子得毋阿所好歟。曰朱子之言盡之矣，語聖則不異，事功則有異也。然而治見實事，教則垂空言矣，立言必折衷夫子。大賢而下，其言不能不有所偏矣。宰我、子貢、有若，孟子並引其言，以謂知足知聖矣，子貢、有若之言固無弊，而宰我賢於堯、舜且曰遠，使非朱子疏別爲事功，則無是理也。夫尊夫子者，莫若切近人情，雖固體於道之不得不然，而已爲生民之所未有矣。蓋周公集成之功在前王，而夫子明教之功在萬世也。若歧視周、孔而優劣之，則妄矣。故欲知道者，在知周、孔之所以爲周、孔。	有若以夫子較古聖人，則謂出類拔萃，三子皆舍周公獨尊孔氏。朱子以謂事功有異是也。然而治見實事，教則垂空言矣，後人因三子之言，而盛推孔子過於堯、舜，因之崇性命，而薄事功。於是千聖之經綸，不足當儒生之坐論矣（伊川論禹、稷、顏子，謂禹、稷較顏子爲麤。朱子又以二程與顏、孟切比長短。蓋門戶之見，賢者不免，古今之通患）①。夫尊夫子者，莫若切近人情，不知其實，而但務推崇，則元之又元，聖人一神天之通號耳，世教何補焉？故周、孔不可優劣也，塵垢秕糠，陶鑄堯、舜，莊生且謂寓言，曾儒者而襲其說歟。故欲知道者，在知周、孔之所以爲周、孔。
原道中	夫子盡周公之道，而明其教於萬世，夫子未嘗自爲說也。	夫子盡周公之道，而明其教於萬世，夫子未嘗自爲說也。	夫子明教於萬世，夫子未嘗自爲說也。

① 按，括號內爲原文小字注。

續　表

篇名	嘉業堂本	鳴野山房鈔本	大梁本
原道中	孔子立人道之極，<u>未可以謂立儒道之極也</u>……人道所當爲者，<u>廣矣大矣</u>，豈當身皆無所遇也。	孔子立人道之極，<u>未可以謂立儒道之極也</u>。……人道所當爲者，蟠天祭地，豈當身皆無所遇也。	孔子立人道之極，<u>豈有意於立儒道之極耶</u>……人道所當爲者，<u>廣矣大矣</u>，豈當身皆無所遇。
	《詩》《書》六藝未嘗不以教人，<u>非如後世尊奉六經，別爲儒學一門</u>。	《詩》《書》六藝未嘗不以教人，<u>非如後世尊奉六經，別爲儒學一門</u>。	《詩》《書》六藝未嘗不以教人，不知後世尊奉六經，別爲儒學一門。
	百姓日用而不知，<u>道之所由隱也，夫見亦謂之，則固賢於日用不知矣</u>。	百姓日用而不知，<u>道之所由隱也，夫見亦謂之，則固賢於日用不知矣</u>。	百姓日用而不知矣。
原道下	但既竭其耳目心思之智力，則必於中獨見天地之高深。	但既竭其耳目心思之智力，則必於中獨見天地之高深。	但既竭其心思耳目之智力，則必於中獨見天地之高深。
	太上立德，其次立功，其次立言，立言與<u>功德</u>相準。	太上立德，其次立功，其次立言，立言與<u>功德</u>相準。	太上立德，其次立功，其次立言，立言與<u>功</u>相準。
	必無咏嘆抑揚之致哉，<u>但溺於文辭之末，則害道已</u>。	必無咏嘆抑揚之致哉，<u>但溺於文辭之末，則害道已</u>。	必無咏嘆抑揚之致哉。

由上表可知，嘉業堂本與大梁本文字相異、多寡懸殊之處，多與鳴野山房鈔本的內容相一致。尤其是"孔子**非集**伯夷、尹惠之大成，孔子固未嘗學於伯夷、尹惠"這句，鳴野山房鈔本和嘉業堂本皆訛作"孔子**集**伯夷、尹惠之大成"，與章學誠本意相反。鳴野山房鈔本與嘉業堂本這處共同訛誤最可說明兩者的密切關係。

然而，表中也有嘉業堂本與鳴野山房鈔本不一致之處。一是，嘉業堂本和大梁本相同的"孔子與周公,俱生法積道備"句,鳴野山房鈔本在"法積道備"後多出"美善"二字。二是,嘉業堂本和大梁本皆作"故孟子曰周公仲尼之道一也",鳴野山房鈔本作"亦見周公仲尼之道一也"。三是,嘉業堂本和大梁本的"廣矣大矣",鳴野山房鈔本作"蟠天祭地"。這種不一致主要因嘉業堂在刊刻《章氏遺書》的過程中,依照大梁本《文史通義》作了校勘工作。《章氏遺書例言》云:"至於文字之間,鈔本勝刻本者甚多,則擇善而從,折衷去取。如引用書籍,或辭句中,出傳寫之誤,確然可知者,則爲之略加諟正。"①因此,"法積道備美善"被刊刻時删去"美善",以及不用"蟠天祭地"而用"廣矣大矣",可能皆是"擇善而從,折衷去取"的結果,而"亦見"改作"孟子曰"則是對引文的"略加諟正"。

三、以王秉恩《校記》爲中心的考證

嘉業堂本《章氏遺書》刻成後,"又承雪澄廉訪統校一過"。②"雪澄廉訪"即王秉恩,他在貴陽本《文史通義》刊刻時就擔任校勘工作。"光緒戊寅夏,先生曾孫小同重刻於貴陽,時余游宦是邦,因預校勘之役。當時以別無善本,未及訂正者尚多。且深以未克見全書爲憾。耿耿於懷者,將數十年。"③因此,當劉承幹持以貽贈刊本《章氏遺書》時,王秉恩感慨云:"余以耋老之年,獲窺全帙,頗以此生幸事。"④

王秉恩《校記》中對嘉業堂所用鈔本與其他各本之間文字差異的記載,也可作爲嘉業堂底本與鳴野山房鈔本關係考證之資。如《經解中》"著録之收"條,《校記》云:"收,浙刻本、黔刻本、粵雅堂本均作'指'。孫臨堪謂鈔本作'收'者,言《茶經》《棋經》諸書,此實文人游

---

① 《章學誠遺書・章氏遺書例言》,第1頁下。
② 《章學誠遺書・章氏遺書例言》,第2頁上。
③ 《章學誠遺書・章氏遺書校記》王秉恩識,第626頁上。
④ 《章學誠遺書・章氏遺書校記》王秉恩識,第626頁上。

戲,著録家不當收也。"①鳴野山房鈔本作"收"與孫臨堪所謂之"鈔本"同。又如《博約下》"古學失所師承"條,《校記》云:"古,各本作'故'。"②鳴野山房鈔本亦作"古",與各本異,與所説之"鈔本"同。再如《知難》"今同業者"條,《校記》云:"各本'同業'皆作'同走'。"③鳴野山房鈔本與"鈔本"一致,作"同業"。其他如《史德》"文非情不得已"條,《史注》"叙例之作、及考信六藝"兩條等,④所述"鈔本"與鳴野山房鈔本的内容皆一致。因此,從《校記》涉及的内容,亦可窺測嘉業堂所用鈔本與鳴野山房鈔本的一致性。

最後,還需一提的是鳴野山房鈔本内有"澤存書庫"的書簽。該書簽爲藍色印刷字體,夾在"戊申録稿、辛丑年鈔"册内,空白處有墨筆手書"即嘉業堂刊原本"七字,可能是澤存書庫的收藏者或是圖書館員在記注收藏信息時寫入。這就説明早已有前輩學者對該本與嘉業堂刊本的關係有所揭示,祇是這個本子和書簽大家難得一見,知之者少。

綜上所述,無論是嘉業堂本《例言》内涉及的底本之稿册形態、正文内容與目録改動説明,還是以《原道》篇爲例的文本内容之比較,或是王秉恩的《校記》以及鳴野山房鈔本之書簽,皆可證明鳴野山房鈔本即爲嘉業堂刊《章氏遺書》時從沈曾植家借鈔之本。即鳴野山房鈔本爲嘉業堂刊《章氏遺書》之底本來源。

第四節　鳴野山房鈔本之流傳刊刻考

一、鳴野山房鈔本之早期流傳及其與嘉業堂本關係再考

上文從文本對勘、《例言》《校記》等方面證明鳴野山房鈔本爲嘉業

---

① 《章學誠遺書·章氏遺書校記》,第626頁上。
② 《章學誠遺書·章氏遺書校記》,第626頁中。
③ 《章學誠遺書·章氏遺書校記》,第626頁中。
④ 《章學誠遺書·章氏遺書校記》,第626頁下。

堂刊《章氏遺書》的底本來源,另外,該本的藏弆源流也可證明兩者的關係。由鳴野山房鈔本版心上鎸的"鳴野山房鈔本"六字以及《辛亥草》《乙卯劄記》《知非日札》諸册的沈復粲跋,可知該本原是山陰沈復粲的鳴野山房鈔本。從印鑑來看,鳴野山房鈔本上鈐有"會稽章氏式訓堂藏書""善慶私印""棟山讀過""善慶讀過"和"國立中央圖書館收藏"諸印。其中,"式訓堂"是清末知名藏書家章壽康的藏書樓名。章壽康(1850—1906),原名貞,字碩卿,又字石卿,浙江會稽人。他是章學誠族裔,藏書樓有小石山房和式訓堂,編有《式訓堂續藏書目》一册,曾在湖北編刻《式訓堂叢書》。① "善慶私印"與"善慶讀過"兩印内的"善慶"指章壽康之胞弟章善慶,字小雅,也嗜好藏書。"棟山讀過"之"棟山"則是清末文史大家平步青之號。平步青(1832—1896)字景孫,號棟山,别號棟山樵、霞偶、三壺佚史、常庸等,藏書樓有"安越堂""香雪崦"。② 由印鑑可知鳴野山房鈔本至少經章善慶、平步青讀過,還曾被章壽康收藏。

　　另外,清末文獻大家桐城蕭穆,對鳴野山房鈔本《章氏遺書》的傳抄、收藏乃至刊刻都有重要貢獻。今上海圖書館藏蕭穆稿本《敬孚日記》③記載了他借鈔、批校《章氏遺書》,并爲該本之輾轉易主和刊刻所做的努力。光緒二十六年(1900)五月十二日《敬孚日記》云:"乃取章實齋先生《遺書》舊鈔本及刊本《文史通義》,記其編次《目録》,及章小雅、石卿兄弟得書、藏書、質書原委草一長跋,下午四點鐘乃罷。"④蕭穆此跋即《敬孚類稿》卷九的《記章氏遺書》一文,該文叙述這部《章氏遺

---

① 參范鳳書:《中國著名藏書家與藏書樓》,第307頁;繆荃孫著,張廷銀、朱玉麒主編:《章碩卿傳》,《藝風堂文漫存·辛壬稿》卷二,《繆荃孫全集·詩文一》,鳳凰出版社,2014年,第484頁。
② 平步青的事迹參平步青的《棟山樵傳》和謝國楨撰《平景孫的學術》兩文,詳見《霞外隨筆·附録》《近世文史隨筆選粹叢書》,中共中央黨校出版社,1998年,第311—316頁。
③ 蕭穆:《敬孚日記》(不分卷),清咸豐十年迄光緒二十七年,光緒二十九年迄三十年七月四日,上海圖書館藏。
④ 蕭穆:《敬孚日記》,光緒二十六年庚子(1900)五月十二日壬子。

第四章　從"遺稿"到"定本"

書》舊鈔本早期流傳信息甚詳。《記章氏遺書》云：

> 光緒十七年辛卯冬(1891)，晤章氏族裔章小雅處士善慶於上海寓所。小雅好古，藏書頗多。十二月朔日，同諸暨孫問清太史廷翰往訪小雅。觀所藏各古書善本，中有舊鈔《章實齋先生遺書》三十四册，①云爲其鄉人沈霞西家藏本。沈氏藏書數萬卷，約四萬金，後其人亡家落，多散之揚州等處。此《遺書》乃留落紹興本城某書坊，以洋銀百元得之。又逾年，其書坊云尚有《遺書》八寸，索值二百元，小雅以彼時囊空未應，且未索觀此八寸之書何以云云。
>
> 余彼時先假四册回館閲之，至次年壬辰(1892)夏秋間，隨時借閲三四本，且録其要者四五册。是年八月二十四日，訪小雅還書，且告別云次日將有杭紹之行。時小雅有疾。至十月初九日，乃返上海，至醉六堂解行裝一息。晤書夥董仲甫談話，仲甫云小雅已於前月二十一日病亡。小雅無妻子，身後書物均歸其兄石卿大令壽康，爲傷感良久。回館閲三日，將往弔小雅并唁石卿。而石卿已聞余自杭紹回，乃先到余館訪談。因與石卿至其寓，談及此《遺書》，石卿云小雅當時在紹城某書坊購得此書，買舟回故居，中途

---

① 按，此處蕭穆云"沈霞西家藏本《章實齋先生遺書》三十四册"，而蕭穆《復周季貺》云："小雅所藏之《遺書》三十三册"，兩説册數互有出入。另外，《敬孚日記》兩種記載皆有，如光緒十七年(1891)辛卯十二月朔日《敬孚日記》云："坐車至安康里訪章小雅談話半晌。……余索《章實齋遺書》寫本一觀，凡三十三四册，先借四册回館閲……晚回館，張燈食。夜閲《章實齋遺書目録》一本，《乙卯、丙辰劄記》二本，另有補鈔本《劄記》一本，首標《信撫》二字，疑前後有缺字也。"而光緒二十六年庚子(1900)五月十一日《敬孚日記》云："乃到祥636絲棧晤萊仙兄一談，并假石卿所押《章氏遺書》舊抄本三十三册回館。"今鳴野山房鈔本儘管有三十四册，但"目録册"實爲蕭穆後期抄寫增入。那麽，原章善慶藏鳴野山房鈔本到底是以幾册爲確？筆者以爲當以三十三册爲是。首先，早於蕭穆的平步青曾借閲和節抄過鳴野山房鈔本，其《文史通義雜篇》《實齋文略外篇》跋云："甲戌(1874)八月八日，病痁初起，假得郡城西街重遠堂楊氏所藏鳴野山房鈔本三十三册。"其次，蕭穆所云之"三十四册"或許還包括"小雅又於錢唐丁氏鈔得《信撫》一册"，又或者由"夜閲《章實齋遺目録》一本"可知，蕭穆看到的王《目》獨立爲一本，可能舊鈔本中把"王宗炎編次《章氏遺書目録》"單獨列爲一册，所以纔有三十四册之説。

遭大風,舟幾覆,賴獲天佑,幸而免。①

由上述內容可知,沈復粲家藏本《章實齋先生遺書》流落"紹興本城某書坊"時被章善慶購得。蕭穆最初就是在章善慶處而結緣《章氏遺書》。鳴野山房鈔本《章氏遺書》版心鎸有"鳴野山房鈔本",并鈐有"善慶私印"與"善慶讀過"兩印,與蕭穆《記章氏遺書》一文的內容正相印證。又由此記載可知,章善慶去世後,這部《章氏遺書》轉歸其兄章壽康收藏。那麼,鳴野山房鈔本內鈐"會稽章氏式訓堂藏書"印就合情合理了。

此外,蕭穆還將《章氏遺書》內的王宗炎編次《目錄》與刊本《文史通義》進行比較,《記章氏遺書》接着稱:

> 王氏將此書分類,定爲三十卷,……別有《乙卯劄記》《丙辰劄記》各一册,《知非日札》一册,《讀書札記》一册,小雅又於錢唐丁氏鈔得《信摭》一册,均不在此王氏所編《遺書》之內。

> 又取刊本《文史通義》一一對勘。其《內篇》卷一刊本與舊鈔本正同。刊本卷二《原道》《原學》《博約》三篇之後,即將舊鈔本卷四內《言公》上中下三篇繼之爲第二卷;刊本卷三至五所載各篇均不出舊鈔本三、四、五、六等卷之內,而次序多爲改易。舊鈔本卷六有《同居》一篇,《感賦》一篇,《雜說》一篇,爲刊本所未錄。刊本《外篇》卷一、卷二均在舊鈔本《方志略例》二卷之內。惟卷二《永清縣志序例》刊本凡十五篇,而舊鈔本《方志略例一》僅載六篇。刊本《外篇》三有《答甄秀才論修志書》二篇,《論文選義例書》一篇,《修志十議》,《天門縣志·藝文考》《五行考》《學校考》三序,《與廣濟黃大尹論修志書》凡八篇爲舊鈔本《方志略例一》所未有。其餘刊本所有皆在《方志略例》卷一之內。又刊本《校讎通

---

① 蕭穆:《敬孚類稿》,黃山書社,1992年,第259—260頁。

義》三卷,與舊鈔本《校讎通義》内篇三卷,次序、篇數一一相合。①

現將鳴野山房鈔本内王宗炎編次《章氏遺書目録》與大梁本《文史通義》的目録進行比較的結果,與蕭穆一一對勘的結果完全吻合。這也從一個側面説明鳴野山房鈔本確爲蕭穆從章小雅處親見之本。

另外,蕭穆給友人周星詒的一封回信,對該本流傳過程中所涉之時間、地點、人物等有更詳細的叙述。《復周季貺》云:

> 然今小雅所藏《章氏遺書》三十三册,其前實有王宗炎所編《總目》,凡三十卷……小雅所藏之《遺書》三十三册,乃貴鄉沈君復粲號霞西者,於道光初六七年,假之於實齋先生之子杼思家藏鈔本録成之。至道光己酉(1849),沈氏鳴野山房書出,多歸之里人楊器之。光緒六年(1880)小雅得此書於貴城之味經堂書坊,乃楊氏所出,其先即得之沈氏者。②

周星詒(1833—1904)字季貺,喜收藏金石、書畫、秘笈,藏書甚富,多前賢手録本、乾嘉名家精校善本及宋元舊槧。蕭穆與之往來密切,通信頻繁。復信還透露出一條極其重要的信息,即該鈔本乃"假之於實齋先生之子杼思家藏鈔本録成之",即這部舊鈔本《章氏遺書》源於章學誠家藏本,具有重要版本價值。沈復粲之後,該本曾被楊器之③收藏;楊氏之後,又流落到一個叫味經堂的書坊。

其實,鳴野山房鈔本内數處沈復粲處跋,也隱含了這項關鍵信息。

---

① 蕭穆:《敬孚類稿》,第260—261頁。
② 朱榮琴整理:《敬孚函稿》,《歷史文獻》第10輯,上海圖書館歷史文獻研究所編,上海古籍出版社,2006年,第199—201頁。
③ 按,楊器之,名鼎,字銘禹,號守白,又號器之。浙江山陰人,室名重遠樓,一作重遠堂。喜藏書,藏至四萬餘卷,多得之鳴野山房沈復粲,精本亦不少。參陳玉堂編:《中國近現代人物名號大辭典(續編)》,浙江古籍出版社,2001年,第97頁。

如《辛亥草》跋云:"惜所假之本爲家鹿寢食,故諸文未能卒讀,嗣經其長公從遺稿補書,因再假録入,庶稱完本云。""長公"就指章學誠長子章貽選,而"嗣經……再假録入"句則説明了前後皆借鈔於章貽選。又《知非日札》跋語"從其嗣君杼思先生借鈔",杼思乃章貽選之字。因此,沈復粲鳴野山房鈔本《章氏遺書》當鈔自於章學誠的長子章貽選。綜上,鳴野山房鈔本源出章氏家藏"遺稿",先後遞經楊鼎、章善慶、章壽康等人收藏,其流傳脉絡爲它與嘉業堂本之關係再添一重證據。

二、蕭穆、徐維則之籌刊未果

當這部《章氏遺書》還在章善慶處時,會稽藏書家徐維則曾籌劃刊刻該書。徐維則,字仲咫,號以愻,出生於藏書世家,其父徐友蘭、伯父徐樹蘭都是藏書家。徐家有鑄學齋、述史樓、熔經鑄史齋等藏書樓,先後刻印過《會稽徐氏述史樓叢書》《融經館叢書》《紹興先正遺書》和《鑄學齋叢書》等。① 徐維則發起刊刻《章氏遺書》之事,主要見於蕭穆《敬孚日記》及其給周星詒的一封回信。

蕭穆在章善慶處見到《章氏遺書》發生於光緒十七年(1891)十二月朔日,是日《敬孚日記》云:

> 坐車至安康里訪章小雅談話半晌。伊擁書二萬多卷,多有佳本。余索《章實齋遺書》寫本一觀,凡三十三四册,先借四册回館閲。又觀宋版《周禮》五册……晚回館,張燈食。夜閲《章實齋遺書·目録》一本,《乙卯、丙辰劄記》二本,另有補鈔本《劄記》一本,首標"信摭"二字,疑前後有缺字也。②

蕭穆自從此次訪章善慶借閲《章實齋遺書》四册進行抄寫之後,直到他

---

① 參錢斌、宋培基:《藏書家徐維則事迹鉤述》,《文獻》2008年第4期,第68—77頁。
② 蕭穆:《敬孚日記》,光緒十七辛卯十二月朔日。

第四章　從"遺稿"到"定本"

去世，都與《章氏遺書》的命運息息相關。他將從章善慶處借閱《章氏遺書》之事告知了往來頻繁的紹興好友周星詒，而周氏又將這一消息告訴了紹興友人徐維則。至十二月廿四日《敬孚日記》云：

> 乙卯接周季況十九日復信。下午到章小雅處，以季況信示之。蓋周季況聞余借《章氏遺書》閱之，告其鄉徐孝廉，徐欲刻此書。又知余不回里度歲，故作字招往紹興，且欲借《章氏遺書》同往。今小雅不甚放心，乃約余明春同往，余勢亦不能即去，故從小雅之意。坐談茶食久之，吳申甫亦至小坐，乃別小雅回館。①

徐維則得知舊鈔本《章氏遺書》這一消息後，嗜好藏書刻書的他立馬邀請蕭穆與章善慶攜《章氏遺書》到紹興過年，以便將之刊刻行世。而章善慶"不甚放心"以及蕭穆"勢亦不能即去"，使蕭穆暫拒了徐維則此次請求。

廿六日，蕭穆回信給周星詒，轉達章善慶的意思之後，還詳細分析了《章氏遺書》在體例編排上存在的問題。《復周季貺》云：

> 廿四日辰刻奉到十九日大札，欣悉一切。鄙人即日訪章小雅於洋場安康里寓。以尊函所述徐孝廉維則欲校刊《章實齋先生遺書》，且請以所藏《章氏遺書》全部攜至尊處度歲。時伊有疾半月，興象不佳，又以此書係僅存之本，有防意外散失，并勸穆於明年二月間與之結伴攜全書到珂鄉，尤爲得便。穆又思之至再，年内亦實有不能到貴處度歲之勢。且此書實齋先生當日未及自行編定……今小雅所藏《章氏遺書》三十三冊，其前實有王宗炎所編《總目》凡三十卷……内甲寅、乙卯間《劄記》一冊，乃近假之丁修甫藏本抄

---
① 蕭穆：《敬孚日記》，光緒十七年十二月廿四。

159

之,均不在王氏編錄之內……光緒六年小雅得此書於貴城之味經堂書坊……緩二年,味經堂主人復告之小雅,云尚有《章氏遺書》八寸許,求書亦未一覯……又今本《文史通義》刊本,惟卷一《內篇》一卷及王氏原定之目卷十至十二《校讎通義·內篇》三卷,次序與王氏所定目錄相同,其他卷二至卷五篇目均多有出入……今小雅所藏三十三冊,均無卷第可尋,其原編遂不可考……總之,徐孝廉果力足以校刊《章氏全書》,尚宜先定體例,緣今《文史通義》刊本多不依王氏所定次序,而王氏所定衹就《文史通義》全書言之。又有《外篇》三卷,《校讎·外篇》一卷又未曾刊入,此等體例不能不先爲商榷者也。然鄙人非同小雅攜書到紹興,會同徐孝廉及蔡進士,與吾兄共同商酌之不可,尚祈便中晤徐、蔡二君,面定大家聚會之期,以期相與有成可也。①

由上可知,蕭穆"思之至再",并不急於去徐維則處商議《章氏遺書》之刊刻,主要因"此書實齋先生當日未及自行編定"。不僅幾冊《劄記》不在王氏編目內,還有與章善慶"當日失之交臂"的"八寸許"之書亦無可問津。更重要的是,王宗炎編次的《章氏遺書目錄》與章華紱所刻之"今本《文史通義》刊本"多有出入,且章華紱的記載令人疑惑不解處頗多。因此,在蕭穆看來,面對兩種編目之差異,"先定體例"是刊刻《章氏遺書》的首要前提。同時,蕭穆也指出非同善慶到紹興當面與徐維則、周星詒、蔡進士等商榷刊刻之事不可,并"以期相與有成"。時至今日,章學誠著述之體例編排仍未達成共識,學界對通行本《文史通義》與嘉業堂本《章氏遺書》編次優劣爭論不已,難以定讞。百餘年前蕭穆已敏銳把握到《章氏遺書》體例編排的複雜性和重要性,若此行能成,很可能會爲《章氏遺書》的編排提供一有益借鑒。

---

① 朱榮琴整理:《敬孚函稿》,《歷史文獻》第 10 輯,第 199—201 頁。

然而，正如蕭穆在信中所說，章善慶"有疾半月，興象不佳"。光緒十八年（1892）正月十四日《敬孚日記》云："乃到章小雅寓還《章氏遺書》十七本。時小雅病甚。"①章善慶的病情次年加劇，期間蕭穆多次去安康里問疾，但都"未見起色"。蕭穆二月廿七日《日記》云："到章小雅寓問疾，看其氣象似難起也。"②章善慶身體的每況愈下，給《章氏遺書》未來的刊刻蒙上一層陰雲。光緒十八年三月朔日，蕭穆《日記》云：

己未多陰雲。在室校《徐騎省集》卷廿一二兩卷。又，下午周雲將世兄（名寅，季況兄子也）來晤談久之，并商買章小雅《章氏遺書》事。後與同坐馬車到洋廠訪小雅一談，并言刻《章氏遺書》事。後同雲將坐車至其寓樓談話，旋回館。③

周雲將爲周星詒之兄周星譽之子，此次商買《章氏遺書》當未獲得章善慶的允許。"言刻《章氏遺書》事"也難以考察究竟是指徐維則欲刻《章氏遺書》之事，還是周雲將自己也欲刊之。但此條記載至少說明，這部《章氏遺書》仍被浙江藏書家們牽挂於心。

蕭穆在光緒十八年（1892）八月廿四日至十月九日期間有杭紹之行。雖然此行不是因《章氏遺書》刊刻而發，但他在旅程中先後約見譚獻、周星詒和徐維則等人，游玩、賞書期間難免論及共同關心的《章氏遺書》。九月十七日《日記》云："徐飴孫來晤，并贈書二種。又贈《漢大吉摩崖字》及《臧珠寺石幢字》，并談欲抄《章氏遺書》等。"④徐維則提出抄録《章氏遺書》，或是因章善慶身體原因，刊刻之事無法立即施行的退而求其次之舉。

---

① 蕭穆：《敬孚日記》，光緒十八年壬辰正月十四日。
② 蕭穆：《敬孚日記》，光緒十八年壬辰二月廿七日。
③ 蕭穆：《敬孚日記》，光緒十八年壬辰三月朔日。
④ 蕭穆：《敬孚日記》，光緒十八年（1892）壬辰九月十七日。

十月九日晚上蕭穆返回上海,"到醉六堂下行裝,時吳申甫往蘇州,晤夥工董仲甫談話,驚悉章小雅已於前月廿一日病亡"。① 章善慶去世後,其藏書字畫等歸其兄章壽康收藏。因此,蕭穆最終未能夠"同小雅攜書到紹興"共商《章氏遺書》刊刻之事。蕭穆日記透露出他在十月與十一月間與周季況及徐維則信件往來頻繁。這些信件很可能是對章善慶溘然長逝之後,徐維則抄錄與刊刻《章氏遺書》一事的討論。遺憾的事,信中所論的具體內容我們不得而知。然而,透過同時參與其中的譚獻的記載,我們可推測一二。

光緒十八年(1892)十二月十一日譚獻《復堂日記》云:

  徐孝廉維則貽孫持季貽函過訪,貽《禹陵窆石題字》、唐經幢及新刻叢書四種,談半晌。此浙東後起劬學之士也。②

同月十四日《復堂日記》又云:

  徐貽孫將渡江來談,貽以《文粹》,又《章實甫雜稿》一冊,即往年季貺示予謀刻者,今貽孫方求全稿,刻入叢書。座間適得章碩卿上海書,亦及《章氏遺書》事。③

譚獻服膺章學誠的學問,對章氏文獻之搜求亦頗用心力。此次徐維則"持季貽函過訪",很可能除了向蕭穆尋舊鈔本《章氏遺書》外,也向譚獻尋訪章氏遺稿,并徵求刊刻意見。然"座間適得章碩卿上海書,亦及《章氏遺書》事",則是章善慶去世後,《章氏遺書》易主章壽康,導致原來的刊刻計劃不得不中斷。由《復堂日記》也可知,徐維則已收藏有章

---

① 蕭穆:《敬孚日記》,光緒十八年(1892)壬辰十月九日。
② 譚獻著,范旭侖、牟曉朋整理:《譚獻日記·續錄》,第307頁。
③ 譚獻著,范旭侖、牟曉朋整理:《譚獻日記·續錄》,第308頁。

氏《文粹》以及《章實甫雜稿》一册。徐維則在光緒年間刊刻的叢書有《鑄學齋叢書》和《融經館叢書》，皆未收録章氏著作。祇有光緒廿年（1894）輯録的稿本《會稽徐氏初學堂羣書輯録》中有章實齋《信摭》一卷。或是徐維則此次謀刻《章氏全書》未果，而將原已收藏的《信摭》編入其中。

另外，《復堂師友手劄菁華》內有一封周星詒給譚獻的信，可對蕭穆、徐維則及譚獻等籌畫刊刻《章氏遺書》的內情再增進一層認識。

> 廿一日得惠劄……《實齋先生遺書》原議《通義》已刻者，不更付刻，但刻補遺佚諸篇。其中或有爲刻本刪節而有關係者，□淆亂次序，或爲校記，或著之序跋（此皆敬孚言之），屆時再定其文。據云晚聞居士定本體例亦未盡一，本待傳抄□後，敬孚與兄先共商定次第而正之。弟與吳摯甫又慮，我四人論議，飴孫不能盡從，故兄亦囑敬孚覓□傳寫一本。滿意事在必成，顧敬孚到滬後，書來云小雅遽殁，《遺書》本爲乃兄碩卿載入楚北，方苦心思索備抄云。兄已函囑竭力爲之。今日飴孫交到奉致一械，以此上□我弟兄與敬孚、飴孫再力討求，或冀仍得踐前議也。碩卿甚窘，聞藏書得價便售，弟勉爲之。若需錢，兄當與鍾厚堂祝祭籌之也。厚堂以力戰得官，歸囊頗裕。①

由上信可知，蕭穆等人與徐維則之間對究竟刊刻哪些內容以及體例編排方面存有異議。章學誠著作早已有兩《通義》刊行於世，對於《章氏遺書》與已刊本重複處，蕭穆認爲"不更付刻，但刻補遺佚諸篇。其中或有爲刻本刪節而有關係者……但刻校記，或著之序跋"。然而，譚獻與蕭穆等人的決定，"飴孫不能盡從"。信中還指出王宗炎編目"體例亦未盡一"，蕭穆《復周季貺》一信也提及這個問題。又因"小雅遽殁，

---

① 錢基博整理編纂：《復堂師友手札菁華》，第142頁。

《遺書》本爲乃兄碩卿載入楚北",使得徐維則等人不得不"方苦心思索備抄"。因章善慶的突然離世,以及章壽康的離滬入楚,導致曾經的計畫不得不即刻進行變通。江浙藏書家們一方面讓蕭穆"苦心思索備抄",另一方面則就章壽康窘迫的經濟狀況,期望能夠求助於里之富人"鍾厚堂"①購買該部鈔本。儘管江浙藏書家們"冀仍得踐前議",事實還是以失敗而告終。

綜上所述,蕭穆《敬孚日記》《記章氏遺書》和《復周季況》等資料大致爲我們勾勒出"浙東後起劬學之士"徐維則欲刊刻《章氏遺書》之始末。如果此事成行,《章氏遺書》的刊刻將會提早二十年,或許胡適之先生就不會因爲第一次編《實齋年譜》的是位日本學者而感到那麼慚愧了,或許他也不會説出"那班擘積補苴的漢學家的權威竟能使他的著作至遲至一百二十年後方纔有完全見天日的機會,竟能使他的生平事迹埋没了一百二十年無人知道"②的話了。遺憾的是,徐維則提議刊刻時,章善慶正在病中,雖有"以期相與有成"之意向,却因次年的病逝,導致欲刊未果之結局,直到1920年徐維則節抄的《章氏遺書》纔由浙江圖書館排印刊出。

三、蕭穆與《章氏遺書》之再謀刻

或因章壽康的經濟原因,這部《章氏遺書》不久就再次輾轉流出,且險遭火厄。蕭穆不僅記下其中的坎坷,還繼續爲它的保存、刊刻奔波不已。《記章氏遺書》一文對此也有較爲詳細的説明,其云:

> 又數年,石卿以缺用,將此書質於醉六堂。被鄰居失火,將所存古今書本悉化烟灰。此書幸另貯一洋鐵箱,火稍熄,即用水灑之,全部雖爲水所濕,後來透乾,逐葉仍可揭開,可以便覽。余以此

---

① 鍾念祖(1832—1899),字厚堂,浙江紹興人,曾任雲南鹽法道,以戰功顯。
② 胡適著,姚名達訂補:《章實齋先生年譜・胡序》。

第四章　從"遺稿"到"定本"

書在吳申甫①處,終非久計,與石卿相商,將爲另圖。乃於四月二十二日晤老友周萊仙相商,以百元付石卿,交申甫贖出,暫歸萊仙。

因生活所迫,章壽康將這部《章氏遺書》舊本抵押給書商吳申甫的醉六堂。此書在醉六堂差點被鄰居失火殃及,蕭穆擔心其安全問題,而章壽康又無力贖回,因此,在蕭穆的周旋下,暫由周萊仙贖出舊本。對此,《敬孚日記》的記載更加詳細。光緒二十四年(1898)二月十九日癸酉《敬孚日記》云:"晚食後出門到章石卿處,乃談及醉六堂於十五日被焚,余尚存書一大□亦同歸於盡。石卿亦有《章實齋遺書》舊鈔本,在彼處,亦不知存否,均爲悵惘。"②是以,"醉六堂被鄰居失火"發生在光緒二十四年二月十五日。隨後,二月廿八日《敬孚日記》又云:"余亦旋出門坐車至吉祥街衖吳申甫棧房,晤董仲甫一談。申甫旋自外回,以前十五日書坊失火之後,興致索然。余仍勸其重開,伊以時事不佳,生意清淡爲辭,亦實在情形也。又前章石卿以舊鈔本《章氏遺書》抵押洋□於申甫所,今詢尚存,爲之深慰。石卿雖有新抄本,究不及舊本之精也。"③三月十一日《敬孚日記》又云:"至吉祥街衖晤吳申甫,言石卿所押《章實齋遺書》欲爲謀刊事,知火處抽出爲水所濕,一時尚未揭開,俟他日另議。"④三月十八日庚子《敬孚日記》又云:"訪孫問清并晤孫藹人一談,與問清言代章石卿贖《章氏遺書》等,伊允之,乃別,到裱工處,……到石卿處一談,并言問清代贖《章氏遺書事》。"⑤四月廿十日《日記》云:"旋訪石卿贖書等,午食後,到萊仙處相商,伊允之,乃到石

---

① 吳申甫:浙江歸安人,清末在滬上設書店,名曰醉六堂,爲一時學人嚮往之地,若蕭穆、章壽康、章小雅、凌霞、陸樹藩等皆與之往來甚勤。吳氏於文獻保存和流通頗有功。楊洪升:《繆荃孫研究・交游考》,上海古籍出版社,2008年,第42—43頁。
② 蕭穆:《敬孚日記》,光緒二十四年二月十九日癸酉。
③ 蕭穆:《敬孚日記》,光緒二十四年二月廿八日壬午。
④ 蕭穆:《敬孚日記》,光緒二十四年三月十一日甲午。
⑤ 蕭穆:《敬孚日記》,光緒二十四年三月十八日庚子。

卿處言之，乃坐車回館。"①四月廿二日又云："即到萊仙處一談，留同諸人午食，後付洋百元票代石卿贖《章氏遺書》及《唐會要》舊鈔本，乃到慎餘錢莊，以二百四十兩銀票托匯利和莊，與姚某一談，乃到石卿處以洋票付之，伊即招董仲甫至，以洋票付之仲甫後，將兩書送交。余假寐久之起，乃將兩書一包，送交萊仙收存。"②綜上，蕭穆光緒二十四年二月十九日至四月廿二日的日記非常詳細的記載了他在醉六堂失火之後，因擔心《章氏遺書》的安全問題，經反復協商和多方努力，終於說服周萊仙代章碩卿贖回舊鈔本《章氏遺書》的經過。

《記章氏遺書》接着稱：

> 今閲兩年，石卿遠客楚北，力不能贖。幸伊於小雅没後，將原書寄楚北托人另録副本，後亦質於申甫。今申甫欲將石卿前質諸書便爲出售。余以章氏此書已遭一水一火，幸而僅存，乃將此副本代石卿贖之。後來時事未可知，不設法早爲付梓，恐仍就湮滅。乃與申甫相商，將鈔本見假，仍向萊仙假舊本，將次第全校，募資速刊。度完工尚需時日，先將蕭山王宗炎編次全書《目録》，記其卷帙，以示同好。③

蕭穆始終關心這部舊鈔本《章氏遺書》的命運。因兩年之後，章壽康仍無力贖回，蕭穆就設法贖出抵押在醉六堂的《章氏遺書》副本，并從周萊仙假閲原舊鈔本，整理章著《目録》進行校對，并設法募資，以求"早爲付梓"。

(一) 余聯沅與《湖北通志稿》之刊刻

據《敬孚日記》的記載，蕭穆此次"設法早爲付梓"《章氏遺書》的

---

① 蕭穆：《敬孚日記》，光緒二十四年四月十日壬寅。
② 蕭穆：《敬孚日記》，光緒二十四年四月廿二日甲辰。
③ 蕭穆：《敬孚類稿》，第260頁。

募資對象是晚清顯宦余聯沅,內容以《湖北通志稿》爲主,時間主要發生在光緒二十六、七年間。余聯沅字晉珊,湖北孝感人。他於光緒二十六年(1900)出任上海滬道。章壽康的副本《章氏遺書》即以蕭穆爲介,由余晉珊出資贖出。

光緒二十六年四月廿五日《敬孚日記》云:

> 早間出門到洋廠醉六堂時,申甫未起,晤仲甫,一談,并及前許代章石卿贖《章氏遺書》事。後到萊仙處坐談久之,又入城買夏大褂。①

次日,四月廿六日《敬孚日記》即云:

> 午,初携《徐集》《黎集》并秋石二小鉢送余晉珊觀察,坐談久之。并以《章實齋遺書·湖北通志稿》示之,頗以付梓爲己任,約兩三日到館面議云云。②

同年五月朔日蕭穆《日記》云:

> 四五點鐘,余晉珊觀察來回拜,并云已通知李時泉□撥銀代贖《章氏遺書》,且先爲刊《湖北通志稿》事,坐談半點鐘乃去。③

次日《日記》又云:

> 到醉六堂晤申甫及仲甫,談代贖石卿《章氏遺書》副本事久

---

① 蕭穆:《敬孚日記》,光緒二十六年庚子四月廿五日丙申。
② 蕭穆:《敬孚日記》,光緒二十六年庚子四月廿六日。
③ 蕭穆:《敬孚日記》,光緒二十六年庚子五月朔日。

之。同午食,未刻乃别申甫、仲甫。入城至道署晤李時泉,述及余公刊《湖北通志稿本》事,并以銀票四紙見付。①

五月三日《日記》云:

余乃别到萊仙兄,假洋三十元,合己有共五十元送交申甫,并以《章氏遺書》十六本托仲甫分裝四十六本,旋别。

四日又云:

辰正,復同成甫至醉六堂,則仲甫已同兩書夥携書同至道署賬房守候。時泉久之乃至,即以章《書》付時泉。托爲轉交俞晉珊觀察,時與時泉談話久之乃别。

蕭穆日記較爲詳細的記載了贖《章氏遺書》的始末。余晉珊觀察贖出《章氏遺書》後,決定"先爲刊《湖北通志稿》"。五月十日,蕭穆"入城至道署見余晉翁,言刻《章氏遺書》事。伊以素日不適爲辭,乃到李時泉所小坐談。"②廿日《日記》又稱:"午食後,到道署晤李時泉一談,以俞晉翁所交章實齋《湖北通志稿》六本見交,托爲刊板,旋到洋廠買零件回館。"可知,余聯沅贖出《章氏遺書》之後仍托蕭穆幫忙刊刻《湖北通志稿》。可能刊刻之事進行的過於緩慢,至八月間,蕭穆《日記》云:"又以前屬校刊章實齋《湖北通志稿》今當未辦,可改付石印,以期速成。余公似亦可行,數日內再同李時泉酌定,坐談久之乃别。"③蕭穆建議"改付石印",其急切刊刻《章氏遺書》的心情可見一斑。

---

① 蕭穆:《敬孚日記》,光緒二十六年庚子五月二日。
② 蕭穆:《敬孚日記》,光緒二十六年庚子五月十日。
③ 蕭穆:《敬孚日記》,光緒二十六年庚子八月十日。

第四章　從"遺稿"到"定本"

此時事情又出現了新的情況,光緒二十六年(1900)八月十六日《敬孚日記》云:

> 巳刻,金陵人康祝三名錫勳來晤,伊爲合肥李經楚總理刻書局事。伊知余晋珊觀察有刻《章氏遺書》事,曾訪李時泉,談及余前訪時泉談此,屬其來議。今伊等時泉作字,來談久之,乃付格式,約寫樣來再定。①

或許蕭穆也沒有料到康祝三的突然出現,使《湖北通志稿》的刊刻立即提上日程。兩日後,"康祝三來以寫刻《章氏遺書》格式見示,尚未合,乃另寫格式,屬付寫工。"格式確定後,九月二日,蕭穆"到寶善書局,以章氏《湖北通志稿》兩本交康祝三,付寫工繕寫。"②至十月廿二日,"下午,康祝三送寫《章氏遺書》樣來。"③兩本寫樣完成後,蕭穆又請趙學南④代爲校刊工作。這樣往返數次,由蕭穆交給康祝三《章氏遺書》進行寫樣,完成後再交蕭穆處,由他轉交趙學南校對。

至光緒二十七年(1901)四月十四日,蕭穆《日記》云:"早理寫工《湖北通志稿》久之,將原本并送交學南代校一過,回館。"⑤《湖北通志稿》寫樣完成後,蕭穆又對其進行了校勘和抄録。如四月二十日蕭穆《日記》云:"午食後倦息久之,起檢閲《章氏遺書》及近寫校本《湖北通志稿》良久。"⑥次日又云:"在室校勘《章氏遺書》及寫本,下午補抄《湖北族望表叙例》《府縣考叙例》并《政略叙例》。"⑦

《湖北通志稿》寫樣校對完成之際,蕭穆還開始代余聯沅撰寫《湖

---

① 蕭穆:《敬孚日記》,光緒二十六年庚子八月十六日。
② 蕭穆:《敬孚日記》,光緒二十七年辛丑六月六日。
③ 蕭穆:《敬孚日記》,光緒二十六年庚子十月廿二日。
④ 趙詒琛,字學南,崑山人,藏書樓名"峭帆樓",刻有《峭帆樓叢書》。
⑤ 蕭穆:《敬孚日記》,光緒二十七年辛丑四月十四日。
⑥ 蕭穆:《敬孚日記》,光緒二十七年辛丑四月二十日。
⑦ 蕭穆:《敬孚日記》,光緒二十七年辛丑四月二十一日。

北通志稿序》，五月二十日《敬孚日記》："早間寫代余晉珊中丞作《湖北通志稿序》未竟（并打紅格紙），中又草寄余公信。"①次日，又云："早寫序文久之，乃完，接寫寄余中丞信久之，完。將序文同封，申刻屬富良送交信寄杭州巡撫署。"②蕭穆"代余晉珊中丞作《湖北通志稿序》"，當是《敬孚類稿》卷二所收的《校刊湖北通志檢存藁序（代）》一文，這篇書序着重叙述了章學誠修《湖北通志》未果的原委，并云：

> 予舊知畢公聘章先生修吾省通志情事，欲求其所定體例稿一閱，以釋所疑。乃服官中外二十餘年，迄無所得。去年夏四月，在蘇松太兵備道任，偶得章先生族孫石卿大令壽康所鈔《章氏遺書》三十卷，乃蕭山王晚聞太史宗炎所編，前二十六卷皆《文史通義》內外雜篇及《文集》內外各卷，二十六卷以下即《湖北通志檢存稿》。統計《通志》全編所就不過十之二三耳。幸所撰《序列》宏綱細目均存，可藉此得知全編次條理峻整，體大思精。……章先生之書，予心嚮往之久。先以《湖北通志檢存稿》四卷，《未成稿》一卷，附以《通志辨例駁議》一卷，付諸手民，以餉同好，且使吾鄉後進知畢公當時聘章先生修吾省通志不成原委如是。其《遺書》全編，尚待他時公務之暇分別釐定付梓云。③

由以上代《序》內的"章先生修吾省通志情事""服官中外二十餘年""在蘇松太兵備道任"皆與余聯沅的出身和爲官經歷相符合。"偶得章先生祖孫石卿大令壽康所鈔《章氏遺書》三十卷"説明這次刊刻的《湖北通志稿》底本就是蕭穆代購的章壽康所抄之副本《章氏遺書》。

蕭穆在這次《湖北通志稿》的刊刻過程中，不僅指導格式、擔任校

---

① 蕭穆：《敬孚日記》，光緒二十七年辛丑五月二十日。
② 蕭穆：《敬孚日記》，光緒二十七年辛丑五月廿一日。
③ 蕭穆：《敬孚類稿》，第27—28頁。

勘、代寫前序等，還不停地督促刊刻從速。六月十六日蕭穆《日記》云："到康祝三寓，督催刻《湖志》早成。"①十月份《志稿》紅印本印出後，蕭穆又請趙學南校勘刊印本。《日記》云："乃携《湖北志稿》紅印三本，并原本六册，到趙靜涵兄家晤談。即以《志稿》托學南代校，小坐談，乃別回館。"②此外，蕭穆也參與校閱，日記中多次出現"在室校《湖北志稿》刊頁""又檢《湖北志稿》初刊本"等字樣。又由十月廿八日《敬孚日記》云："寫《湖北志校勘記》久之。……到謝某刻字鋪指示修改《湖北志稿》板篇，乃出。"③可知蕭穆還為《湖北志稿》寫了"校勘記"，并親自指示刻工修改板篇。

由於光緒二十八年（1902）《敬孚日記》的缺失，已經無法考察蕭穆對《湖北通志稿》之刊刻所作的後續努力。也可能因光緒二十七年（1901）年底余晉珊病逝導致這次刊刻最終并未印版行世。然此次《湖北通志稿》的刊刻緣起、格式寫定、寫樣校勘、紅印本校訂，以及前序、校勘記的撰寫等無不由蕭穆親力親為，可以説蕭穆是《湖北通志稿》刊刻過程中的核心人物。

（二）沈曾植與《章氏遺書》之謀刊

因《日記》的缺失，導致蕭穆為《章氏遺書》付出極大努力的關鍵一年，即光緒二十八年（1902）的信息無從尋覓。但光緒二十九年（1903）《敬孚日記》中多次出現蕭穆請孫仁壽、劉文朗二人代抄、代校《章氏遺書》記載。如二月十日云："上午，孫仁壽、劉文朗二人去，各付《章氏遺書》一本代抄。倦息久之，起覆閲諸書，良久乃罷。"④六月六日《日記》又云："孫仁壽前□代抄《章實齋書》已成十四本，今屬同到文朗分校一

---

① 蕭穆：《敬孚日記》，光緒二十七年辛丑六月十六日。
② 蕭穆：《敬孚日記》，光緒二十七年辛丑十月五日。
③ 蕭穆：《敬孚日記》，光緒二十七年辛丑十月廿八日。
④ 蕭穆：《敬孚日記》，光緒二十九年癸卯二月十日。

過。"①七月五日《日記》載:"又取《章氏遺書》舊本閱之,凡《文史通義》已刻者不鈔,此外所抄不多矣。上午復取仁壽後抄之三本付文郎代校,不晚成一本。"②蕭穆此番讓孫、劉二人代抄《章氏遺書》的舉動當始於光緒二十八年,很可能是蕭穆爲了更好保存《章氏遺書》,將刊本兩《通義》所無之内容摘録出來。與此同時蕭穆"設法早爲付梓"的努力也依然在進行。

最終,蕭穆將刊刻《章氏遺書》的希望寄托在海日樓主人沈曾植身上。光緒二十九年(1903)九月十四日蕭穆親自赴南昌拜見時任南昌知府的沈曾植。《敬孚日記》云:

> 晴,早入城一看,回。小食後,入城拜南昌府知府沈子培太守曾植(庚辰進士,分刑部),即見小坐,與商借房一間小住。仍回棧,約晚飲。③

這是蕭穆到南昌後首次拜見沈曾植。九月十六日《章氏遺書》的刊刻就被提上議程。《敬孚日記》云:

> 久之,傅苕生④回拜,小坐談,知課吏局,看每月卷子不勝其煩。……後子培亦出,因議《章實齋遺書》,苕生力任在書局付刊,子培手校,果爾,亦奇遇也。⑤

想必蕭穆提出刊刻《章實齋遺書》的建議得到了沈曾植和傅春官兩人積極響應,蕭穆驚喜的稱之爲"果爾,亦奇遇也"。

---

① 蕭穆:《敬孚日記》,光緒二十九年癸卯六月六日。
② 蕭穆:《敬孚日記》,光緒二十九年癸卯七月五日。
③ 蕭穆:《敬孚日記》,光緒二十九年癸卯九月十四日。
④ 傅春官,字苕生,清末江寧府人。歷任江西實業學堂總辦、江西勸業道尹、潯陽道尹。
⑤ 蕭穆:《敬孚日記》,光緒二十九年癸卯九月十六日。

第四章 從"遺稿"到"定本"

緊接着，蕭穆與沈曾植就開始了刊刻《章實齋遺書》的募資行動。由沈氏出面，欲請吳士鑑幫助刊刻。吳士鑑，字綱齋，浙江錢塘人，以評騭金石、考訂碑版、精研史籍而名重一時，與父吳慶坻篤志藏書，藏書樓名"九鐘精舍"。① 九月二十三日蕭穆《敬孚日記》云：

> 晴，多風。一早子培兄來晤，小坐談後去。……乃作字寄陳静潭，托向吳學使士鑑言助資募刊《章氏遺書》事情。②

次日《敬孚日記》又云：

> 早間，子培兄來……再及《章氏遺書》可向吳學使綱齋謀之，子兄頗以爲然。且出余名，以所送《詩選》《古文》借送吳學使，亦爲合法。且屬將章氏之書原委書出。子兄去後，乃將章先生生平事迹及著述原委一一草出，久之乃就。即送子培兄閲之，伊必見賞也。……先是，子培兄既爲余送書於吳學使，頃接學使復子培兄信，有云"蕭敬翁爲東南名宿，早已知之，翌日當來相見"云云。久之，子培兄以《蕭尺木水畫卷》來示，且乞爲題跋數行云云。③

蕭穆《日記》中沈曾植囑其撰寫的"乃將章先生生平事迹及著述原委一一草出"之文，即現載於吳慶坻編撰《蕉廊脞録》卷五《桐城蕭敬孚穆記章實齋先生事略及〈遺書〉本末》一文。蕭穆在此文中詳述了章氏生平學術以及《章氏遺書》的輾轉流傳。文中還講述了蕭穆決心刊刻此書的直接觸因：

---

① 參周斌編：《中國近現代書法家辭典》，浙江人民出版社，2009年，第271頁。
② 蕭穆：《敬孚日記》，光緒二十九年癸卯九月廿三日。
③ 蕭穆：《敬孚日記》，光緒二十九年癸卯九月廿四日。

光緒戊戌(1898)章壽康以貧故,託穆將此書作押於歸安,吳申甫出三百金得之。未幾吳氏書坊失火,吳君狂奔,將此書自火出之,乃歸周萊仙,此書又一逃於火阨也。周萊仙封翁平日素服膺章氏之學,將募人照王太史所編,分卷繕寫,欲爲付梓,乃鈔甫完工,周君物故。其鄉人言周氏子孫欲力要穆代贖,日再三催之。穆念此書兩遭水火之阨,非章先生默自呵護不得兩全。擬籌資,且將此書代贖,募資付梓,不欲此書自我而亡焉。沈子培先生命書原委,穆舊有記載,及所爲《章先生別傳》兩文鈔入文集,未及攜出,乃將兩文大意節錄一篇,以應先生之命云。癸卯年九月二十四日桐城蕭穆草於南昌府署西室之寄舫。①

文中"穆舊有記載"即指《記章氏遺書》一文。由上可知,贖得舊鈔本《章氏遺書》的周萊仙亦曾有"募人照王太史所編分卷繕寫,欲爲付梓"之舉。然而"乃鈔甫完工,周君物故",面對周萊仙的突然逝世,周氏子孫的催促,又考慮到"此書兩遭水火之阨",蕭穆因此"擬籌資且將此書代贖,募資付梓,不欲此書自我而亡焉"。

　　另外,九月二十四日《日記》内"子培兄既爲余送書於吳學使"一事,即指沈曾植《與吳士鑑書》。② 吳士鑑顯然已知道蕭穆這一"東南名宿",回信中的"翌日當來相見",亦見於蕭穆九月二十七日《日記》:

　　　　晴。早間,子培兄來晤。談及晤吳綱齋學使談及代贖及謀刊《章氏遺書》事,伊頗欣悅有興致,今可往見一談云云。旋引余到

---

① 蕭穆:《桐城蕭敬孚穆記章實齋先生事略及〈遺書〉本末》,吳慶坻:《蕉廊脞録》卷五,《求恕齋叢書》本,第33頁。
② 沈曾植《與吳士鑑書》:"桐城蕭金甫穆,掌故、目録二學并爲精博,與許仙屏、王益吾諸公皆至交。同治舊,淮灣間爲魯靈光矣。頃來此謀刻《章實齋遺稿》,寄楊敝署。欽仰德輝,奉所刻書兩種,屬左右,不識清燕時可一接否? 專泐。敬請綱齋仁兄學使大人台安。植上。"參《浙江圖書館藏名人手札選》,浙江人民出版社,2000年,第97—98頁。

東花園一游。……子培兄欲余移居於此,余以他日重來爲辭,乃別,回室小食。子培兄先命陳斌爲之執貼,乃坐轎……到吳綱齋學使士鑑署,相見坐談久之。①

雖然蕭穆與吳士鑑坐談久之的內容不得而知,但由沈曾植所說"伊頗欣悅有興致",可看出此事的成行似乎就在旦夕之間。

九月二十八日,蕭穆《日記》又云:

又將《章實齋事略》及《遺書》別鈔本寄示吳綱齋學使一閱。蓋學使舊曾有記章公之事,仿阮文達擬《國史儒林傳》體裁成文,已刻。……吳綱齋學士回拜,坐談良久,云明日將以新刊乃曾祖所著《養吉齋叢錄》二十六卷見贈。②

果然,"明日"晚間"子培兄遣人將吳綱齋學使托送其曾祖仲雲制君所著《養吉齋叢錄》二十六卷、《餘錄》十卷共八册見詒"。③ 此外,《敬孚類稿》載有蕭穆給吳綱齋的回信,《謝吳綱齋學使》云:

綱齋先生學士座右:前夕承送新刊尚書公作著《養吉齋叢錄》三十六卷,今竟日寢饋其中。……《章氏遺書》宜及今鄙人精力尚健時籌資爲之,七十老人倘一旦溘先朝露,則此書自我而亡矣。王益吾先生書室嘗大書"需者事之賊"五字以自警,故其生平著書甚勤,刻書愈勇,每年必有成書一兩部。今春三月與穆書云:"吾兄行年七十矣,弟今年亦六十有二,覺精神大不如前,自念著書之事,可以戛然而止,惟文稿二三百篇抄有清本,不敢自信,吾兄夙昔與

---

① 蕭穆:《敬孚日記》,光緒二十九年癸卯九月廿七日。
② 蕭穆:《敬孚日記》,光緒二十九年癸卯九月廿八日。
③ 蕭穆:《敬孚日記》,光緒二十九年癸卯九月廿九日。

弟論文,志同道合,望及時將大作携至湘中,彼此互訂,相與有成,何如?"讀之令人頓增友朋關心親切之感。穆於明年春夏之間,决意到湘中一行,以踐所約,兼募資刊《章氏遺書》,似可得五六百金左右,未嘗不一舉兩得也。尚祈大君子回杭時晤楊雪漁太史及丁修甫孝廉輩,一道鄙意,何如?

承惠多儀,不勝銜感,暫壯歸裝。他時刊《章氏遺書》,仍當别措此款,集爲刻書之用,特布數行,以鳴謝悃,并請升安。

穆於風平即行啓程,知大君子交卸在邇,不敢上轅門煩擾清神,尚祈原恕,不勝銜感嚮往之至!教弟蕭穆頓首謹上。三十日三更書。①

蕭穆信中流露出"《章氏遺書》宜及今鄙人精力尚健時,籌資爲之"的决心,并意欲明年到湘中一行,一是踐友人王先謙之約,二是"兼募資刊《章氏遺書》,似可得五六百金左右"。以上可以看出蕭穆對《章氏遺書》刊刻的一片苦心。蕭穆作爲一介寒士,晚年生活相當窘困,"收藏有分到寒儒,片紙來從血汗餘"②,購買《章氏遺書》對他來説絶非易事,不得不俯仰於衆人的資助。他還在信中請求吳士鑑幫忙向家富資財的藏書家楊文瑩與丁立誠"一道鄙意",希望能夠獲得他們的幫助。

十月七日蕭穆《日記》又云:

早間,子培兄來晤,以徐公卷子及《西清札記》一本還之,并談《章氏遺書》事,以年底爲定。③

可以説,經過蕭穆的努力,《章氏遺書》的刊刻成功在即。然而蕭穆《日

---

① 蕭穆:《敬孚類稿》,第474—475頁。
② 倫明等:《辛亥以來藏書紀事詩》,北京燕山出版社,2008年,第19頁。
③ 蕭穆:《敬孚日記》,光緒二十九年癸卯十月七日。

記》中"以年底爲定"終未得到實現。其中的原因很可能與募資不足有關。更加不幸的是,蕭穆於次年病卒,刊刻《章氏遺書》之願望再次落空。

四、嘉業堂刊《章氏遺書》之始末

不幸中的萬幸,《章氏遺書》并沒有隨着蕭穆"溘先朝露"而亡。蕭穆去世後,"子不能有其書,遽鬻於嘉興沈氏、貴池劉氏。"①羅振玉《雪堂自述·五十日夢痕錄》云:"下午詣培老處,談至暮。……又從培老假得《王文簡行狀》,乃桐城蕭君敬孚(穆)所藏。敬老身後遺書多歸子培方伯,此其一也。回憶十六年前,敬老寓滬上,曾與予約,他日將以所藏各種古地志歸予。及敬老物化,遺書一時星散,前約乃不可復尋。今見所藏書,如見敬老矣。"②蕭穆藏書多歸沈曾植收藏,"所著《敬孚類稿》,嘉興沈子培提學、合肥蒯禮卿觀察爲鳩資刊行,凡十六卷"。③ 因此,可推測這部《章氏遺書》在蕭穆身後轉歸沈曾植收藏。鳴野山房鈔本《章氏遺書》的《戊申錄稿、辛丑年鈔》册前夾有"沈氏海日樓藏"的書籤,即是《章氏遺書》被沈曾植收藏之一證。

《章氏遺書》的刊刻雖因章善慶、周萊仙以及蕭穆的突然病故而屢次中斷未果,但它并未被真正遺忘。民國六年(1917)八月二十二日劉承幹《求恕齋日記》云:

晴,午後。與孫益庵同至沈子培處,談至晚而歸。伊藏有《章實齋全集》稿本,較《文史通義》多出數倍,向未刻過。實齋著述此爲最足。益庵勸予刻以行世,予允之。今見子培,伊謂:"此書予向極寶貴,從不假人,今閣下可刊,盡可取去,予不禁爲

---

① 陳衍:《蕭穆傳》,《敬孚類稿·附錄》,第558頁。
② 羅振玉:《五十日夢痕錄》,《雪堂自述》,江蘇人民出版社,1999年,第96頁。
③ 姚永樸:《蕭敬孚先生傳》,《敬孚類稿·附錄》,第560頁。

實齋慶也。"①

劉承幹爲晚近著名的藏書家，與藏書相始終的是他的刻書之舉。"嘉業堂'傻公子'刻印的圖書有《嘉業堂叢書》56 種，《吳興叢書》64 種，《求恕齋叢書》30 種，《留余草堂叢書》10 種，《嘉業堂金石叢書》5 種，另有單行本《八瓊室金石補正》《明史例案》等 14 種，共 179 種。嘉業堂刊印之書著稱於世，現代學者胡道静謂之幾媲汲古。"②《章氏遺書》即劉承幹衆多刻書成果中之一種。

《求恕齋日記》提及的孫益庵即元和孫德謙，號益庵、晚號隘堪居士。嘉業堂因藏書、刻書之需，匯聚了一批著名學者，由繆荃孫主持刻書活動外，還聘請了當時享有盛名的如楊鍾羲、沈修、許湟祥、朱古微、葉昌熾、況周頤等擔任編校之役，孫德謙即其中之一。《求恕齋日記》云："癸丑（1914）年五月二十日午前，孫益庵自蘇州來。益庵由陳重遠爲介，薦與余家，課讀杞兒，兼辦函牘。今乘火車來滬，由張孟劬及重遠陪來。余倩醉愚往新齋往陪，有頃，余往，則重遠已去，與益庵、孟劬談良久歸。"③孫德謙因陳焕章的推薦投靠劉承幹，主要擔任"課讀杞兒，兼辦函牘"兩職。

孫德謙之所以勸劉承幹刻印《章氏遺書》，與他學問路數極有關係。王蘧常《清故貞士元和孫隘堪先生行狀》云："於清儒獨契章實齋言，習於流略，遂於《漢志》發悟創通。章氏嚴於體例，而先生則鈎索諗，貫殊析同，直欲駕而上之矣。"④孫德謙與張爾田、王國維被稱爲"海上三君子"，其中張爾田與孫德謙的學問路數更近，張爾田《史微·凡例》云："往與吾友孫君益荨同譚道廣平，即苦阮氏、王氏所彙刊《經解》

---

① 劉承幹：《求恕齋日記》，民國六年丁巳八月二十二日，上海圖書館藏。
② 湯曉萍：《劉承幹與嘉業堂藏書樓》，《圖書館理論與實踐》2001 年第 6 期，第 68 頁。
③ 劉承幹：《求恕齋日記》，癸丑五月二十日。
④ 王蘧常：《清故貞士元和孫隘堪先生行狀》，卞孝萱、唐文權編：《民國人物碑傳集》，鳳凰出版社，2011 年，第 543 頁。

瑣屑餖飣，無當宏旨，嗣得章實齋先生《通義》，服膺之。"①"三君子"之一的王國維亦云："丙辰(1916)春，予自日本歸上海，卜居松江之側，閉户讀書，輒兼旬不出，所從談學問者，除一二老輩外，同輩惟錢唐張君孟劬，又從孟劬交元和孫君隘庵，二君所居距予居不數百步，後遂時相過從。二君爲學皆得法於會稽章實齋先生，讀書綜大略，不爲章句破碎之學。孟劬有《史微》，隘庵有《諸子通考》，既藉甚學者間。"②無論是從《行狀》或是"三君子"的評論，都可看出孫德謙對章學誠學術之服膺。而孫德謙的諸多著作如《漢書藝文志舉例》《劉向校讎學纂微》《太史公書義法》無一不是在章學誠學術影響下而作。

獲得沈曾植欣然應允借刊《章氏遺書》後，劉承幹立即籌備起刊刻《章氏遺書》之事。他首先給與孫德謙"同服膺章實齋先生書"的好友張爾田寫信，請他"代校讎"之役。今上海圖書館藏有鈔本劉承幹《求恕齋信稿》，内有多封信件《致張孟劬》，涉及《章氏遺書》刊刻、尋書、作序等。如在劉承幹向沈曾植提出借刊《章氏遺書》後的第五日，劉承幹即寫信告知張爾田，并請代校讎之役。丁巳年(1917)八月廿七日《致張孟劬》函云：

  日前益庵先生曾出節抄之《章氏遺書目録》一卷，慫恿授梓，弟念實齋乃本朝史學大家，甚欣付刊。尋□沈子培尚書告以此事，伊允以全書付刊。且以公與讓三、益庵諸公均章門私淑弟子，可代校讎，想公心□□儒□亦不憚煩勞，而爲勘其謬也。③

可能是張爾田建議《章氏遺書》的刊刻要先從編目入手。十二月，劉承

---

① 張爾田：《史微·凡例》，孫文閣，張笑川編：《中國近代思想家文庫·張爾田、柳詒徵卷》，中國人民大學出版社，2014年，第5頁。
② 孫德謙：《漢書藝文志舉例·王國維跋》，《孫隘堪所著書》，民國四益宦刻本。
③ 劉承幹：《求恕齋信稿》，丁巳年八月十七日。

幹的一封回信表示贊成,并再次強調要張爾田擔任"勘校"之役。丁巳年(1917)十二月廿二日《致張孟劬》云:

> 孟劬先生惠鑒……承示《章氏遺書》先從錄目入手,自是的當辦法。艸稿已由乙盦尚書交來處,益庵先生云此書付劂,尊意甚□贊成。將來勘校,本宜由公與益庵先生擔任。節□當□□求弁言,感荷之私,鏤諸肌而銘諸腑矣。①

兩人的往來信稿還涉及對章學誠著作之搜求。如,戊午年(1918)三月十六日《致張孟劬》云:

> 章實齋先生《遺書》在擬寫刊。惟《庚辛之間亡友傳》遍搜未得,京中相識各家有無藏弆,敬希留意。惟前蒙允任校讎,息壤之盟,將來務求踐諸爲荷。②

嘉業堂最終"購獲《庚辛之間亡友傳》",并刊入書中。又同年五月,劉承幹再寫信告知刊刻《章氏遺書》的進展情況,又強調要踐"勘校"之盟。戊午年(1918)五月初五日《致張孟劬》云:

> 章實齋先生《全集》本已授梓,因書目次序錯亂,須編定後付刊。益庵先生自任編次,現伊在蘇未來,尚未動手。然他日殺青,其勘校仍乞公與益庵先生踐息壤之盟也。③

可知《章氏遺書》的編次依然是刊刻之首務,寫此信時自任《章氏遺書》

---

① 劉承幹:《求恕齋信稿》,丁巳年十二月廿二日。
② 劉承幹:《求恕齋函稿》,戊午年三月十六日。
③ 劉承幹:《求恕齋函稿》,戊午年五月初五日。

編次的孫德謙"尚未動手"。同年八月底，劉承幹又給張爾田寫信云："章實齋先生《遺書》，現由益庵先生按目編□，還需細核。"①兩月之後，《致張孟劬》云："章實齋《遺書》已在校樣，公於實齋夙所敬佩，其以一言爲弁其編。"②經過授梓、編次、付刊，《章氏遺書》終於到達"校樣"的步驟。劉承幹還請張爾田以"一言爲弁"，今嘉業堂刊《章氏遺書》前就有張爾田《序》。劉承幹在《章氏遺書·附錄》卷首還云："錢塘張孟劬謂余《晚聞居士集》有《答實齋先生書》論編次事，可附載於後。因取譚復堂大令撰《傳》與《牺軒録補遺》等書，述先生言行，以暨諸家題跋，廣事蒐采，并爲《附録》。"③可知，張爾田對《章氏遺書》刊刻還提供不少有益的信息與建議。

綜上所述，孫德謙、張爾田這兩位章學誠的私淑者對《章氏遺書》的刊刻或啓建議之先，或肩編次之任，或擔校勘之役，或有搜羅之功，因此，《章氏遺書例言》云："《遺書》之刊，其竭力慫恿者，則朱古微侍郎、張孟劬太守、孫隘堪廣文也。……佐余編校，萃力數年，而樂觀厥成者，以隘堪廣文之功爲多。"④在孫、張二子之外，《章氏遺書》刊刻過程中還獲得多人助力。《章氏遺書·例言》最後一條云：

> 《遺書》之刊，其竭力慫恿者，則朱古微侍郎、張孟劬太守、孫隘堪廣文也。惠假藏書而時從商榷者，則沈乙盦尚書、章一山左丞、徐積餘觀察也。勤於徵訪，獲其宏助者，則王雪澄廉訪，陶拙存參議也。⑤佐余編校，萃力數年，而樂觀厥成者，以隘堪廣文之功爲多。佩銘盛誼，謹志勿諼，用備書之（全書刻成，又承雪澄廉訪統校一過，極爲精審。其《閱書隨劄》一種，中多錯亂，廉訪搜訪所

---

① 劉承幹：《求恕齋函稿》，戊午年八月廿七日。
② 劉承幹：《求恕齋函稿》，戊午年十月十六日。
③ 《章學誠遺書·附錄》，第621頁。
④ 《章學誠遺書·章氏遺書例言》，第2頁上。
⑤ 陶拙存，名葆廉，號淡庵居士，浙江秀水人。

引原書,尤詳加校訂,今以不及追改,附其校記於後。并識數語,用告讀者)。①

辛亥革命前後,一大批前清遺老匯聚於上海,他們多堅守傳統文化,一起切磋學問,關心時局動態。資金實力雄厚,又雅好藏書、刻書、校書之劉承幹,自然成爲具有同樣嗜好和關懷的文人群體之中心人物。"當時,享有盛名的朱祖謀、張元濟、況周頤、吳昌碩、鄭孝胥、羅振玉、褚德彝、王國維、楊鍾羲等都是劉承幹以禮相待的上賓。還有刻書之良工陶子麟、饒星舫等,鍥版、裝訂工人亦均食宿於藏書樓。"②《章氏遺書》之刊刻亦以劉承幹爲中心,其刊刻緣起和過程則無不受惠於《例言》所述之諸位學者。

孫德謙、張爾田之外,沈曾植是《章氏遺書》刊刻過程中承前啓後的一個關鍵人物。早在光緒末年,蕭穆就找到沈曾植請求幫忙籌資刊刻《章氏遺書》。《例言》提到的王秉恩,他在貴陽本《文史通義》時就擔任校勘之事,"光緒戊寅夏,先生曾孫小同重刻於貴陽,時余游宦是邦,因預校勘之役。當時以別無善本,未及訂正者尚多。且深以未克見全書爲憾。耿耿於懷者,將數十年"。因此,當得到劉承幹贈送的刊本《章氏遺書》時,王秉恩云:"余以耋老之年,獲窺全帙,頗以此生幸事。"③此外,王秉恩還鈔校有《章實齋先生文集》二册,現藏於上海圖書館。可以說,嘉業堂刊《章氏遺書》是集天時、地利、人和於一之盛舉。

在此之前,《章氏遺書》數次刊刻之舉,或因收藏者病逝、藏書轉手,或因編次未審、資金不足等因素都未成功。儘管徐維則欲刊未果,周萊仙"分卷繕寫,欲爲付梓"亦未果,蕭穆生前力求募資付梓《章氏遺書》夙願亦未能實現。但是,衆人如蕭穆、徐維則、譚獻、孫德謙、張爾

---

① 《章學誠遺書·章氏遺書例言》,第2頁上。
② 潘鶴齡:《劉承幹與嘉業堂藏書樓》,《民國檔案》1988年第4期,第128頁。
③ 《章學誠遺書·章氏遺書校記》,第626頁上。

田、王秉恩等爲《章氏遺書》的保存和刊刻所付出的努力,無不説明《章氏遺書》和章氏學術在諸人心中之重要地位。正是後學對章氏學術的敬仰,使章氏遺稿如獲天佑一般,雖流落多家,幾經險厄,終得到保全,并最終刊行於世。

五、從"澤存書庫"到臺圖之路

嗚野山房鈔本《章氏遺書》的《戊申録稿、辛丑年鈔》册夾有"澤存書庫"書籤。其形制爲深藍色長方格,書籤上方空白處有手寫"即嘉業堂刊原本",①中間是印刷字體的"澤存書庫藏書",下方有數格從右到左依次寫有"集部""别集類""清章學誠撰""章氏遺書""三十卷""三十四册""海日樓藏"。在沈曾植之後,原海日樓藏本《章氏遺書》又歸"澤存書庫"收藏。

"澤存書庫"的主人陳群,字人鶴,福建長汀人。抗日戰争期間,隨着公私藏書大量散出,曾任國民黨要職的陳群利用職務之便和雄厚的財力大肆購買古籍,"澤存書庫"即陳群在南京建立的藏書樓。"收購了八千卷樓、天一閣、抱經樓、越縵堂、海源閣、海日樓、秀野草堂及學者繆荃孫等人流散社會的多種古籍善本、手稿、名家批校本、四庫未收本、禁書。許多宋版、明版及日本、高麗、越南版也得以完整保存下來。"②可以説,澤存書庫在近代藏書史上具有承前啓後的重要作用。其中,沈曾植海日樓藏書"於抗日戰争期間,由(沈曾植)嗣子慈護以 20 萬元售於陳人鶴"。③ 這部《章氏遺書》應該就是在此次售賣中轉歸陳群所有。

陳群自殺後,"澤存書庫"的藏書轉歸南京中央圖書館收藏。"1948 年冬,南京處於人民解放軍的直接震慴之中。中央圖書館秉承

---

① "澤存書庫藏書"書籤上方寫有"即嘉業堂刊原本"七字,很可能是收藏者或是圖書館員在記注收藏信息時所寫。
② 陳思豐:《漫話"澤存書庫"》,《中國典籍與文化》1995 年第 3 期,第 46 頁。
③ 李玉安、陳傳藝編:《中國藏書家辭典》,湖北教育出版社,1989 年,第 296 頁。

教育部旨意,挑選館藏珍善本書籍13萬餘册,分三批運往臺灣。其中包括原澤存書庫的全部善本古籍4 352部,共計41 311册,占運臺善本古籍的三分之一。"①嗚野山房鈔本《戊申録稿、辛丑年鈔》册前粘有"國立中央圖書館藏善本"的書籤。因此,嗚野山房鈔本《章氏遺書》在蕭穆之後歸沈曾植的海日樓收藏,再轉手陳群的澤存書庫,再之後歸南京國立中央圖書館收藏。隨後,又於1948年被國民黨挑選運往臺灣,存在今臺灣"國家"圖書館善本書室内。

餘論

嗚野山房鈔本《辛亥草》册有嗚野山房主人沈復粲跋云:"右文《辛亥草》於道光四年(1824)續抄",又《知非日札》册末跋云:"道光八年(1828)秋仲屬石樓侄録校竟"。可知,沈復粲從章學誠的長子章貽選處抄録《章氏遺書》當在道光初年左右。此後,該鈔本由楊器之重遠堂收藏時曾被平步青借讀和節抄,再之後流落到味經堂書坊時,又被章學誠族裔章善慶獲得。隨後以蕭穆爲中心,《章氏遺書》或被轉手、或遭抵押、或再傳抄副本,先後由平步青、章善慶、章壽康、吳申甫、余聯沅、周萊仙、蕭穆、沈曾植、孫德謙、劉承幹、陳群等寓目經手,輾轉多家,最後被轉運入臺灣。從被沈復粲抄録完成至被臺圖寶藏,這部《章氏遺書》跨越近一百二十年之久。雖然歷經坎坷,驚心動魄之中,却幾乎完好無損,這不能不説是一個奇迹。以上諸人既有章氏後人,也有藏書家、學者、書商、政客等,他們學問路數各異。然而,無論是長於乙部之平步青,還是以掌故詞章著稱之蕭穆,或是以子學名家的孫德謙等,都爲保護《章氏遺書》不遺餘力,爲它的編刊奔走不已。這不僅説明章氏學術體系之龐大,使得後世學人可以有不同層面之吸收利用,也説明章學影響之廣泛。

---

① 徐憶農:《南京圖書館與歷代藏書樓》,黄建國等主編:《中國古代藏書樓研究》,中華書局,1999年,第273頁。

章學誠學術及其著述傳播的諸多細流，最終在民國匯聚成聲勢浩瀚的大河，《章氏遺書》被嘉業堂刊行於世。在西方史學東漸之風的衝擊和碰撞下，章氏著作中諸如"六經皆史"等"概念"被發掘、突顯出來，章學誠也成爲引領歷史學界風騷數十年之久的"史學大家""史學理論家"。然如章學誠在《知難》篇所感慨的"爲之難乎哉，知之難乎哉"，這種對章學誠和章學的狂熱推崇，難免夾雜着"迹相知"與"心相知"的駁雜，所謂"身後之知所以難言也"。① 但若無這一百二十年間上述諸家對章氏著作之保存和傳播所做的默默努力，或許章氏在民國和當今的史學界將是無知又無遇的凄冷面貌。正是這一百二十年間諸家對章氏著述絡繹不絕的關注和傳承，使我們可以在章氏身後盛遇的情況下"知其言"，并不斷的挖掘和探索"其所以言"。

第五節　鳴野山房鈔本"目錄册"研究

鳴野山房鈔本"目錄册"主要包括譚獻《章先生家傳》，一份寫有册名和册數的目錄，一份王宗炎編次《章氏遺書目錄》，以及最後還附有寫着每册册名及頁數的目錄，共四部分內容，字迹較潦草，明顯與鈔本主體的字迹不一致。鳴野山房鈔本以"原學上"篇爲首之册前也有一份蕭山王宗炎編次《章氏遺書目錄》。之所以要對鳴野山房鈔本這兩份"目錄"進行專題研究，一方面是因爲這兩份《章氏遺書目錄》内豐富的"題注"和補注信息對於了解章學誠著作的稿册形態和形成過程具有重要意義，另一方面釐清目錄册與正文册之間的關係也有助於我們增加對鳴野山房鈔本每册内容之考察。

一、鳴野山房鈔本目錄之"題注"與章著稿册册名關係考

章學誠部分稿鈔本如會稽徐氏鑄學齋鈔本、内藤湖南鈔本和武昌

---

① 章學誠：《章學誠遺書》卷四《文史通義·内篇四》，第35頁中—下。

柯逢時鈔本等的目錄篇題下皆附有如"戊午鈔存""庚辛間草""丙辰山中草""邗上草"等有關寫作時間或地點信息的題注。章著諸刊本則祇有浙江圖書館於 1920 年依徐氏鑄學齋寫本校印而成《章氏遺書》(以下稱"浙圖排印本"),保留了原鈔本的題注。但是,浙圖排印本的内容相當不完備,已刊的大梁本《文史通義》就不在排印之例,而章著最通行的大梁本系統《文史通義》也無題注信息。素稱收羅章氏著作最備的嘉業堂刊本《章氏遺書》,却將"先生《遺書》鈔本,原有《戊午鈔存》《庚辛間草》諸目"之"諸目"擅自刪去,令人惋惜。嘉業堂擅删題注之舉遭到諸多批評,如劉咸炘云:"此等注應全存,乃竟删去,失之甚矣。"①錢穆亦云:"然今刻本於其題注,復多刊削,良可惋惜。"②

幸運的是,鳴野山房鈔本目錄册以及正文册内"王宗炎編次《章氏遺書目録》"每卷篇題下皆附有詳細的"朱筆題注"。③ 據筆者所見,無論在章氏著作的收録,或是在題注信息的標注上,鳴野山房鈔本皆非其他稿鈔本可及。鳴野山房鈔本完整的題注信息,彌補了嘉業堂擅删題注的缺憾,有助於因時、因地推察章氏著述心態及其撰文背景。

那麼,"題注"究竟是什麽呢? 簡言之,題注是章學誠對自己稿册的命名。鳴野山房鈔本部分册有"册前目録",卷端或題爲"庚戌鈔存通義",或名爲"丙辰山中草篇目""碑志目録""邗上草""方志義例目""庚辛間草目録""辛亥草目録"等,這些册前目録的卷端題名即爲章氏原定本册册名,也即出現於"王宗炎編次《章氏遺書目録》"篇題下的題注。如以"原學上"篇爲首這册前有卷端題"庚戌鈔存通義"的目録,以"天喻"篇爲首這册前亦有卷端題"庚戌鈔存通義"的目録,就説明這兩册都屬"庚戌鈔存通義",或是因"庚戌鈔存通義"册内容較多而分爲

---

① 劉咸炘:《推十書》(增補全本)甲輯《章氏遺書目録》(乙丑十一月十三日),第 1126 頁。
② 錢穆:《中國近三百年學術史》,第 525—526 頁。
③ 鳴野山房鈔本詳細的題注信息參見附録一"一、鳴野山房鈔本王宗炎編次《章氏遺書目録》及題注"。

上、下兩册裝訂。再檢王宗炎編次《章氏遺書目錄》，"庚戌鈔存通義"就是篇下題注的一種，如《文史通義·内篇一》的《經解》上中下三篇，《文史通義·内篇二》的《原學》上中下三篇、《博約》上中下三篇、《朱陸》篇，以及《文史通義·内篇三》的《辨似》《匡謬》《黠陋》，《文史通義·内篇四》的《史釋》《習固》等篇，篇題下皆注有"庚戌鈔存通義"。

另外，鳴野山房鈔本還有不少册既無册名標識，也無册前目錄，但將册内收録的篇目與"王宗炎編次《章氏遺書目錄》"篇題下的題注進行對比，就可推測出本册册名。如其中一册分别包括《論文辨僞》《立言有本》《述學駁文》《吴澄野太史歷代詩鈔商語》《上石君先生書》《上辛楣宫詹書》《爲轉運撰曾襄愍公祠堂碑》《跋邗上題襟集》《天玉經解義序》《跋郭小村種芝圖》《節鈔王知州雲龍記略》諸篇。以上諸文在王宗炎編次《章氏遺書目録》内或被編入"卷七《文史通義·外篇一》"，或被編於"卷十三《校讎通義·外篇》"，或被編在"卷二十九《外集二》"，或被編在"卷十六《文集一》"，或被編入"卷二十三《文集八》"内，但它們在王氏編次的《目録》内題注皆作"戊午鈔存"。因此，鳴野山房鈔本以《論文辨僞》爲首的這册應名爲"戊午鈔存"。然而，很可能是鈔本書寫册名的首頁容易丢失，鳴野山房鈔本的三十三册中祇有以《答周筤谷論課蒙書》爲首這册首頁書有朱筆册名"甲辰存録、桐署偶鈔、申冬酉春歸扨草"，其他皆無册名頁，祇能依據王氏編目内的題注進行推測。

綜上，王宗炎編次《章氏遺書目録》内的"題注"其實是章學誠著述稿册的命名。但這些稿册名稱并非章氏的"自注"，而是要等到王宗炎編次《章氏遺書目録》出現之後，纔被移録於王氏《目録》的篇題下，形成今日所見"題注"之貌。由字迹來看，以"原學上"篇爲首的"庚戌鈔存通義"册前所附之"王宗炎編次《章氏遺書目録》"當是沈復粲鳴野山房鈔本時所抄。因此，王《目》内的"題注"信息可能是沈復粲在傳抄《章氏遺書》時，將各篇對應册名補入王《目》之内的。

此前諸家多用"題注"來推測章著之寫作時間。如胡適《章實齋先生年譜》云："浙江圖書館所藏會稽徐氏鈔本《章氏遺書》目錄紙下，有原來被貼去的《文史通義》目錄，那隱目各篇題下皆有原注。今據那些原注可證我上文意度的諸篇確是今年的作品。《原道》上中下，原注'庚戌鈔存'；《原學》上中下，《博約》上中下，《經解》上中下，原注'庚戌鈔存通義'。又下列諸篇那些隱目皆注'庚戌鈔存通義'：《史釋》《史注》《習固》《文集》《天喻》《師説》《假年》《説林》《匡謬》《辨似》《朱陸》《知難》《感遇》《感賦》，亦可認爲此年所作。"①又如錢穆依據章學誠《韓柳二先生年譜書後》一文内容推測："實齋自撰文字，宜每篇均注年月矣。然今刻本於其題注，復多刊削，良可惋惜。頃見武昌柯氏藏《章氏遺書》鈔本，題下附注較詳，雖不全備，所缺已稀，弗能詳録，姑志與本篇較有關係者，爲《編年要目》如次。"②可知，錢穆也依武昌柯氏鈔本《章氏遺書》上的題注來推測章學誠著作的撰寫年月。

儘管"題注"有助於我們考察章氏寫作的時間，但題注祇是章學誠著作的稿册册名，與實際寫作時間并不總是一致。如《癸卯通義草書後》文末有"乾隆癸卯季秋二日，書於敬勝書院之東軒"③句，已明確給出了《癸卯通義草書後》的撰寫時間，但鳴野山房鈔本内《癸卯通義草書後》題注作"庚戌鈔存雜文"，乾隆癸卯(1783)與乾隆庚戌(1790)相差七年之久。這種時間差異主要是因章學誠寫作的稿册，不僅包括有新寫的文章，有時還會包含先前的舊文。如《姑孰夏課甲編小引》有"新著一十二篇，附存舊稿一篇"④句，章著稿册内新舊文章兼收，是以不能完全祇以稿册時間推定寫作時間。

另外，還有同一篇文章被收入命名不一兩册内的現象，如《例贈文

---

① 胡適著，姚名達訂補：《章實齋先生年譜》，《胡適文集7》，第65—66頁。
② 錢穆：《中國近三百年學術史》，第537頁。
③ 章學誠：《章學誠遺書》卷二九《外集二》，第325頁下。
④ 章學誠：《章學誠遺書》卷二九《外集二》，第325頁中。

林郎廣平縣學廩膳生員栗君墓志銘》重出於《癸卯録存》册和《碑志》册,《上畢撫臺書》《論文上弇山尚書》重出於《辛亥草》《戊申秋課》兩册,《例授朝議大夫督察院經歷加三級何君家傳》重出於《庚辛間草》和《戊申秋課》册。這種情況一方面可能是章學誠把寫好的文章在日後又進行了修改或重新整理,使兩文同時出現在命名時間不一的稿册内。另一方面可能是稿册編排的原因:或因作者未來得及對這些稿册進行編排整理,裝訂的較爲隨意;或是一種是按照寫作時間編輯成册,一種又按照寫作體例進行編輯成册。

二、目録册"王宗炎編次《章氏遺書目録》"産生背景

上文分析王宗炎編次《章氏遺書目録》內"題注"原委之後,我們仍需就兩份王氏《目録》的關聯作進一步的分析。據字迹來看,"庚戌鈔存通義"册前的"王宗炎編次《章氏遺書目録》"乃原鳴野山房鈔本之舊鈔,而鳴野山房鈔本"目録册"獨立於其他三十三册之外,爲後期傳抄者補入。

"目録册"王氏《目録》的補注出現數處蕭穆跋語。今上海圖書館藏稿本蕭穆《敬孚日記》內有不少關於他對鳴野山房鈔本《章氏遺書》進行再傳抄的記載,其中就有對王氏《目録》傳抄、增補的記載。如《敬孚日記》光緒十七年(1891)十二月十日云:"在室抄《章氏遺書目録》,日夜成廿餘頁,并補録所遺。……夜又閲章氏《劄記》,另鈔本久之。"① 同月廿五日又云:"又取《章氏遺書》,記其每册之文,以硃筆標於前抄王氏所定《總目》之内,夜成二册。"② 次日,《日記》又云:"日夜取《章氏遺書》各册,以硃筆記前抄王氏所定《總目》之内,成八九册。"③ 二十七

---

① 蕭穆:《敬孚日記》,光緒十七年辛卯十二月十日。
② 蕭穆:《敬孚日記》,光緒十七年辛卯十二月廿五日。
③ 蕭穆:《敬孚日記》,光緒十七年辛卯十二月廿六日。

日又云:"是日,仍記《章氏遺書》各册文目,畢五六册。"①蕭穆的記載發生於他初次在章善慶處見到《章氏遺書》時,由《日記》可知,蕭穆曾抄録一份王氏《目録》,并將"每册之文"以硃筆標於王氏《目録》内。這與鳴野山房鈔本目録册的王氏《目録》旁有不少朱筆題注補注的特徵相一致。而且,"目録册"的字迹與上海圖書館藏蕭穆手書《敬孚日記》字迹一致,因此,這部"目録册"無疑是蕭穆所抄,其内的朱筆題注和補注内容也都是蕭穆所寫。這次傳抄的數年之後,鳴野山房鈔本《章氏遺書》又被蕭穆收藏和多次籌劃刊刻。是以,鳴野山房鈔本這一"目録册"或是蕭穆獲得沈復粲鳴野山房鈔本《章氏遺書》後,將自己曾經抄録并增加不少補注、附注的《目録》以及《章先生家傳》等彙爲一册,附於原書前。另外,其他三十三册册前有寫着該册具體收録文章篇名的黏簽,也是蕭穆整理統計所寫。

比較可知,目録册内的"王宗炎編次《章氏遺書目録》"照抄原本王氏《目録》,同時移録王氏《目録》下的題注,并對原王氏《目録》題注空缺者予以補注和加詳。如目録册對《與朱滄湄中翰論學書》《代擬續通典禮典目録序》諸篇下補充題注"癸卯録存",《與邵二雲書》《報孫淵如書》《論修史籍考要略》《書宋孝女》《爲南路同知李使君撰封君家訓》《與孫淵如書》《月夜游蓮池記》數篇下補題"戊申録稿",《與劉寳七昆弟論家傳書》《劉氏三世家傳》《書孫氏母子貞孝》《劉氏書樓題存我額記》《秋日泛舟濠上記》《濠上後游記》《朱母王淑人六十序》《崔母屏風題詞》數篇下補題注"戊申秋課",《與邵二雲論文書》《邵二雲論學》《答周永清辨論文法》《與馮秋山論修譜書》《答朱少白》《又答朱少白》《與家正甫論文》數篇下補題注"庚戌鈔存雜文",《爲謝司馬撰楚辭章句序》下補"庚辛間草",《高郵沈氏家傳叙例》下補"邗上草",《删訂曾南豐南齊書目録序》篇下補"丙辰山中草"等等。

---

① 蕭穆:《敬孚日記》,光緒十七年辛卯十二月廿七日。

第四章　從"遺稿"到"定本"

"庚戌鈔本通義"册内的王氏《目録》每卷篇題下通常衹有一個題注,但也有數處"雙題注"現象。如《亳州志人物表例議上》有雙題注"方志義例,又庚戌鈔存通義下",《丁太孺人家慶圖題詞》下標"辛丑年鈔,又癸丑録存"。又如《爲座主梁尚書撰于文襄公墓志銘》《朱先生墓志銘》《翰林院編修周府君墓志銘》《例贈文林郎廣平縣學廩膳生員栗君墓志銘》等篇下皆標雙題注"碑志,又癸卯録存"。目録册内的王氏《目録》對原《目録》中部分已有一個題注的篇目下,再補一題注,形成更多"雙題注"現象。此種情況集中在原標"癸春存録"數篇内,如《答邵二雲》《與邵二雲論修宋史書》《陳伯思别傳》《書元人墨迹後》《與王春林書》。這幾篇原標"癸春存録",目録册内的王氏《目録》又補題"雜俎",形成"癸春存録,雜俎"雙題注。又如《嘉善周氏福禮堂記》《與李訥齋太守論碑刻書》《題壬癸尺牘》《題温苊山房》《上梁相公書》《上韓城相公書》《再上韓城相公書》《三上韓城相公書》《上尹楚珍閣學書》原王氏《目録》的題注僅有"庚申雜訂",目録册的王氏《目録》增作"庚申雜訂,戊申秋課"。此外,在《與陳鑑亭論學》題注"癸卯録存"後又補入"庚戌鈔存雜文",《爲畢制府撰浦贈公墓碑》《上畢撫臺書》兩文的題注"辛亥草"下又補入"戊申秋課"。可以説,鳴野山房鈔本"目録册"王宗炎編次《目録》不僅對原有王氏《目録》中題注進行翻寫,還增補了更多"題注",最大化的完善了章著的題注信息。

三、目録册"王宗炎編次《章氏遺書目録》"補注之價值

除了補充題注外,目録册内的"王宗炎編次《章氏遺書目録》"還有許多極有價值的内容值得發掘。如目録册的多篇題注下有補注説明該篇屬於本册第幾篇,還會用蘇州碼子標出本篇的頁數,以及該篇對應大梁刊本《文史通義》中的卷次等信息。其中,對鳴野山房鈔本每册的首篇文章,"目録册"内不僅在該篇篇題上寫有朱筆眉批,還有夾行補注

記載每册具體篇數、頁數、跋文等相關信息。爲更全面和直觀的了解目錄册内補注的價值，現將"目錄册"王氏《目錄》内有關各册首篇的眉批、補注等列表於下：

目錄册内王氏"王宗炎編次《章氏遺書目録》"的補注信息表

篇　題	眉批内容	補　　注
卷二·文史通義内篇二·文理 文史通義①	眉批云：《文史通義》附册，共二十八頁。	題注"文史通義"左側夾行注云："内篇卷三。"右側夾行注云："共八首。"題注"文史通義"下有朱筆"附一，乂"；再下補注云："《文史通義》册。此標附一、附二至附八，以此八文均附於《甲辰存稿、桐署偶鈔、申冬酉春草歸扰草》等類之後，共爲一册，故以此區別之。穆記。"
卷四·文史通義内篇四·釋通載庚辛間草一 二	眉批云：《庚辛間草》一册此文起，共七十二頁。	題注"載庚辛間草"。左側夾行注云："内篇卷四。"右側夾行注云："共三十四首，有目名《庚辛間草》。"
卷五·文史通義内篇五·史德辛亥草一 三	眉批云：《辛亥草》一册此文起，共五十二頁，小跋一頁。	題注"辛亥草"左側夾行注云："内篇卷三。"右側夾行注云："共十九首，有目。"
卷七·文史通義外篇一·論文辨僞戊午鈔存一	眉批云：《戊午鈔存》一册	題注"戊午鈔存 七頁"。
卷八·文史通義外篇二·書郎通議墓志後 申冬酉春歸扰草一 乂	眉批云：《申冬酉春歸扰草》共十九頁，附《坊刻詩話後》六頁。又此下《文史通義》。	題注"申冬酉春歸扰草"左側夾行注云："此文下有《顧文子傳書後》二川。"右側夾行注云："共八首。"

---

① 按，小字皆爲原篇題下之題注。

續表

篇　題	眉批内容	補　注
卷九·文史通義外篇三·與汪龍莊書 三月　丙辰山中草一∥	眉批云：《丙辰山中草》一册此文起，共七十二頁，《目》二頁，附二頁在内。	題注"丙辰山中草"左側夾行云："《目録》此下有《與孫淵如論學》，册中未有。" 右側夾行云："共十五首，有《目》有《跋》，末附《題隨園詩話》二頁，十二首。"
卷九·文史通義外篇三·答周筦谷論課蒙書 癸卯　甲辰存録一∥	眉批云：《甲辰存録》册此文起，共六頁。《桐署偶鈔》共十三頁。又《辛丑年鈔》一文五頁，《申冬酉春歸扱草》十九頁，又附六頁；《文史通義》附二十八頁，總共七十七頁。	題注"甲辰存録"右側夾行注云："共四首。" 題注"甲辰存録"下注云："此與《桐署偶鈔》《辛丑年鈔》《申冬酉春歸扱草》《書坊刻詩話》及《文史通義》附共一册。"
卷十三·校讎通義外篇·代擬續通典禮典目録序① 癸卯録存一∥	眉批云：《癸卯録存》一册此文起，共四十九頁，末有跋。	題注"癸卯録存"右側夾行注云："共十七首。" 題注"癸卯録存"下注云：原本及《目》均無名目，今因此册他文有"癸卯録存"小注，即通以此名之。穆記。
卷十三·校讎通義外篇·宜興陳氏宗譜書後 庚辛間草一　附∥	眉批云：《庚辛間草》二十五頁，附《戊申秋仲續記雜文》廿一頁後，共一册。	題注"庚辛間草"右側夾行注云："共十首。" 題注"庚辛間草"下注云："《庚辛間草》另有一册，凡在《戊申秋仲序記雜文》之册後，□則加'附'示别之。"
卷十四·方志略例一·地志統部 桐署偶鈔一∥	眉批云：《桐署偶鈔》此文起，共十三頁。	題注"桐署偶鈔"右側夾行注云："共四首。" 題注下云："此附《甲辰》。"

---

① "代擬續通典禮典目録叙"，鳴野山房鈔本正文篇題作"禮典目録叙"。

續表

篇　題	眉批内容	補　注
卷十六・文集一・順天南路廳治創建八蜡廟碑 碑志一]	眉批云:《碑志》一册此文起,共五十二頁。	題注"碑志"右側夾行注云:"共十八首,有《目》。"
卷十七・文集二・蔣河南先生家傳 戊申錄稿 一下 二	眉批云:《戊申錄稿》一册,此文起共五十六頁。	題注"戊申錄稿 一下"右側夾行注云:"共十五首。末《原道》二首俟考,此已刻入《内篇》,刊本下篇刻本分作中、下二篇,加邵氏一《跋》。" 題注"戊申錄稿 一下"下附注云:"又《戊申錄稿》有兩册,以上、下爲別,凡在'平金川文'册内,'上'字別之,在'蔣河南'册内,以下字別之。"
卷十七・文集二・劉氏三世家傳 戊申秋課一 三	眉批云:《戊申秋課》一册,此文起十三首,以下爲《庚申雜訂》之文,共七十九頁。	題注"戊申秋課"右側夾行注云:"共廿九首。前有跋一頁。" 題注"戊申秋課"下有附注云:"此册之文,不皆《戊申秋課》,因册前有《跋》,姑以此册之《跋》名之。《邵與桐別傳》以下多爲《庚申雜訂》之文。"
卷十七・文集二・節愍公家傳 雜俎一夕	眉批云:《雜俎》一册此文起,共四十七頁。	題注"雜俎"右側夾行注云:"共十五首。《癸春存錄》,首均在此册,故終以《雜俎》標之。穆記。"
卷十七・文集二・金指揮家傳 傳記小篇一 十	眉批云:《傳記小篇》一册此文起,共三十三頁。	題注"傳記小篇"右側夾行注云:"共十七首。"
卷十八・文集三・明通政使司右參議贈大理寺少卿徐龍川公別傳 庚戌鈔存雜文	眉批云:《庚戌鈔存雜文》一册此文起,共七十九頁。	題注"庚戌鈔存雜文"右側夾行注云:"共卅一首。"

續　表

篇　題	眉批内容	補　注
卷二十三・文集八・平金川文 戊申錄稿 一上 夕	眉批云：《戊申錄稿》一册此文起，共四十二頁。	題注"戊申錄稿 一上"右側夾行注云："共十六首。"
卷二十九・外集二・金地山印譜序 戊申秋仲序記雜文一 上	眉批云：《戊申秋仲序記雜文》一册，此文起共廿一頁，又《庚辛間草》二十五頁，總共四十六頁爲一册。	題注"戊申秋仲序記雜文一"左側夾行注云："此册附《庚辛間草》十首。" 題注"戊申秋仲序記雜文一"右側夾行注云："共十首。"
卷二十九・外集二・與曾[曹]①定軒侍御論貢舉書 庚申新訂一 夕	眉批云：《庚申新訂》一册此文起，共三十三頁。	題注"庚申新訂"右側夾行注云："共十一首。"
卷二十九・外集二・與阮學使論求遺書 邛上草一 川	眉批云：《邛上草》一册，此文起共五十頁。	題注"邛上草一"右側夾行注云："共十五首，有《目》。"

由上表可知，"目錄册"内對原鈔本每册首篇的文章寫有眉批，主要包括本册册名、文章篇數，本册頁數或附文的頁數等。右側夾行小注通常是對眉批内容的再補充，包括本册具體篇數，有目錄或跋文與否的進一步説明等。左側夾行之注通常是本文在刊本《文史通義》的對應卷次，或是對本文前後篇目特殊情況的説明。如《與汪龍莊書》篇題注"丙辰山中草一"左側夾行注云："《目錄》此下有《與孫淵如論學》，册中未有。"《目錄》指册前的《丙辰山中草篇目》，《丙辰山中草篇目》内《與汪龍莊書》一文緊接着《與孫淵如論學》，然本册實際未收《與孫淵如論學》一文。

---

① 原抄作"曾"字，訛。蕭穆在右側旁朱筆補"曹"字。

左右夾側附注之外，題注下也經常會再出補注，多是關於册名依據、册與册之間分合關係的敘述。如《文理》篇題注"文史通義"下有朱筆"附一"；再下又注："《文史通義》册。此標附一、附二至附八，以此八文均附於《甲辰存稿、桐署偶鈔、申冬酉春草歸扐草》等類後，共爲一册，故以此區別之。穆記。"此注旨在説明《文史通義》册附於《甲辰存稿、桐署偶鈔、申冬酉春草歸扐草》之後，這四册共訂定爲今鳴野山房鈔本之一册。所以，目録册内的"王宗炎編次《章氏遺書目録》"分别在《文史通義》這册八篇題注下再標注"附一"至"附八"以示區別。又如，《宜興陳氏宗譜書後》的題注"《庚辛間草》一"下標"附"字，又下注云："《庚辛間草》另有一册，凡在《戊申秋仲序記雜文》之册後，□則加'附'示別之。"這種情況也是同名但不同册的情況下，《目録》標"附"字予以區分。

標"附"外，還有以"上、下"分别者。如《蔣河南先生家傳》這篇題注"《戊申録稿》一下"附注云："又《戊申録稿》有兩册，以上、下爲别，凡在《平金川文》册内'上'字别之，在《蔣河南》册内以'下'字别之。"因鳴野山房鈔本《章氏遺書》有兩册同名爲《戊申録稿》，一册首篇爲《蔣河南先生家傳》，一册首篇爲《平金川文》。"目録册"對此的記載分别作"戊申録稿一册共四十二頁（上）"和"戊申録稿一册共五十六頁（下）"。因此，此條附注即爲對同名不同册的《戊申録稿》用"上""下"字以區分説明。

另外，鳴野山房鈔本三十三册内，如《庚戌鈔存通義》上、下册前分别有名爲"庚戌鈔存通義"目録，《庚辛間草》册前有"庚辛間草目録"，其他如《辛亥草》《丙辰山中草》《碑志》《邘上草》《方志例議》册前目録内都標注有此册册名。然而，還有一多半沒有目録和册名者。蕭穆經過排比整理之後，對每册都給出了相應的册名。這些命名來歷也主要見於"王宗炎編次《章氏遺書目録》"的補注。如《代擬續通典禮典目録序》題注"癸卯録存一"下附注云："原本及《目》均無名目，今因此册他文有'癸卯録存'小注,即通以此名之。穆記。"換言之,"《癸卯録存》一册"在原鳴野山房鈔本内并没有"癸卯録存"的名目,但蕭穆依照此册所收文章的題注,推定本册當名爲《癸卯録存》。又如,《劉氏三世家傳》題注"戊申秋課一"下有附注云:"此册之文,不皆《戊申秋課》,因册前有《跋》,姑以此册之《跋》名之。《邵與桐别傳》以下多爲《庚申雜訂》之文。"該册前之《跋》云:"起八月二十八日,止十月十有六日,得諸體古文辭一十三篇,題爲《戊申秋課》",此《跋》就成爲本册命名的關鍵。《戊申秋課》册後,還有屬於《庚申雜訂》的數篇文章,因此附注云:"此册之文,不皆《戊申秋課》。"同時,在《邵與桐别傳》篇的題注下,附注云:"此下至《傳記》廿九,均在《戊申秋課》册内,故假其名標之。穆記。實爲《庚申雜訂》之文。"易言之,從鳴野山房鈔本這册第十四篇《邵與桐别傳》開始,以下諸篇實爲《庚申雜訂》册的内容,在鳴野山房鈔本内《戊申秋課》《庚申雜訂》兩者合併爲一册。

然而,需要説明的是,儘管"目録册"是蕭穆所書,但目録册内的補注、夾注等信息不全是蕭穆的創見。早在光緒癸未(1883),武昌柯逢時就從章碩卿藏本借鈔鳴野山房鈔本,柯氏鈔本的王《目》内就有"以原稿各類之詳細次第,如《癸卯録存》之一二三,《碑志》《邗上》之一二三……等,加於《王目》上方,或見夾行,於性質不同者,以朱墨兩色分之。復爲《王目》補注甚夥"。[①] 因此,除了題注下的"穆記"等内容確爲蕭穆所補,其他眉批、夾注等或是蕭穆之前的收藏者傳抄者所寫,蕭穆再在謄抄的基礎上補充加詳。

綜上,由目録册内對原鳴野山房鈔本各册之册名、每册起始,每册頁碼以及册與册之間的分合情况的分析與説明,可知鳴野山房鈔本以《原學上》篇爲首册名作"庚戌鈔存通義上",以《天喻》篇爲首册名是"庚戌鈔存通義下",以《平金川文》爲首册名作"戊申録稿上",以《蔣

---

① 侯雲圻:《跋章實齋遺書稿本》,《燕京大學圖報》第28期,1932年4月30日,第2頁。

南河先生家傳》爲首册名作"戊申録稿下",以《樂野先生家傳》爲首册名作"戊申録稿、辛丑年鈔",以《答周筤谷論課蒙書》爲首的册名作"甲辰存録、桐署偶鈔、辛丑年鈔、申冬酉春歸扔草、文史通義",以《方志立三書議》爲首册名作"方志義例",以《禮典目録叙》爲首册名作"癸卯録存",以《金地山印譜序》爲首册名作"戊申秋仲序記雜文、庚辛間草",以《釋通》篇爲首册名是"庚辛間草",以"劉氏三世家傳"爲首册名作"戊申秋課、庚申雜訂",以《明通政使司右參議贈大理寺少卿徐龍川公別傳》篇爲首册名作"庚戌鈔存雜文",以《史德》爲首册名爲"辛亥草",以《贈樂槐亭叙》爲首册名作"辛壬剥復删存、癸丑録存、雜訂",以《旌德府志序》爲首册名是"甲乙剩稿",以《與汪龍莊書》爲首册名是"丙辰山中草",以《論文辨僞》爲首册名爲"戊午鈔存",以《與曹定軒侍御論貢舉書》爲首册名是"庚申新訂",以《金指揮家傳》爲首册名作"傳記小篇",以《順天南路廳治創建八蠟廟碑》爲首册名作"碑志",以《與阮學使論求遺書》爲首册名作"邗上草",以《節愍公家傳》爲首册名作"雜俎、癸春存録",以《答甄秀才論修志第一書》爲首册名作"王目遺存"。諸册之外,還有《湖北通志稿》六册,《閱書隨劄》一册,《知非日札》一册,《乙卯劄記》一册,《丙辰劄記》一册,共三十三册。

第六節　源出鳴野山房鈔本之章著版本述略

鳴野山房鈔本是沈復粲從章學誠長子章貽選處借抄而成的鈔本。《辛亥草》册跋云"於道光四年(1824)續鈔",説明沈復粲開始抄録《章氏遺書》的時間應該早於道光四年。《章貽選上朱石君先生書》云:"先君著述,丁亥(1827)年春二舍弟俱索寄河南。"章華紱大梁本《文史通義跋》也云:"道光丙戌(1826)長兄杼思從南中寄出原草,并穀塍先生訂定《目録》一卷。"因此,道光六七年間,章著遺稿應該已經被章貽選寄給遠在河南大梁的章華紱,沈復粲借抄《章氏遺書》很可能在道光六

第四章 從"遺稿"到"定本"

年之前就完成了。《知非日札》册跋云"道光八年(1828)秋仲屬石樓侄録校竟","録校"很可能是該本完成謄録校對的最終期限。自沈復粲道光初年抄就《章氏遺書》之後,該本先後被多位藏書家、章學愛好者遞相傳抄。流經楊鼎重遠堂時被平步青借閱,衍生出瀟雪氏節鈔本;被章壽康、章善慶伯仲收藏時,又衍生出柯逢時鈔本、繆荃孫鈔本、蕭穆鈔本、徐維則鑄學齋鈔本、内藤文庫藏鈔本《章氏遺書》等;該本被沈曾植收藏時在孫德謙慫恿下被劉承幹嘉業堂刊刻出版。是以,該本在章學誠著述流傳脉絡中占有極其重要的地位,其傳抄過程即章學誠學術的傳播過程。

一、平步青與國圖藏瀟雪氏節鈔本《章氏遺書》

平步青與鳴野山房鈔本的關係首先以印鑑爲證,鳴野山房鈔本"王宗炎編次《章氏遺書目録》"卷端下以及《庚戌鈔存通義》册末頁、《知非日札》册末頁,皆鈐有"棟山讀過"白文方印。"棟山"即平步青之號,"棟山讀過"説明平步青曾經眼過該書。

平步青在"《文史通義雜篇》《實齋文略外篇》跋"内詳述自己對章氏著作之搜求及其與鳴野山房鈔本之淵源。跋云:

> 咸豐庚申(1860),過夏京師,於琉璃廠書肆得十萬卷樓《章氏遺書》鈔本殘帙十一。……甲戌(1874)八月八日,病痁初起,假得郡城西街重遠堂楊氏所藏鳴野山房鈔本三十三册,爲沈霞西徵君故物。取二《通義》及王本檢勘,三日而畢,得多文二百三十五篇,屬友人録之。以卷首王晚聞先生所定目次編爲四巨册,王本别編爲五册附之,今而後先生之文未出者殆罕矣。沈本别有《信摭》一册、《乙卯劄記》一册、《丙辰劄記》一册附《丁巳劄記》、《知非劄記》一册,合録爲一册,而署曰《實齋劄記鈔》。《閱書隨劄》一册,則僅就所閱群籍掇取生卒年月及著述若干卷,與《劄記》之自下己

意,發明疏證,有裨經史大義者不同,故未錄。其沈本有而王目無者別編二冊,署曰《文史通義雜篇》,曰《實齋文略外篇》。異時得《文略》原編,當別爲校刊以行,以竟數十年搜采之苦心。而浙東南雷、石園、雙韭、南江諸儒之墜緒,或有讀而興起者矣。①

由上可知,平步青對章學誠著作的關注已久。早在咸豐庚申就購得十萬卷樓《章氏遺書》鈔本殘帙;并對之進行了校勘。同治十三年,從楊氏重遠堂借得鳴野山房鈔本《章氏遺書》,并進行校勘抄錄。蕭穆《復周季貺》云:"至道光已酉(1849),沈氏鳴野山房書出,多歸之里人楊器之。光緒六年(1880)小雅得此書於貴城之味經堂書坊,乃楊氏所出,其先即得之沈氏者。"②可知"重遠堂楊氏"即楊器之。平步青"假得"沈氏鳴野山房鈔本之後,將其與十萬卷樓本比對,"得多文二百三十五篇","囑友人錄之"。平步青"囑友人錄之"的傳鈔本,即現藏於國家圖書館的《章氏遺書》瀟雪氏節鈔本。

《章氏遺書》瀟雪氏節鈔本共二十冊,每半頁十二行,字數不一。紫口,四周雙邊,單魚尾,版心下方鎸有"安越堂"三字。首冊書衣上題有"宣統二年杏月花朝日雪士書眉",鈐有"宜生"橢圓形白文印、"若宜"長方形白文印。第十七冊首頁上題"實齋劄記,宣統二年花朝雪士書眉",鈐有"若宜"長方形白文印以及"宜生"橢圓形朱文印,《乙卯劄記》冊首頁鈐有"曾經滄海"白文方印。"雪士""若宜""宜生",皆指平步青之子平宜生。瀟雪氏不知何許人,國圖檢索系統著錄爲"清道光至宣統間"。平步青《霞外攟屑》"盲詞入詩"條云:"盲詞入詩,騷壇削色。近日詩翁大半奉盲詞爲鼻祖,沈薋漁諧鐸,殆有所指。瀟雪曰彈詞

---

① 平步青:《樵隱昔寱·文史通義雜篇實齋文略外篇跋》卷一五,頁五,見《清代詩文集彙編》第720冊,第329—330頁。
② 朱榮琴整理:《復周季貺》,上海圖書館歷史文獻研究所編:《歷史文獻》第10輯,第199—201頁。

七字句，其源亦出於詩。不觀玉谿生《七月二十八日夜與王、鄭二秀才聽雨後夢作》乎……瀟雪、茗盦皆失笑。"①因此，瀟雪氏或是平步青友人之號。

瀟雪氏節鈔本前有王宗炎編次《章氏遺書目錄》，所抄内容依王氏《目錄》排列，分鈔於十四册内，每册書衣上分別題"文集一"至"文集十四"。瀟雪氏節鈔本另有《雜著》二册，包括《博雜》《紀元經緯序》《甲乙剩稿序》等文。十四册《文集》和兩册《雜著》節鈔的内容，即平步青比較鳴野山房鈔本與王宗炎十萬卷樓鈔本之後，所"得多文二百三十五篇"。《雜著》内有《丙辰山中草》册之篇目，其後還有武進臧鏞堂跋，與鳴野山房鈔本《丙辰山中草》册前目錄和臧鏞堂跋一致。又瀟雪氏《湖北通志辨例》篇眉批云："沈鈔本'駁議'爲藍字"，與鳴野山房鈔本駁議的内容皆藍色字體相符合。

另外，瀟雪氏節鈔本還有《實齋劄記》三册，即平步青《跋》内所云"沈本別有《信摭》一册，《乙卯劄記》一册，《丙辰劄記》一册附《丁巳劄記》，《知非劄記》一册，合錄爲一册，而署曰《實齋劄記鈔》。"②其中，《信摭》册版心内寫有"甲寅劄記 一"，之後每頁版心都標注頁碼。《信摭》册末頁書"乙巳四月十九日□錄畢，共四十紙"。《乙卯劄記》《丙辰劄記》《知非日札》與《信摭》版心形制相似。

瀟雪氏節鈔本内還有不少墨筆眉批、圈點，多是關於版本校勘，史實的補充考證，或校訂訛誤等内容。十四册《文集》内有多條眉批"壬午小同排印"，可知平步青曾將瀟雪氏節鈔本與章小同排印的貴陽本《文史通義》進行對校。《實齋劄記》内的眉批對每册具體條數予以説明，如《信摭》眉批云"凡一百五十八則"，《乙卯劄記》上有眉批云"凡

---

① 平步青：《霞外攟屑》卷八下"眠雲舸釀説下"，民國六年（1917）《香雪崦叢書》本，《續修四庫全書》第1163册，上海古籍出版社，2002年，第644—645頁。
② 平步青：《樵隱昔寱·文史通義雜篇實齋文略外篇跋》卷一五，頁五，見《清代詩文集彙編》第720册，第330頁。

一百九十八則",《丁巳劄記》眉批云"凡一百十九則"。《閲書隨札》册末有"右劄記五卷,自乾隆甲寅至嘉慶丁巳,大凡五百九十三則,光緒丙子(1876)九月二十三日瀟雪録。"每條劄記開頭用○或△或頓號予以標識。《實齋劄記》天頭還有大段的批語,或是訛誤之訂正,或是對該條劄記與章氏《文集》對應關係的説明等,具有重要文獻價值。

另外,瀟雪氏節鈔本内還有不少平步青跋語,主要是對瀟雪氏抄録情況的介紹以及對沈復粲原跋訛誤之駁正。因平步青號常庸,跋内多以"庸按"開頭。如《乙卯劄記》册末原有沈復粲跋云:"此章實齋先生五十八歲己亥所記,復粲志。"沈氏跋下有:"庸按,乾隆乙卯先生正五十八歲,霞西先生第云己亥,小誤。丙子(1876)五月六日巳刻,瀟雪録記凡四十紙。"平步青跋一方面對沈復粲"己亥所記"這一時間予以駁正,一方面指出瀟雪氏節抄《乙卯劄記》的時間和所用紙張數。然而,鳴野山房鈔本"己亥"實作"已前"。《風雨樓叢書》本《乙卯劄記》册末沈復粲跋亦作"已前",《風雨樓叢書》本封面題"順德鄧氏依桐城蕭氏鈔校本印行",其來源也是鳴野山房鈔本。因此,可能是瀟雪氏節抄時將"已前"誤書爲"己亥",是抄録者之手誤,而非霞西先生"小誤"。

又如,《丙辰劄記》册末有"庸按,'劉知幾論六家分史'條下云'已上丙辰冬'。下'戴東原'條下云'丁巳正月二日',則當分爲《丁巳劄記》。霞西翁所屬人鈔誤連書也。丙子(1876)六月十七日昳,瀟雪録凡六十二紙。"平步青跋文是指,《丙辰劄記》這册内容包括丙辰、丁巳兩年劄記。在"戴東原云經言'謂之'與'之謂'異指,此説見於陳騤《文則》"條下有小字注云:"丁巳正月二日",該條的前一條"劉知幾生於唐初……古文不同於近所傳也"下有小字注云"以上丙辰冬"。① 鳴野山房鈔本將二者合鈔在一起,統以"丙辰劄記"名之,平步青跋指出其實是兩個年份的札記。

① 詳可參見《章學誠遺書・外編・丙辰劄記》,第391頁中。

謝國楨《平景孫事輯》云："景孫學主浙東，長於乙部，鄉邦文獻尤所究心，其所推崇者全謝山、章實齋，而對於俞理初博辨之旨亦素所景尚。"①平步青對章學誠著述之搜羅不遺餘力，瀟雪氏節鈔本和十萬卷樓鈔本殘帙之收藏即是確證。另外，平步青還依十萬卷樓鈔本内章氏《劄記》刊刻了《章實齋劄記鈔》三册。

平步青的部分藏書流出之後曾被周作人收藏，《文史通義雜篇·文史通義逸文》周作人跋云：

> 兵火以後，浙中書籍散出，偶從杭州購得安越堂平氏舊藏雜書若干種，中有十萬卷樓王氏鈔本《實齋全集》十六册。……寒齋藏平景孫手抄實齋《雜文》數卷，有《丙辰山中草》篇目，實齋自識及臧鏞堂識語，已刻入劉氏《補遺》，篇目則未前見。將來如有機緣，頗欲據目輯文，付之剞劂，不獨可復《山中草》之舊觀，其中有《論學十規》《古文十弊》諸篇，誠如臧君所言，精細入神，切中文學之弊，即在現代，亦是切實有用之作也。中華民國壬午（1942）大寒節　知堂記於北京。②

由"寒齋藏平景孫手抄實齋《雜文》數卷，有《丙辰山中草》篇目，實齋自識及臧鏞堂識語"句，可推知瀟雪氏節鈔本流出之後，瀟雪氏節抄的兩册《雜著》被周作人收藏，之後再轉歸國家圖書館。

二、柯逢時、繆荃孫對《章氏遺書》之傳抄

（一）柯逢時傳鈔本《章實齋遺書》

瀟雪氏節鈔本《章氏遺書》外，武昌柯逢時本《章實齋遺書》也源自

---

① 謝國楨：《明清筆記叢談》，上海書店出版社，2004年，第240頁。
② 周作人知堂、瞿兑之益錯：《文史通義雜篇·文史通義逸文》，《國立華北編譯館刊》1943年第2卷第5期，第10頁。

鳴野山房鈔本。柯逢時，字遜庵，又字戀修，號巽庵，別號息園，湖北鄂城人。"生平喜著書，刻書，尤嗜藏書。官余搜羅古籍善本極多。曾在江西購得裘文達所藏《四庫全書》未進呈鈔本及元、明小集800餘種，書數萬卷。"①筆者因故未能目驗柯氏鈔本之廬山真面，所幸，柯逢時傳鈔本《章實齋遺書》的詳情見於侯雲圻《跋章實齋遺書稿本》一文，其云：

> 館藏《章實齋遺書未刊稿》都十四冊，客夏得之武昌柯氏。
> 　　首冊及《目錄》及第一葉有"柯逢時印"白文大印。封面題"光緒癸未(1883)從章碩卿藏本借鈔，已刻者未鈔，共十四冊"，并附"柯逢時印"白文小印。似當時柯氏之手筆。目錄前葉黏繆荃孫致柯氏函兩通，姚陛聞一箋，皆述送還此書事。
> 　　考柯逢時氏係晚清顯宦，於光緒癸未(九年)始成進士。其"借鈔此書"正值登第之年。而章壽康碩卿於光緒丁丑(三年)捆書至鄂。乙酉(十一年)宰嘉魚，以劾解職，故繆函云"碩卿在鄂"，蓋此時也。
> 　　書爲實齋先生原稿，每卷仍以《辛丑年鈔》《戊午存鈔》……等分類，共三十餘類，附王宗炎氏所編三十卷之《目錄》一帙，柯氏訂成十四冊。(據繆函原爲二十八冊)每冊於各類年次，稍形凌雜；而每類之排比，亦有不按年月，或謂實齋親手所編如此。茲裒集各類細目，有年可詳考者，依次列下：爲(1)《辛丑年鈔》(乾，四六)；(2)《辛丑剝復刪存》(乾，四六、四七)；(3)《癸卯錄存》(乾，四八)；(4)《甲辰錄存》(乾，四九)；(5)一，《戊申錄稿》上下。二，《戊申秋課》。三，《戊申秋仲序記雜文》(乾，五三)；(6)《申冬酉春歸扙草》(乾，五三、五四)；(7)一，《庚戌鈔存

---

① 李玉安、陳傳藝編：《中國藏書家辭典》，第305頁。

通義》上下,二,《庚戌鈔存雜文》;(乾,五五);(8)《辛亥草》(乾,五六);(9)《庚辛間草》(乾,五五、五六);(10)《癸丑錄存》(乾,五八);(11)《甲乙賸稿》(乾 五九,六〇);(12)《乙卯札記》(乾,六〇);(13)《丙辰山中草》(嘉,元);(14)《戊午鈔存》(嘉,三);(15)《庚申雜訂》(嘉,五)。有文而名已佚者:《庚辛新訂》(乾,五五、五六),《癸春存錄》(乾,五八);《庚申新訂》(嘉,五)。書中不以年名類之文:如(1) 黠陋,(2) 傳記小篇,(3) 邢上草,(4) 碑志,(5) 雜俎,(6) 桐署偶鈔,(7) 知非日札;再益以《湖北通志檢存稿、未成稿》及其它雜文與詩之零篇等(《邢上草》與《檢存稿二》及雜文數首皆複)。

凡刻本之《章氏遺書》,皆以王氏之《目》分配原文爲二十四卷,或三十卷,此稿未付剞劂,故分類仍爲原稿次序,雖附《王目》,而文次與目次截然兩事。①

侯雲圻《跋》較爲詳細的介紹了該鈔本的版本特徵。封面題"光緒癸未(1883)從章碩卿藏本借鈔,已刻者未鈔,共十四册",直接説明了該部鈔本源自章壽康的收藏。鳴野山房鈔本《章氏遺書》曾經章壽康、章善慶兄弟收藏。因此,從藏本流傳來看,柯逢時鈔本當源自鳴野山房鈔本。

其次,侯雲圻《跋》指出柯逢時鈔本"每卷仍以《辛丑年鈔》《戊午存鈔》……等分類,共三十餘類,附王宗炎氏所編三十卷之《目錄》一帙","分類仍爲原稿次序,雖附王《目》,而文次與目次截然兩事",與鳴野山房鈔本雖有王宗炎編次《章氏遺書目錄》却并未依照王《目》編次這一事實相符。另外,侯雲圻列出的"各類細目"也與鳴野山房鈔本《章氏遺書》一致。因此,從侯氏對柯逢時鈔本版本形態的記載來看,

---

① 侯雲圻:《跋章實齋遺書稿本》,《燕京大學圖報》第28期,第1—2頁。

也説明它源自鳴野山房鈔本。

然而,柯氏鈔本封面題"光緒癸未(1883)從章碩卿藏本借鈔"或需再作進一步的説明。"光緒癸未"時,該鈔本當屬於章壽康胞弟章善慶的藏書,是時章氏伯仲皆在湖北,或是此鈔本經章碩卿之手借給柯逢時抄録,柯氏誤以爲是"章碩卿藏本"。

最後,還有一點需要説明的是,侯《跋》又云:

> 柯氏又以原稿各類之詳細次第,如《癸卯録存》之一二三,《碑志》《邗上》之一二三……等,加於《王目》上方,或見夾行,於性質不同者,以朱墨兩色分之。復爲《王目》補注甚夥。如《與朱滄湄中翰論學書》《續通典禮典目録序》補"癸卯録存",《論修史籍考要略》《月夜游蓮池記》補"戊申録稿",又如,《與劉寶七昆弟論家傳書》《劉氏三世家傳》《書孫氏母子貞孝》《劉氏書樓題存我額記》《秋日泛舟濠上序》《濠上後游記》等,浙本無注,柯氏皆補爲"戊申秋課"。他如《碑志點陋》及《庚戌鈔存雜文》《庚辛間草》等補目,不勝僂記。①

據侯《跋》可知,柯氏鈔本的王《目》内有對原稿各類之詳細次第的記載,還有補録題注等信息。今鳴野山房鈔本有一"目録册",據筆者推測當爲蕭穆所抄,目録册王《目》内的朱筆題注和補注内容字迹也是蕭穆所書。然而,蕭穆首次接觸該鳴野山房鈔本是在光緒十七年(1891),晚於柯氏鈔本的借抄時間。因此,鳴野山房鈔本"目録册"内的雙題注以及補注和夾注等内容可能都是前有所承。侯《跋》認爲是柯氏所補,但蕭穆未見到柯逢時鈔本,其補注信息與柯氏的補注内容較一致,有可能王《目》内題注的補充、對原稿次第的記載,以及在王《目》

---

① 侯雲圻:《跋章實齋遺書稿本》,《燕京大學圖報》第28期,第2頁。

第四章 從"遺稿"到"定本"

天頭夾行的補注等,在柯逢時之前就有其他傳抄者或收藏者開始補寫。

(二) 繆荃孫與《章氏遺書》之淵源

繆荃孫,字炎之,又字筱珊,晚號藝風老人,是著名的藏書和文獻大家,在晚清民國文化教育界具有重要影響力,被譽爲"中國近代圖書館的鼻祖"。① 光緒戊寅(1878)章小同刊刻貴陽本《文史通義》時,請王秉恩擔任校讎之役。王氏《文史通義跋》云:"携鈔本之京,思假通人校本是正。江陰繆編修炎之言周侍郎荇農有鈔本,視粵雅堂本爲多,屢借不得。"②可知交友廣泛、消息靈通的繆荃孫對章學誠著作的稿鈔本早有關注。

侯雲圻《跋章實齋遺書稿本》稱柯逢時鈔本《章實齋遺書》"目録前葉黏繆荃孫《致柯氏函》兩通,姚陛聞一《箋》,皆述送還此書事"。因筆者未能親見,無從知曉"繆荃孫致柯氏函兩通"的具體内容。侯雲圻又云:"會稽章碩卿之鈔本《章氏遺稿》,分衍爲二,一爲此稿,一係繆荃孫氏所抄。今是稿尚輾轉漂泊得歸於睿湖最高學府之藏書閣中。而章碩卿本、繆荃孫本,不知已否易主? 或流離如萍踪絮影,思之可喟!"③因此,繆氏在柯逢時鈔本基礎上又進行了再傳抄。如今儘管繆氏鈔本踪影難尋,所幸繆荃孫《日記》使我們得以略窺其持續了數年之久的傳抄過程。

繆荃孫戊子年(1888)八月二日《日記》云:"柯遜庵來,言《湖北通志》不能兼辦,交荃孫全數帶回鄂省,又允借《章實齋全集》。"④兩天後,《日記》云又:"四日癸未,晴,遜庵送志書及《實齋全集》來。"⑤之

————————
① 參張廷銀、朱玉麒主編:《繆荃孫全集》,鳳凰出版社,2014年。
② 《章學誠遺書·附録》,第623頁上。
③ 侯雲圻:《跋章實齋遺書稿本》,《燕京大學圖報》第28期,第3頁。
④ 繆荃孫著,張廷銀、朱玉麒主編:《藝風老人日記①·戊子日記》,《繆荃孫全集·日記一》,第29—30頁。
⑤ 繆荃孫著,張廷銀、朱玉麒主編:《藝風老人日記①·戊子日記》,第30頁。

後,十日和十一日《日記》均有云:"讀《章實齋先生文集》。"①不知柯逢時送來《實齋全集》後,繆荃孫是否立刻進行了抄錄,直到癸巳年(1893)時,繆荃孫日記内纔有校勘《章實齋集》的記載。癸巳年二月七日"校《章實齋遺集》一卷",②四月廿九日"校《章實齋文》",③五月七日"校《章實齋集》",④五月十四日、十八日、廿一日、廿九日皆云"校《實齋文集》"。⑤ 六月卅日、七月朔日、二日、四日、五日、八日《日記》又都有"校《實齋集》",⑥十二月六日再有"校《章實齋集》"。⑦ 甲午年(1894)六月廿六日《日記》内再次出現"校《實齋文集》"的記載。⑧ 七月二日《甲午日記》云"校《章實齋藁》畢",⑨九月十五日《日記》云:"還《章實齋遺書》與柯遜庵。"⑩

或因《日記》記載的隨意性,其内稱謂不一,有《章實齋全集》《章實齋先生文集》《章實齋集》《章實齋遺集》《實齋文集》《實齋集》《章實齋藁》等。但可以肯定,從戊子(1888)八月柯逢時允借到甲午年(1894)九月繆荃孫還歸《章實齋遺書》,這場抄錄活動持續了六年之久。

此外,《日記》還記載了繆荃孫將自己的鈔本轉借給他人抄錄。如《戊戌日記》五月十日云:"閱鐘山卷五十。百藥借《章寔齋文集》去。"⑪百藥名褚成博,號孝通,杭州餘杭人。十月廿四日《日記》又有褚成博還歸《章實齋文集》的記載。⑫《乙巳日記》十月十二日云"李審言還《國

---

① 繆荃孫著,張廷銀、朱玉麒主編:《藝風老人日記①·戊子日記》,第31頁。
② 繆荃孫著,張廷銀、朱玉麒主編:《藝風老人日記①·癸巳日記》,第248頁。
③ 繆荃孫著,張廷銀、朱玉麒主編:《藝風老人日記①·癸巳日記》,第259頁。
④ 繆荃孫著,張廷銀、朱玉麒主編:《藝風老人日記①·癸巳日記》,第260頁。
⑤ 繆荃孫著,張廷銀、朱玉麒主編:《藝風老人日記①·癸巳日記》,第261、262、263頁。
⑥ 繆荃孫著,張廷銀、朱玉麒主編:《藝風老人日記①·癸巳日記》,第267—268頁。
⑦ 繆荃孫著,張廷銀、朱玉麒主編:《藝風老人日記①·癸巳日記》,第288頁。
⑧ 繆荃孫著,張廷銀、朱玉麒主編:《藝風老人日記①·甲午日記》,第316頁。
⑨ 繆荃孫著,張廷銀、朱玉麒主編:《藝風老人日記①·甲午日記》,第317頁。
⑩ 繆荃孫著,張廷銀、朱玉麒主編:《藝風老人日記①·甲午日記》,第325頁。
⑪ 繆荃孫著,張廷銀、朱玉麒主編:《藝風老人日記①·戊戌日記》,第519—520頁。
⑫ 繆荃孫著,張廷銀、朱玉麒主編:《藝風老人日記①·癸巳日記》,第541頁。

史五傳》《章實齋集》來。"①那麼，李審言亦借過繆荃孫傳鈔的《章實齋集》。李審言名詳，江蘇興化人，他在駢文、方志、金石、目錄、選學等方面均成就卓然。此外，繆荃孫《丁巳日記》五月廿七日云："李審言借《實齋集》一冊去。"②八月六日《日記》又云："審言送還《易居堂集》《實齋文》一冊。"③因此，李詳不止一次借閱過繆氏傳鈔本《章氏遺書》。

此外，繆荃孫與鄧實合編有《古學彙刊》，不僅收錄了繆荃孫的諸多稿本，還收錄了《章實齋文鈔》，包括《序》《序二》《書》《傳》四個部分共三十餘篇文章。雖然不能確定《章實齋文鈔》的底本是否由繆荃孫提供，但是，據繆氏日記可知他參與了《章實齋文鈔》的校對工作。如1912年《壬子日記》八月廿一日云："晴。王雪橙來送《島夷志略廣證筆記》卷首，《圖書館善本目》《藏外經目》《陽羨摩崖紀略》《徐熊飛詩話》與秋枚。秋枚送《實齋文》來。……校《事略》七。核《實齋文》。"④次日《日記》又云："致秋枚一束，索閱《實齋集》。"⑤秋枚即鄧實的字，《古學匯刊》始於1912年，終於1914年。癸丑（1913）二月廿二日《日記》有"校《章實齋文》"，⑥廿三日《日記》："子培又送《史記》來，爲考而還之。……校《實齋文鈔》、校《藏一話腴》。晚雨。接碩卿信。"⑦因此，筆者推測《古學彙刊》中的《章實齋文鈔》不僅底本有可能出自繆氏，且經繆氏手校。最後，繆氏《日記》內還有他向鄧實借閱、歸還章實齋《湖北通志稿》⑧以及閱讀《庚辛之間亡友傳》⑨等的記載。

綜上，由《藝風老人日記》可以看出繆荃孫從柯逢時處借抄了《章

---

① 繆荃孫著，張廷銀、朱玉麒主編：《藝風老人日記②·乙巳日記》，第362頁。
② 繆荃孫著，張廷銀、朱玉麒主編：《藝風老人日記④·丁巳日記》，第27頁。
③ 繆荃孫著，張廷銀、朱玉麒主編：《藝風老人日記④·丁巳日記》，第37頁。
④ 繆荃孫著，張廷銀、朱玉麒主編：《藝風老人日記③·壬子日記》，第213頁。
⑤ 繆荃孫著，張廷銀、朱玉麒主編：《藝風老人日記③·壬子日記》，第213頁。
⑥ 繆荃孫著，張廷銀、朱玉麒主編：《藝風老人日記③·癸丑日記》，第246頁。
⑦ 繆荃孫著，張廷銀、朱玉麒主編：《藝風老人日記③·癸丑日記》，第247頁。
⑧ 繆荃孫著，張廷銀、朱玉麒主編：《藝風老人日記③·壬子日記》，第216頁。
⑨ 繆荃孫著，張廷銀、朱玉麒主編：《藝風老人日記④·戊午日記》，第98頁。

氏遺書》,遺憾的是,繆荃孫的傳抄本如今流傳的較少。《藝風藏書記》內有一條"《丙辰劄記》一卷"云:

> 傳鈔本。章學誠撰。學誠字實齋,浙江會稽人,乾隆四十三年進士,官國子監典簿。所著《文史通義》八卷,《校讎通義》三卷已刻,《文集》一百卷未刻。實齋熟精史學,此書亦多談史例,并與同時人駁辨。如云:"近有浮薄不根之人,標榜聲氣,蠱惑士女,盡决禮義之防。又有一種江湖筆墨,油口禪機,造爲聲色貨利,不礙禪定之說,挈帶不男不女一輩,干謁貴顯。"明指袁隨園、王夢樓兩君,亦覺咄咄逼人矣。①

《藝風藏書記》記載的《丙辰劄記》,乃藏於上海圖書館的《章實齋先生遺稿》,也是少量僅存於世的繆荃孫有關章實齋著述的傳鈔本。上圖藏《章實齋先生遺稿》共兩册,紅格本,四周雙邊,雙魚尾,版心下方標注頁碼,每半頁十二行,行二十五字。正文首頁卷端《丙辰劄記》題下鈐有"曾經藝風勘讀"朱文方印和"仲勉藏書"朱文長方印。扉頁兩跋,一云:"章實齋《丙辰劄記》,近已有刻本,此爲舊寫本,經繆筱珊手校者。筱珊以目録之學名家,搜集佚書有功載籍,近代之鮑渌尹、黄蕘圃也。校勘亦頗精細,摩挲手澤,穆然如見其人。二十七年(1927)昏晚疑盦題記。"跋後有"疑盦"朱文長方印。另一跋云:"丁氏八千卷樓之書,浔歸金陵圖書館,不至出國,藝風實主其事。今不知得免浩劫否,思之惘然。疑翁又記。"在《章實齋先生遺稿》第二册册末亦有朱筆跋云:"是書爲先生五十九歲之化時,當嘉慶元年也。戊辰(1928)二月仁懋記。""疑盦"是歙縣許承堯的印鑑,許承堯,字際唐,號疑庵,是近代著名的詩人、方志學家、收藏家,著有《歙事閒談》《歙縣志》《疑盦詩》等。

---

① 繆荃孫撰,黄明、楊同甫標點:《藝風藏書記》,《中國歷代書目題跋叢書》第二輯,上海古籍出版社,2019年,第270—271頁。

許承堯之後其部分藏書轉歸合肥龔心釗，龔心釗字懷希，號仲勉，是近代著名的收藏家、外交家，因此，上海圖書館藏《章實齋先生遺稿》上的"仲勉藏書"印或是龔心釗之印。

綜上可知，繆荃孫對章學誠的著作有長期的關注，不僅從柯逢時處傳抄了《章實齋遺書》，還可能參與出版了《古學彙刊》中的《章實齋文鈔》。繆氏傳抄的《丙辰劄記》經許承堯等遞藏，最終成爲上海圖書館的藏品。

三、蕭穆對《章氏遺書》之傳抄

本章第四節"鳴野山房鈔本之流傳刊刻考"內，筆者已就蕭穆對鳴野山房鈔本之保存、傳鈔、刊刻所做的努力進行了梳理。蕭穆生前曾多次對鳴野山房鈔本進行抄錄，其傳抄活動在上海圖書館藏稿本蕭穆的《敬孚日記》中有最爲充分的體現。歸納《敬孚日記》可知，蕭穆的抄錄活動集中於兩個時間段。第一階段是蕭穆於光緒十七年十二月初次見到《章氏遺書》至光緒十八年八月開啓杭紹之行前這段時間，列表如下：

《敬孚日記》所載蕭穆抄錄《章氏遺書》情況表①

光緒十七年十二月《辛卯日記》	
朔日	坐車至安康里訪章小雅，談話半晌。伊擁書二萬多卷，多有佳本。余索《章實齋遺書》寫本一觀，凡三十三四册，先借四册回館閱。……晚回館，張燈食。夜閱《章實齋遺書目錄》一本，《乙卯、丙辰劄記》二本，另有補鈔本《劄記》一本，首標《信摭》二字，疑前後有缺字也。
三日	在室抄《章氏劄記》，晚間成七葉。
四日	早間抄章氏《丙辰劄記》三頁半。
九日	在室抄《章氏遺書》及《目錄》，凡七頁多。

① 按，本表摘錄內容皆源自上海圖書館藏蕭穆《敬孚日記》稿本。

續　表

	光緒十七年十二月《辛卯日記》
十日	在室抄《章氏遺書目録》,日夜成廿餘頁,并補録所遺。……夜又閲《章氏劄記》,另鈔本久之。
十一日	在室抄《章氏劄記》,并夜成十四頁。
十二日	早抄《章氏劄記》兩頁多。作字復周季况,午成。……到章小雅寓還前借《章氏遺書》四本,并以白、徐二集送之。……又借《章氏遺書》十七本,坐談久之乃別。
十三日	在室閲《章氏遺書》。
十四日	午後倦息良久,申刻抄章氏遺詩二頁。……回館,秉燭閲章氏《知非日札》及他等久之。
十五日	在室抄章氏及阮學使書及各本書後,共四篇,下午剃髮。
十六日	在室抄章氏書論文三首。
十七日	在室節抄章氏《知非日札》六頁。又上午到賬房……晚食,夜閲《章氏遺書》久之。
十八日	上午抄《章氏遺詩》四五頁,下午抄其《乙卯書目記》一篇,可略知其三十年出□□□久之。
十九日	在室閲《章氏遺文》,有可備碑傳之采,此文□十餘篇。又抄文兩篇,皆爲吾邑人作哉。
廿日	在室節抄《章氏遺書》文,又抄文兩首。
廿一日	下午閲《章氏遺書》,并録文一頁。傍晚及夜共鈔章文一篇凡四頁。
廿四日	又乙卯接周季况十九日信復信。下午到章小雅處,以季况信示之。蓋周季况聞余借《章氏遺書》,閲之,告其郷徐孝廉。徐欲刻此書。又知余不回理度歲,故作字招往紹興,且欲借《章氏遺書》同往。今小雅不甚放心,乃約余明春同往,余勢亦不能即去,故從小雅之意。坐談茶食。久之,吴申甫亦至小坐,乃別小雅。回館,仲珍做飯,晚食,夜閲書久之。

續　表

光緒十七年十二月《辛卯日記》	
廿五日	在室寫復季況信凡五箋。申後,又錄稿存,至夜間乃完。又取《章氏遺書》,記其每册之文,以硃筆標於前抄王氏所定總目之內,夜成二册。
廿六日	日夜取《章氏遺書》各册以硃筆記前,抄王氏所定總目之內,成八九册。早間封□復季況信,并《徐集》一部。
廿七日	仍記《章氏遺書》各册文目,畢五六册。
廿八日	在室閱《章氏遺書》,并抄錄三頁,夜間乃罷。
廿九日	在室閱《章氏遺書》,又檢《耆舊類徵》。
三十日	上午入室買藥物即回,閱《章氏遺書》。
光緒十八年《壬辰日記》	
正月二日	在室抄《章實齋文》八頁。
正月三日	在室節抄《章實齋文》數紙。
正月四日	乃至章小雅寓小坐談,并茶食。又閱蕭山王宗炎《晚聞居士集》大略,久之,回館。
正月六日	閱《章氏遺書》并抄其《代梁文定公撰于文襄公墓志銘》一篇,下曉乃罷。
正月七日	是日因凍不能執筆,又以目力不及,亦未甚閱書,惟閱《章實齋文》數篇。
正月八日	閱《章氏遺書》,并抄《邵與桐別傳》將近三頁,因天晚目力不及矣。
正月九日	續抄章氏《邵與桐別傳》三頁畢,并閱他書。
正月十日	在室袖手烘足,時閱《章氏遺書》及他書。
正月十三日	以姚春木《國朝文錄》所載章氏學誠上書二、《傳》三,取鈔本校閱一過,兩本亦有互稍脫訛之字,各以朱筆注之,申刻乃畢。

續　表

光緒十八年《壬辰日記》	
正月十四日	乃到章小雅寓還《章氏遺書》十七本，時小雅病甚，請吳江友人凌麗生診脉開方。後與麗生一談乃去。後申甫至，共談久之，乃別小雅、申甫回館。
六月廿七日	癸丑，晴，頗熱。……又是日，在小雅處，伊出示章實齋批點乾隆時人墨卷一本，知其於八股功共□□。
閏六月朔日	丁巳，晴，有風雲。……巳刻，又出門至洋廠安康里章小雅處，談話久之。覆閱天順本《歐陽文忠公全集》□外集，先君墓表，及其譜系等件，又細閱之。午食後，又閱《章氏遺書》，乃借中十册。別小雅入市。
閏六月二日	取章實齋《乙卯劄記》補鈔三頁。蓋前於其《劄記》四册，均有節抄，然多不備，今□每日隨意抄三四頁（以下每目均以抄書幾頁記之），悉補其全，未知無他乃間之否。
閏六月三日	抄書九頁。
閏六月四日	抄書四頁。
閏六月五日	抄書五頁。
閏六月六日	抄書八頁，并閱《章氏遺書》。
閏六月七日	抄書八頁，并閱書久之。
閏六月八日	揮汗抄書，日十頁（并校對七八頁），并閱書，夜間有風數起。
閏六月九日	早晚抄書兩頁。
閏六月十日	僅抄書三頁。
閏六月十日	早抄書一頁，并校對五頁。
閏六月十三日	午閱書，并校抄書十餘頁。
閏六月十四日	上午前抄書三頁，後出門至洋廠……回館又抄書二頁。
閏六月十五日	在室抄書十一頁。

第四章　從"遺稿"到"定本"

續　表

光緒十八年《壬辰日記》	
閏六月十六日	抄書四頁。
閏六月十七日	早作字寄錢伊甫,後抄書,下晚成七頁。
閏六月十八日	甲子抄書二頁,乃出門入西城剃頭……至章小雅處談話,伊切食西瓜,又午食,未正乃別。
閏六月十九日	在室抄書十頁,下曉張小唐來談後去。
閏六月廿日	早抄書二三頁乃出門……下午又抄書四五頁。
閏六月廿一日	早抄書四五頁,以下休息,并閱讀《章氏遺書》各篇,擬抄二三頁。
閏六月廿二日	早間即抄書,午後成七頁。
閏六月廿三日	抄書八頁。
閏六月廿四日	抄書六七頁。
閏六月廿九日	下午抄書八頁。
七月朔日	抄章實齋《乙卯劄記》八頁,此冊今完。
七月廿二日	夜整理前抄《章氏遺書》久之。
八月三日	乃到章小雅處借所鈔《徐騎省集》四冊。伊又贈章小同前在貴陽所刊《文史通義》五冊,久之,同午食。
十一月十六日	上午理裝訂諸書事。午食後到醉六堂以新抄書五本及《章實齋文》二本乞書夥金雲峰爲之裝訂。

由上表可知,蕭穆在章善慶處見到《章氏遺書》的第一天就開始借鈔,連續一個月幾乎未間斷抄錄。光緒十八年春節期間,正月初一日因祭祀和訪親友未謄抄之外,從初二日直至十八日回家省親前這段時間也幾乎從未間斷。閏六月又是一個借鈔小高峰,閏六月二日云:"取章實齋《乙卯劄記》補鈔三頁。蓋前於其《劄記》四冊,均有節抄,然多不備,

今□每日隨意抄三四頁(以下每目均以抄書幾頁記之),悉補其全,未知無他乃間之否。"因此,閏六月的抄錄乃對之前節抄作進一步補充。

蕭穆對《章氏遺書》第二個抄寫高峰集中在光緒二十九年和光緒三十年。光緒二十九年(1903)《敬孚日記》中多次出現蕭穆請孫仁壽、劉文朗二人代抄代校《章氏遺書》記載。如二月十日《日記》云:"上午,孫仁壽、劉文朗二人去,各付《章氏遺書》一本代抄。倦息久之,起覆閱諸書,良久乃罷。"①六月六日,《日記》又云:"孫仁壽前□代抄《章實齋書》已成十四本,今屬同到,文朗分校一過。"②七月五日《日記》云:"又取《章氏遺書》舊本閱之,凡《文史通義》已刻者不鈔,此外所抄不多矣。上午後,取仁壽後抄之三本,付文郎代校,不晚成一本。"③光緒三十年,蕭穆在傳抄的同時又進行校對。如元月十日《日記》云:"仁壽爲抄近作四五篇畢,余又囑代校對伊所抄《章氏遺書》。"次日又云:"仁壽爲對校《章氏遺書》一本,并補抄三頁,下曉乃竟。"元月十六日云:"後取《章氏遺書》二本,刻本《和州志》一本,《榕村語錄續集》二本存內人所,待孫仁壽等來,交代爲補抄,并找格式三張,夾本書內。"蕭穆這次大規模的傳抄舉動發生在他汲汲謀求《章氏遺書》刊刻的晚年。一方面可能是爲了更好保存該書,另一方面是在尋求資助過程中,需要將部分內容呈送給可能的資助者閱覽。

今存蕭穆鈔本主要有以下兩種。一是上海圖書館藏《蕭敬孚書章實齋文集》兩冊,④內有朱筆批校。一冊以《平金川文》爲首共三十九篇。一冊始以《王右丞集書後》爲首共十七篇,該冊每篇篇題下皆注"未刊"字樣。《立言有本》篇末有蕭穆朱筆記云:"此篇之後,原本尚有《述學駁文》八條,共八頁,前已照《乙卯劄記》本錄之,今不再錄,蕭穆

---

① 蕭穆:《敬孚日記》,光緒二十九年癸卯二月十日。
② 蕭穆:《敬孚日記》,光緒二十九年癸卯六月六日。
③ 蕭穆:《敬孚日記》,光緒二十九年癸卯七月五日。
④ 上海圖書館藏:《蕭敬孚書章實齋文集》,兩冊,索書號: 356739—40。

記。"據《敬孚日記》光緒十八年十一月十六日的記載可知,蕭穆是日"到醉六堂以新抄書五本及《章實齋文》二本乞書夥金雲峰爲之裝訂",或許這兩本《章實齋文》即上圖藏本。

其二,南京圖書館藏《蕭敬孚雜著》四種四卷共四册,①節鈔《知非日札》《閱書隨劄》《乙卯劄記》的部分内容以及《閱章氏遺書隨劄》。其中,《閱章氏遺書隨劄》主要節鈔了《吳澄野太史歷代詩鈔商語》《與周永清論文》《家書一》《家書四》以及《與洪稺存博士書》《湖北通志辨例》等篇的部分内容。《知非日札》末尾空白頁有"右札戊午己未所記,亦從其嗣君杼思先生借鈔。道光八年秋仲,屬石樓姪録校竟,志此。光緒十八年閏六月蕭穆照録。"這條跋文與蕭穆《日記》的記載相呼應,説明南圖本《蕭敬孚雜著》乃蕭穆從章善慶處借鈔鳴野山房鈔本而成。另有一處節鈔《知非日札》的内容後,墨筆寫有:"此册原本四五十條,凡十八頁,一舊本,又末鈔□□記云'右札戊午己未所記,亦從其嗣君杼思先生借鈔。道光八年秋仲,屬石樓姪録校竟,志此。'小印'棟山讀過'",其下有朱筆標注"此下補三條"。"沈復粲跋"和"棟山讀過"印章與鳴野山房鈔本的版本内容一致。另外,《乙卯劄記》首頁亦有"此下補六條""補一條比二字"等眉批。光緒十八年閏六月二日《敬孚日記》云:"取章實齋《乙卯劄記》補鈔三頁。蓋前於其《劄記》四册,均有節鈔,然多不備,今□每日隨意抄三四頁,悉補其全,未知無他乃間之否。"據南圖藏本版本特點推測,南圖《蕭敬孚雜著》或就是蕭穆在光緒十八年閏六月間補鈔的内容。

此外,宣統年間鄧實輯刊之《風雨樓叢書》内有《章實齋乙卯劄記丙辰劄記合刊》兩册,牌記云"順德鄧氏依桐城蕭氏鈔校本印行"。因此,風雨樓本《乙卯劄記》和《丙辰劄記》亦是蕭穆鈔本,無疑也來自鳴

---

① 南京圖書館藏:《蕭敬孚雜著》四種四卷四册。《乙卯劄記》這册首頁鈐有"天尺樓"朱文長方印,内有夾簽云:"桐城蕭敬孚先生手鈔本,己酉冬得諸皖省冷攤。"桐城著名古文家姚鼐的先祖曾居"天尺樓",這部蕭穆鈔本或爲姚氏後人獲得。

野山房鈔本。

四、會稽徐氏鑄學齋鈔本《章氏遺書》

上文已述徐維則欲刊《章氏遺書》未果之始末。徐氏在籌備刊刻期間，還對《章氏遺書》進行了傳抄。蕭穆《日記》云："徐飴孫來晤，并贈書二種……并談欲抄《章氏遺書》等。"①周星詒給譚獻信亦云："（譚獻）兄亦囑敬孚覓□傳寫一本，滿意事在必成。顧敬孚到滬後，書來云小雅遽歿，《遺書》本爲乃兄碩卿載入楚北，方苦心思索備抄云。"②徐維則、蕭穆等人在籌畫刊刻《章氏遺書》過程中，因章善慶病逝生變，他們立即催促蕭穆"思索備抄"。因此，在當時緊迫情形下，徐維則等人在很可能在原本基礎上又傳抄了副本《章氏遺書》，是爲浙江圖書館藏會稽徐氏鑄學齋鈔本《章氏遺書》。

1915年《浙江公立圖書館年報·書目一》有"浙江圖書館藏《章氏遺書》三十四卷，黑格鈔本，二十本"條，云：

> 此本凡《文史通義·內篇》六卷，《外篇》三卷，《校讎通義·內篇》三卷，《外篇》一卷，《方志略例》二卷，《文集》八卷，《外集》二卷，《湖北通志檢存稿》四卷，《湖北通志未成稿》一卷，附《乙卯劄記》一卷，《丙辰劄記》一卷，《知非日札》一卷，《閱書隨劄》一卷。目錄首行題"蕭山王宗炎編次"……其中篇次雖有與實齋原編互異之處，然全書凡三十四卷，實較華紱刊本多三之二。又經今人胡道南、徐維則朱筆校過，故本館購之，以備付印。每葉紙心下方刊"會稽徐氏鑄學齋藏本"九字。收藏有徐印維則，維則所得善本，會稽徐氏鑄學齋藏書印，烟雲過眼室印，石墨盦演郎字爲仲咫小名演郎，會稽徐氏以慸，余師子墨，徐維則述學史廬主孝仍以慸學篆，

---

① 蕭穆：《敬孚日記》，光緒十八年閏六月二日。
② 錢基博整理編纂：《復堂師友手札菁華》，第142頁。

仲咫石墨盦主翊以孫手校,鑄學齋主人諸印。①

鑄學齋是徐維則之父徐友蘭的藏書樓。這部鑄學齋鈔本上鈐有不少徐維則的藏書印章。對於該書的來歷,1915年《浙江公立圖書館年報·公牘》云:"清章學誠所著《章氏遺書》經館長向其後人假得鈔本,於四年九月間詳準鈔印。正在鈔寫間,又有紹興徐氏以鈔本求售。是本經胡道南、徐維則校過,訛奪較少,因即購買。一面將章本停鈔,以方印《台州經籍志》,故此書尚未付印。"②可知這部《章氏遺書》或由徐維則後人轉售給正欲編刊章學誠著作的浙江公立圖書館,使得浙圖暫停排印從章氏後人所借之鈔本。但遲至1920年,該本纔最終付刊,即浙江圖書館排印本《章氏遺書》。

浙江圖書館排印本《章氏遺書》體例依王宗炎編次《章氏遺書目錄》進行編排,祇刊刻出大梁本《文史通義》所無之篇章,以及《乙卯劄記》《丙辰劄記》《知非日札》《閱書隨劄》。其刊印特點與周星詒給譚獻信中所言之"《實齋先生遺書》原議《通義》已刻者,不更付刻,但刻補遺佚諸篇。其中或有爲刻本删節而有關係者,□淆亂次序,或爲校記,或著之序跋(原注:此皆敬孚言之)"③的"敬孚言之"刊刻意見相一致。因此,會稽徐氏鑄學齋本或是依蕭穆與江浙藏書家們商量達成的體例進行謄抄。另外,以會稽徐氏鑄學齋本爲底本的浙江圖書館排印本《章氏遺書》,每卷篇題下保存有完整的題注信息,與鳴野山房鈔本的題注信息一致。

概而言之,徐氏鑄學齋鈔本《章氏遺書》亦爲鳴野山房鈔本的一個分支,進而,浙江圖書館校印本《章氏遺書》也源自鳴野山房鈔本。浙江圖書館排印本《章氏遺書》刊發不久後,劉承幹嘉業堂不僅全面刊刻

---

① 《浙江公立圖書館年報·書目一》,民國四年(1915)十二月,第47—48頁。
② 《浙江公立圖書館年報·公牘》,民國四年(1915)十二月,第2頁。
③ 錢基博整理編纂:《復堂師友手札菁華》,第142頁。

了鳴野山房鈔本《章氏遺書》,"又益以已刊未刊諸書,都爲一集"。①嘉業堂本遠較浙圖排印本内容豐富完善,因此,儘管早兩年刊出,浙圖本這一與嘉業堂本同源之《章氏遺書》影響力遠不及後者。

五、内藤湖南藏鈔本《章氏遺書》

内藤虎次郎,字炳卿,號湖南,是近代日本最爲著名的中國學者。"他於一九〇二年讀到章學誠的代表作《文史通義》後,對其身處乾嘉考據之世而志在理論建構之獨特學術大加贊賞。"②隨後,他便長期關注章學誠的學術思想及其文本搜集,撰寫了學界第一部關於章學誠的年譜——《章實齋先生年譜》。該《年譜》連載於日本大正九年(1920)十一月、十二月的《支那學》第一卷第三號、第四號。《年譜》一出,立刻引起中國學界震動,胡適痛心疾首稱:"我做《章實齋年譜》的動機,起於民國九年冬天讀日本内藤虎次郎編的《章實齋先生年譜》……最可使我們慚愧的,是第一次作章實齋年譜的乃是一位外國的學者。"③是以胡適發奮重新撰寫了一部《章實齋先生年譜》,經姚名達訂補,流傳廣泛,但内藤湖南的"首倡"之功不可没。

不僅内藤湖南的《章實齋先生年譜》強大的籠罩着中國學界那些章學誠學術愛好者,而且,在那個章著刊本不全、章著稿鈔本又極爲罕見的年代,内藤所藏的鈔本《章氏遺書》也令國内學者魂牽夢繞。胡適就請友人青木正兒幫忙借抄内藤所藏鈔本的目録,1920 年 12 月 14 日胡適《致青木正兒》云:"《支那學》第三號上有内藤先生作的《章實齋年譜》一篇,我也是愛讀章氏書的人。但《章氏遺書》此時很不易得。《文史通義》之外的遺文,我僅搜得四五十篇。内藤先生説他去年得鈔

---

① 章學誠:《章學誠先生遺書·劉序》。
② 黄俊傑、陶德民主編:《内藤文庫藏鈔本〈章氏遺書〉·出版引言》,《東亞儒學資料叢書9》,臺大人社高研院東亞儒學研究中心出版,2017 年,vii。
③ 胡適:《章實齋先生年譜·胡序》,《胡適文集7》,第 25 頁。

本《章氏遺書》十八冊。這一句話引起我的'讀書饞涎'不少！內藤先生是否有意刊布此項遺書，若一時不刊布，他能許我借觀此書的目錄嗎？"①1921年2月3日胡適再次給青木正兒的信云："你的手鈔本內藤先生藏本《章氏遺書》的目錄，已收到了。我不知道應該怎樣謝你的熱心與高誼。"②可知，胡適雖然如願見到了內藤藏鈔本《章氏遺書》的目錄，但并未親見鈔本。

胡適之後，苦尋章氏稿鈔本而不得的姚名達，於1928年1月11日寫信給內藤湖南云："名達校讀章學誠先生之書於今三年，尚欲敬求寶藏《章氏遺書》鈔本一校，并思得京都某店朱少白自筆文稿一讀，不知先生能慨助之乎？抑俟四月來莅，遂携示之乎？"③然而，畢竟十八巨冊的精鈔精校本太過於珍貴，而且遠洋阻隔，姚名達終未能實現東渡日本搜尋章著文本的願望。內藤藏鈔本《章氏遺書》對於國內學界來説始終如一個蒙着面紗的女郎，令人神往。

內藤湖南去世之後，其藏書被關西大學購入。2016年臺灣大學人文社會高等研究院東亞儒學研究中心獲得關西大學圖書館的正式授權，將內藤文庫所藏鈔本《章氏遺書》作爲《東亞儒學資料叢書》之一種影印出版。而且祇需向臺大人文社會高等研究院東亞儒學研究中心提出申請，既可免費獲得贈書，極大地便利了內藤藏本之學術研究和利用，嘉惠學林匪淺。陶德民《鈔本〈章氏遺書〉景印弁言》指出：

> 據內藤本人上述數文中的記叙，特别是內藤文庫所藏該鈔本的附屬信件，此鈔本乃是一九一九年四月十六日由上海英租界的日系會社"樂善堂書藥房"擔任中國書籍販賣的岸田太郎以郵包

---

① 胡適：《書信1920》，《胡適全集》第23卷，安徽教育出版社，2003年，第277頁。
② 胡適：《書信1920》，《胡適全集》第23卷，第298頁。
③ 見內藤文庫藏姚名達於1928年1月11日寫給內藤湖南的書信。黄俊傑、陶德民主編：《內藤文庫藏鈔本〈章氏遺書〉》，《東亞儒學資料叢書9》，臺灣大學人文社會高等研究院東亞儒學研究中心，2017年，卷首圖像，第13頁。

寄給時在京都大學執教的内藤,信中告知"遵命買下的鈔本章學誠遺書",目次仍是依照王宗炎原定編次,但是故意未將已經刊刻的《文史通義》中之各編抄存其中。太郎在信中要價"二百五拾圓",説是"以今日之困難行情,這已是竭力加以討價還價的結果,如果您萬一不要的話,敬請寄回,以便讓與他處"。①

我們可以知道這部鈔本《章氏遺書》由日本書商岸田太郎幫内藤湖南購入,且價格不菲。對於該本的由來,陶德民從參與抄寫者金興祥的感言中得知"此鈔本乃是孫問清以厚酬聘請的秀才們精心抄校的《章氏遺書》"。②金興祥,名頌清,浙江秀水人,他年輕時曾經參與到《章氏遺書》的抄寫工作,後因其爲中日之間古董商的身份,而與内藤湖南交往密切。所以當他於1922年在内藤家中看到曾經參與抄録的《章氏遺書》時,不勝感慨。今内藤所藏鈔本第九册最後一頁有金氏親筆感言云:

> 丙申年(1896)秋季,諸暨孫問清太史廷翰以章實齋先生文稿囑鈔録一册,今年春三月内藤湖南出以見視,始知此全書歸於先生鄴架,時隔二十五年,不勝滄桑之感,特識,歲月壬戌三月秀水金興祥。③

蕭穆《記〈章氏遺書〉》云:"光緒十七年(1891)辛卯冬……十二月朔日,同諸暨孫問清太史廷翰往訪小雅。觀所藏各古書善本,中有舊鈔《章實齋先生遺書》三十四册,云爲其鄉人沈霞西家藏本。"④可知,孫廷

---

① 陶德民:《鈔本〈章氏遺書〉景印弁言》,xi。
② 陶德民:《鈔本〈章氏遺書〉景印弁言》,xi。
③ 黄俊傑、陶德民:《内藤文庫藏鈔本〈章氏遺書〉》第二卷第九册,《東亞儒學資料叢書9》,第1186頁。
④ 蕭穆:《敬孚類稿》,第259頁。

第四章 從"遺稿"到"定本"

翰曾與蕭穆一起拜訪章善慶并參觀舊鈔《章實齋先生遺書》。蕭穆日記内還多次出現與孫廷翰、章壽康兄弟一起交往的記載。① 由孫廷翰與這部抄本的關係，我們不難推測，當蕭穆在頻繁借抄的同時，孫廷翰很可能也在做着同樣的事情。

"丙申年（1896）秋季"時，章善慶已經去世，該書被其兄章壽康抵押到醉六堂無力贖回。光緒二十四年（1898）三月十八日《日記》又云："到千頃堂還《玉銘堂集》十二本，又入北門，訪孫問清并晤孫藹人一談，與問清言代章石卿贖《章氏遺書》等，伊允之。乃別到裱工處，以曾文正對聯屬爲補完，又出北城，到石卿處一談，并言問清代贖《章氏遺書》事。"因此，當章壽康將嗚野山房鈔本《章氏遺書》抵押在醉六堂無力贖回時，孫廷翰在蕭穆的周旋下曾答應代章壽康贖回。儘管最終代贖者是蕭穆的另一友人周萊仙，這也足以説明孫廷翰對這部鈔本《章氏遺書》相當關注。而且，孫廷翰與醉六堂主人吴申甫交往也相當密切，又因《章氏遺書》卷帙浩繁，傳抄并非一蹴而就之事，所以他對《章氏遺書》的傳抄很可能從見到這部抄本開始一直持續到該書被抵押期間。"孫問清囑鈔的《章氏遺書》的底本，可能就是他所見過的章小雅購得的沈霞西原藏本"。②

此外，内藤湖南藏鈔本《章氏遺書》來源於沈復粲的嗚野山房鈔本還可以從該本册前《章氏遺書目録》的書寫特徵及抄寫内容等方面進行證明。嗚野山房鈔本按照寫作時間、寫作地點或内容體例等分爲三十三册，儘管以"原學篇"開頭的一册册前有"蕭山王宗炎編次《章氏遺

---

① 如光緒十八年七月廿三日《敬孚日記》云："乃至醉六堂書坊，問清已先至。章碩卿後亦至，小坐談，申甫設饌，上樓共飲。"光緒十八年十月廿九日《日記》云："癸未，晴，早間出門坐小車入南城至孫公館晤問清及藹人，談久之。同□往處西城，坐車至安康里晤碩卿，談話觀書，茶食久之，問清他去，余後閲書在此。"光緒十八年八月八日《日記》："癸亥，晴有雲風。早臨《化度寺碑》。章碩卿來，與談久之，乃同訪口某，并晤筱唐一談。後同碩卿小步入西城，訪孫問清，并晤藹人，坐談觀書，久之，午食後，各别。"光緒十八年壬辰十月廿九日《日記》："早間出門，坐小車入南城至孫公館，晤問清及藹人，談久之，同□往處西城，坐車至安康里晤碩卿，談話觀書，茶食久之，問清他去，余後閲書在此。"
② 陶德民：《鈔本〈章氏遺書〉景印弁言》，xv。

書目録》",却并未按照王《目》進行編排。但是,王《目》每條下皆標有"題注",如"已刻""同上",或該篇所在册册名如"戊申録稿""庚戌鈔存通義""傳記小篇""邗上草"等。今内藤藏本第一册前就附有王宗炎編次《章氏遺書目録》,且每篇篇名下的題注信息與鳴野山房鈔本一致。因此,王《目》及題注信息可爲兩者的關係再增加一層證據。

再者,内藤所藏鈔本是依照王宗炎編次《章氏遺書目録》進行抄録,但秖抄寫大梁刻本《文史通義》《校讎通義》所無的篇章。有些篇章如《禮教》《所見》僅見於鳴野山房鈔本流傳體系,也可以證明内藤藏本源於鳴野山房鈔本。

小結

綜上所述,鳴野山房鈔本《章氏遺書》在章氏著述稿鈔本和刊本系統中皆占據重要地位。今國家圖書館藏瀟雪氏節鈔本、北京大學藏柯逢時鈔本,浙江圖書館藏徐氏鑄學齋鈔本,南京圖書館藏之《蕭敬孚雜著》中有關《章氏遺書》的部分,以及上海圖書館藏《蕭敬孚書章實齋文集》、上海圖書館藏《章實齋先生遺稿》等皆是源自鳴野山房鈔本之傳鈔本。再就刊本來看,鳴野山房鈔本不僅是號稱搜羅章氏著作最備之嘉業堂刊本《章氏遺書》的底本,也是浙江圖書館校印本《章氏遺書》的底本。其他如《風雨樓叢書》之《乙卯劄記》《丙辰劄記》以及《古學彙刊》之《章實齋文鈔》等皆源自鳴野山房鈔本。

另外,上海圖書館藏有沈善登編《豫恕齋叢書》寫樣紅印本,包括有《章氏遺書》寫樣本一册,①封面寫有"章氏遺書三種",内容包括《乙卯劄記》一卷、《知非劄記》一卷、《論修史籍考要略》一卷。《乙卯劄記》册末有"此實齋先生五十八歲以前所記,復粲",《知非日札》册末有"右札戊午己未所記,亦從其嗣君杼思先生借鈔,道光八年秋仲屬石樓

---

① 上海圖書館藏:《章氏遺書》寫樣本三種(譚獻校)、沈善登編《豫恕齋叢書》二十一種,索書號:783231—55。

姪録校竟 志此"。由《乙卯劄記》《知非日札》册末的沈復粲跋,可知《豫恕齋叢書》内的《章氏遺書》亦來源於鳴野山房鈔本。是以鳴野山房鈔本在章學傳播過程中影響深遠,可以構成一部章學流傳史。

第五章
王氏十萬卷樓鈔本《章學誠全集》研究

十萬卷樓是清代著名蕭山藏書家王宗炎、王端履父子的藏書樓。王宗炎(1755—1825),字以除,號穀塍,乾隆四十五年(1780)進士,著有《晚聞居士遺集》。以藏書十萬餘卷,因名其藏書樓爲"十萬卷樓"。其子王端履,字福將,號小穀,嘉慶十九年(1814)進士,官翰林院庶吉士,繼承乃父藏書,又將書樓命名爲"重論文齋""南野草堂",著有《重論文齋筆錄》等。王宗炎是章學誠晚年歸故鄉之後最重要也交往最爲頻繁的友人,章氏去世前,曾將"全稿付蕭山王穀塍先生乞爲校定",①十萬卷樓鈔本《章學誠全集》有可能是在這一背景下抄錄而成。王宗炎《復章實齋書》②一文對章氏著述之編次提出初步設想,隨後他又編成的《章氏遺書目錄》因被嘉業堂刊《章氏遺書》采用而廣爲人知。然而,十萬卷樓鈔本《章學誠全集》内的編次與以上兩者皆異,爲章氏著述編次之爭提供一新考察視角。該本有超出章著刊本之外的跋語、佚文,也有流傳過程中收藏者新增之批校,不僅具有重要文獻價值,亦有助於考察章學誠學術之傳播和接受情況。

---

① 章學誠:《章學誠遺書·附錄》,第 622 中頁。
② 詳參王宗炎:《晚聞居士遺集》卷五,《清代詩文集彙編》第 440 册,第 681—682 頁。

第五章　王氏十萬卷樓鈔本《章學誠全集》研究

第一節　王氏十萬卷樓鈔本概述

　　國家圖書館藏王氏十萬卷樓鈔本《章學誠全集》共五種十八卷十六册。每册封面依次題有"章學誠全集一"至"章學誠全集十六止"。藍格，左右雙欄，黑口，單魚尾，板心下方鎸有"十萬卷樓鈔本"，每半頁十一行，行二十字，小字雙行同。"章學誠全集一"前有寫於無行格紙上的章華紱《序》，上有平步青批校并鈐有"步青"印（朱文方）。

　　"章學誠全集一"至"章學誠全集四"包括《文史通義·内外篇》八卷，"章學誠全集五"爲《文史通義·雜篇》一卷，"章學誠全集六"爲《校讎通義》三卷，"章學誠全集七"爲《湖北通志檢存稿》一卷，"章學誠全集八"至"章學誠全集十六"，分別是《雜文》五卷的内容。其中，"章學誠全集一"目録頁卷端題"文史通義卷第一"，下鈐有"北京圖書館藏"印（朱文方）、"知唐桑艾"印（朱文長方）、"安越堂藏本"印（朱文方）。"文史通義雜篇""校讎通義卷第一""湖北通志檢存稿""雜文卷一""雜文卷二""雜文卷三""雜文卷四""雜文卷五"目録頁上皆鈐有"知唐桑艾"朱文長方印和"安越堂藏本"朱文方印。

　　十萬卷樓鈔本内的"步青"與"安越堂藏本"兩印，是晚清山陰文史大家平步青之印。該本正文内還有平步青批校以及所書夾簽。平步青藏書豐富，安越堂是他的藏書樓名。平氏嫻熟掌故，長於考辯，對鄉邦文獻尤傾心訪求、整理和刊刻，同鄉前輩章學誠的著作就是他搜求的重點之一。平步青曾於"咸豐庚申（1860），過夏京師，於琉璃廠書肆得十萬卷樓《章氏遺書》鈔本殘帙十一"，[①]由"步青"和"安越堂藏本"兩印不難推測國圖藏十萬卷樓鈔本《章學誠全集》應該就是他於琉璃廠書肆所得之"十萬卷樓《章氏遺書》"。平步青的部分藏書後被周作人於

---

① 平步青：《樵隱昔寱·文史通義雜篇實齋文略外篇跋》卷一五，《香雪崦叢書·丁集》本，第五頁五，《清代詩文集彙編》第720册，第329頁。

1942年在杭州書店購得,周氏云:"兵火以後,浙中書籍散出,偶從杭州購得安越堂平氏舊藏雜書若干種,中有十萬卷樓王氏鈔本《實齋全集》十六册。"①可知這部鈔本曾遞經平步青、周作人收藏。

關於該鈔本的册數,平氏云"十萬卷樓《章氏遺書》鈔本殘帙十一",周作人所得爲"十萬卷樓王氏鈔本《實齋全集》十六册",今國圖藏本爲十六册。檢鈔本正文字體并没有明顯變化,當爲一人所鈔,但鈔本前的目録筆迹乃平步青所書。或許是平氏得到"殘帙十一"之後,依照正文内容寫目録附於前,并按照内容多寡分成十六册。

第二節　章學誠臨終托命與王宗炎編次《章氏遺書目録》

一、章學誠與王宗炎交游考略

據章學誠次子章華紱序所述,章學誠去世前曾將"全稿付蕭山王穀塍先生乞爲校定",足見章學誠與王宗炎交情匪淺。王宗炎較章氏小十七歲,章學誠長年奔波在外省,直到"乙卯(1795)返故鄉"時,已經有"四十五年不家居,二十年不踐鄉地"。②儘管如此,章學誠與同爲浙江人士年少聰穎的王宗炎相識頗早,《汪氏二節母家傳》云:"羅舉人有高、王舉人宗琰、邵編修晋涵,先後自浙江來京師,爲汪子敦趣至於再四。今王君出京年餘,羅君歸家死半歲矣。"③羅有高去世於乾隆四十五年(1780),那麼至少在此之前章學誠就已經結識了自浙江來京師的"王舉人宗琰"。但是,祇有章學誠晚年返鄉後與王宗炎往來纔日益頻繁。

通過兩人共同好友汪輝祖的記載,可對章、王二人交游情況略作梳

---

① 《文史通義雜篇·文史通義逸文》,《國立華北編譯館刊》1943年第2卷第5期,第10頁。
② 章學誠:《章學誠遺書》卷二八《外集一》,第319頁上。
③ 轉引自鮑永軍:《章學誠佚文一篇》,《古籍整理研究學刊》2003年第2期,第49頁。

第五章　王氏十萬卷樓鈔本《章學誠全集》研究

理。汪輝祖(1731—1807),字煥曾,號龍莊,游幕爲生,以吏治聞名。他著述宏富,尤精於史學,論著有《元史本證》《九史同姓名略》《三史同名錄》等。另有《病榻夢痕錄》與《夢痕錄餘》,是他本人晚年親訂自傳。《夢痕錄餘》嘉慶六年辛酉條云:

> 聞章實齋十一月卒。余交實齋三十二年,踪迹闊疏。甲寅歸自湖北,就館近省,往來吾邑,必過余叙談。見余撰述,輒作序言、書後以贈。去春病瘖,猶事論著,倩寫官錄草。今夏屬志歸廬,實齋易名豫室,中有數字未安,郵筒往反,商榷再三。稿甫定而疾作,遂成絶筆。昔二雲言實齋古文根深實茂,重自愛惜,從無徇人牽率之作。文棄盈篋,數月前,屬穀塍編次,異日當有傳人也。①

汪輝祖於乾隆三十四年(1769)"正月趕赴禮部會試,交瑞金羅台山、會稽章實齋",②至嘉慶六年(1801)已"交實齋三十二年"之久。章學誠從湖北返鄉後,"往來吾邑,必過余叙談",足見兩人關係密切。而汪氏所云之"見余撰述,輒作序言、書後以贈"之語可在今《章氏遺書》中尋得證明,如《三史同姓名錄序》《史姓韵編序》《書汪龍莊越女表微錄後》等皆是章學誠給汪輝祖寫的序或書後。另外,鮑永軍《汪輝祖研究》著錄了四篇章氏佚文《汪氏二節母家傳》《〈雙節堂雜錄〉序》《汪龍莊七十壽言》及《汪煥曾豫室志銘》。③ 汪輝祖嘉慶六年稱"今夏屬志'歸廬',實齋易名'豫室',中有數字未安,郵筒往反,商榷再三。稿甫定而疾作,遂成絶筆",那麽,《汪煥曾豫室志銘》很可能是章學誠絶筆之作。

---

① 汪輝祖:《病榻夢痕錄餘》,"六年辛酉七十二歲"條,清道光三十年(1850)龔裕刻本,第六十五至六十六頁,《續修四庫全書》第555册,第717—718頁。
② 汪輝祖:《病榻夢痕錄》卷三,"乾隆三十四年"條,第三十六頁,《續修四庫全書》第555册,第626頁。
③ 參鮑永軍:《汪輝祖研究》,浙江大學博士學位論文,2004年,第34—40頁。

汪輝祖與王宗炎也交情深厚。王宗炎《汪龍莊行狀》一文所述最能反映兩人的關係，其云：

> 宗炎始冠而識君，君年長過倍，折行輩與交三十餘年。資其直諒多聞，規誨補救以自淑也。及君徙居，衡宇相望，無日不相往來，通書而讀，易子而教，心術之微，行事之詳，有它人所不及知者。君作《夢痕錄》，宗炎實發其端，謂不及今記載，後世誰相知傳君行事。比書之成，芟校商榷，咸與斯役。疾既革，握手訣別，以坿身坿棺儀事囑宗炎助正。蓋君交最慎，心知不過數人，老而零落殆盡，惟宗炎終始之。①

汪輝祖與王宗炎相識、相交三十餘年，不僅"易子而教"，且汪輝祖《夢痕錄》之撰寫也緣起於王宗炎，王氏還參與了書成之後的"芟校商榷"。甚至汪輝祖在身後事的安排上亦"囑宗炎助正"，足見王宗炎與汪輝祖倆人關係之密切。

汪輝祖與章學誠、王宗炎二人皆過從甚密，章、王之交或是因汪輝祖而更進一步。章氏與汪輝祖的書信往來中多次提到王宗炎，如《與汪龍莊書》開篇就云："穀朕來，又得手書，輒當晤語，把玩無已。"②又《與汪龍莊簡》云："前日過蕭山，又值大雨，與王十三盤桓半日。……聞王十三言，令子愛讀古書，足下怪其不爲時墨。"③章學誠在《汪龍莊七十壽言》中還說："忘年宿契，進士穀朕，學優趣超，朝夕嚶鳴。"④可見，章學誠、王宗炎、汪輝祖三人過往密切，章學誠本人對王氏學問評價頗高。

汪輝祖嘉慶六年《病榻夢痕錄餘》云：

---

① 王宗炎：《晚聞居士遺集》，《清代詩文集彙編》第440冊，第731頁。
② 章學誠：《章學誠遺書》卷九《文史通義·外篇三》，第82頁下。
③ 章學誠：《章學誠遺書》卷二九《外集二》，第334頁上。
④ 參邵晉涵、章學誠等編：《汪輝祖行述》卷二，臺北廣文書局1977年影印傅斯年圖書館藏清刊本，第28頁。

第五章　王氏十萬卷樓鈔本《章學誠全集》研究

　　是歲穀塍主講杭州紫陽，莨汀客游江蘇，覿瞻老病，昂若遷居，門無來客，寂寥益甚。幸武進臧茂才序東（自注：鏞堂號拜經，經術淵窔，性情肫摯。）寓居西湖，代徵雙節文字，手書稠叠，情溢楮表。敦甫亦以都門徵得詩文，聯翩寄惠，時時展誦，藉爲忻慰。①

汪輝祖指出他與主講紫陽書院的王宗炎和寓居西湖的臧鏞堂等在嘉慶六年文墨往來頻繁。鳴野山房鈔本《丙辰山中草》册前有臧鏞堂《跋》，其云：

　　《論文十規》《古文十弊》《淮南子洪保辨》《祠堂神主議》等偉論閎議，又復精細入神，切中文學之病，不朽之作也。有時文序二首及與人書之無要者，當删之。穀塍先生以此册惠讀，即以鄙見質之然否。武進臧庸堂識於杭州紫陽别墅之校經亭。

將臧鏞堂跋與汪輝祖《病榻夢痕録餘》的記載聯繫起來看，知王宗炎主講紫陽書院時，曾將章學誠《丙辰山中草》這册文稿給正寓居於此的臧鏞堂閲讀。臧氏之學與章學誠頗異，若非這些跋語、日記，我們很想難想象章學誠的著作會通過王宗炎的關係被臧鏞堂閲讀品鑒。它們不但讓我們了解了汪輝祖、臧鏞堂、王宗炎與章學誠之間的交游與學術交流，更讓我們知道，在章學誠生前，其學已通過種種途徑得以在學友之間傳播，并引起共鳴與討論。

　　再者，李慈銘《日記》中"閲王穀人《晚聞居士遺集》爲文八卷詩一卷共九卷"條，對王宗炎及其生平學術評價云：

　　先生名宗炎，字以除……粤東學者奉爲魁艾，而蕭山人至今猶

---

① 汪輝祖：《病榻夢痕録餘》，"六年辛酉七十二歲"條，第六十四頁，《續修四庫全書》第555册，第717頁。

以小進士呼之,蓋先生登第時年甚少也。先生聚書甚富,於《易》《詩》《書》《禮》《公羊春秋》《爾雅》《孟子》皆有論撰。與同郡章進士實齋、同邑汪吏部厚叔交最厚。實齋通史學攻古文,厚叔精於諸子之學,而先生族弟福建巡撫南陔先生深研經義文字。互相淬厲,所得甚宏。①

李慈銘稱王宗炎與章學誠和汪輝祖的四子汪繼培"交最厚"。汪繼培字厚叔,號蘇潭,繼承并完成乃父所著之《遼金元三史同名録》等,校《列子》,輯《尸子》,於諸子之學頗有研究。由章、汪二人的日記、行狀、跋文,以及同鄉後輩李慈銘的記載,可知,章、汪二人雖年長王宗炎一二十歲之多,但都折輩與之相交。

再來看王宗炎對章學誠的評價:

  實齋地產覇村,天挺史識,學古文於朱笥河太史,沉雄醇茂過於其師,尤長攻難駁詰之文,班范而下皆遭指摘,自謂卑論仲任,俯視子元,未免過詡。平心而論,夾漈之伯仲也。所著《和州志》《永清縣志》簡核可傳,爲畢秋帆尚書撰《湖北通志》,謝蘇潭侍郎修《史籍考》,皆未就。《遺文》數百篇及《文史通義》《方志略例》《校讎通義》秉存予家。生平不好吟咏,臨殁寄余《題隨園詩話》,持論甚正。②

此番評論指出章氏學術兩大重鎮一爲史學,一爲古文辭,稱章氏學力居"夾漈之伯仲也"亦頗爲中肯。章學誠晚年潦倒返鄉時,曾經的論學友人如周書昌、邵晉涵、任大椿、周震榮等皆先他而逝,弟子輩如章

---

① 由云龍輯:《越縵堂讀書記》,中華書局,1963年,第810頁。
② 阮元:《兩浙輶軒録補遺》卷七"章學誠字實齋會稽人乾隆戊戌進士官國子監典簿"條,清嘉慶刻本,《續修四庫全書》第1684册,第626頁。

汝楠、史致光等或遠在他鄉，或官務纏身。因此，他晚年學術往來以同鄉王宗炎、汪輝祖等紹興府學者爲主。汪氏年長章氏八歲，本已垂垂老矣。而王宗炎年富力强，家富藏書，根柢經史，與章氏論學旨趣相投，最終成爲章氏臨終托命之人。王家所藏章氏遺稿"《遺文》數百篇及《文史通義》《方志略例》《校讎通義》稿"，或許正是十萬卷樓鈔本之來源。

二、王宗炎與《章氏遺書目錄》之編次

章華紱稱"（章學誠）易簀時以全稿付蕭山王穀塍先生"，據汪輝祖《病榻夢痕録餘》可知章學誠直至去世前仍著述不斷，"稿甫定，而疾作，遂成絶筆"，章氏著述并未最終完成，勿論最終編次了。但是，章氏盈篋文稾在他去世"數月前屬穀塍編次"却是事實，尤以王宗炎《晚聞居士遺集》卷五《復章實齋書》一文所言最爲詳實。《復章實齋書》云：

> 奉到大著，未及編訂體例。昨蒙垂問，欲使獻其所知。始取《原道》一篇讀之，於"三人居室而道形"一語，尚有未能融徹者……《質性》篇題，欲改《文性》，亦似未安，不如竟題《性情》乃得……至於編次之例，擬分内外二篇，《内篇》又别爲子目者四……此區區論録之大概也。惟是藁本叢萃，而又半無目録，卷帙浩繁，體例複雜，必須徧覽一二過，方能定其去取。擬編出清目，俟稍有就緒，當先奉請尊裁。至於繕録，此時却無穩妥之人，緣大作無副本，不敢輕以示人，恐有損失，非細故也。總之，編次既定，繕録不妨稍需時日。《禮教》篇已著成否？……來論以儒者學識不廣，囿於許、鄭之説，此言深中近日之病。……《浙東學術》首條，今又改定數語，二篇記有藁本奉寄，如尊處不能檢，當别鈔寄也。《邵傳》無可商者，惟"所見所聞所傳聞"七字，似贅設，且"聞見"字下屢言之，似

可節去耳。謹復。①

回信内容涉及章著《原道》《浙東學術》兩篇的修改意見，對《質性》篇題之商榷以及對《禮教》篇撰寫情況之問詢等。《復書》也可證明，章氏去世前數月確已將其大著交到王宗炎處，否則不可能有章氏"昨蒙垂問"云云。此外，《復書》最主要的内容就是對章著"編次之例"的討論，《復章實齋書》内王宗炎初擬編次框架如下：

> 至於編次之例，擬分内外二篇。《内篇》又別為子目者四，曰《文史通義》，凡論文之作附焉；曰《方志略例》，凡論志之作附焉；曰《校讎通義》；曰《史籍考叙錄》。其餘銘志叙記之文，擇其有關係者，錄為《外篇》，而以《湖北通志傳藁》附之。此區區論錄之大概也。惟是藁本叢萃，而又半無目錄，卷帙浩繁，體例複雜，必須遍覽一二過，方能定其去取。擬編出清目，俟稍有就緒，當先奉請尊裁。②

王宗炎擬將章學誠的全部著作分為内、外兩篇，内篇包括《文史通義》《方志略例》《校讎通義》《史籍考叙錄》四個部分，外篇則僅有關係之"銘志叙記之文"和《湖北通志稿》。其中，《文史通義》僅包括論文之作，《文史通義》《校讎通義》判然為二，對於兩《通義》各自是否有内外分篇，内外之分的標準是什麼《復書》并未細述。

王宗炎《復書》之外，王氏還編次有一份《章氏遺書目錄》，但與《復書》的編次又有較大出入。這份王宗炎編次《章氏遺書目錄》共分三十卷，體例如下：

> 《文史通義·内篇》六卷，《外篇》三卷；《校讎通義·内篇》三

---
① 王宗炎：《晚聞居士遺集》，《清代詩文集彙編》第440册，第681—682頁。
② 王宗炎：《晚聞居士遺集》，《清代詩文集彙編》第440册，第682頁。

第五章　王氏十萬卷樓鈔本《章學誠全集》研究

卷,《外篇》一卷;《方志略例》二卷;《文集》八卷;《湖北通志檢存稿》四卷;《外集》二卷;《湖北通志未成稿》一卷。

這份《目録》將《文史通義》《校讎通義》各分内外,其他以類區分,并有《文集》《外集》之别。但《復書》内《文史通義》《校讎通義》都屬於"内篇"這一大類。爲何會産生兩種王氏編目呢?王宗炎最初得到的章著"藁本叢萃,而又半無目録,卷帙浩繁,體例複雜,必須徧覽一二過,方能定其去取",所以,《復書》恐怕秖能匆匆給章氏一初擬清目。然而,王宗炎編次《章氏遺書目録》是否爲"遍覽一二過"之後,定其去取,而編出的"清目"呢?又是否獲得了作者本人之認可呢?近人姚名達認爲,對於王宗炎《復書》中的編次,"實齋不置可否,殆已不及見此書"。① 易言之,姚氏認爲章學誠"天不假年,不能卒其所業,而自編爲書",章學誠還未來得及對王氏《編目》進行修訂就與世長辭了。所以,姚名達認爲"宗炎所擬編法,殆亦非其本意也"。② 然而,姚名達所述皆爲推測之詞,章學誠是否看到王宗炎這份編目恐怕難以定論。

又因王宗炎編次《目録》未得到章氏子嗣認可,引發頗多爭議。章華紱刊刻大梁本《文史通義》時稱王宗炎編目"有與先人原編篇次互異者"。《序》云:

道光丙戌,長兄杼思自南中寄出原草,并穀塍先生訂定《目録》一卷,查閲所遺尚多,亦有與先人原編篇次互異者,自應更正以復舊觀。先録成副本十六册……今勘定《文史通義·内篇》五卷,《外篇》三卷,《校讎通義》三卷,先爲付梓,尚有《雜篇》及《湖北通志檢存稿》,并《文集》等若干卷,當俟校訂,再爲續刊。③

---

① 姚名達著,羅艷春、姚果源選編:《姚名達文存》,江蘇人民出版社,2012年,第113頁。
② 姚名達著,羅艷春、姚果源選編:《姚名達文存》,第113頁。
③ 章學誠:《章學誠遺書·附録》,第622頁中。

此句"先人原編篇次"究竟何所指？或即章學誠在嘉慶元年左右自刻本《文史通義》之編次。梁繼紅考察指出：

> 歸納起來，章學誠《文史通義》自刻本共分爲四個部分，即《文史通義·內篇》《文史通義·外篇》《文史通義·雜篇》以及《雜著》，而且不分卷。但需要强調的是，《論課蒙學文法》名稱下題"雜著"字樣，這説明《論課蒙學文法》不屬於《文史通義》所有，僅是《文史通義》自刻本的附刻内容。《文史通義》本身當僅含内篇、外篇、雜篇三個部分。①

章華紱雖然祇刊刻了《文史通義·内外篇》八卷，《校讎通義》三卷，但他願望續刊的還有《雜篇》《湖北通志檢存稿》和《文集》三種。這種刊刻規劃與章氏生前自刻本四個部分《文史通義》内篇、外篇、雜篇以及《雜著》的形式較爲相似。然而，章華紱序的編次形式與章學誠自刻本的差異也非常明顯，最突出者在於自刻本實則分爲兩大部分，一爲《文史通義》，一爲"雜著"。内、外、雜之分篇僅在《文史通義》一書之内作區分。而華紱在《文史通義》之外，還分《校讎通義》《湖北通志檢存稿》《文集》等數種。

今北京大學圖書館藏有一套十六册的鈔本《章氏遺書》，即錢穆《記鈔本章氏遺書》所説："書肆挾鈔本章氏遺書來國立北京大求售，余携歸燈下檢讀，疑是實齋子華紱所録副本也。"②該本共三十二卷，其中《文史通義》内篇六卷、外篇四卷；《校讎通義》内篇三卷、外篇二卷；《方志略例》三卷；《文集》八卷、《外集》二卷；《湖北通志檢存稿》三卷、《湖北通志未成稿》一卷。③如果真爲章華紱抄録的副本，那麽其篇次竟然

---

① 梁繼紅：《章學誠〈文史通義〉自刻本的發現及其研究價值》，《章學誠國際學術研討會論文集》，北京圖書館出版社，2004年，第201—202頁。
② 錢穆：《中國學術思想史論叢（八）》，第391—398頁。
③ 梁繼紅：《章學誠著作稿本考述》，《書目季刊》第四十卷第四期，2007年，第72—73頁。

第五章　王氏十萬卷樓鈔本《章學誠全集》研究

跟他認爲"與先人原編篇次互異"的王氏編訂目錄有頗多相似之處。兩者僅在卷數多寡上略有差異，章華紱編本《文史通義·外篇》和《校讎通義·外篇》《方志略例》比王宗炎本各多一卷，《湖北通志檢存稿》較王本少一卷，所以整體上比王宗炎本多出二卷。但北大藏章華紱本基本框架也是分《文史》《校讎》《方志略例》《文集》《外集》《湖北通志檢存稿》《湖北通志未成稿》，與王氏編目如出一轍。

嘉業堂本《章氏遺書》以王宗炎編次爲主，然以之與章華紱編次的大梁本《文史通義》相比較，就會發現，儘管兩本《內篇》大致相同，但嘉業堂本《文史通義》除比大梁本《內篇》多出《禮教》《同居》《感賦》《雜說》諸篇外，篇章次序也多有不同。兩者最明顯的差異集中於兩《通義》外篇，嘉業堂本《文史通義·外篇》內容較爲駁雜，包括序、跋、書後、書信、家書等，而大梁本《文史通義·外篇》皆爲方志序例等方志類文章。因此，儘管章華紱的基本框架與王宗炎編目一致，但每卷內在篇目安排實則頗爲不同。

由於章華紱意欲刊刻完整《章氏遺書》的願望未能實現，大梁本《章氏遺書》祇以《文史通義》《校讎通義》兩種通行於世。世人罕能目睹章華紱副本《章氏遺書》鈔本之全貌，這也導致章華紱副本之整體編次框架幾乎淹没無聞。今日流行的章著編排，最終形成章華紱刊之兩《通義》的編次與嘉業堂所依之王宗炎編目對峙的格局。

三、十萬卷樓鈔本之編次

綜上所述，王宗炎對章學誠著述的編次有兩種，一爲《復章實齋書》內之編次，一爲王宗炎編次《章氏遺書目錄》。而章學誠次子章華紱對章氏著述的編次也存在兩種情況，一爲大梁本《文史通義》前序所稱之編次，一爲北大藏章華紱副本《章氏遺書》之編次。十萬卷樓鈔本《章學誠全集》既没有依王氏《復書》之編次，也没有按照王宗炎編次《章氏遺書目錄》進行編排，又與北大藏章華紱副本之編次不同，而是與大梁本《文史通義》書前章華紱《序》中所述編次相似。

十萬卷樓鈔本内容分别包括《文史通義·内外篇》八卷,《文史通義·雜篇》一卷,《校讎通義》三卷,《湖北通志檢存稿》一卷,《雜文》五卷,共五種。章華紱《序》云:"今勘定《文史通義·内篇》五卷,《外篇》三卷,《校讎通義》三卷,先爲付梓。尚有《雜篇》及《湖北通志檢存稿》,并《文集》等若干卷,當俟校訂,再爲續刊。"①十萬卷樓鈔本與章華紱序非常相似,即《文史通義》包括内、外、雜篇三個部分,《校讎通義》無外篇。其中,十萬卷樓鈔本内的《雜文》部分當對應著章華紱所説的《文集》部分,這也是兩者唯一不同處。尤其是十萬卷樓本兩《通義》的具體篇目順序與大梁刊本兩《通義》完全一致。因此,筆者認爲王氏十萬卷樓鈔本或許是王端履在抄寫過程中,依據章華紱《序》中所云之編進行的有意編排。

據上文所引梁繼紅語可知,章華紱序中之編次與章華紱副本編次框架互有出入。而且,十萬卷樓本《雜篇》這部分内容很少,僅包括《士習》《同居》《立言有本》《論修史籍考要略》《書史學例議上、下》《史篇别録例議》《讀史通》《讀北史儒林傳隨劄》《感賦》《吴澄野太史歷代詩鈔商語》《封公家訓爲南路同知李使君撰》《刪定曾南豐南齊書目録序》《節抄王知州雲龍略序》《歲暮書懷投贈賓谷轉運》諸篇,與章氏自刻本中《文史通義·雜篇》皆是關於論學之書信者并不一致。② 儘管十萬卷樓本《雜篇》篇幅很少,但文體多樣,似爲倉猝結集,没有一定規律,很難揣測《雜篇》部分究竟出於何種標準編次而成。

另外,十萬卷樓本《雜文》五卷篇目以類相從,雜文卷一、卷二皆爲書信,雜文卷三爲記、序、後序、壽序、題辭諸文,雜文卷四爲書後、題跋

---

① 章學誠:《章學誠遺書·附録》,第622頁中。
② 梁繼紅指出章氏自刻本《文史通義·雜篇》包括以下篇目:《評沈梅村古文》《與邵二雲論文》《評周永清書其婦孫擔人事》《與史餘村論文》《又與史餘村》《答陳鑑亭》。并云:"而從《文史通義》自刻本之《雜篇》皆爲論學相關的書信來看,可以推定章學誠信中與論學相關者,應入《文史通義·雜篇》。"參梁繼紅:《章學誠〈文史通義〉自刻本的發現及其研究價值》,第202、204頁。

等文，雜文卷五包括議辨之文、雜説和書院條約等。與王宗炎編次《目錄》中《文集》《外集》雜錯書信序跋的模式又頗不同。

由於章華紱是在"道光丙戌，長兄杼思自南中寄出原草，并穀塍先生訂定《目錄》一卷"之後纔開始對章氏遺稿進行編次和刊刻大梁本兩《通義》。這時王宗炎已"旋游道山"。因此，筆者推測十萬卷樓鈔本《章學誠全集》或許是王宗炎之子王端履據章華紱序中所述編次之大框架，對於已刊兩《通義》，完全依照章華紱篇目編次；對於章華紱未刊部分則以類相從，斷以己意，進行篇目安排。至於王端履爲何不依照乃父王宗炎所編之《章氏遺書目錄》進行編次謄抄，因史料不足，筆者不敢妄自揣測。

第三節　王氏十萬卷樓鈔本之文獻價值

一、十萬卷樓鈔本之文本價值

經過文本的比較可知，王氏十萬卷樓鈔本部分篇章的文本與嘉業堂本《章氏遺書》一致，部分與大梁本《文史通義》一致，還有超出兩者之外的跋語、佚文等。這不僅可以彌補章著刊本之闕佚，爲章學誠學術研究提供更豐富的資料，還從一個側面説明章學誠稿鈔本流傳情況的複雜性。

例如，以章學誠最重要代表作《原道》三篇爲例，章氏自稱："鄙著《原道》之作，蓋爲三家之分畛域設也。篇名爲前人叠見之餘，其所發明實從古未鑿之竇。"①嘉業堂刊本與大梁刊本《原道》三篇文本差異頗大，②十萬卷樓本《原道》與大梁本內容一致。又如《史注》篇，嘉業堂刊本"史遷著百三十篇"下小字注云："《漢書》謂之太史公；《隋志》始

---

① 章學誠：《章學誠遺書》卷九《文史通義·外篇三》，第86頁上。
② 詳見本書第四章第三節"鳴野山房鈔本與嘉業堂底本關係考"內"以《原道》三篇爲例"的考證。

239

曰史記。"①大梁本"史遷著百三十篇"下小字注作:"《漢書》爲太史公,《隋志》始曰史記。"②而十萬卷樓鈔本又與嘉業堂本一致。再如,《横通》篇十萬卷樓本與嘉業堂本篇末皆附有"辛亥修麻城志"③云云,大梁本則無該段内容。因此,很難推定十萬卷樓本到底屬於章氏稿鈔本系統的哪條脉絡。

另外,《書教下》篇,嘉業堂本和大梁本内皆有邵晉涵跋,且跋文内容相同。十萬卷樓本正文内容雖與刊本一致,但是文末邵晉涵跋却與兩刊本相異。

《書教下》篇邵晉涵跋異同表

大梁本與嘉業堂本	十萬卷樓鈔本
邵氏晉涵云:紀傳史裁,參仿袁樞,是貌同心異,以之上接《尚書》家言,是貌異心同。是篇所推,於六藝爲支子,於史學爲大宗,於前史爲中流砥柱,於後學爲鹽叢開山。	邵二雲云:《書教篇》似奇似創,却是確論,却是至理。紀傳史裁,參仿袁樞,却是貌同心異,以之上接《尚書》家言,却是貌異心同,非深知古今學術淵源,不能窺見及此。洵史學中五丁開山手也。

比較可知,兩邵跋并無本質區别,祇是評價略有變化。刊本内的邵跋更推崇《書教篇》在學術史以及史學發展中的地位。十萬卷樓本可能是邵晉涵原跋,刊本内的邵跋或被章學誠進行了修飾潤色。

此外,十萬卷樓本還有較刊本多出正文與跋語的情況。如《假年》篇末較諸刊本多出"人貴博學能爲也,今人鶩博以求勝而已矣,用心異於古人,輒困客論而推明其意"句。另外,筆者發現廬江何氏鈔本較諸刊本在篇末也多出一句,"其視玩愒廢時者,害爲尤甚矣。而人惑疑其爲好學,蓋既不知學之所以爲學,則又安知好之所以爲好哉"。④ 何氏

---

① 章學誠:《章學誠遺書》卷五《文史通義·内篇五》,第41頁下。
② 章學誠著,葉瑛注解:《文史通義校注》,第237頁。
③ 參《章學誠遺書》卷四《文史通義·内篇四》,第40頁上。
④ 章學誠:《〈文史通義〉廬江何氏鈔本》册四,第440頁。

第五章　王氏十萬卷樓鈔本《章學誠全集》研究

鈔本多出部分與十萬卷樓鈔本又不相同，這說明對於《假年》篇到底如何結尾，章學誠猶豫難定，他寫作時應該寫過好幾種結語，是以在兩種鈔本和刻本之間互不一致。

又如，《通說爲邱君題南樂官舍》篇，十萬卷樓鈔本篇末較諸刊本多出：

> 此文去今十九年矣，覆取觀之，雖爲一時游戲之筆，而於義理實有發明，尤切時世風俗，及學者務博不精夸大失實之弊，非苟然也。邱君頗不甚取，文章嗜好，真有如面之不同也。
>
> 朱先生學甚通博，而宗主却少歸宿。一時門弟子能得先生仿佛者實鮮。故於先生所言多河漢置之。邱君則服習甚深，以謂金科玉律，不容稍異者也。故於文旨有異同者，多疑而不信，其誠篤不愧古人矣。然無犯無隱之義，不爲苟同之合，則有所未喻也。

十萬卷樓鈔本多出的兩段內容，當是章學誠在本篇寫成十九年之後"覆取觀之"的感慨。前段再次申明《通說》篇旨在批評"務博不精"的學風。後者則指出"邱君頗不甚取"的原因在於拘泥乃師文旨。章學誠"丙戌丁亥之交，與饒平邱君向閎同游太學，又同學文章於大興朱先生竹君"。① 儘管他與邱向閎同問學於朱筠，可他認爲"朱先生學甚博通，而宗主却少歸宿"，邱則視朱筠之言爲金科玉律。章學誠在《通說》正文內批評那些"徒泛騖以求通"的學風，認爲"惟即性之所近而用力之能勉者，因以推微而知著，會偏而得全，斯古人所以求通之方也"。② 由跋文可知儘管是面對老師和同門的異議，章氏這番學術見解直到晚年都沒有改變。

另外，十萬卷樓鈔本還具有補充章氏佚文的作用。嘉業堂刊刻

---

① 章學誠：《章學誠遺書》卷八《文史通義・外篇二》，第 76 頁下。
② 章學誠：《章學誠遺書》卷八《文史通義・外篇二》，第 77 頁上。

《章氏遺書》時附有《章氏遺書補遺》。劉承幹自識云："余既刻《實齋先生遺書》，益以外編十八卷，搜求其他著述……於各書采輯佚文，凡所得諸篇，今別編爲一卷，以附於後。庶治先生之學者，樂與共賞焉。惟據王《目》，尚有《士習》《與孫淵如觀察論學十規》等篇，又讀其《遺書》，見於自注者，有《諸子》《家史》《圓通》諸篇，則闕逸者當復不少。"①1985 年文物出版社影印出版嘉業堂刊本《章氏遺書》時，又"從北京大學圖書館藏章華紱鈔本選錄《與孫淵如觀察論學十規》等十四篇，和北京圖書館藏翁同龢藏朱氏椒花唫舫鈔本選錄《書左墨溪事》等四篇，約五萬餘言，分別作爲'佚篇'，標點排印在全書之後"。② 儘管經過以上兩次大規模的遺文搜輯工作，《士習》等篇還是湮沒無聞。事實上，十萬卷樓鈔本《文史通義·雜篇》内就收有《士習》篇。③ 早在 1942 年十萬卷樓鈔本《章學誠全集》流經周作人之手時，周氏就將《士習》《與孫淵如觀察論學十規》兩文請瞿兌之④錄出，刊登在《國立華北編譯館刊》上，并跋云：

  右《文史通義》逸文二篇。其一《士習》，據嘉業堂劉氏刻本《章氏遺書目錄》，列卷五《文史通義·内篇五》。其二《與孫淵如觀察論學十規》列卷七《文史通義·外篇一》。均注云："王目有，文缺。"案，目錄中注文缺者共有十二篇，後劉氏刻《補遺》一卷，所缺已十得八九。唯此二篇終未能得。劉君附識有"異日當廣爲蒐輯，以更期無憾"之語。兵火以後，浙中書籍散出，偶從杭州購得安越堂平氏舊藏雜書若干種，中有十萬卷樓王氏鈔本《實齋全集》

---

① 章學誠：《章學誠遺書·補遺》，第 605 頁上。
② 史城：《影印章學誠遺書序》，文物出版社，1985 年，第 9 頁。
③ 按，《士習》篇内容詳見"附錄二：《章氏遺書》佚篇"。
④ 按，瞿兌之名宣穎，別名益鍇，以字行。湖南長沙人。上海復旦大學文學士，卒業後歷任國務院秘書、國史編纂處處長、印鑄局局長、河北省政府秘書長、内政部秘書等職，並在天津南開大學、北平師範大學、燕京大學及輔仁大學等各校任教。

第五章　王氏十萬卷樓鈔本《章學誠全集》研究

十六册。於第五、第九兩册中,乃發現右記逸文二篇,居然在焉。因謀諸瞿兑之先生,倩人寫出。在編譯館館刊上發表。以快先睹。……中華民國壬午(1942)大寒節知堂記於北京。①

周作人跋後,還有瞿兑之跋語,對《士習》《與孫淵如觀察論學十規》進行了一翻評述,跋云:

> 又按,《士習》一篇,似即《文史通義》中《知難》之初稿,此粗而彼精,斯《士習》一篇之所以或亡也,然正不妨并存。《與孫淵如書》,矜情勝氣,俱已汰盡,獨於某公詆斥不遺餘力,蓋即論《女學》《詩話》之旨也。吾獨愛其中數語云:"區區可自信者,能駁古人尺寸之非,而不敢并忽其尋丈之善;知己力之不足以兼人,而不敢強己量之所不及;知己學之不可概世,而惟恐人有不得盡其才。"此真學問中見道之言,足當一篇坐右銘矣。兑錯附識。②

筆者比較發現,《士習》篇并非"《知難》之初稿"而是《感遇》篇初稿。筆者在第三章第三節"章學誠《感遇》篇文本比較研究"指出廬江何氏鈔本《文史通義》内《感遇》篇與刊本中存在較大差異。十萬卷樓鈔本《士習》篇的文本異同介於廬江何氏鈔本與刊本之間,當是章學誠撰寫修改《感遇》一文的過渡稿。《感遇》篇三種文本在篇題、正文之間皆有很大差異,本篇討論對象從普羅大衆的遇與不遇到轉向著重討論"士"的遇與不遇,考慮用"士習"作篇題,正突出章學誠寫作對象以士爲主的這種轉變。

二、十萬卷樓鈔本批校之價值

《章學誠全集》内還有不少批校内容,或是就鈔本與刻本之間的差

---

① 《文史通義雜篇·文史通義逸文》,《國立華北編譯館刊》1943年第2卷第5期,第10頁。
② 《文史通義雜篇·文史通義逸文》,《國立華北編譯館刊》1943年第2卷第5期,第10頁。

異進行說明，或是指出鈔本原文訛誤或欠妥之處，或是標出引文出處等。這些批校對了解不同鈔本與刊本之間的異同，以及加深對正文認識等有一定的幫助。

首先，對標題批校主要有以下幾例。《申鄭》篇副標題"書友人擬續通志昆蟲草木略叙後"下有批校云："小序刻本刪，貴陽本存。原籤於題下而以經字□不可解，似未見此序。"《和州志氏族表例議上》標題旁有批注云："刻本'例議'作'序例'。"這兩例是就刻本與十萬卷樓鈔本之標題異同進行的說明。又如，《史學例議上》篇題下有批注："歙程嗣章著，標題似當作'書史學例議上'。"因正文第一句云"《史學例議》不知何人所撰"，所以批校者指出作者爲程嗣章，并認爲標題前應加一"書"字。

其次，對正文內容的批校，如《校讎通義·校讎條理第七》"必取專門各家，亦如太史令尹咸校數術，侍醫李柱國校方技，步兵校尉任宏校兵書之例"①句有批語："依《漢志》原文當以任、尹、李爲次。"批校者指出章學誠寫作時任、尹、李的次序與《漢志》不一致。又如《補校漢藝文志第十》的右十之二"劉向校書之時，自領六藝、諸子、詩賦三略，蓋出中秘之所藏也。至於兵法、術數、方技，皆分領於專官"②上有批語："中壘校經傳、諸子、諸賦出自帝詔非自領，而以兵書、術數、方技分領於人也。先生似未核。"《史學例議下》篇首段"八法八則"③批注云："法字宜寫瀘字。"同篇"強分太史爲左，内史爲右者謂非"④批注云："謂非，謂字疑爲字。"除了對章學誠寫作中出現的訛誤進行指正外，還有對鈔胥手誤進行說明者。如《漢志諸子第十四》的右十四之一小字注"《漢志》歸道家，劉氏《七略》，道家兵家互收"⑤黏有簽條云："五收當時互收。"以上對正文的這些批校，或是對作者本人訛誤或失察進行說明，

---

① 章學誠：《章學誠遺書》卷一〇《校讎通義·内篇一》，第98頁下。
② 章學誠：《章學誠遺書》卷一一《校讎通義·内篇二》，第99頁中。
③ 章學誠：《章學誠遺書》卷七《文史通義·外篇一》，第64頁下。
④ 章學誠：《章學誠遺書》卷七《文史通義·外篇一》，第65頁上。
⑤ 章學誠：《章學誠遺書》卷一二《校讎通義·内篇三》，第103頁中。

第五章　王氏十萬卷樓鈔本《章學誠全集》研究

或是對鈔胥手誤進行的更改。

再次，批校内容還涉及對引文的補充説明。如《與周次列舉人論刻先集》：“故有志於不朽之業，宜度己之所長而用之，尤莫要於能審己之所短而謝之。”①眉批有“本《潛邱劄記》”，指出此條引文出處。又如《書郎通議墓志後》“於德保公删去保字，而稱德定圃公，則又求爲不通而不得矣。德保爲名，而定圃爲字，截其名上一字，而連字爲稱”②句上有簽條云：“《退庵隨筆》卷二：滿洲書名多不繫姓，今公私稱謂，書札往來，皆但取首一字，此固有所本也。白香山《代朱忠亮答吐蕃東道節度使論結都離》稱‘論公麾下’；虞道園《正心堂記》稱‘忙哥帖木耳’爲‘忙侯’；近錢竹汀《金石文跋尾續》載至正二十二年《嘉定州重建儒學記》稱‘鐵穆爾普華’爲‘鐵侯’。蓋截取首一字以代姓，而其本姓自在。乃今人竟以首字爲姓，而以其下數字爲名，仿漢人單稱名之例。如‘論結都離’稱‘結都離’，‘忙哥帖木耳’稱‘哥帖木耳’，則於文理不可通矣。”此例即典型的引用他書中相似的説法來佐證章氏之説。

十萬卷樓鈔本的批校者還將該鈔本與諸刊本《文史通義》進行了比勘，不少批校内容是與刻本比較之後的異同説明。如上文已述《書教下》邵二雲跋語與諸刻本略有差異，在邵二雲跋語之後，有批語云“大梁刻本、杜刻繙本、粤雅堂叢書第五集本，光緒戊寅先生曾孫季真貴陽刻本，邵南江跋語等略異”。又如《詩話》篇在“《詩話》論詩，非論貌也”段上有眉批云：“此下刻本無。”另外，在《雜文》卷三部分篇目之上有“内集”“内”或“外集”“外”的標注，如《乾隆乙卯重修揚州唐襄文公祠記》篇題上方標“内集”二字，《嘉善周氏福禮堂記》《戴夫人課詩圖記》等文天頭上皆標“内”字；而《馮孟亭先生奉硯圖記》標“外集”二字，《仲賢公三世像記》標有“外”字。標“内集”“内”意爲此文在王宗炎編次目録的《文集》之内，標“外集”與“外”則意味着在《外集》部分。

---

① 章學誠：《章學誠遺書》卷二二《文集七》，第221頁下。
② 章學誠：《章學誠遺書》卷八《文史通義・外篇二》，第73頁上。

那麽,十萬卷樓鈔本內批校信息是何人所爲呢？筆者認爲當是該部鈔本被平步青收藏時,平氏所作的批校。上文已云鈔本前章華紱《序》內有平步青批校,批語末還鈐有"步青"朱文方印。平步青"《文史通義雜篇》《實齋文略外篇》跋"云：

> 咸豐庚申,過夏京師,於琉璃廠書肆得十萬卷樓《章氏遺書》鈔本殘帙十一。同治丙寅上元夜,取校《粵雅堂叢書》中《文史通義》《校讎通義》,有見於二書而王鈔無者,亦有王本有而不見於二書者。知爲《文史通義》《實齋文略》之初稿不完本也。……甲戌八月八日,病痁初起,假得郡城西街重遠堂楊氏所藏鳴野山房鈔本三十三册,爲沈霞西徵君故物。取二《通義》及王本檢勘,三日而畢,得多文二百三十五篇,囑友人録之。①

由跋文可知,平氏曾於同治上元夜將十萬卷樓鈔本與粵雅堂本《文史通義》和《校讎通義》進行了校讀。八年之後借得鳴野山房鈔本,又將之與"二《通義》及王本檢勘"。平氏將多出的二百三十五篇之文囑友人録之,成爲瀟雪氏節鈔本《章氏遺書》,現亦藏國家圖書館,其内也有不少批校内容。經比較可知,瀟雪氏本內與王氏十萬卷樓本内的批校字迹一致,批校特點也相一致。因此,筆者認爲十萬卷樓鈔本內的批校者爲平步青。

小結

作爲章學誠的臨終托命之友,王宗炎本人肩負着編次章氏稿本的重大使命。然而,王宗炎與章學誠之間的交誼却因史料難徵而罕有人道及,勿論他編目的歷程了。因嘉業堂刊本依王宗炎編次《章氏遺書

---

① 平步青:《樵隱昔寱·文史通義雜篇實齋文略外篇跋》卷一五,《清代詩文集彙編》第720册,第330頁。

第五章　王氏十萬卷樓鈔本《章學誠全集》研究

目錄》進行排版,似乎讓我們產生了對王宗炎編目并不陌生的錯覺。然而,王家所抄《章學誠全集》竟然并未按照王宗炎的編目排列,反與章氏子嗣的編次極其相似,這究竟是出於什麼原因? 當學界争論章華紱編次與王宗炎《編目》孰優孰略之時,王氏十萬卷樓鈔本無疑又給這場争論增加了一層迷障。另外,王氏《編目》與《復章實齋書》内擬目之差異,以及擬目到編目之間,王宗炎得是否得到了章學誠的反饋,若有,又是怎樣的反饋? 章學誠最終是否見到過王氏編次的《章氏遺書目録》? 他對這份目録是認可還是不滿呢? 奈何這些問題,因斯人已逝,我們也許永遠無法找到答案了。王氏十萬卷樓鈔本,無疑在提供給我們迷惑的同時也給了我們敲響警鐘——歷史事實的複雜性遠超出我們的想像。

　　章學誠一生顛簸於各地,晚年纔回到紹興老家。他年輕投於朱筠幕下,友人如邵晋涵、周震榮、吴蘭庭以及汪輝祖、王宗炎等皆是浙籍人士。他的諸多遺稿也先後被浙江友人、後輩傳抄不已,王氏十萬卷樓鈔本即是一個典型。王宗炎、王端履父子鈔竟之後,該本又被素來注重搜輯鄉賢文獻的平步青獲得。爲了補充闕佚,平氏花費了"二十餘年訪尋海内藏書故家",直到"同治壬申引疾歸田,始得沈霞西先生傳鈔本,校王本得多二百數十篇,爲之狂喜,倩人録之"。① 平氏之後,該本又被周作人於杭州書坊購得。章學誠有《浙東學術》一文,自覺建構起浙東學術的發展脉絡,倡導持世救偏的經史之學。章氏之後,"浙東史學"的學術譜系不斷被以"浙東"爲核心地域的學者接續與書寫。平步青給章學誠曾孫章筱同信中就稱:

　　　　私謂令曾祖先生,學術雖私淑念魯邵氏,而校讎、文史、辨僞訂訛,實有得於西京向、歆父子之傳。……令曾祖先生與東原久交,

---

① 平步青:《樵隱昔寱·答章筱同書》卷四,《清代詩文集彙編》第720册,第217頁。

而學術門庭迥別。稱同志者惟邵南江學士足與驂靳。自南江北徂,令曾祖先生南逝,而其學失傳矣。浙東學術自東發、深寧以來,遠有代緒,國初黃南雷、萬石園兄弟及念魯、全謝山氏而下,惟令曾祖先生遠紹獨肩。先生歾,而浙東學術不絕如綫。道咸宗滌甫觀察,頗以起衰自任,而授受無聞。鄙人少時妄以習聞先正自期,而才力駑下,又爲制舉仕宦所汩,不克自振。迨引病歸卧湖壖,亦思稍理故業,以收昔逋,而家難紛乘,心力日刦。及去春悼亡後,孑身隻影,生趣都盡,不特嚮學無從,并欲網羅放失,稍爲鄉先正萬一之助,亦不可得矣。昔人有言學術成否,有天有人,豈不韙哉。①

平步青在章學誠《浙東學術》一文建構的黄宗羲、萬斯大、萬斯同兄弟和全祖望外,又上溯至南宋黃震、王應麟,下增邵廷采、邵晉涵、章學誠、宗稷辰成爲浙東學術一脉相傳之譜系。"鄙人少時妄以習聞先正自期"也說明了平步青以浙東之學自任的决心。章學誠云"學術不可無宗主",或許正是這種先見之明,冥冥之中幫助了章學自身的發揚與傳播,使不少浙東後輩,紛紛投入對章氏稿鈔本的搜求傳抄與整理研究之中。章學誠雖然撰述了《浙東學術》,但其描述的"浙東學術"似乎還停留在概念層面。在他身後,不少浙東學者參與到保存、傳抄、刊刻章氏著作,賡續章氏之學,則無疑讓我們看到了"浙東學術"此一概念在歷史發展中的踐行與展開。

---

① 平步青:《樵隱昔寱·答章筱同書》卷四,《清代詩文集彙編》第720册,第218頁。

結　語

一、撰著時之興會：章學誠書寫文化史

　　無人能逃脱生命開端就伴隨着必然終結的命運，如何能夠超越死亡帶來的毁滅，超越不間斷、不可逆的時間流逝、萬物消散、尸身朽爛，達到"死而不朽"，就成爲人類産生以來不斷前進的動力。兩千五百多年前，叔孫豹云："大上有立德，其次有立功，其次有立言，雖久不廢，此之謂不朽。"①唯有聖人纔能立德，立功者又非寥寥時勢所造之英雄莫屬，因此，著書立説、藏之名山、傳之後人，就成爲衆多讀書人的志向與寄托。

　　章學誠自認"吾於史學，蓋有天授，自信發凡起例，多爲後世開山"，②其著書立説的使命感尤其强烈；同時，"至論學問文章與一時通人全不相合"③的章學誠，其懷才不遇的憤懣感也尤其强烈。當面臨着現實與理想的激烈衝突，面對着自己性之所近與時風趨向的差異時，今生的不幸似乎成了無法改變的天命。如何把滿腔的自負與悲憤運之於

---

① 《十三經注疏》整理委員會整理：《春秋左傳注疏》（《十三經注疏》本），北京大學出版社，2000 年，第 1152 頁。
② 章學誠：《章學誠遺書》卷九《文史通義·外篇三》，第 92 頁中。
③ 章學誠：《章學誠遺書》卷九《文史通義·外篇三》，第 92 頁中。

筆尖、凝聚成事業，以至於最終完成"爲著作之林校得失"的宏圖偉業，就成爲章學誠内心的執念與堅持。他最終的成品與理想出入幾何？在這個遠大的志向下，他是如何書寫這部偉大著作、其心路歷程又有何種轉變？現存的章著稿鈔本無疑默默承載着章學誠寫作過程中的幾多思緒。

（一）未竟的事業：一堆"流水草册"

當我們面臨大梁本與嘉業堂本兩種編次之争長期相持不下時，回視章著稿鈔本，尤其是臺圖藏的三十三册鳴野山房鈔本，纔恍然發現：原來章學誠去世前，其遺稿未來得及進行整理編次，他的"名山事業"最終祇是一堆"流水草册"。儘管在撰寫之初，章學誠就提出要"擬爲《文史通義》一書，分内、外、雜篇，成一家言"的宏大設想①；儘管在正文與自注内多次出現過"説詳《外篇》"，又有"補苴《文史通義》内篇"等關涉内、外、雜篇之字眼；儘管他易簀前宏著之編次已被提上日程。但遺憾的事實却是：自始至終，注重文章體例編排的章學誠，其畢生志向——《文史通義》一書并未最終編次定稿，"文史通義"祇是一部"未完書"。

由鳴野山房鈔本的流水草册形態順藤摸瓜，章學誠的寫作習慣逐漸顯現出來：先置空册—撰寫着述—寫滿結草—別置新册。即《癸卯通義草書後》所云："自七月初三日置册，結草訖九月初二日，閲兩閲月而空册已滿。……自此以後，更有著述，又當別置册矣。"②寫作進行一段時間之後，又需要作進一步的整理和歸類，"因衷録一年所著，分別撰述與雜體文字各爲一册。而一時隨筆所記，與因請而給者，不及裝册"。③鳴野山房鈔本内每册册名告訴我們：章學誠大致按照寫作時

---

① 倉修良：《文史通義新編新注》，第648頁。
② 章學誠：《章學誠遺書》卷二九《外集二》，第325頁下。
③ 章學誠：《章學誠遺書》卷二九《外集二》，第325頁上—中。

間進行分册，"以每年所著，各自爲編"的同時，又兼顧文章體例和寫作地點等。

　　章學誠在《韓柳二先生年譜書後》篇云："蓋文章乃立言之事，言當各以其時，即同一言也，而先後有異，則是非得失，霄壤相懸。……凡立言之士，必著撰述歲月，以備後人之考證，而刊傳前達文字，慎勿輕削題注，與夫題跋評論之附見者，以使後人得而考鏡焉。"①他認爲同樣的文本在不同的寫作時間，其内涵與作者意旨很可能存在霄壤之别，祇有保存"題注"信息，纔有助於考察寫作背後作者的心情與思想變化。遺憾的是，嘉業堂刊刻《章氏遺書》時依照王宗炎編次《目録》編排，原本各册文章被打亂重組，再加上本是"册名"的題注被删除，導致許多文章的寫作時間無從查起。所幸，鳴野山房鈔本及其再傳抄本内的題注信息被完整的保存下來，有助於我們考察章學誠著作的寫作時間、著作的高峰期以及學術思想的變遷。

　　在"刊傳前達文字"的過程中，後人"輕削題注"乃"前達"無可奈何之事，然而立言之士是否"必著撰述歲月"則屬於作者管控範圍。章學誠自稱寫作時注意對寫作時間和天氣變化的記載，《跋戊申秋課》云："流水草本，每篇之下，必注撰時日月，風雨陰晴，他日覆閲，則知撰文時之興會。"②但統觀章學誠鳴野山房鈔本、朱錫庚鈔本、王氏十萬卷樓鈔本、無涯有涯齋鈔校本等，諸本篇題下著録有寫作時間的情况却相當罕見。除其複重，僅有《詩教上》《感遇》《假年》《記游陽山九蓮寺》《題文丞相遺照》《題朱滄湄詩册》《答周筤谷論課蒙書》《再答周筤谷論課蒙書》篇題下注"癸卯"，《改正毛西河所撰徐亮生尚書傳》篇題下注"己酉四月"，《後嫂荀孺人行實》篇題下注"戊子"，《與族孫汝楠論學書》篇題下注"丙戌"，《與家守一書》篇題下注"戊子"，《書孝豐知縣李夢登事》篇題下注"癸巳二月"，《祭族子婦李孺人文》篇題下注"丁

---

① 章學誠：《章學誠遺書》卷八《文史通義·外篇二》，第70頁下。
② 章學誠：《章學誠遺書》卷二九《外集二》，第325頁中。

亥季冬"，《上畢撫臺書》篇題下注"己酉十二月二十九日"，《爲曹給事撰西軒義學碑》篇題下注"辛卯"，《上石君先生書》篇題下注"戊午六月"，《與邵二雲論學》篇題下注"庚戌"，《與邵二雲論修宋史書》篇題下注"壬子"，《爲長興紳士撰公祭湖北驛鹽道劉君父文》篇題下注"丁亥十月"，《爲歐陽先生撰祭塗母江太孺人文》篇題下注"庚寅六月"，共計二十一篇。這與現存六百多篇的章學誠著述總量來說，所占比例少得可憐。是以，章學誠實亦未踐行其"凡立言之士，必著撰述歲月"之宗旨。

總之，章學誠傾注畢生精力，立志要"爲千古史學闢其蓁蕪"①的《文史通義》并未最終完成，既未來得及進行系統的編次，也未能一一標注寫作時間，至於著述時之興會，祇留待我們在這些充滿異文的流水草册中去體會了。

（二）性不善書：鈔胥難題

現存章著稿本頗少，章學誠的親筆手稿更是罕見，就今所見，似祇有國圖藏《上慕堂光禄書》《上曉徵學士書》與田家英小莽蒼蒼齋藏章學誠寫給孫淵如的一封信札，但這三篇信札的字迹亦存在明顯差別。上圖藏的四册《章實齋稿》經專家鑒定"此稿部分爲手書初稿，部分爲謄清之稿"，②各篇字迹存在較大差異。這些文稿内書寫字迹之差異，揭示出章學誠"性不善書"，"生平撰著，皆不自脱稿，而委人繕寫"③的形象。《章實齋稿》内勾乙塗抹、删改潤色的痕迹，還直接呼應章學誠自述的文稿撰寫習慣，"所爲草稿……塗擩多者，則用粉黄拓之，鈎勒之筆，朱緑錯出"，④"性不善書，生平著作，皆倩人繕録。……此册所

---

① 章學誠：《章學誠遺書》卷九《文史通義·外篇三》，第82頁下。
② 上海圖書館編：《上海圖書館藏明清名家手稿》，第71頁。
③ 章學誠：《章學誠遺書》卷二九《外集二》，第325頁中。
④ 章學誠：《章學誠遺書》卷二九《外集二》，第325頁中。

草,竟無脱稿之人"。① 因此,我們不可以忽視在著作流通主要靠手抄的時代,"鈔胥"對性不善書却又文思泉涌的章學誠的重要性。

章學誠寫給朱錫庚的一封信云:"規正孫淵如書稿呈閲,中有圈點乃姚姬傳先生動筆,苦於鈔胥不給,不能另録,非不恭也。"②《答朱少白》又云:"此等文近年時有塗改,而鈔胥又不多得,故不能整齊便覽耳。"③可見,覓鈔胥謄抄文章并非易事。《又答朱少白書》云:"前所要諸件,塗抹難看,又夾雜亂訂腐爛册内,此間地方侷促難展,故擬到桐城借鈔胥耳。"④這封寫給朱錫庚的信竟然提到需要到"桐城借鈔胥耳"。可知,乾嘉時期文本通過傳抄進行流傳并不是一件輕鬆和隨意的事情,尤其是對窮困潦倒的章學誠來説尤其如此。

書信之外,章學誠在撰寫的跋文中也不止一遍提到謄抄問題。如在《癸卯通義書後》,他抱怨道:"此間書院生徒本少善書者,又皆游惰不知學業,命之繕録,都是勉强應命,是以不肯過煩勞之。又七八月間,生徒散去,應順天鄉試。此册所草,竟無脱稿之人。"⑤又如《跋酉冬戌春志餘草》云:"起己酉十一月二十四日霽雪夜寒,迄庚戌二月三日催花釀雨,得大小雜著文稿二十一件,占流水簿紙三十六番。值裴使君修《亳州志》,命掌故鈔書,因假以繕録脱稿。行有楚游,録本當携行笈,此稿藏於家,因書其後。"⑥作爲一名職業文墨者,章學誠往往藉志局鈔胥或書院學生幫忙謄抄,這些謄抄的"録本"是他保存與傳播自己學術成果的重要媒介。

很可能是受制於鈔胥難得,章學誠寄給友朋的書信多次出現囑咐友人相互傳閲或共觀録本的内容。如《上慕堂光禄書》云:"哀集所著《文史

---

① 章學誠:《章學誠遺書》卷二九《外集二》,第325頁下。
② 章學誠:《章學誠遺書·補遺》,第611頁上。
③ 章學誠:《章學誠遺書·補遺》,第609頁中。
④ 章學誠:《章學誠遺書·補遺》,第610頁下。
⑤ 章學誠:《章學誠遺書》卷二九《外集二》,第325頁下。
⑥ 章學誠:《章學誠遺書》卷二九《外集二》,第325頁上。

通義》,……謹錄三首,求是正！訖,轉致辛楣先生、朱春浦師。"①這封信寫於章學誠撰寫《文史通義》之初,是他早年對自己文章的一次重要推介。然而,章學誠不是給三位前輩分別寄去三篇文章,而是讓他們互相傳閱,很可能與鈔胥不足,所著文章謄抄困難或者花費太高有關。章學誠給朱錫庚的另一封信云:"鄙撰有《與陳觀民工部論史學》,即辨《湖北通志》者,已錄呈中丞足下,盍就近索觀之。"②在這裏我們可以看到,一部著作的流傳不僅與作者和讀者有關,還與默默無聞的"鈔胥"有着密切的關聯。不僅章學誠生前如此,他身後著述的流傳也是如此。沒有付諸雕版印刷之前,對於作品的保存和收藏祇能靠手抄,而謄抄一部內容龐大的《章氏遺書》并非易事,是否有足夠的財力、能否聘請到良工進行傳抄,直接關係到章氏著述能否流傳廣泛和傳之久遠的問題。

（三）勾乙塗改：比事屬辭關乎由文見道

一篇文章的成型通常要經歷草稿、修改稿、謄抄稿的逐步完善。在三易其稿的過程中,隨之產生鈎乙塗抹、修改刪潤、文本異同等現象。當今存世章著稿鈔本如上圖藏《章實齋稿》內就有章學誠的親筆塗乙修改。又如朱錫庚鈔本與廬江何氏鈔本等皆爲早期抄本,比較不同時期鈔本的文本異同可考察他著書爲學之歷程。其他,如王秉恩的無涯有涯齋鈔本《章實齋先生文集》抄自章氏曾孫章季真處所藏的章家遺稿,因此,無涯有涯齋鈔本也具有章著稿本的特點。王氏抄就之後,又將之與嘉業堂本進行校讎,異同之處用朱筆注出,可直觀的看出章學誠對文章的更改刪修。通過這些鈎乙塗抹痕跡與文本異同之變化,我們發現章學誠著述時不僅有頗多字詞之改易與更替,還有整段文字的增刪、修潤,個別段落內容的改變甚至關乎寫作主旨的轉變。

---

① 倉修良：《文史通義新編新注》,第659頁。
② 章學誠：《章學誠遺書·補遺》,第610頁下。

結　語

　　對於那些大段乃至改變文義和主旨的修改，如《續通志校讎略擬稿》與《校讎通義》正文前"叙言"的異同關乎官方書稿與一家之言的不同寫作取向；又如《莊騷》篇增加兩段内容之後，篇名也改作《質性》篇，文本變化是爲了突出與强化寫作主旨；《感遇》與《假年》兩文初稿和修訂稿之間大段文字的異同，既是寫作對象集中到學術之士的一種轉變，也是作者有意收斂論鋒，"去芒角，而存其英華"，等等。以上幾種變化明顯的文本差異，關係到作者思想的轉折，所以格外引人注目，是本書前面幾章的重點分析對象。

　　但是，在衆多的章著稿鈔本内，更多、更頻繁的是那些看似無關文章大局的小節修改，如瑣碎的近義詞替換，長短句的修飾與添減，虚詞轉折語的增删等等。比較章著稿鈔本有異文的篇章，少則一篇文章内有一兩處的改動，常見的是十幾、二十幾處的修改，也有高達上百處修改者。如章學誠爲至交好友邵晋涵之母撰寫的《皇清例封孺人邵室袁孺人墓志銘》一文，改動處達一百一十餘處之多。① 現將該文開篇介紹寫作背景的一段内容列表於下，來看看章學誠的修改情况：

無涯有涯齋鈔校本 《章實齋先生文集》	嘉業堂本《章氏遺書》
餘姚邵晋涵官京師，遭母夫人憂，奔喪如禮。將發疏母夫人大節，謂其友會稽章學誠曰：嗚呼，我母<u>不幸孝養已矣</u>，不肖<u>之歸</u>，且請命家君，<u>而</u>營兆次。惟是<u>生平一二大端將以銘幽室，而垂久遠者，若用世俗酢酬，不可無實文字，是爲苟諛其親</u>。惟章氏先世與邵氏交久，他日子甞辱過吾家，知吾家<u>門内事者</u>宜莫如子。子<u>曷撰次</u>其辭，將俟<u>窆葬</u>之日<u>勒之</u>壙中，庶幾徵信。	餘姚邵晋涵官京師，遭母夫人憂，奔喪如禮。將發疏母夫人大節，謂其友會稽章學誠曰：嗚呼，我母<u>已矣</u>，不肖<u>見星而奔</u>，且請命家君，營兆次。惟是<u>銘勒幽堂，志在久遠，不可無實而文</u>。章氏先世與邵氏交久，他日子甞辱過吾家，知吾家事<u>甚悉</u>宜莫如子。<u>子撰次</u>其辭，將俟<u>葬日</u>，<u>納諸</u>壙中，庶幾徵信。

---

① 詳見上海圖書館藏無涯有涯齋鈔校本《章實齋先生文集》。

255

检视這段的修改内容,多爲對行文的精簡與雅化,如果單獨去看任何一處修改,似乎都無關大節與全局。然而,如田曉菲分析陶詩異文時所説的:"字句的改變不是無關大局的小節,它可以使一首詩全然改觀;變化逐漸積累,就可以改變一個詩人的面貌,進而改變一部文學史的面貌。"① 儘管與陶詩異文多由後世抄寫者有意無意的擅改不同,章著稿鈔本内的異文是他自己對文章修改而成。不可否認的是,集字成章進而成文,正是這些細緻、瑣碎的字斟句酌,一句一段的修飾潤色,纔最終形成了如今我們所看到的穩定的章著文本。

章學誠自稱在寫作過程嚴格遵守文律,非常重視文章的遣詞造句,即"紀述文字,取法《春秋》比屬之旨,自宜遵律"。② 這點在他寫給其子的《論文示貽選》一文中體現的相當突出。章學誠在文中對友人周震榮刊刻《庚辛之間亡友傳》時對個別字詞的改動相當不滿,并不厭其煩的舉例説明他的文辭觀念。其云:

> 今接到永清刻本,於《樂子謂傳》内"天府生員"上加一"順"字於事無礙,然"天府生員"四字,自穩愜,加一"順"字便覺少却大興籍貫矣,此無明例,細辨文義,當自得之。《顧文子傳》内己亥下第"同考官"三字之下,原稿及録本並未出其姓氏,刻本忽填姓氏。孟子曰:"言人不善,如後患何?"毋論世法非宜,且文章隱惡揚善,於此等瑣事,無關激揚大義,又於文子才學,無所加損,必著其人姓氏,亦何取耶。吾涉世文字,嘗自檢點,不敢輕訾於人,猶恐不自省察,爲人隱恨,此則何爲?又《文子傳》中,"自戊徂辛"四字,今刻改爲"自戊徂丑",雖無甚礙,然題目爲"庚辛亡友",則此等處亦須文字一律,蓋用天干不用地支,《尚書》辛壬癸甲即其利也。杜工

---

① 田曉菲:《塵几録:陶淵明與手抄本文化研究》,生活・讀書・新知三聯書店,2022年,第18頁。
② 章學誠:《章學誠遺書》卷二九《外集二》,第336頁上。

結　語

部云"晚節漸於詩律細",惟文亦然。①

劉承幹嘉業堂刊《章氏遺書》時,沿用周震榮刊本《庚辛之間亡友傳》,章學誠指出的問題并未得到改善。周氏刻本對這三處的改動都是不影響文義的細節,章學誠却持相當嚴肅的態度,詳細地分析他寫作時或是從文義方面的考慮,或從世法以及不輕訾於人的角度,或從天干地支的一致性的角度等,經過"反覆諦審",仍覺刊本對他行文一二字句的改易,"終有弊病,不如原本完善",并稱"非熟於法度,不能辨也"。②

同理,今存稿鈔本内的勾乙塗抹和字詞變化,也應該是章學誠的有爲之言,藴含着他的文辭觀念。章學誠曾跟隨朱筠學習古文辭,《文史通義》内的《文德》《文理》《質性》《古文十弊》《古文公式》《點陋》《俗嫌》等篇無一不是有關"文"的討論;此外還有多篇與友人論文書信往來,如《與邵二雲論文》《與周永清論文》《與史餘村論文》《與朱少白論文》《與家正甫論文》等。所以,與注重史學義例一樣,對文辭體例的關注始終也是章學誠書寫時自覺遵循的重要原則。他給章貽選的信中自述:"杜工部云'晚節漸於詩律細',惟文亦然。吾近歲文字,較五十以前,不甚拘於法度,所著《文史通義》,彈劾古人,執法甚嚴,而近著文字,不甚拘者,正與《通義》之指,絲毫無背。"③章氏認爲文以見道,考訂、義理和文辭皆是求道途徑的一種。他給朱錫庚的信說:"足下所謂學者,果何物哉? 學於道也,道混沌而難分,故須義理以析之,道恍惚而難憑,故須名數以質之,道隱晦而難宣,故須文辭以達之。三者,不可有偏廢也。義理必須探索,名數必須考訂,文辭必須閑習,皆學也,皆求道之資,而非可執一端謂盡道也。"④章學誠批評當時"相與貶義理而薄文

---

① 章學誠:《章學誠遺書》卷二九《外集二》,第336頁中。
② 章學誠:《章學誠遺書》卷二九《外集二》,第336頁中。
③ 章學誠:《章學誠遺書》卷二九《外集二》,第336頁中。
④ 章學誠:《章學誠遺書》卷二九《外集二》,第335下—336頁上。

辭"學風,他畢生都在提倡文史之學,可以説,文學批評與史學批評乃《文史通義》一書的雙翼,因"文"與"史"兩者皆寄寓着學術的最終目的——"求道"。是以"執法甚嚴"的章學誠在構思成文之後,定會臨文審思,細緻揣摩文章的字句。

章氏自述:"吾教人爲古文辭,必以屬文草稿示之,可以觀草創之加潤色也。必以時人屬文之就正者,指其瑕纇而摘抉出之,可以見去取之有法律也。"①這段話啓示我們,這些稿鈔本内呈現的勾乙塗抹、鈔本之間的文本異同,爲我們打開了一扇觀察章學誠著述過程中"草創之加潤色""去取之有法律"的窗口,進而爲我們考察章學誠"文史通義"之"文"提供了一張"實物地圖"。至少,我們不能視這些看似無關緊要的字詞改易爲無足輕重了,因爲在瑣屑的删繁就簡背後,是一顆嚴於文律、因文向道的心。

可以説,比較不同層面的章著稿鈔本,一個眼光犀利、文辭老辣的章學誠形象,隨着文本的變動不居而越發清晰可見。相信這些文本還藴藏着更多作者的秘密,正等待我們深度解鎖。

二、章學誠稿鈔本所見章學之傳播與影響

一種學説的流傳和接受,必然伴隨着文本之傳播,兩者相輔相成。文本形成與傳播過程即學説的流傳與接受過程,既能體現學説被接受的面向,又能體現學説被接受的程度。因此,當今存世傳抄背景不一、版本特色各異的章著稿鈔本,不僅向我們展示了章學誠欲"爲千古史學闢其蓁蕪"的《文史通義》之成書歷史,還向我們昭示着章氏學術思想在他生前、身後的傳播與影響史。"每一部手抄本都具有獨特性,而且,抄寫一部書也總是在一個特殊場合之下發生的。"②每一部章著稿鈔本無疑也是一個隱藏了歷史性的文本,其本身即内藴了故事的形成、

---

① 章學誠:《章學誠遺書》,第336頁下。
② 田曉菲:《塵几録:陶淵明與手抄本文化研究》,第3頁。

發展、取捨與變異等動態過程。正是因爲這些稿鈔本自身隱藏的"歷史性"內涵,通過章著稿鈔本的產生背景、版本特點及藏弆源流,可以考察章學之影響與流變,進而分析其背後的學風轉向、社會變遷。

　　章學誠著述之傳抄伴隨着他的寫作活動,如今留存下來的早期章著鈔本就是最好的見證。朱錫庚是章學誠的幕主朱筠之子,也是章學誠重要的學術交流者與接受者之一。乾隆五十二年(1787)八月廿二日,在那個"夜雨方止,初寒逼室,更鼓四下"的夜晚,朱錫庚剛剛完成對《詩教》上下篇的抄錄。隨後,他又借抄了章學誠的十九篇《癸卯雜文》,並於十一月九日完成校閱。此外,他還先後於乾隆五十三年(1788)三月十四日,乾隆五十六年(1791)五月初九日,乾隆五十七年(1792)二月、四月、十月抄錄或校閱章學誠的著作。這些傳抄的篇目既有章學誠"持以見示""自湖北寄觀"者,也有"從通縣史蒼言借得"者,或"從二雲師處借來手鈔"者。《吳澄野太史歷代詩鈔商語》篇末朱錫庚跋云:"實齋長於史學,爲乾隆間一代通人,每有所著,輒鈔錄寄餘等。收藏之成帙,因爲裝訂,大小五册。後有閱者,幸勿褻視之。"如今朱錫庚鈔本完好的保存於國圖、北大與上圖,鈔本內的跋文向我們展現了一條詳細的章著傳抄過程;"一代通人"的評價,也提示着我們,或許章學誠生前就已得到別具慧眼者極高的賞識。

　　朱錫庚鈔本內還罕見地保存有章學誠的跋語,《咏史三首》篇末章氏跋云:"卅年前所作《咏史》詩十章,日久不復記憶。丁未(1787)初秋,僑居寓京師,何君在山以便面索書。予素不解書,亦不能吟咏,不意何君乃有逐臭之癖,遂筆記之。原草久失,今所憶者未及半也。"這條跋語也透露出,對章著的傳抄應不止於與章學誠交往密切的朱錫庚、邵二雲、周永清、周震榮、史餘村等,還有"有逐臭之癖"的何在山;以及"昨歲過維揚,薦師沈虀使先生,亦令人鈔存新舊文四卷"①的沈業富;

---

① 章學誠:《章學誠遺書》卷二九《外集二》,第325頁上。

"從實齋問學,於《實齋稿》中録次四首及《書文史通義朱陸篇後》"①的李佳言,等等。

因史料有限,我們無法一一復盤那段傳抄詳史,衹剩下存世的文本,默默承載着背後的故事。如同樣屬於章著早期傳抄本的廬江何氏鈔本,我們透過印鑒等可考證它曾被黄丕烈、江標、盛宣懷等藏書家珍藏過,却無法考定其傳抄者"廬江何氏"的確切身份。然而,正是這些多數被湮没無聞的章學誠第一批學術接受者和傳播者的努力,章學流傳脉絡才綿延不絶,爲日後章學之光大奠定了文獻基礎。

章學誠身後,其著作在子弟、友朋、向慕者的傳抄中,依然不斷流布傳播。章氏五子皆無顯名,與他一樣以授館或游幕爲生,但是,以章氏長子貽選與次子華紱爲首,章氏家族努力參與到章著的保存、刊刻與流傳中。章氏家藏遺稿在子弟間的流傳以《章貽選上朱石君先生書》所述最爲詳細:

> 先君著述,丁亥年(1827)春,二舍弟俱索寄河南,抄録未竟,四舍弟館鄧州者,言其居停易良儆相爲刊刻,誑寄鄧州。乃其居停竟無待刊之意,四舍弟直視以爲田疇貨物各得主先人之所有以爲利。今大梁書院山長劉子敬師陸與二舍弟商議,欲爲刊行,惜二舍弟俱無全本。今四舍弟與二舍弟同在河南,兩載未通音問,又無從索向。今四舍弟又脱館,想赴陝西投尹世叔佩珩及查廷寀觀察,先著不知存何處矣。②

章氏去世之後,遺稿最初都在長子章貽選處,隨後才寄給河南的次子華紱。章華紱收到先君原草後,"先録成副本十六册",章著"原草"

---

① 《述學駁義》篇後"跋",參《國粹學報》第48期,1908年11月。
② 章學誠:《章學誠遺書·附録》,第624頁中。

就被四子誆走，不知所踪。直到 1925 年，"書肆挾《鈔本章氏遺書》來國立北京大學求售"，經錢穆發先生鑒定乃章華紱錄成的副本，現藏於北大圖書館。這部十六冊的華紱鈔本包括《文史通義·內篇》六卷，《外篇》四卷，《校讎通義·內篇》三卷，《外篇》二卷，《文集》八卷，《方志略例》三卷，《外集》兩卷，《湖北通志檢存稿》三卷，《湖北通志未成稿》一卷，共三十二卷十六冊。其編次框架與王宗炎的《章氏遺書目錄》大致相同，祇是在《方志略例》《文集》等具體的篇章次序安排上存在不少差異。儘管華紱錄成的副本長期湮沒無聞，但是，華紱請洪洞劉子敬、華亭姚春木二先生"將副本乞爲覆勘"的大梁本兩《通義》，刊行之後流行廣泛，奠定了華紱鈔本在章學著述流傳脉絡中的首要地位。

章學誠著述的另一重要流傳脉絡也源於家藏遺稿。道光初年，山陰藏書家沈復粲從章學誠長子處借抄章氏遺稿而成鳴野山房鈔本《章氏遺書》。該本完好地保存了章學誠遺稿未經編次前的流水稿冊形態，具有重要版本價值。隨後，鳴野山房鈔本又被楊器之收藏，再輾轉被章氏族裔章善慶、章壽康伯仲收藏，隨後又被周萊仙、蕭穆等先後獲得，蕭穆之後轉歸沈曾植。民國間，該鈔本又成爲陳群澤存書庫的藏書，後被國民政府帶入臺灣。

鳴野山房鈔本《章氏遺書》流經楊器之重遠堂時，被已經苦心搜求章氏稿鈔本二十餘年之久的平步青借閱，節抄出瀟雪氏節抄本。鳴野山房鈔本在章善慶、章壽康伯仲處時，又相繼衍生出武昌柯逢時鈔本、繆荃孫鈔本、蕭穆鈔本、徐氏鑄學齋鈔本、內藤湖南所藏之孫問清鈔本等。該本在章善慶處時，曾被浙江藏書家徐維發起籌畫刊刻，參於謀刻者有蕭穆、周星詒、譚獻、吳汝倫等人。謀刊未成之後，蕭穆繼續爲刊刻這部《章氏遺書》奔波不斷，他先後求助過上海滬道余聯沅，也曾專程赴南昌尋求沈曾植的幫助，還托沈曾植向藏書家吳士鑒、楊文瑩等募資刊刻。這部鳴野山房鈔本被沈曾植收藏時，在私淑章氏的孫德謙慫恿下，嘉業堂主人劉承幹從沈曾植家借出，並"益以已刊、未刊諸書，都爲一集"，最終刊刻出搜羅最完備的嘉業堂本《章氏遺書》。孫德謙之外，參與其事者還有章氏的另一位私淑者張爾田，以及早在貴陽本《文史通義》時就擔任校勘之事的王秉恩，"竭力慫恿"劉承幹刊刻該書的朱孝臧，"惠假藏書而時從商榷者"的沈曾植、章一山、徐積餘等。① 嘉業堂本《章氏遺書》，集章學誠著述之大成，是大梁本之外影響最巨之章著版本。

從沈復粲道光初年抄就，到劉承幹嘉業堂刊刻出版，鳴野山房鈔本所歷之收藏者、謀刻者以及再傳抄者，如平步青、譚獻、徐維則、蕭穆、繆荃孫、孫德謙、張爾田、劉承幹等人，無不具有濃厚的舊學氣象。他們或欣賞章學誠史學之長，或贊賞其精理獨識，或稱其善哉論文，或以方志專家、樸學大家目之。這條淵源有自的流傳譜系，無不體現着固守傳統學問路數之學者對章學的傳承，因此，學界對章學誠及其學術之重視早已有之，並非近代西學衝擊之後，章學誠才被僥倖發現。

受傳統舊派學者、官僚、藏書家等重視之外，章學誠及其著作也不斷被趨新派學人利用、提倡，參與並見證着時風的變遷。廬江何氏鈔本《文史通義》經江標收藏時，正值江標出任湖南學政。他在湖南任上與志氣相投的同僚們力促湘省改革，其中一項就是"改革考試制度，西學與舊學兼重"②，"史學"方面的考題就出有"擬仿朱氏《經義考》例纂《史籍考》，試舉其例"，以及"修邑志繁簡孰長論"③等。"學政江標、徐仁壽將章學誠納入到科舉考試題目中，直接推動了章學誠學著作和思想在湖南的普及和傳播。"④在江標等人推動下，"幾乎所有的湖南維新骨幹，例如譚嗣同、唐才常、楊毓麟、樊錐、易宗夔、鄒代鈞、姚炳奎、鄢廷

---

① 詳參《章學誠遺書·章氏遺書例言》最後一條。
② 參黃政：《江標生平與著述刻書考》，第二章第二節《任湖南學政》部分的論述。
③ 黃政：《江標生平與著述刻書考》，第17—18頁。
④ 參龍武：《清末湖南微信運動中的章學誠熱·摘要》，《浙江歷史文化研究》第4卷，第203—223頁。

輝等都在著作中直接或間接地提到了章學誠,甚至模仿章學誠的話語。"①因此,收藏廬江何氏鈔本《文史通義》,并刊刻了《文史通義補編》的江標,無疑對維新運動時期章學誠熱的發生有重要引領作用。

當然,章學誠身後最高光時刻是在民國年間,一批新史學家如梁啓超、胡適、何炳松等振臂呼喊,一場章學熱潮奔瀉而出。在西方史學思想地激發下,章學誠的"史學理論"開始獨大獨尊,成爲一時風氣之盛。"六經皆史"被胡適增字釋義爲"六經皆史料",并帶着明顯的偏頗獲得了巨大的成功。章學誠生前反對"趨風氣"之人,想不到去世之後竟因"風會使然"而成爲風氣之源。

章學熱學風的產生,尤其是胡適等人對章氏學術"明知故犯"的曲解,未嘗不是學術研究時代性的不得已。章學誠嘗云:"學業者,所以關風氣也;風氣未開,學業有以開之;風氣既弊,學業有以挽之。"②對章學熱之反思,尤其是對一些片面口號的駁正,在這股風氣產生伊始就已經相伴而生。當今學界對章學誠的研究,早已超出片面與簡單的論述,朝着更多視角與更爲精深方向努力。本書不過是承此餘風,從稿鈔本的角度對章學之管蠡窺測,不足之處,敬請方家批評教正。

---

① 龍武:《清末湖南微信運動中的章學誠熱》,《浙江歷史文化研究》第4卷,第211頁。
② 章學誠:《章學誠遺書》卷六《文史通義·內篇六》,第51頁中。

附録一
章學誠重要稿鈔本之目録

一、鳴野山房鈔本"王宗炎編次《章氏遺書目録》"及題注

卷一　文史通義·内篇一

易教上　已刻
易教中　同上
易教下　同上
書教上　已刻
書教中　同上
書教下　同上
詩教上　已刻
詩教下　同上
禮教　戊申録稿
經解上　庚戌鈔存通義上
經解中　同上
經解下　同上

卷二　文史通義·内篇二

原道上　庚夏鈔存

附錄一　章學誠重要稿鈔本之目錄

原道中
原道下　同上
原學上　庚戌鈔存通義上
原學中　同上
原學下　同上
博約上　同上
博約中　同上
博約下　同上
浙東學術　庚申雜訂
朱陸　附朱陸篇後　庚戌鈔存通義下
文德　丙辰山中草
文理　文史通義
公式　庚辛新訂
古文十弊　丙辰山中草

卷三　文史通義·內篇三

辨似　庚戌鈔存通義下
繁稱　文史通義
匡謬　庚戌鈔存通義上
性情①
黜陋　庚戌鈔存通義上
俗嫌　文史通義
鍼名　文史通義
砭異　同上
砭俗　同上

① 按，即嘉業堂本《質性》。

265

卷四　文史通義·内篇四

所見　戊申録稿
言公上
言公中
言公下
説林　庚戌鈔存通義下
知難　同上
釋通　載庚辛間草
申鄭
答客問上　庚辛間草
答客問中　同上
答客問下　同上
横通　庚申新訂

卷五　文史通義·内篇五

史德　辛亥草
史釋　庚戌鈔存通義下
史注　同上
傳記　文史通義
習固　庚戌鈔存通義上
士習
詩話　雜訂
書坊刻詩話　點陋
婦學　載藝海珠塵

卷六　文史通義·内篇六

文集　庚戌鈔存通義下

答問　丙辰山中草
篇卷　庚戌鈔存通義上
天喻　庚戌鈔存通義下
師說　同上
假年　同上
同居　庚辛間草
感遇　庚戌鈔存通義下
感賦　同上
雜說　已刻

卷七　文史通義・外篇一

立言有本　戊午鈔存
述學駁文　戊午鈔存
淮南子洪保辨　丙辰山中草
論文辨偽　戊午鈔存
與孫淵如觀察論學十規
史學例議上　庚戌鈔存通義下
史學例議下　同上
史篇別錄例議　癸春存錄

卷八　文史通義・外篇二

三史同姓名錄序　雜訂
史姓韵編序　丙辰山中草
藉書園書目序　癸卯錄存
爲謝司馬撰楚辭章句序
唐書糾謬書後　辛亥草
皇甫持正文集書後　庚辛間草

李義山文集書後　同上
韓柳二先生年譜書後　同上
書貫道堂文集後　雜訂
書孫淵如觀察原性篇後　庚申新訂
書郎通議墓志後　申冬酉春歸扔草
朱先生墓志書後　庚戌鈔存雜文
鄭學齋記書後　同上
讀史通　辛亥草
駁孫何碑解　同上
駁張符驤論文　邗上草
評沈梅村古文　已刻
評周永清書其婦孫孺人事　已刻
墓銘辨例　邗上草
通說爲邱君題南樂官舍　辛壬剝復刪存

卷九　文史通義・外篇三

報黃大俞先生　甲乙剩稿
報謝文學　邗上草
論文上弇山尚書　辛亥草
與吳胥石簡　雜訂
爲畢制軍與錢辛楣宮詹論續鑑書　癸春存錄
答邵二雲　癸春存錄
與邵二雲論學　庚辛間草
與邵二雲　同上
與邵二雲論文　已刻
與邵二雲論修宋史書　癸春存錄
與邵二雲論文書

附錄一　章學誠重要稿鈔本之目錄

與邵二雲論學
與邵二雲書
與史餘村
又與史餘村　已刻
與史餘村論文　已刻
與史餘村簡　庚辛間草
與汪龍莊書　丙辰山中草
與胡雒君　同上
與胡雒君論文　同上
與朱滄湄中翰論學書
答沈楓墀論學　庚戌鈔存雜文
與陳鑑亭論學　癸卯錄存
報孫淵如書
與周永清論文　庚辛間草
又與永清論文　同上
答周永清辨論文法
答周筤谷論課蒙書　甲辰存錄
再答周筤谷論課蒙書　同上
與喬遷安明府論初學課蒙三簡　癸卯錄存
與林秀才　雜俎
與劉寶七昆弟論家傳書
答某友請碑志書　丙辰山中草
與□正甫書　原"又與正甫論"似有脫誤，故改題
與族孫守一論史表　庚辛間草
答大兒貽選問　雜俎
家書一　載庚辛間草
家書二　同上

269

家書三　同上
家書四　同上
家書五　同上
家書六　同上
家書七　同上
雜說上　已刻
雜說中　同上
雜說下　同上

卷十　校讎通義・內篇卷一

原道第一
宗劉第二
互著第三
別裁第四
辨嫌名第五
補鄭第六
校讎條理第七
著錄殘逸第八
藏書第九

卷十一　校讎通義・內篇二

補校漢藝文志第十
鄭樵誤校漢志第十一
焦竑誤校漢志第十二

卷十二　校讎通義・內篇三

漢志六藝第十三

漢志諸子第十四
漢志詩賦第十五
漢志兵書第十六
漢志數術第十七
漢志方技第十八

卷十三　校讎通義・外篇

吳澄野太史歷代詩鈔商語　戊午鈔存
代擬續通典禮典目錄序
天玉經解義序　戊午鈔存
陳東浦方伯詩序　桐署偶鈔
元次山集書後　庚辛間草
唐劉蛻集書後　庚辛間草
王右丞集書後　同上
朱崇沐校刊韓文考異書後　同上
東雅堂校刊韓文書後　庚辛間草
葛板韓文書後　同上
朱子韓文考異原本書後　同上
韓詩編年箋注書後　同上
韓文五百家注書後　同上
讀道古堂文集　桐署偶鈔
讀北史儒林傳隨箚　雜訂
論修史籍考要略
和州志藝文書例議
與邵二雲書
與胡雒君論校胡穉威集二簡　丙辰山中草
高郵沈氏家譜叙例

與馮秋山論修譜書
宜興陳氏宗譜書後　庚辛間草

卷十四　方志略例一

方志辨體　文史通義
地志統部　桐署偶鈔
方志立三書議　已刻
州縣請立志科議　已刻
與陳觀民工部論史學
與石首王明府論志例　雜俎
報廣濟黃大尹論修志書　癸丑鈔存
復崔荊州書　甲乙剩稿
記與戴東原論修志　庚戌鈔存通義下
爲張維祺撰大名縣志序　方志義例
爲畢制軍撰常德府志序　甲乙剩稿
爲畢制軍撰荊州府志序　同上
石首縣志序　同上
書吳郡志後　方志義例
書姑蘇志後　同上
書灤志後　同上
書武功志後　同上
書朝邑志後　同上
書靈壽志後　同上
姑孰備考書後　庚辛新訂

卷十五　方志略例二

和州志皇言紀序例

附錄一　章學誠重要稿鈔本之目錄

和州志官師表序列
和州志選舉表序例
和州志氏族表例議上　方志義例
和州志氏族表例議中　同上
和州志氏族表例議下　同上
亳州人物表例議上　方志義例又庚戌鈔存通義下
亳州人物表例議中
亳州人物表例議下
湖北通志人物表叙例　方志義例
和州志輿地圖序例
永清縣志諸圖序列
湖北通志府縣考序　方志義例
和志田賦書序例　方志義例
永清志六書例議
和志政略序例　方志義例
永清縣志政略序例　方志義例
和州志列傳總論
湖北通志序傳　方志義例
永清縣志列傳序例
和州志缺訪列傳序例　方志義例
和州志列女列傳序例
和州前志列傳序例上　方志義例
和州前志列傳序例中　同上
和州前志列傳序例下　同上
永清志前志列傳序例
湖北掌故序例　方志義例
亳州掌故例議上　同上

273

亳州掌故例議中　同上

亳州掌故例議下　同上

永清文徵叙例

和州文徵叙例

卷十六　文集一

乾隆乙卯重修揚州唐襄文公祠記　邗上草

爲畢制府撰光山縣重修明少保陳公祠堂碑　辛亥草

爲曾轉運撰曾襄愍公祠堂碑　戊午鈔存

爲曹宗丞學閔撰明楊忠愍公故宅碑文　碑志

順天南路廳治創建八蜡廟碑　碑志

遷安縣重修城垣碑　同上

俍山章氏後宅分祠碑　丙辰山中草

孝義合祠碑記　癸丑存錄

洪山寺碑代　甲乙剩稿

國子監司業朱府君墓碑　邗上草

誥贈中議大夫河東都轉鹽運使司運使沈府君墓碑　庚戌鈔存雜文

爲畢制軍撰浦贈公墓碑　辛亥草

爲座主梁尚書撰于文襄公墓志銘　碑志又癸卯錄存

朱先生墓志銘①　同上

翰林院編修周府君墓志銘　同上又癸卯祿存

刑部陝西清吏司郎中吳府君墓志銘　癸卯祿存

誥贈奉直大夫宗人府主事加一級例晋朝議大夫乾隆己丑科進士安慶府儒學教授金府君墓志銘　碑志

贈徵仕郎國子監助教張公墓志銘　碑志

---

① 按,鈔本正文篇題作"朱府君墓誌銘"。

誥授奉政大夫四川石砫直隸同知王府君墓志銘　碑志

敕封文林郎湖北孝感縣知縣例晉奉直大夫史府君墓志銘　碑志

敕贈文林郎獲鹿縣知縣周府君墓志銘　碑志

爲歐陽府尹撰霍山知縣吳君墓志銘　碑志

例贈文林郎廣平縣學廩膳生員栗君墓志銘　碑志又癸卯錄存

爲畢制軍撰翰林院編修張君墓志銘　邢上草

夏松期墓志銘　辛亥草

裴母查宜人墓志銘　同上

例封孺人邵室袁孺人墓志銘

訂正莊方耕侍郎所撰朱中憲表　碑志

爲畢制軍撰張太恭人墓表　辛亥草

胡母朱太孺人墓表　辛亥草

改訂史蒼言所撰會稽陳君墓碣并銘　碑志

卷十七　文集二

兵部侍郎巡撫雲南副都御史裴公家傳　庚戌鈔存雜文

直隸按察使司按察使郎公家傳　戊申錄稿

湖北按察使馮君家傳　申冬酉春歸扨草

張介村先生家傳　邢上草

甄鴻齋先生家傳　雜俎

鴻齋甄公傳

例授朝議大夫督察院經歷加三級何君家傳　庚辛間草

周松巖先生家傳　戊申錄稿

馮定九家傳　戊申錄稿

蔣河南先生家傳　戊申錄稿

柯先生傳　桐署偶鈔

劉氏三世家傳

謝恕園傳　邗上草

杜爕均家傳（弟心一附）　甲乙剩稿

汪泰巖家傳　戊申錄稿

滕縣典史任君家傳　同上癸卯錄存

節愍公家傳　雜俎

樂野先生家傳　戊申錄稿

載璜公家傳　同上

沈潯州傳　邗上草

改正毛西河所撰徐亮生尚書傳　庚戌鈔存雜文

徐漢官學士傳　庚戌鈔存雜文

金指揮家傳　傳記小篇

卷十八　文集三

朱先生別傳　辛亥草

邵與桐別傳　庚申雜訂

任幼植別傳　庚辛間草

周筤谷別傳　庚申新訂

陳伯思別傳　癸春存錄

馮瑤罍別傳　庚辛間草

周書昌別傳　辛亥草

明通政使司右參議贈大理寺少卿徐龍川公別傳　庚戌鈔存雜文

書孝豐知縣李夢登事（癸巳二月）　戊申錄稿

書孫氏母子貞孝

書宋孝女

書李孝婦事　癸卯錄存

書余貞婦事　戊申錄稿

書李節婦　戊申錄稿

書董節婦事　癸卯錄存
書李義婦　傳記小篇
記大名縣軼事　傳記小篇
記永清官事　同上
記果報二事　同上
記捕盜二事　同上
記鬼神二事　同上

卷十九　文集四

庚辛之間亡友傳　已刻

卷二十　文集五

為畢制軍撰明殉難戶部主事陳君副室王氏家傳　辛亥草
馮室周淑人家傳　申冬酉春歸扨草
高太宜人家傳　戊申錄稿
沈君聘室唐烈女家傳　辛丑年鈔
沈室俞節婦家傳　辛丑年鈔
童孺人家傳　戊申錄稿
章氏二女小傳　戊申錄稿
李蘩月小傳　戊申錄稿
黃烈婦傳　癸卯錄存
景烈婦傳　辛丑年鈔
蔡烈女傳　傳記小篇
田孺人行實　戊申錄稿
後嫂荀孺人行實　同上

卷二十一　文集六

贈張欒君知府序　癸丑錄存

贈樂槐亭序　辛壬剝復刪存

刪訂曾南豐齊書目錄序

文學序例　癸卯錄存

石壩須知序　戊申錄稿

四書釋理序　戊申秋仲序記雜文

導窾集序　癸卯存錄①

葉鶴塗文集序　同上

劉忠介公年譜序　同上

章格庵遺書目錄序

高郵沈氏家譜序　邗上草

俙山章氏京師公會簿序　戊申秋仲序記雜文

後序　同上

劉純齋觀察借園修禊集序　癸丑錄存

跋周氏傳家集略　庚戌鈔存雜文

歐陽先生奉使告祭碑後叙　辛丑年鈔

曹府君墓志後序　庚申新訂

梁文定公年譜書後　雜俎

曾麓亭傳書後　庚辛間草

蔣漁村編修墓志銘書後　戊申錄稿

金君行狀書後　辛丑年鈔

武強德政序書後　戊申錄稿

爲羅副使撰丙申祭告河南湖南諸碑刻書後　辛丑年鈔

書汪龍莊越女表微錄後　庚申新訂

家太詹庶母不入祠堂辨書後　庚申新訂

---

① "癸卯存錄"，當作"癸卯錄存"。

卷二十二　文集七

蘇文忠公生朝湯餅會記　辛亥草
嘉善周氏福禮堂記　庚申雜訂
爲歐陽先生撰奉使告祭勒碑記略
戴夫人課詩圖記　庚戌鈔存雜文
劉氏書樓題存我額記
沈旣堂先生遷居圖記　邗上草
瀚雲山房乙卯藏書目記　邗上草
秋日泛舟濠上記
濠上復游記①
月夜游蓮池記
記游陽山九蓮寺　戊申錄稿
與周次列舉人論刻先集　庚申新訂
與洪稚存博士書　戊申錄稿
與定武書院諸及門書　辛丑年鈔
與族孫汝楠論學書　辛丑年鈔
侯國子司業朱春浦先生書　辛丑年鈔
上畢撫軍書　辛亥草
與李訥齋太守論碑刻書　庚申雜訂
清漳書院會課策問四書大義六道　辛壬剝復刪存
清漳書院會課策問　同上

卷二十三　文集八

平金川文　戊申錄稿

---

① 按，鈔本正文篇題作"濠上後游記"。

爲竇總憲撰杜封君七十壽序　甲乙剩稿

金煥若封君七十生朝屏風題辭　庚辛間草

周筤谷五十初度屏風題辭

朱先生五十初度屏風題辭　辛丑年鈔

甄青圃六十序　辛亥草

十叔父八十序　甲乙剩稿

家效川八十序　同上

沈母朱恭人八十序　辛丑年鈔

朱母王淑人六十序

賀文忠公像贊　辛亥草

凌書巢哀辭　碑志

蔡瀠州哀辭　雜俎

李清臣哀辭　癸丑録存

祭漢太尉楊伯起先生文　辛丑年鈔

宗人公祭家瑞岐先生文　同上

宗人公祭靜涯處士文①　同上

祭趙室從女文　同上

家譜雜議　庚戌鈔存通義下

祠堂神主議　丙辰山中草

節鈔王知州雲龍記略　戊午鈔存

卷二十四　湖北通志檢存稿一

爲畢制府撰湖北通志序

通志凡例

通志目録

---

① 按，疑該條下漏抄"宗人公祭繼輝就空文"條。

族望表叙例
府縣考叙例
食貨考
政略叙例
循績略

卷二十五　湖北通志檢存稿二

序傳
宋陳規德安禦寇傳
開禧守襄陽傳
嘉定蘄難傳
瞿九思郝敬傳
李時珍尹賓商傳
三耿二顧張緒傳
復社名士傳
明季寇難傳
顧大訓傳
平夏逆傳

卷二十六　湖北通志檢存稿三

顧天錫傳
劉湘煃傳
歐魏列傳
徐本仙陳良翼傳
武昌劉氏傳
黃岡朱氏傳
天門程氏傳

黄安王秦氏傳
黄安盧氏傳
天門譚氏傳

卷二十七　湖北通志檢存稿四

陶葉張汪四節婦傳　傳記小篇
徐陳盧馬四節婦傳
前志傳上
前志傳上
湖北掌故叙例
目錄
湖北文徵叙例
文徵甲集乙集丙集丁集論

卷二十八　外集一

爲梁光禄撰黄州魁星閣碑文　碑志
爲曹給事撰西軒義學碑　同上
爲金刑部撰余君墓碣　同上
杜豐其家傳　甲乙剩稿
侯選教諭彭君家傳　癸丑存錄
尹太封翁暨德配伍太夫人六十初度屏風題辭（代）　辛丑年鈔
爲周永清撰吳翼堂封翁八十壽序　同上
李生周封公屏風題辭　同上
爲鄭翰林虎文撰沈母恭人壽序　同上
江母姚太孺人八十屏風題詞　雜訂
崔母屏風題詞
丁太孺人家慶圖題詞　辛丑年鈔又癸丑錄存

馮孟亭先生奉硯圖記　癸丑錄存

張介村封公御賜香柟鳩杖記　戊申秋仲序記雜文

蔡灤州采芝圖記　同上

爲楊大尹撰希荆齋記　戊申秋仲序記雜文

仲賢公三世像記　甲乙剩稿

允文公像記　同上

家克毅像記　同上

大興李氏兄弟四時行樂圖記　戊申秋仲序記雜文

爲歐陽先生撰祭塗母江太孺人文　辛丑年鈔

祭魏母李太孺人文　申冬酉春歸扲草

喬氏三子字說　庚申雜訂

八座雲說爲曾使君作　庚申新訂

清漳書院條約一　辛壬剝復刪存

又二　同上

記姻緣二事　傳記小篇

記館穀二事　同上

記俠妾服盜事　同上

宗人公祭楊孺人文　辛丑年鈔

丁巳歲暮書懷投贈賓谷轉運因以志別

爲南路同知李使君撰封君家訓

卷二十九　外集二

保定公會丁酉同年齒錄序　戊申秋仲序記雜文

金地山印譜序　戊申秋仲序記雜文

爲梁少傅撰杜書山時文序　申冬酉春歸扲草

文格舉隅序　庚辛間草

趙立齋時文題式引言　丙辰山中草

爲蔡濼州叙其夫人詩草　庚申雜訂
秋梅唱和小引　邗上草
大學衍義書後　申冬酉春歸扨草
書元人墨迹後　癸春存錄
刻太上感應篇書後　戊申秋仲序記雜文
跋香泉讀書記　庚辛間草
跋屠懷三制義　丙辰山中草
跋郭小村種芝圖　戊申鈔存
跋邗上題襟集　戊申鈔存
徐尚之古文跋　戊申錄稿
跋陳西峰韭菘吟　辛亥草
跋沈先生味燈齋畫册　庚戌鈔存雜文
跋沈先生豆棚閑話畫軸　庚戌鈔存雜文
題壬癸尺牘　庚申雜訂
跋酉冬戌春志餘草　庚戌鈔存雜文
跋申冬酉春歸扨草　庚戌鈔存雜文
跋戊申秋課　庚戌鈔存雜文
姑孰夏課甲編小引　庚戌鈔存雜文
姑孰夏課乙編小引　庚戌鈔存雜文
癸卯通義艸書後　庚戌鈔存雜文
題溫芘山房　庚申雜訂
題朱滄湄詩册　甲辰存錄
題文丞相遺照　同上
贈劉咏南北游　庚辛間草
書箑贈史香海　甲乙剩稿
上梁相公書　庚申雜訂
上石君先生書　戊午鈔存

上執政論時務書　庚申雜訂

上韓城相公書　同上

再上韓城相公書　同上

三上韓城相公書　同上

上尹楚珍閣學書　同上

與曾定軒侍御論貢舉書　庚申新訂

上辛楣宮詹書　戊午鈔存

與阮學使論求遺書　邗上草

與王春林書　癸春存錄

與嚴冬友侍讀　辛丑年鈔

與李訥齋太守　同上

與汪龍莊簡　雜訂

報胡荊門使君　雜俎

與邵與桐書　辛壬剝復刪存

與孫淵如書

又答沈楓墀　庚戌鈔存雜文

與史餘村論學書

與朱少白書

答朱少白

與朱少白論文　庚戌鈔存雜文

與胡孚中兵部　癸丑錄存

與宗族論撰節愍公家傳書　申冬酉春歸扨草

與琥脂姪　辛丑年鈔

與家正甫論文

與家守一書　辛丑年鈔

卷三十　湖北通志未成稿

理學

文苑

忠義

孝友

孝義孝子、義行、尚義、義士、義僕附

藝術

節婦烈女、烈婦、才烈、俠烈、貞女、孝女、賢淑、才慧

二、鳴野山房鈔本每冊冊名與實際抄錄篇目①

目錄冊②

依次包括：譚獻《章先生家傳》，冊名目錄一，王宗炎編次《章氏遺書目錄》，冊名目錄二。

庚戌鈔存通義上③

原學上，原學中，原學下，經解上，經解中，經解下，篇卷，點陋，匡謬，習固，質性（莊騷篇改）④，博約上，博約中，博約下。

庚戌鈔存通義下⑤

天喻，師說，朱陸，記與戴東原論修志，史釋，亳志人物表例議上，亳

---

① 按，以下諸冊排名不分先後。個別冊前簽條寫有冊名，其他或依照冊前目錄的卷端題名命名，或以《章氏遺書目錄》內的題注推測冊名。
② 按，該"目錄冊"字跡明顯與正文諸冊不一致，而與正文冊冊前寫有抄錄篇目的簽條字跡一致。"目錄冊"乃鳴野山房鈔本流經蕭穆時，被蕭穆謄抄而成，其上有蕭穆的補注及跋文。"冊名目錄一"是寫有冊名與冊數的簡目，"冊名目錄二"是寫有冊名與每冊頁數的簡目。
③ 按，此冊前有一份完整的王宗炎編次《章氏遺書目錄》。該冊有冊前目錄，卷端題"庚戌鈔存通義"。包括：原學上，原學中，原學下，經解上，經解中，經解下，易教上，易教下，天喻，師說，史釋，文理，感賦，知難，砭俗，俗嫌，雜說甲，雜說乙，雜說丙，雜說上，雜說中，雜說下，博約上，博約中，博約下，記與戴東原論修志，傳記，史學例議上，史學例議下，亳志人物表例議上，亳志人物表例議中，亳志人物表例議下，亳志掌故例議上，亳志掌故例議中，亳志掌故例議下，家譜雜議，說林。
④ 篇名中的小字或注文用括號標注，下同。
⑤ 按，該冊有冊前目錄，卷端題"庚戌鈔存通義"，包括：言公上、言公中、言公下、駁雜、假年、逢遇、史注、文集、詩教上、詩教下、篇卷、辨似、點陋、鍼砭、砭異、匡謬、習固、莊騷、朱陸、繁稱。

志人物表例議中,亳志人物表例議下,史學例議上,史學例議下,家譜雜議,假年,博雜,感遇,史注,文集,辨似,雜說甲,雜說乙,雜說丙,雜說上,雜說中,雜說下,感賦,知難。

戊申錄稿

蔣南河先生家傳,馮定九家傳,周松嚴先生家傳,直隸按察使司按察使郎公家傳,載璜公家傳,高太宜人家傳,李縈月小傳,童孺人家傳,章氏二女小傳,從嫂荀孺人行實(戊子),田孺人行實,禮教,所見,原道上,原道下。①

戊申錄稿、辛丑年鈔

樂野先生家傳,汪泰巖家傳,景烈婦傳,沈室俞節婦家傳,沈君聘室唐烈女家傳,爲歐陽先生撰奉使告祭勒碑記略,丙申告祭河南湖南諸碑刻書後(代羅副憲),金君行狀書後,祭漢太尉楊伯起先生文,宗人公祭家瑞岐先生文,宗人公祭靜涯處士文,爲長興紳士撰公祭湖北驛鹽道劉君文(丁亥),宗人公祭楊孺人文,爲歐陽先生撰祭塗母江太孺人文,祭趙室從女文,朱先生五十初度屏風題辭,李生周封公屏風題辭,吳翼堂封翁八十壽序,尹太封翁暨德配伍太夫人六十初度屏風題辭,丁太孺人家慶圖題辭,沈母朱太恭人八十序,爲鄭翰林虎文撰沈母恭人壽序,敬惜字紙禁約,侯國子司業朱春浦先生書,與嚴冬友侍讀,與琥脂姪,與李訥齋太守,與族孫汝楠論學書(丙戌),與家守一書(戊子),與定武書院諸及門書。

甲辰存錄、桐署偶鈔、辛丑年鈔、申冬酉春歸扐草、文史通義

答周筤谷論課蒙書(癸卯),再答周筤谷論課蒙書(癸卯),題文丞

---

① 按,鳴野山房鈔本《原道下》篇包括嘉業堂刊本《原道中》篇和《原道下》篇的內容。

相遺照，題朱滄湄詩册，地志統部，柯先生傳，讀道古堂文集，陳東浦方伯詩序，歐陽先生奉使告祭碑後叙，書郎通議墓志後，顧文子傳書後，大學衍義書後，與宗族論撰節愍公家傳書，爲梁少傅撰杜書山時文序，湖北按察使馮君家傳，馮室周淑人家傳，祭魏母李太孺人文，書坊刻詩話後，文理，傳記，砭俗，俗嫌，砭異，鍼名，繁稱，方志辨體。

方志義例①

方志立三書議，州縣請立志科議，和志氏族表例議上，和志氏族表例議中，和志氏族表例議下，亳志人物表例議上，亳志人物表例議中，亳志人物表例議下，湖北通志府縣考序，和志田賦書序例，和志政略序例，和州志列傳總論，和州志闕訪列傳序例，和州前志列傳序例上，和州前志列傳序例中，和州前志列傳序例下，永清前志列傳叙例，亳州掌故例議上，亳州掌故例議中，亳州掌故例議下，書吳郡志後，書姑蘇志後，書武功志後，書朝邑志後，書瀿志後，書靈壽縣志後，張維祺大名縣志序。

癸卯錄存②

禮典目錄叙，和州文徵叙錄③，文學叙例，劉忠介公年譜序，導窽集序，葉鶴塗文集叙，藉書園書目叙，與朱滄湄中翰論學書，與喬遷安明府

---

① 按，該册有册前目錄，卷端題"方志義例目"。包括：方志立三書議，州縣請立志科議，和志氏族表例議上，和志氏族表例議中，和志氏族表例議下，亳志人物表例議上，亳志人物表例議中，亳志人物表例議下，湖北通志人物表叙例，永清縣志諸圖序例，湖北通志府縣考序，和志田賦書序例，永清志六書例議，和志政略序例，永清縣志政略序例，和州志列傳序例，湖北通志序例，和州志闕訪列傳序例，永清志女列傳序例，和州前志列傳序例上，和州前志列傳序例中，和州前志列傳序例下，永清前志列傳叙例，亳州掌故例議上，亳州掌故例議中，亳州掌故例議下，湖北掌故序例，永清文徵序例，奏議叙錄，徵實叙錄，論說叙錄，詩賦叙錄，書吳郡志後，書姑蘇志後，書武功志後，書朝邑志後，書瀿志後，書靈壽縣志後，與陳觀民工部論史學，張維祺大名縣志序。
② 按，該册册後有陳濂跋："文章之道'惟精斯通'神化變滅，乃造極軌。先生高學，學富積久而化，博大精能無所不有，取心注手，隨所陶鑄，固方爲珪，遇圓成璧。皇甫持正云'精能之至，出神入天'。是當求之歐陽氏以前，近今文人，非所擬論也。沉浸反復，受益良多，謹跋數語，以誌傾鬱。時乾隆戊申仲秋後六日，商邱學弟陳濂頓首。"
③ 按，《章氏遺書目錄》作"和州文徵叙例"。

論初學課蒙三簡,書董節婦事,滕縣典史任君家傳,黃烈婦傳,于文襄公墓志銘(代),例贈文林郎廣平縣學廩膳生員栗君墓志銘,刑部陝西清吏司郎中吳府君墓志銘,翰林院編修周府君墓志銘,朱府君墓志銘。

戊申秋仲序記雜文、庚辛間草

金地山印譜序,保定公會丁酉同年齒錄序,俰山章氏京師公會簿序,後序,四書釋理序,爲楊大尹撰希荆齋記,張介村封公御賜香柟鳩杖記,蔡瀼州采芝圖記,大興李氏弟兄四時行樂圖記,刻太上感應篇書後,宜興陳氏宗譜書後,例授朝議大夫督察院經歷加三級何君家傳,馮瑶罌別傳,任幼植別傳,曾麓亭傳書後,金煥若封君七十生朝屏風題辭,跋香泉讀書記,跋江寧古刻今存錄,爲謝司馬撰楚辭章句序,文格舉隅序。

戊申錄稿

平金川文(謹序),書孝豐知縣李夢登事(癸巳二月),書余貞婦事,蔣漁村編修墓志銘書後,武强德政序書後,記游陽山九蓮寺,月夜游蓮池記,爲李使君記其尊甫封公家訓,論修史籍考要略,徐尚之古文跋,與孫淵如書,與邵二雲書,又,書宋孝女,與洪穉存博士書,石壩須知序,報孫淵如書。

庚辛間草[①]

釋通,申鄭書友人擬續通志昆蟲草木略叙後,答客問上,答客問中,答客問下,皇甫持正文集書後,唐劉蛻集書後,元次山集書後,李義山文集書後,王右丞集書後,韓柳二先生年譜書後,朱崇沐校刊韓文考異書後,東雅堂校刻韓文書後,葛板韓文書後,朱子韓文考異原本書後,韓詩編年箋注書後,韓文五百家注書後,書朱陸篇後,與周永清論文,又與永

[①] 按,該册有册前目錄,卷端題"庚辛間草目錄",目錄内的篇目與實際抄錄篇目同。

清論文，與族孫守一論史表，與邵二雲論學，與史餘村簡，與邵二雲，贈劉咏南北游，雜説一，同居，家書一，家書二，家書三，家書四，家書五，家書六，家書七。

戊申秋課、庚申雜訂①

劉氏三世家傳，書孫氏母子貞孝，劉氏書樓題存我額記，秋日泛舟濠上記，濠上後游記，與劉寶七昆弟論家傳書，朱母王淑人六十序，崔母屏風題辭，上尹楚珍先生書②，上執政論時務書，上韓城相公書，再上韓城相公書，三上韓城相公書，邵與桐别傳，浙東學術，上梁相公書，喬氏三子字説，江夏縣學改建忠義孝弟祠碑記③，題壬癸尺牘，爲蔡灤州叙其夫人詩艸，與李訥齋太守論碑刻書，嘉善周氏福禮堂記，題温芘山房，鴻齋甄公傳，祭族子婦李孺人文（丁亥季冬），上畢撫臺書（己酉十二月二十九日），論文上弇山尚書，爲畢制府撰浦贈公墓碑，例授朝議大夫督察院經歷加三級何君家傳。

庚戌鈔存雜文

明通政使司右參議贈大理寺少卿徐龍川公别傳，改正毛西河所撰徐亮生尚書傳（己酉四月），徐漢官學士傳，兵部侍郎巡撫雲南副都御史裴公家傳，誥贈中議大夫河東都轉鹽運使司運使沈府君墓碑，戴夫人課詩圖記，跋周氏傳家集略，跋沈先生味燈齋畫册，跋沈先生豆棚閑話畫軸，姑孰夏課甲編小引，姑孰夏課乙編小引，癸卯通義艸書後，鄭學齋記書後，朱先生墓志書後，説文字原課本書後，跋戊申秋課，跋申冬酉春歸扮草，跋酉冬戌春志餘草，答沈楓墀論學，又答沈楓墀，與朱少白論文，論文示貽選，答周永清辨論文法，與陳鑑亭論學，與邵二雲論文書，

---

① 按，該册册前有章學誠跋。
② 按，《章氏遺書目録》作"上尹楚珍閣學書"。
③ 按，《章氏遺書目録》作"孝義合祠碑記"。

與邵二雲論學，與史餘村論學書，又答朱少白，與家正甫論文，又與正甫論文，與馮秋山論修譜書。

辛亥草①

史德，唐書糾謬書後，讀史通，駁孫何碑解，蘇文忠公生朝湯餅會記，跋陳西峰韭菘吟，爲畢制府撰張太恭人墓表，爲畢制府撰光山縣重修明少保陳公祠堂碑，爲畢制府撰明殉難户部主事陳君副室王氏家傳，周書昌别傳，朱先生别傳，胡母朱太孺人墓表，夏松期墓誌銘，裴母查宜人墓誌銘，爲畢制府撰浦贈公墓碑，賀文忠公像贊，甄青圃六十序，上畢撫臺書，論文上弇山尚書。

辛壬剥復删存、癸丑録存、雜訂

贈樂槐亭叙，通説爲邱君題南樂官舍，清漳書院會課策問四書大義六道，清漳書院條約一，清漳書院條約二，清漳書院會課策問，與邵與桐書，侯選教諭彭君家傳，報廣濟黄大尹論修志書，與胡孚中兵部，馮孟亭先生奉硯圖記，劉純齋觀察借園修禊集序，贈張燮君知府序，孝義合祠碑記，李清臣哀辭，丁太孺人家慶圖題詞，章格庵遺書目録序，讀北史儒林傳隨箚，詩話，書貫道堂文集後，與吴胥石簡，與汪龍莊簡，三史同名録序②，江母姚太孺人八十屏風題辭，丁巳歲暮書懷投贈賓谷轉運因以志别。

甲乙剩稿③

常德府志序，石首縣志序，爲畢制府撰荆州府志序，復崔荆州書，洪

---

① 按，該册有册前目録，卷端題"辛亥草目録"，目録内的篇目與實際抄録篇目同。
② 按，《章氏遺書目録》作"三史同姓名録序"。
③ 按，該册前有《跋甲乙剩稿》和册前目録。目録内的篇目與實際抄録篇目基本相同，僅有最後兩篇有異同，目録内最後一篇作"書坊刻詩話後"其後低一格書"旃蒙疆圉窒涂壬寅"。正文内最後兩篇實際爲"大名縣志序爲張河間維祺作，周筤谷五十初度屏風題詞"。

山寺碑,洪山寺碑,爲竇總憲撰杜封君七十壽序,十叔父八十序,家效川八十序,仲賢公三世像記,允文公像記,家克毅像記,書箑贈史香海,杜豐其家傳,杜燮均家傳(弟心一附),報黃大俞先生,大名縣志序爲張河間維祺作,周篔谷五十初度屛風題詞。

丙辰山中草①

與汪龍莊書(三月),與胡雒君,與胡雒君論文,與胡雒君論校胡穉威集二簡,答某友請碑志書,古文十弊,文德,刪訂曾南豐南齊書目錄序,答問,史姓韵編序,跋屠懷三制義,趙立齋時文題式引言,淮南子洪保辨,祠堂神主議,②偁山章氏後宅分祠碑,題隨園詩話。

戊午鈔存

論文辨僞,立言有本,述學駁文,吳澄野太史歷代詩鈔商語,上石君先生書(戊午六月),上辛楣宮詹書,爲轉運撰曾襄愍公祠堂碑③,跋邗上題襟集,天玉經解義序,跋郭小村種芝圖,節鈔王知州雲龍記略。

庚申新訂

與曾定軒侍御論貢擧書,古文公式,橫通,周篔谷別傳,與周次列擧人論刻先集,曹府君墓志後序,書原性篇後,④書汪龍莊越女表微錄後,姑孰備考書後,家太詹庶母不入祠堂辨書後,八座雲説爲曾使君作。

---

① 按,該册前有《臧鏞堂跋》和册前目録,卷端題"丙辰山中艸篇目",目録内的篇目與實際抄録篇目基本相同,目録"與汪龍莊書"後多出"與孫淵如論學",正文文缺。正文最後一篇爲"題隨園詩話",目録無該篇目。目録篇目後,附有實齋識語。
② 按,册前目録作"祠堂神主議",正文作"神堂神主議"。
③ 按,《章氏遺書目録》作"爲曾轉運撰曾襄愍公祠堂碑"。
④ 按,《章氏遺書目録》作"書孫淵如觀察原性篇後"。

附錄一　章學誠重要稿鈔本之目錄

傳記小篇

金指揮家傳，蔡烈女傳，記大名縣志軼事，書李義婦，記鬼神二事，記永清官事，記捕盜二事，記俠妾服盜事，記姻緣二事，記果報二事，記館穀二事，上朱中堂世叔，與邢會稽，與趙山陰，修宗祠落成告祖文，修宗祠落成謝土神祝文，宗人公祭繼輝就窆文。

碑志①

順天南路廳治創建八蜡廟碑，遷安縣重修城垣碑，爲曹給事撰西軒義學碑（辛卯），明楊忠愍公故宅碑文（代曹宗丞學閔），爲梁光禄撰黄州魁星閣碑文，朱先生墓志銘，贈徵仕郎國子監助教張公墓志銘，敕贈文林郎獲鹿縣知縣周府君墓志銘，敕封文林郎湖北孝感縣知縣例晋奉直大夫史府君墓志銘，誥授奉政大夫四川石砫直隸同知王府君墓志銘，誥贈奉直大夫宗人府主事加一級例晋朝議大夫乾隆己丑科進士安慶府儒學教授金府君墓志銘，例贈文林郎廣平縣學廩膳生員栗君墓志銘，爲歐陽府尹撰霍山知縣吳君墓志銘，皇清例封孺人邵室袁孺人墓志銘，訂正莊方耕侍郎所撰朱中憲墓表，改訂史蒼言所撰會稽陳君墓碣并銘，爲金刑部撰余君墓碣，凌書巢哀詞。

邗上草②

與阮學使論求遺書③，謝恕園傳，沈潯州傳，高郵沈氏家譜序，秋梅唱和小引，乾隆乙卯重修揚州唐襄文公祠記，瀚雲山房乙卯書目記，高

---

① 按，該册有册前目録，卷端題"碑誌目録"。實際抄録篇目較册前目録缺：刑部陝西清吏司郎中吳府君墓誌銘，翰林院編修周府君墓誌銘，爲座主梁尚書撰于文襄公墓誌銘。
② 按，該册有册前目録，卷端題"邗上草"，目録内的篇目與實際抄録篇目同，個別篇目名稱略有異同。
③ 按，册前目録作"與阮學使論訪遺書"。

郵沈氏家傳敘例，沈既堂先生遷居圖記①，報謝文學，駁張符驤論文，國子監司業朱府君墓碑，爲畢制軍撰翰林院編修張君墓志銘，張介村先生家傳，墓銘辨例。

雜俎、癸春存録

節愍公家傳，甄鴻齋先生家傳，蔡灤州哀辭，梁文定公年譜書後，答大兒貽選問，與石首王明府論志例，報胡荆門使君，與林秀才，史篇別録例議，與邵二雲論修宋史書，答邵二雲，與王春林書，陳伯思別傳，爲畢制軍與錢辛楣宮詹論續鑑書，書元人墨迹後。

王目遺存②

答甄秀才論修志第一書，答甄秀才論修志第二書，與甄秀才論文選義例書，駁文選義例書再答（附來書），與史梧園書，修志十議（呈天門胡明府），藝文考序（天門縣志），五行考序（天門縣志），學校考序（天門縣志），藝文論（天門縣志），咏史六首，觀筆洞歌（即碑洞詳西安志），弔楊太尉墓，望西岳歌，硤石，韓城，曲沃居，王猛墓，華佗墓，冠公祠，叚太尉墓，邵平店，唐宮，屈原廟，賈誼祠，韓夫子祠堂，□開符摘句圖贊，韓吏部摘句圖贊。

《湖北通志檢存稿》六册

《閱書隨劄》一册

《知非日札》一册

《乙卯劄記》一册

《丙辰劄記》一册

---

① 按，册前目録作"沈既堂先生遷居圖記"。
② 按，該册有册前目録，卷端無題名。目録内的篇目與實際抄録篇目同。

三、國圖藏十萬卷樓鈔本《章學誠全集》目錄

册一　章學誠全集一①

文史通義卷第一·内篇一

易教上,易教中②,易教下,書教上,書教中,書教下,詩教上,詩教下,經解上,經解中,經解下。

文史通義卷第二·内篇二

原道上,原道中,原道下,原學上,原學中,原學下,博約上,博約中,博約下,言公上,言公中,言公下③。

文史通義卷第三·内篇三

史德,史釋,史注,傳記,習固,朱陸,文德。

册二　章學誠全集二

文理、文集、篇卷、天喻、師説、假年、感遇、辨似。

文史通義卷第四·内篇四

説林④、知難、釋通、横通、繁稱、匡謬、質性(莊騷篇改)、黠陋、俗嫌、鍼名、砭異、砭俗。

文史通義卷第五·内篇五

申鄭、答客問上、答客問中、答客問下、答問。

册三　章學誠全集三

古文公式、古文十弊、浙東學術、婦學、婦學篇書後、詩話。

---

① 按,册一《章學誠全集一》前有《文史通義》八卷的目錄。
② 按,《易教中》袛抄了首句:"孔仲達曰:'夫《易》者,變化之總名,改換之殊稱。'先儒之釋《易》義,未有明通於此者也。"
③ 按,《言公》上、中、下三篇有目無文。
④ 按,有目無文。

文史通義卷第六・外篇一

方志立三書議、州縣請立志科議①、地志統部、和州志皇言紀序例②、和州志官師表序例③、和州志選舉表序例④、和志氏族表例議上、和志氏族表序例中、和志氏族表序例下、和州志輿地圖序例⑤、和志田賦書序例、和州志藝文書序例⑥、和州志政略序例、和志列傳總論、和志闕訪列傳序例、和州前志傳序例上、和州前志傳序例中、和州前志傳序例下，和州志文徵序例⑦。

文史通義卷第七・外篇二

永清縣志皇言紀序例、永清縣志恩澤紀序列、永清縣志職官表序列、永清縣志選舉表序例、永清縣志士族表序例、⑧永清縣志輿地圖序例、永清縣志建置圖序例⑨、永清縣志水道圖序例⑩、永清縣志六書例議、永清縣志政略序例。

册四　章學誠全集四

永清縣志列傳序例、永清志列女列傳序例、永清縣志闕訪列傳序例⑪、永清縣前志列傳序例、永清縣志文徵叙例、亳志人物表例議上、亳志人物表例議中、亳志人物表例議下、亳州志掌故例議上、亳州志掌故例議中、亳州志掌故例議下。

文史通義卷八・外篇三

答甄秀才論修志第一書、答甄秀才論修志第二書、與甄秀才論文選

---

① 按，有目無文。
② 按，有目無文。
③ 按，有目無文。
④ 按，有目無文。
⑤ 按，有目無文。
⑥ 按，有目無文。
⑦ 按，有目無文。
⑧ 按，"永清縣志皇言紀序例"至"永清縣志士族表序例"五篇，有目無文。
⑨ 按，有目無文。
⑩ 按，有目無文。
⑪ 按，有目無文。

義例書、與甄秀才論文選義例書、修志十議、天門縣志藝文考序、天門縣志五行考序、天門縣志學校考序、①與石首王明府論志例、記與戴東原論修志、報廣濟黃大尹論修志書、復崔荆州書、張維祺大名縣志序、常德府志序（代畢秋帆）、爲畢秋帆制府撰荆州府志序、石首縣志序（代畢秋帆）、書武功志後、書朝邑志後、書吳郡志後、書姑蘇志後、書灤志後、書靈壽縣志後②。

册五　章學誠全集五③

文史通義·雜篇

士習、同居、立言有本、論修史籍考要略、史學例議上、史學例議下、史篇別錄例議、讀史通、讀北史儒林傳隨劄、感賦、吳澄野太史歷代詩鈔商語、封公家訓（爲南路同知李使君撰）、删定曾南豐南齊書目錄序、節抄王知州雲龍略記，（雲龍記第一、玀夷傳第二、阿猖傳第三、段保世職傳第四。）丁巳歲暮書懷投贈賓谷轉運因以志別。

册六　章學誠全集六④

校讎通義卷第一

原道第一、宗劉第二、互著第三、別裁第四、辨嫌名第五、補鄭第六、校讎條理第七、著錄殘逸第八、藏書第九。

校讎通義卷第二

補校漢藝文志第十、鄭樵誤校漢志第十一、焦竑誤校漢志第十二。

校讎通義卷第三

漢志六藝第十三、漢志諸子第十四、漢志詩賦第十五、漢志兵書第

---

① 按，"答甄秀才論修志第一書"至"天門縣志學校考序"八篇有目無文。
② 按，文重出。
③ 按，該册前有《文史通義·雜篇》目錄。
④ 按，該册前有《校讎通義》三卷的目錄。

十六、漢志數術第十七、漢志方技第十八。

　　册七　章學誠全集七①

　　湖北通志檢存稿

　　方志辨體、讀道古堂文集、湖北通志人物表叙例②、湖北通志府縣考序、湖北通志序傳③、湖北通志掌故序例④、才烈傳（湖北通志）、賢淑傳（湖北通志列女傳節鈔）⑤、陶葉張汪四節婦傳（湖北通志）、前志傳上、前志傳下。

　　册八　章學誠全集八⑥

　　雜文卷一

　　上尹楚珍先生書、上韓城相公書、再上韓城相公書、三上韓城相公書、上執政論時務書、與曹定軒侍御論貢舉書（代）、侯國子司業朱春浦先生書、上梁相公書、上石君先生書（戊午六月）、論文辨僞、上畢撫臺書、論文上弇山尚書、上辛楣宫詹書、與錢辛楣宫詹論續鑑書（代）、與邵二雲論學、與邵二雲論學（庚戌）、答邵二雲書、與邵二雲論修宋史書（壬子）、與邵二雲論文、與邵二雲論文書。

　　册九　章學誠全集九

　　與邵二雲書、與邵二雲、答邵二雲、與邵與桐書、與汪龍莊書、與汪龍莊簡、與周永清論文、答周永清辨論文法、又與永清論文、報孫淵如書、與孫淵如書、與孫淵如觀察論學十規、與洪穉存博士書、與朱滄湄中

---

① 按，該册前有《湖北通志檢存稿》目録。
② 按，文重出。
③ 按，文重出。
④ 按，文重出。
⑤ 按，文重出。
⑥ 按，該册前有《雜文》卷一的目録，該目録篇目包括册八至册九的内容。

附錄一　章學誠重要稿鈔本之目錄

翰論學書、與陳觀民工部論史學、答陳鑑亭、答陳鑑亭論學、與史餘村簡、與史餘村論學書①、與史餘村論文、又與史餘村、與史餘村、與嚴冬友侍讀。

冊十　章學誠全集十②

雜文卷二

與胡雒君、與胡雒君論文、與胡雒君論校胡穉威集二簡、與吳胥石簡、答沈楓墀論學、又答沈楓墀、與朱少白書、與朱少白論文、與朱少白論文、又答朱少白、與周次列舉人論刻先集、與胡孚中兵部、與馮秋山論修譜書、與王春林書、報胡荆門使君、報黃大俞先生。

冊十一　章學誠全集十一

與林秀才、與李訥齋太守、與李訥齋太守論碑刻書、與喬遷安明府論初學課業三簡、答周筤谷論課蒙書（癸卯）、再答周筤谷論課蒙書（癸卯）、與史氏諸表姪論策對書、答某友請碑志書、與宗族論撰節愍公家傳書、與家守一書（戊子）、與家正甫論文、又與正甫論文、與族孫守一論史表、與琥脂姪、與族孫汝楠論學書（丙戌）、與定武書院諸及門書、答大兒貽選問、論文示貽選、家書一、家書二、家書三、家書四、家書五、家書六、家書七。

冊十二　章學誠全集十二③

雜文卷三

乾隆乙卯重修揚州唐襄文公祠記、嘉善周氏福禮堂記、戴夫人課詩圖記、月夜游蓮池記、馮孟亭先生奉硯圖記、仲賢公三世像記、家克毅像

---

① 按，文重出。
② 按，該冊前有《雜文》卷二的目錄，該目錄篇目包括冊十至冊十一的內容。
③ 按，該冊前有《雜文》卷三的目錄，該目錄篇目包括冊十二至冊十三的內容。

記、蘇文忠公生朝湯餅會記、記游陽山九蓮寺（癸卯）、禮典目錄叙、史姓韵編序、三史同名錄序、劉忠介公先生年譜序、石壩須知序、藉書園書目叙、章格庵遺書目錄叙、天玉經解義序、姑孰夏課甲編小引、姑孰夏課乙編小引、爲謝司馬撰楚辭章句序、葉鶴塗文集叙、爲蔡灤州叙其夫人詩草、爲梁少傅撰杜書山時文序、趙立齋時文題式引言、文格舉隅序、導窾集叙、文學叙例。

册十三　章學誠全集十三

曹府君墓志後序、歐陽先生奉使告祭碑後叙、劉純齋觀察借園修禊集序、贈張燮君知府序、贈樂槐亭叙、書箋贈史香海、贈劉咏南北游、朱先生五十初度屏風題辭、甄青圃六十序、尹太封翁暨德配伍太夫人六十初度屏風題辭、李生周封公屏風題辭、爲寶總憲撰杜封君七十壽序、金煥若封君七十生朝屏風題辭、許可型七十初度幛子題辭、家石亭封君七十初度屏風題辭、家效川八十序、十叔父八十序、吳翼堂封翁八十壽序（代周永清）、爲鄭翰林虎文撰沈母恭人壽序、沈母朱太恭人八十序、江母馬太孺人八十屏風題辭、丁太孺人家慶圖題辭。

册十四　章學誠全集十四①

雜文卷四

書問字堂集原性篇後②、書朱陸篇後、癸卯通義草書後、説文字原課本書後、唐書糾謬書後、元次山集書後、東雅堂校刻韓文書後、葛板韓文書後、韓文五百家注書後、朱子韓文考異原本書後、朱崇沐校刊韓文考異書後、韓詩編年箋注書後、韓柳二先生年譜書後、皇甫持正文集書後、唐劉蜕集書後、王右丞集書箋注後、李義山文集箋注書後、書貫道堂文集後、書汪龍莊越女表微錄後、姑孰備考書後。

---

① 按，該册前有《雜文》卷四的目錄，該目錄篇目包括册十四至册十五的内容。
② 按，册前目錄作"書孫淵如觀察原性篇後"。

册十五　章學誠全集十五

書坊刻詩話後、宜興陳氏宗譜書後、鄭學齋記書後、朱先生墓志書後、金君行狀書後、書郎通議墓志後、書元人墨迹後、題文丞相遺照（癸卯）、題温芘山房、題壬癸尺牘、題朱滄湄詩册（癸卯）、跋江寧古刻今存録、跋周氏傳家集略、徐尚之古文跋、跋邗上題襟集、跋戊申秋課、跋申冬酉春歸扐草、跋酉冬戌春志餘草、跋香泉讀書記、跋沈先生味鐙齋畫册、跋沈先生豆棚閑話畫軸、跋郭小村種芝圖、跋陳西峯韭菘吟、跋屠懷三制義、評周永清書其婦孫孺人事。

册十六　章學誠全集十六止①

雜文卷五

家譜雜議、祠堂神主議、淮南子洪保辨、述學駁文、駁孫何碑解、雜説甲、雜説乙、雜説丙、雜説一、雜説上、雜説中、雜説下、通説爲邱君題南樂官舍、喬氏三子字説、八座雲説爲曾使君作、敬惜字紙禁約（代）、清漳書院條約一、清漳書院條約二、清漳書院會課策問四書大義六道。

---

① 按，該册前有《雜文》卷五的目録，該目録篇目包括册十六的内容。

附録二

《章氏遺書》佚篇

一、《士習》篇①

　　德行道藝,賢長能治,位稱其能,名符其實,風斯尚矣。周之季也,論秀書升之典不舉,夢卜旁求之道無聞。聖賢有志斯世,則有行可、際可之仕,三就、三去之道,遇合之際,蓋難言也。夫子將之荆,先之以子夏,申之以冉有。泄柳、申詳,無人乎繆公之側,則不能安其身。孟子去齊,時子致矜式之言,有客進留行之説。相需之殷,而相遇之疏,則有介紹旁通,維持調護,時勢之出於不得不然者也。聖賢進也以禮,退也以義,無所攖於外,故自得者全也。士無恒産,學也禄在其中,非畏其耕之餒,勢有不暇及也。三月無君則死無廟祭,生無宴樂,霜露怛心,淒涼相弔,聖賢豈必遠於人情哉。君子固窮,枉尺直尋,羞同詭遇,非爭禮節,蓋恐不能全其所自得爾。古之不遇時者,隱居下位,後世下位不可以倖致也;古之不爲仕者,躬耕樂道,後世耕地不可以倖求也。古人廉退之境,後世竭貪倖之術而求之,猶不得也。故責古之君子,但欲其明進退之節,不苟慕夫榮利而已;責後之君子,必有志士喪元、勇士溝壑之守而後可。聖賢處遇,固無所謂難易也。大賢以下,必盡責其喪元溝壑而後

---

① 按,《士習》篇爲《感遇》篇之初稿,見於國家圖書館藏王氏十萬卷樓鈔本《章學誠全集》之"文史通義雜篇"内。

可，亦人情之難者也。商鞅浮嘗以帝道，賈生詳對於鬼神，或致隱几之倦，或逢前席之迎，意各有所爲也。然而或有遇不遇者，商固孝公之所欲，而賈操文帝之所難也。韓非致慨於《說難》，方朔托言於諧隱。蓋知非學之難，而所以申其學者難也。然而韓非卒死於說，而方朔終畜於俳，何也？一則露鍔而遭忌，一則韜鋒而倖全也。故君子不難以學術用天下，而難於所以用其學術之學術。古今時異勢殊，不可不辨也。古之學術簡而易，問其當否而已矣。後之學術曲而難，學術雖當，猶未能用，必有用其學術之學術，而其中又有工拙焉。身世之遭遇，未責其當否，先責其工拙。得其當而不工，見擯於當時；工於遇而不當，見譏於後世。溝壑之患逼於前，而工拙之效驅於後，士之修明學術，欲求寡過而能全其所自得，豈不難哉？且顯晦，時也；窮通，命也。才之生於天者有所獨，而學之成於人者有所優。一時緩急之用，與一代風尚所趨，不必適相合者，亦勢也。賈生俊發而不遇孝武，李廣飛將而不遇高皇，千古以爲惜矣。周人方少而主好用老，及其既老而主好用少，白首泣塗，固其宜也。若夫下之所具，即爲上之所求，相須綦亟，而相遇終疏者，則又不可勝道也。孝文拊髀而思頗、牧，而魏尚不免於罰作。理宗端拱而表程、朱，而真、魏不免於貶竄。則非學術之爲難，而所以用其學術之學術，良哉其難也。望遠山者，高秀可挹，入其中而不覺也；追往事者，哀樂無端，處其境而不知也。漢武讀相如之賦，歎其飄飄淩雲，恨不得與同時矣。及其既見相如，未聞加於一時侍從諸臣之右也。人固有愛其人而不知其學者，亦有愛其文而不知其人者。唐有牛、李之黨，惡白居易者，緘置白氏之作，以謂見則使人生愛，恐變初心，是於一人之文行殊愛憎也。鄭畋之女，諷咏羅隱之詩，至欲委身事之，後見羅隱貌寢，因之絕口不道，是於一人之才貌分去取也。文行殊愛憎，自出於黨私；才貌分去取，則是婦人女子之見也。然而世以學術相貴，讀古人書，常有生不并時之嘆。脫有遇焉，則又牽於黨援異同之見，甚而效鄭畋女子之別擇於容貌焉。則士之修明學術，欲求寡過而能全其所自得，豈不難哉。

夫才生於天，學成於人，世不數出，求不數得。及其得之，而以間世不可遇之才，聽决擇於黨援私心之與奪，定妍媸於鄭畋女子之愛憎。則學術既成，而所以用其學術者，談何容易也。商君陳帝王之說，賈生對鬼神之辭，所謂賦《關雎》而興淑女之思，咏《鹿鳴》而致嘉賓之意也。有所托以起興，將以淺而入深，不特詩人微婉之風，實亦世士羔雁之質。欲行其學者，不得不度時人之所喻以漸入也。然而世之觀人者，聞《關雎》而索河洲，言《鹿鳴》而求苹野，淑女嘉賓則棄置而弗道也。中人之情樂易而畏難，喜同而惡異，聽其言而不能察其言之所謂者，十常八九也。有賤丈夫者，知其遇合若是之難也，則又舍其所長而强其所短，巧餂嘗試，無所不爲，以謂庶幾得之矣。又懼嘗試者之淺薄，而未足以入人也。則遂以其學狗之，兼營猝嘗，所學未必精也，則獵取近似，掩襲速成。古人畢生之功力不難倉猝假之也，久假不歸，則遂以其所掩襲者，居然自名其學術。而人之稱之者，亦遂以謂學術成而見用於時矣。而不知其速成以眩人，掩襲以欺世，固恃世之真知者少也。夫雅樂不亡於下里，而亡於鄭聲，鄭聲工也；良苗不壞於蒿萊，而壞於莠草，莠草似也；學術不喪於流俗，而喪於僞學，僞學巧也（自注：蒐羅金石，考訂六書，討論名物象數，皆近日之所尚。襞績補苴，而取備稽考者，雖無心得，亦尚有不賢識小之用。其掩襲剿取，更換面目，或本無確見，托爲經史大題目，剽掠近似之說，謬稱有功古人，猝辦歲月，鋟册餉人，人亦稱之，則真知者少也）。天下不知學術，未嘗不虛其心以有待也。僞學出，而天下不復知有自得之眞學焉。此孔子之所以惡鄉愿，而孟子之所爲深嫉似是而非也。然而爲是僞者，心知才識未嘗不可反求於己，而爲自得之學也。其意以爲非是不足取速成，而炫耀於世，以免溝壑也。昔者夫子未嘗不獵較，而簿正之法卒不廢，兆不足行而後去也。然則所以用其學術之學術，聖賢不廢也。學術一成而不可變，不必聖賢也。梓匠輪輿，且有不可徇，可得而徇者，皆非自得之學也。是以君子假兆以行學，而遇與不遇聽乎天。僞以徇焉，非特拘於理之所不可，實亦限於勢之所不能也。昔揚子雲早以雕蟲獲薦，而晚年草玄寂寞，劉知幾先以詞賦知名，而後因述史減譽。誠知其不可奈何，而安之若命也。

二、章學誠致孫星衍①

學誠頓首，奉書淵如觀察大人閣下：

丁未杪冬，長安街上拱手爲別，轉盼十年。云泥愈遠，則音問愈疏，每望北風，輒深延跂也。前聞分藩兗沂，風清齊魯，詩書雅化，倡勤列城。政理多暇，游心文墨，導率賓從，補苴宇宙間絶大著述，度此後十年，内外壇坫，繼武弇山，使海内人士，以爲如彼教之傳燈不斷，豈非一時之盛事哉！雖然，不可以不慎也。吏治民生，簿書案牘，鴻纖委折，必有得其肯綮，使若庖丁游刃，而後心有餘閑，乃得遂其千秋之業。鄙嘗推論古今絶大著述，非大學問不足攻之，非大福澤不足勝之。此中甘苦，非真解人不能知也。鄙人楚游，前後五載，中間委曲，一言難盡。大約楚中官場惡薄，天下所無，而游士習氣亦險詐相傾，非弇山先生定識不搖，則積毁銷骨，區區無生全理矣。《湖北通志》體大思沉，不愧空前絶後之目（弇山先生云爾）。而上至撫藩，下至流外微員、標營末弁，莫不視爲怪物。天下真是真非，誰與辨之？其創條發例，不但爲一省裁成絶業，亦實爲史學竈叢開山。如弇山先生徵苗奏凱，仍還武昌，此事尚可申白，否則惟懇祖方伯（敝同年）鈔一副本寄京，知必有賞音者矣。昔兗沂曹龔觀察曾以《三府合志》見示，其意甚善，而書不甚佳，豈椎輪初試，待賢觀察爲踵事之華，我輩得與聞討論乎？如何？如何？幸熟圖之。《史考》底稿，已及八九，自甲寅秋間，弇山先生移節山東，鄙人方以通志之役，羈留湖北，幾致受楚人之鉗。乙卯，方幸弇山先生復鎮兩

---

① 按，《章學誠致孫星衍》冰梅箋，縱25 cm，橫27 cm，見中國國家博物館編：《小莽蒼蒼齋藏清代學者法書》，中國社會科學出版社，2011年，第77—78頁。印章有："曾藏丁輔之處"朱文篆書長方印、"翠微庼秘笈"朱文篆書方印、"家英"白文篆書長方印、"田"朱文篆書方印。

湖,而逆苗擾擾,未得暇及文事。鄙人狼狼歸家,兩年坐食,困不可支,甚於丁未扼都下也。今遣大兒赴都,便道晉謁鈴閣,幸推屋烏之愛,有以教之,無任感荷。日内俗冗紛擾,一切不及詳悉,但令兒子面陳,可誠數年來筆墨所不盡之愫也。近刻四卷,附呈教正。本不自信,未敢輕災梨棗,無如近見名流議論,往往假藉其言,而實失其宗旨,是以先刻一二,恐其輾轉或誤人耳。賢之想拊掌也。章學誠載拜。三月十八日燈下。

三、汪氏二節母家傳[①]

候補國子監典簿章學誠撰

蕭山汪進士輝祖,學誠同年友也。孝友溫克,能古文詞。嘗請爲二節母家傳,諾之,六七年未有報命,非忘之也。以汪子嘗具二母節行,獲旌於朝;又遍謁天下有道德、能文詞者,作爲記序詩歌,裒然成集,付之梓人,廣其流傳,以貽同好。二母之節,蓋炳如丹青而金石壽矣。學誠既欽母節,又重汪子之請,懼不得當,而無以慰仁人孝子甚盛意也。羅舉人有高、王舉人宗琰、邵編修晉涵,先後自浙江來京師,爲汪子敦趣至於再四。今王君出京年餘,羅君歸家,死半歲矣。邵君謂曰:"子不亟撰述,非惟得辜孝子,九京且負死友,其何以堪?"學誠瞿然自失。甚矣,頑鈍之咎!非藉良友箴砭,且重得辜,爰勉爲之屬詞。

汪氏二節母者,故淇縣典史南有先生繼室王、側室徐也。先生諱楷,操行清古,隱卑官,不稱意氣,賫志客死,事具別傳。王太孺人,會稽縣學生員雍文女也。生二十三年,雍正乙卯歸先生。時舅姑在堂,前室方有遺女二人,徐太孺人生輝祖已六歲。先生官淇縣數年,未得將家,及太孺人來歸,始挈家人偕行,成禮淇縣官舍。撫輝祖及前室女俱有

[①] 按,《汪氏二節母傳》《汪龍莊七十壽言》《汪焕曾豫室誌銘》三篇文章爲鮑永軍先生首先發現(《章學誠佚文三則》,《文獻》2003年第2期),其中《汪氏二節母傳》一文,鮑永軍先生已整理發表於《古籍整理研究學刊》2003年第2期,第49—50頁,筆者轉錄於此。

恩，與徐相得如女兄弟。徐，鄞縣徐茂女，生九年，父母繼歿，因依外家，轉徙山陰。年十有八，歸於汪。佐嫡方治梱內事，井然有條。明年，生輝祖，未彌月，值方遘疾，強起治事，飲食不調，由是病傷脾，終身爲患。比方疾卒，服勞無倦。既從王抵官署，事王一如事方，閨門以內，雍雍如也。先生爲典史廉，官庖僅給粱肉，供塾師餐，而自饜菲糲。奉入不給，則王帥徐，力勤女紅，贍朝夕焉。先生嘗撫輝祖謂二母曰："吾居卑官，豈慕名高，不爲生殖計邪？生子不才，隳先世家風，厚積，適益之敗耳。"二母相說以解，益勤益恭。乾隆己未，先生以終養歸。明年，丁外艱，家益凋落。旅游廣東，旋卒於客。初，先生官淇縣八年，薄宦轉貧，念家故有田業，課耕足自給，又父母老，故斐然有歸志。比歸，則仲氏爲鄉曲無賴子誘，逐博簺，私鬻先生受產殆盡，且券多不得直。或勸先生直之，宜得少償。先生不欲傷仲氏意，遂置不校。旋丁大故，家事益不支，所爲賫志客死者也。當是時，王年二十有八，徐長王一歲，孀姑年七十餘，輝祖生始十一年。家勢漂搖，重喪濔舉，煢煢無所系援，而向之群不逞者，旁午構扇，魑瞷魍伏，將甘心於孤兒。仲氏爲之挈家避去，而姑悵悵無主，欲與仲氏偕行。二母涕泣諫止，以爲三世支系，不絕如綫，一旦遠徙，祠墓誰爲守者。於時震撼萬端，二母力持，屹不爲動。然而內顧蕭條，家徒壁立。二母則早起晏息，力作生計，針黹之餘，或制楮錙易錢。夜一缸膏，坐輝祖其旁洛誦，率漏三嚴，相與勞苦，然後就寢以爲常。姑老多病，飲食嗜好，雖甚艱難，王力經營，未嘗有缺；而撫摩搔抑，起居扶掖，非徐弗爲良也。姑老疾且革，感激言曰："余依二婦如左右手，余即死，無以報，願若輩得子孫婦，善事若輩如若輩善事我矣。"自南有先生之卒，比輝祖長成有立，中間三十年餘，兩舉喪葬。又爲輝祖娶婦，嫁前室遺女及王腹女二人，俱二母悉力經紀。卒能禮無外愆，職不內廢，鄉黨以是欽其賢能。輝祖少羸多病，王撫恤曲至，比出就童子塾，外侮方未有已，而家貧不能延師。徐則晨朝捧兒就塾，既達於途，凝立遙望，度兒已至塾中乃止；向晚必倚門俟，杳靄中遠影可辨，至於漸近,復捧以歸。然遇課誦稍懈,立叱兒長跪,奉荆進王,請勿姑借。王舉荆將撻,輒泪承睫不忍下,卒掖之起,轉爲酸楚語,深督勵之。輝祖由是感憤進業,倍尋常兒。乾隆丙寅,輝祖年十七矣。會當應童子試,王詢兒業何如,輝祖曰:"可獲雋矣。"俄而縣試,名不與復,而汪氏應試一十八人,無不與復試者。王怒責曰:"是兒好爲大言,我婦人不知梱外事,誰爲稽兒業者?"時輝祖貧不能具絺衣,爲人倩試文,所倩者既録,得其錢,欲以制衣。值王怒詢,因跪陳實,王愈益怒,俾急返錢其人,"老婦寧凍餒死,不忍見此爲非義也。"輝祖是歲補縣學生,授徒里塾。脩脯所入,稍佐饔飧,然值歲歉粟昂,日用不給。徐方病疽,力疾理機杼,軋軋不休達夜分,成布一匹,易數斗粟,親操杵臼,取供晨餐,不敢憊也。於是輝祖不忍二母重困苦也,習爲刑名家言,佐官府,治文書幕中。脡資所入,歲數百金,二母約素如故。稍有羨資,輒以推施族戚。仲氏遠徙,後窮困來歸,力周恤之。既死,爲之殯葬。功總族屬,貧不能舉喪,悉爲經營窀穸。故輝祖資入倍蓰於前,而二母恒不使其有餘,蓋大義出天性云。輝祖治刑名,操心術,遇疑難獄,慘淡營度,多所生全。然歲時返舍,二母必詢所理,嘗定死獄與否,無則欣然。間曰:"法不免也。"則唏嘘泣下,曰:"吾聞進此者,往往獲陰譴,吾家三世凋零,何爲久習此?財帛所入,必鈎稽甚悉,兒得毋貧故受不義財乎。"乾隆壬午,徐疾且卒,子婦跪進參藥,輒揮去,涕哽言曰:"昔者吾主君死於客,吾不能侍湯藥,二十三年傷於心,不忍言爾。"諭輝祖曰:"若非嫡母不至是,宜善事之。"已握王手,泣不成聲而歿,歲甲申。輝祖上陳二母節行,詔旌其門。王出涕曰:"吾與徐共艱危二十許年,幸獲表揚,惜不令其見之也。"見族黨婦女苦節未旌者,則曰:"是與余等,余獨能無愧乎?"輝祖由是采録縣志、家牒,得其逸事,凡二十有三人,請於當事者,并祔主節孝祠。又推廣義類,遍布征書,凡同府有節孝事,所知咸爲書寄,得三百餘人,具狀藩司褒異之,而輯爲《越女表微録》,授梓以傳。嗚呼!母之慈祥,輝祖之善承其先,何必古人。傳之所謂仁智之圖,詩義所推孝思不匱,而竟之於錫類者,庶幾其近是歟。輝祖游幕中,學問不輟,二母志也。乾隆戊子舉於鄉,乙未成進士。方輝祖就試禮部,榜未揭,王疾終於家。及賜甲第,即聞訃奔喪歸里。學誠自辛卯見輝祖京師,壬辰、癸巳之間,客游江南,時返浙江,與輝祖音相聞,即屬撰二母事。及乙未北上,輝祖適以憂歸,擾擾六七年,不獲一覿面。備詢二母纖悉,謹據行狀,摭書大略,以報輝祖,且質邵君。

論曰:二母之節,蓋庸行也,然奇節不是過矣。方南有先生之卒,母老子幼,外侮憑陵,内患又有甚焉。於時堅忍不拔,力持大義,守先人祠墓,與爲存亡,此烈丈夫所難,而二母能之,可不爲偉烈歟!卒之履困而亨,家聲復振,向之睢盱爲患者,愧而服焉。信及豚魚,於斯占之矣!聞王太孺人待年於室,夢兩鳥飛集庭樹,一白一元,俄五色雛投懷中,光采照屋。視庭日方午,朱衣暴焉,取以覆雛,則白鳥飛去,獨元鳥留。已聞敲門聲,驚覺起,則汪氏媒來。既婚,與徐言之,未知其何祥也。案,輝祖成進士,有文名,五色雛也;白鳥去而元鳥留者,意徐太孺人中逝,王太孺人見子成令名歟!

四、汪龍莊七十壽言①

會稽章學誠撰

龍莊大夫,七十引年,夫婦相莊,子姓斐然。覽揆之辰,戚里蟬聯,奉酒稱觴,祝踊彭籛。大夫悄乎其容,若忘憂喜。泛然把觴,將進復止,徐曰:"壽之爲道,久亦如常,人鮮百年,乃祝陵岡,古人貴壽,何者爲當,余不釋然,是用彷徨。"諸子抑抑,目營手語,諏於賓客,孰善辭序。時有穀膝進士揖進,石齋典籍抗聲前曰:"夫轉大木者歚韶不若呼橭,導真言者,經穀不如相馬。苟談言而微中,會心豈必帶下。"大夫拱手曰:"敬聞命。"四座肅然,傾耳以聽。

---

① 邵晉涵、章學誠等編:《汪輝祖行述》卷二,臺北廣文書局 1977 年影印傅斯年圖書館藏清刊本,第 23—28 頁。

典籍曰："淇尉世澤，高臺早傾，破巢霹靂，堅節雙撑。鶯花繁而春老，蠶露咽而秋清。緶纑塓楮，午夜書聲。竟廿回於荼蓼，僃哀榮於先後，九陞絲綸，千秋俎豆。顯揚錫類，同時無偶，金石丹青，足以不朽。"

大夫謝曰："罔極如天，區區何補，寸草春暉，難喻恃怙。"

典籍曰："繹書爲學，述意爲文。落實於秋，舒華在春。理本一致，迷者悮分。居閒習經，服官究史，君有名言，文能稱旨。布帛菽粟，人情物理。國相頌其政言，市賈刊其佐治，雅俗爭傳，斯文能事。"

大夫謝曰："余於文事，有愧前修，衛文之服，未饜漁蒐。"

典籍曰："良相良醫，同推功濟，孤寒謀養，幕游不易。遂爾名動諸侯，禮欽上游，神驗後事，急爭去留。若乃律令無文之鮮，宦《禮》三千；爰書嫌介之交，《春秋》十二。山林鬼享，歸冰霜寡婦之田；鼎鑊魂生，辨風雨椎埋之被。雖舉一隅，堪徵歷試，事出依人，可云行志。"

大夫謝曰："是有主者，非吾能然，亦恃天幸，所遇皆賢。"

典籍曰："廷獻家脩，理符鍼芥，吏不妨儒，幷功則懋。乃則髫童小試，勵誡絺袍，志正功苦，譽聞俊髦，荏苒卅年，青衿久滯。至於飛磚警案，鬼賞文心，連理分釵，神傳甲第。宗工付衣鉢之傳，子舍見薪火之繼，家學師傳，連篇相次。"

大夫謝曰："科第稱榮，未免世見，偶然得之，豈足爲羨。"

典籍曰："百里寄命，有社有民，蠻荒殊習，禮教鮮新。覆水歌堂，中道交昏之俗；燒山決壑，懸炊供食之風。推迹權輿，本招鴻集，絃歌起化，如導蠱叢。至於推盪懲頑，扶良翼秀，觀禮知讓，喝勇成鬭，鄰封百姓，扶老攜幼，爭相父母，訟庭奔叩。乃至夜臺列炬，冥曹服判決之公；城社揚靈，鬼伯縶兇奸之胆。循良傳記，安能屢覯。"

大夫謝曰："飢易爲食，渴易爲飲，補弊救偏，未敢爲盡。"

典籍曰："見可而進，知難而退，身世之間，儻能無悔。弗逢時以希進，寧忤指而辭尊。居依木石，累免兒孫。洞庭春水，花雨餞萬里之舟；湘渚秋莼，風月訂三生之願。樓開讓美，仰樣桷兮千秋；堂榜樹滋，貽貽謨兮萬卷。擁被而聞雞唱，少壯之刻勵堪追；策杖而聽松濤，舊涉之風波更悇。聃也猶龍，莊名如贊。"

大夫謝曰："本爲拙宦，豈曰名高，幸反初服，何敢自豪。"

典籍掀髯抵掌，進而言曰："憶昔乾隆乙丑（1745），京師春暮，朱學士座，與子初遇，各傾所懷，欵言情素，如車異轍，要歸同路。今三十年，相見如故，《夢痕》一録，具子生平，去就出處，人可謂成。余客諸侯，文墨爲生，倦鳥投林，欲集未寧，白首相見，蕭然之城。忘年宿契，進士榖朕，學優趣超，朝夕嚶鳴，舊雨新篇，相與繾綣。南邨素心，庶幾不遠，每見宦成，退老林泉，流俗無論，故舉其賢。或長齋而佞佛，或導引以希仙，咸自私以自利，豈知命以知天。名教可樂，日用皆道，力取其壯，智深於老。冬日雖短，燭夜如杲，百半九十，晚節彌皎。惟善作而善成，爲善頌而善禱。"

於是，榖朕進士拊掌稱然，酌以大斗，佐以加籩。大夫投杖，交拜而起，連醻鉅觥，闔筵甚喜。

五、汪焕曾豫室志銘①

會稽章學誠撰

蕭山汪焕曾氏，卜地得佳兆，爲壙三焉，題曰"歸廬"。厝其原配王宜人於左，而虛其中若右，以待己與繼配曹宜人。書來告。余且喜其得之無心，有合於古之所謂人棄我取也。屬爲之志銘，余曰："美哉斯壙，請改題爲'豫室'可乎？"非第豫卜其生壙之謂也。蓋焕曾少壯至老，皆有得於豫力者，然而斯壙之成，又適合於豫卜之義，故改其所題，而以余文爲《豫室志銘》。

焕曾幼孤，許十歲讀書里塾，貧衣敝緼，不能無動心。偶爲人倩試文，得酬一袍，太夫人痛懲非義，立返其人。由是辭受出處，必貞古志。

---

① 邵晉涵、章學誠等編：《汪輝祖行述》卷二，第29—32頁。

此立己之豫也。

交友半天下，純駁不一律，道義不一取，雖恕全於後，而擇愼於先，故無終垂末隙。此與人之豫也。

佐幕州縣，身輕責重，惕然警心，密誓神明，毋欺毋苟。既而聲望漸起，列城爭聘。於刑獄疑難，以禮通法，賓主交際，以義斷情，雖讒姤間搆，而金鍜愈光。相處者惟恐其去，既去轍追思不已。此經世之豫也。

晚登進士，十年出宰，蠻荒獷俗，人嫌我否，手治官書，與利剔弊，嬰兒毒虎，詩禮猙獠。其民乍疑漸信，率爲善俗。上官見才，請移膴劇，雅志淡泊，移疾不應，洊至夐尤，幾罹不測，卒以公論，得善其歸。此服官之豫也。

講學論文，務期實用，不隨時尚，不求世譽。著書滿家，布帛不紈綺，稻粱不珍錯，識者爭寶之。毋節徵詩文，遍及海內知名之士，意有所鄙，雖表表負盛名者，擯不與也。余嘗謂論文至此，方可爲潔。此文學之豫也。

罷官以後，精力猶健，節鎮鉅公，爭相延聘。煥曾顧宧橐未可恬熙，然已足承先志，勵勤子孫，毅然不出。此晚節之豫也。

在《易·豫》之象曰"雷出地奮"，"作樂崇德"，人心和悅之謂也。惟有豫立而後有豫悅，此煥曾平生之占也。然其反卦，承《謙》而來，《謙》："亨，君子有終。"此煥曾歸休之占也。"地中有山"，藏身安固，不騫不崩，又煥曾卜兆之占也。然則千秋其永利乎！

余與煥曾籍同府，舉附同歲，志同道，所愧有不同者，少豫力之學也。讀書服古，期許不甚讓於前賢，而有體無用，涉世迂拙，失人失言，悔尤時見。爲《豫室銘》，惕然有省，既貽煥曾，亦以勵我後人。

煥曾名號、祖系、配氏、子孫、科第、官階，空其右方，以待他日補注，此不具書。銘曰：

豫之室，安且吉，愼百年，如一日。豫之名，歸廬更，松柏秀，林泉清。豫之道，可以教，子子孫，是則傚。

六、元則公文師公二代合傳①

余幼隨先君子遠宦，墟里先疇舊德，鮮能道之。乾隆戊寅、己卯間，先君子主講天門，有宗人估於天門，爲言墟中近事，惟曰："觀元則氏之興也，而爲善者當知所勸。"余於是始知有元則其人，而未詳所指也。壬辰、癸巳之間，余家京師，暫歸鄉邑，至墟里省祠墓，且訪先人舊所交游，多零落矣。時余主族兄孟育，有宗孫子行介兄，邀余飲酒。兄告余曰此又昌，即元則氏子也。於時元則下世數年矣，又昌承先人業，饒裕甲於墟中，然檢飭如寒素，推施無德色，宗人以是稱之。余匆匆北上，未能聚也。癸丑、甲寅，余始得以家室歸里。嘉慶建元丙辰，宗人修輯家廟，自糾工集事迄於落成將享，事有綱紀，禮有秩序，遠近觀者，皆謂得宜。其時倡率族衆，始終其事，又昌諸子之力爲多，蓋又昌下世且十年矣。當廟成告祭，適宗老有疾，命余攝主獻酬。祀畢班宴，因與宗人論舊譜荒不易輯，諸門各據所知，及其先世遺聞軼事抑其次也。言未卒，又昌長子光岳及其弟寶蓋作而言曰："我祖、我父宜有述也。吾族三宗，分伯、仲、季，今所修廟，其季宗也。季祖曾十公，五傳至禮行兄弟三人，而禮四公最富，公生智行兄弟六人，而智九公後嗣最繁。然四傳至我十世祖開十五公，於明中葉支裔尤盛，遭明季兵燹，公子孫亡失幾盡。至今百五十餘年，一綫僅存，惟我父生不肖兄弟六人。外此，惟叔父一人，則我祖所撫植者也。遙遙十世之緒，賴以不墜，非我祖我父，曷克至此？當兵革之後，以富庶驟落單寒，實我高祖二世，彼時貧乏，不能自存。聞曾祖之逝也以病弱，弱而不起，由貧不能具醫藥也。我祖元則公，十五而孤，上事寡母，下撫幼弟三人、女弟一人，朝暮至不能飽疏糲。然高堂無戚色，諸幼終日怡怡。公堅忍能刻苦，尤善克己推甘，故雖處窮約，家人皆喻其志。其後勤儉治生，家稍稍起，則愀然念父母之不克

---

① 章貽賢編：《會稽章氏智九公分祠支譜：會稽偶山章氏家乘》，光緒二十二年世德堂活字本，第六册。

享也。推愛諸弟無不盡心,仲弟早世,其娛守貞,則嘉而禮之。季弟中殤,其子孤露,則哀而贍之,即從叔父也。晚年,家漸豐,好善益力,墟里公義,踴躍先之。有佃人負租,或請鳴官,公曰:'彼貧故至此,鳴官則破家矣。'因戒子孫毋追窮佃,至今以爲家法。乾隆乙丑,終年七十有七。將卒,命取生平所貸親故銀錢簿注,積算約萬餘金,立火焚之,含笑而逝。我父又昌府君,承大父後,能繼前徽。自其初生,大父家已稍起,長養於豐豫,未嘗歷艱辛也。然每念大父所遭,不敢逸處。事大父母體察形聲,至於無兆。大父嘗患病痢,府君焦色進藥,七日夜未睫也。從父幼孤,大父贍之,及其長成婚娶,分授田廬,府君視之,如同産焉。大父爲德於鄉鄰宗族,府君率行無稍歉闕,每戒諸子宜善承前人志。府君之逝也於乾隆丁未,春秋五十有九。其卒也無疾,逍遥於門,言有貴客,相迓反寢,無言而逝。有客自虞江來,言渡江見府君乘軒,儀從甚都,訝其不類,比訪於門,而靈旐設矣。"光岳兄弟□言如此,余乃恍然於向者天門所聞也。夫孝友以敦倫,勤儉以起家,老生鄙爲常談久矣,而能者卒鮮。大下至行,非有奇特,而高明多不屑焉。天之所佑在彼不在此,人亦何爲而求異哉。

元則諱法。配嚴氏,終於乾隆甲辰,年八十。又昌諱文起,國學生。配沈氏,卒於乾隆甲午,年四十有六。姑婦皆有閨德,凡起家勤儉必先内政,家庭孝友非賢内助不行,此可推而知也。又昌有子六人,孫十七人,十世單微,駸駸且繁衍矣。詩書文學振起家風,其中子寶蓋,尤有聲庠序,因議宗譜,而偕兄光岳等,述其先德,請爲家傳,遂書其始末歸之。

嘉慶元年丙辰賜進士出身國子監典簿實齋氏學誠撰。

附錄三
章學誠著述流傳譜系圖

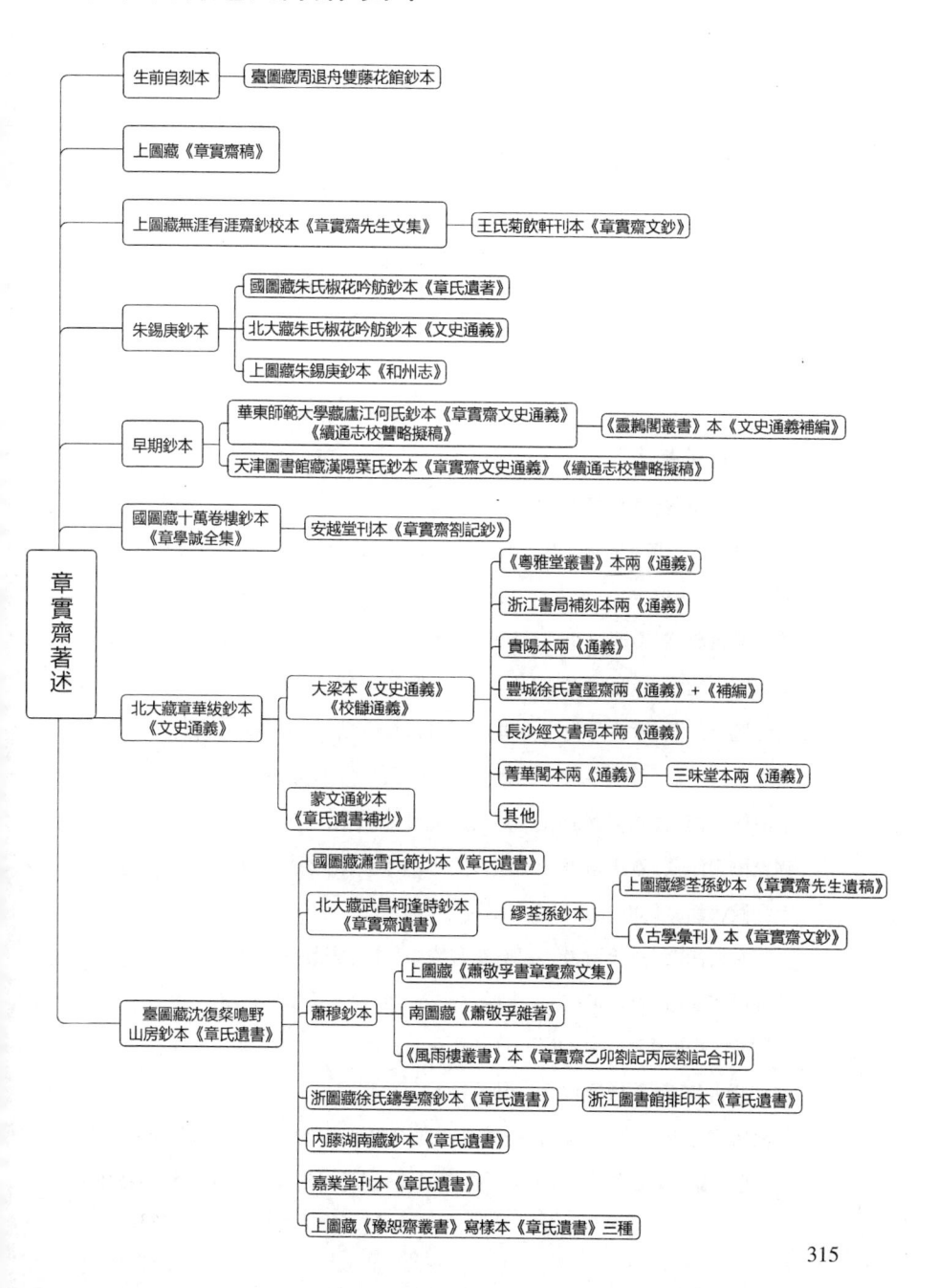

```
章實齋著述
├─ 生前自刻本 ── 臺圖藏周退舟雙藤花館鈔本
├─ 上圖藏《章實齋稿》
├─ 上圖藏無涯有涯齋鈔校本《章實齋先生文集》── 王氏菊飲軒刊本《章實齋文鈔》
├─ 朱錫庚鈔本
│   ├─ 國圖藏朱氏椒花吟舫鈔本《章氏遺著》
│   ├─ 北大藏朱氏椒花吟舫鈔本《文史通義》
│   └─ 上圖藏朱錫庚鈔本《和州志》
├─ 早期鈔本
│   ├─ 華東師範大學藏廬江何氏鈔本《章實齋文史通義》《續通志校讎略擬稿》── 《靈鶼閣叢書》本《文史通義補編》
│   └─ 天津圖書館藏漢陽葉氏鈔本《章實齋文史通義》《續通志校讎略擬稿》
├─ 國圖藏十萬卷樓鈔本《章學誠全集》── 安越堂刊本《章實齋劄記鈔》
├─ 北大藏章華綬鈔本《文史通義》
│   ├─ 大梁本《文史通義》《校讎通義》
│   │   ├─ 《粵雅堂叢書》本兩《通義》
│   │   ├─ 浙江書局補刻本兩《通義》
│   │   ├─ 貴陽本兩《通義》
│   │   ├─ 豐城徐氏寶墨齋兩《通義》+《補編》
│   │   ├─ 長沙經文書局本兩《通義》
│   │   ├─ 菁華閣本兩《通義》── 三味堂本兩《通義》
│   │   └─ 其他
│   └─ 蒙文通鈔本《章氏遺書補抄》
└─ 臺圖藏沈復粲鳴野山房鈔本《章氏遺書》
    ├─ 國圖藏瀟雪氏節抄本《章氏遺書》
    ├─ 北大藏武昌柯逢時鈔本《章實齋遺書》── 繆荃孫鈔本
    │   ├─ 上圖藏繆荃孫鈔本《章實齋先生遺稿》
    │   └─ 《古學彙刊》本《章實齋文鈔》
    ├─ 蕭穆鈔本
    │   ├─ 上圖藏《蕭敬孚書章實齋集》
    │   ├─ 南圖藏《蕭敬孚雜著》
    │   └─ 《風雨樓叢書》本《章實齋乙卯劄記丙辰劄記合刊》
    ├─ 浙圖藏徐氏鑄學齋鈔本《章氏遺書》── 浙江圖書館排印本《章氏遺書》
    ├─ 內藤湖南藏鈔本《章氏遺書》
    ├─ 嘉業堂刊本《章氏遺書》
    └─ 上圖藏《豫恕齋叢書》寫樣本《章氏遺書》三種
```

參考文獻

一、古籍

（一）章氏著述

上海圖書館藏《章實齋稿》不分卷，四冊，稿本。

華東師範大學圖書館藏《章實齋文史通義》不分卷，六冊，廬江何氏鈔本。

臺圖藏《章氏遺書》三十四冊，鳴野山房鈔本。

國家圖書館藏《章學誠全集》十八卷，十六冊，王氏十萬卷樓鈔本。

國家圖書館藏《章氏遺書》三十卷，二十冊，瀟雪氏節鈔本。

上海圖書館藏《章實齋先生文集》不分卷，二冊，無涯有涯齋鈔校本。

上海圖書館藏《蕭敬孚書章實齋文集》不分卷，兩冊，蕭穆鈔本。

上海圖書館藏《章實齋遺稿》不分卷，兩冊，繆荃孫鈔本。

國家圖書館藏《章氏遺著》不分卷，四冊，朱氏椒花唫舫鈔本。

上海圖書館藏《和州志》三卷，朱錫庚鈔本。

上海圖書館藏《章氏遺書》三種，沈善登編《豫恕齋叢書》，寫樣本。

浙江圖書館藏《章氏遺書》二十四卷，二十冊，徐氏鑄學齋鈔本。

臺圖藏《文史通義》一卷，周退舟雙藤花館鈔本。

南京圖書館藏《蕭敬孚雜著》四冊，稿本。

上海圖書館藏《章氏方志通例》兩冊、《通義內篇輯要》一冊，吳縣曹允源鈔本。

《章氏遺書》（《文史通義》八卷，《校讎通義》三卷），道光十二年（1832）章華紱大梁刻本。

《文史通義》八卷,《校讎通義》三卷,咸豐元年(1851)伍崇曜《粵雅堂叢書》本。

《文史通義》八卷,《校讎通義》三卷,同治十二年(1873)浙江書局補刻本。

《文史通義》八卷,《校讎通義》三卷,光緒四年(1878)章小同貴陽刻本。

《實齋劄記鈔》三冊,清同治光緒間山陰平氏安越堂刻本。

《文史通義補編》一卷,附《鈔本目》一卷,《刊本所有鈔本所無目》一卷,江標輯,清光緒間元和江氏湖南使院刻《靈鶼閣叢書》本。

《章實齋文鈔》四卷,鄧實等輯,《古學彙刊》本。

《章實齋文鈔》一卷,民國六年(1917)王氏菊飲軒鉛印本。

《實齋文集》八卷,《外集》二卷,禹城新聞社輯,清末禹域新聞社鉛印《禹域叢書》本。

《章氏遺書》十三冊,1920年浙江公立圖書館排印本。

《章氏遺書》三十二冊,民國十一年(1922)吳興劉氏嘉業堂刻本。

《文史通義校注》,章錫深注、王岫廬、朱經農編,商務印書館,1926年。

《文史通義》,陶樂勤點校,梁溪圖書館,1926年。

《文史通義》,陶樂勤點校,世界書局,1935年。

《文史通義》,劉公純標點,古籍出版社,1956年。

《章學誠遺書》,文物出版社,1985年。

《文史通義校注》,葉瑛校注,中華書局,1985年。

《文史通義》,呂思勉評,上海古籍出版社,2008年。

《校讎通義通解》,王重民通解,上海古籍出版社,2009年。

《文史通義新編新注》,倉修良編注,浙江古籍出版社,2006年。

《文史通義注》,葉長青注,張京華點校,華東師範大學出版社,2012年。

《內藤文庫藏鈔本〈章氏遺書〉》,黃俊傑、陶德民主編,《東亞儒學資料叢書9》,臺大人社高研院東亞儒學研究中心出版,2017年。

(二)其他史料

鄭樵著,王樹民點校:《通志·二十略》,中華書局,2009年。

邵廷采著,祝鴻杰點校:《思復堂文集》,浙江古籍出版社,2010年。

朱筠：《笥河文集》，中華書局，1985年。

汪輝祖：《病榻夢痕錄》《病榻夢痕錄餘》，清道光三十年龔裕刻本，《續修四庫全書》第555冊，上海古籍出版社，2002年。

邵晉涵：《邵晉涵集》，浙江古籍出版社，2016年。

王宗炎：《晚聞居士集》，《清代詩文集彙編》第440冊，上海古籍出版社，2010年。

黃丕烈注，潘祖蔭輯，周少川點校：《士禮居藏書題跋記》，書目文獻出版社，1989年。

龔自珍：《龔自珍全集》，上海古籍出版社，1999年。

平步青：《霞外攟屑》，民國六年（1917）《香雪崦叢書》本，《續修四庫全書》第1163冊，上海古籍出版社，2002年。

平步青：《樵隱昔寱》《安越堂外集》，《清代詩文集彙編》第720冊，上海古籍出版社，2010年。

譚獻著，羅仲鼎、俞浣萍點校：《譚獻集》，浙江古籍出版社，2012年。

譚獻著，范旭侖、牟曉朋整理：《復堂日記》，中華書局，2013年。

蕭穆：《敬孚日記》，上海圖書館藏稿本。

蕭穆：《敬孚類稿》，黃山書社，1992年。

吳慶坻：《蕉廊脞錄》，《求恕齋叢書》本。

由云龍輯：《越縵堂讀書記》，中華書局，1963年。

皮錫瑞著，吳仰湘編：《皮錫瑞全集》，中華書局，2015年。

孫德謙：《孫隘堪所著書》，孫氏四益宧刻本，1927年。

張爾田：《史微》，中國書店出版社，2008年。

孫文閣、張笑川編：《中國近代思想家文庫·張爾田、柳詒徵卷》，中國人民大學出版社，2014年。

劉承幹：《求恕齋日記》，上海圖書館藏稿本。

劉承幹：《求恕齋信稿》，上海圖書館藏稿本。

繆荃孫著，張廷銀、朱玉麒主編：《繆荃孫全集》，鳳凰出版社，2014年。

劉咸炘：《推十書》，上海科學技術文獻出版社，2010年。

錢基博整理編纂：《復堂師友手札菁華》，人民文學出版社，2014年。

浙江圖書館編：《浙江圖書館藏名人手札選》，浙江人民出版社，2000年。

葉景葵：《卷盦書跋》，上海古籍出版社，2006年。

［日］内藤湖南：《内藤湖南全集》，筑摩書房，1969—1976年。

二、研究論著

周康燮主編，存萃學社編集：《章實齋先生年譜彙編》，香港崇文書店，1975年。

周康燮：《中國近三百年學術思想論集第六編——章學誠研究專輯》，香港崇文書店，1975年。

吴天任：《章實齋的史學》，臺灣商務印書館，1979年。

吕思勉：《史學四種》，上海人民出版社，1981年。

柴德賡：《史學叢考》，中華書局，1982年。

張舜徽：《史學三書平議》，中華書局，1983年。

倉修良：《章學誠和文史通義》，中華書局，1984年。

胡適著，姚名達訂補：《清章實齋先生學誠年譜》，臺灣商務印書館，1987年。

［日］長澤規矩也著，梅憲華、郭寶林譯：《中國版本目錄學書籍解題》，書目文獻出版社，1990年。

李紀祥：《明末清初儒學之發展》，文津出版社有限公司，1992年。

倉修良：《章學誠評傳》，南京大學出版社，1996年。

范耕研：《章實齋先生年譜》，文史哲出版社，1999年。

［美］倪德衛著，楊立華譯，邵東方校訂：《章學誠的生平與思想》，臺北唐山出版社，2003年。

胡適：《胡適全集》，安徽教育出版社，2003年。

中國歷史文獻研究會編：《章學誠國際學術研討會論文集》，北京圖書館出版社，2004年。

余英時：《論戴震與章學誠：清代中期學術思想史研究》，生活·讀書·新知三聯書店，2005年。

羅炳良：《傳統史學理論的終結與嬗變——章學誠史學的理論價值》，泰山出版社，2005年。

陳仕華主編：《章學誠研究論叢》，學生書局，2005年。

［日］山口久和著，王標譯：《章學誠的知識論：以考證學批判爲中心》，上海古籍出版社，2006年。

上海圖書館編：《上海圖書館藏明清名家手稿》，上海古籍出版社，2006年。

［日］内藤湖南、長澤規矩也等著，錢婉約、宋炎等輯譯：《日本學人中國訪書記》，中華書局，2006年。

邱爲君：《戴震學的形成：知識論述在近代中國的誕生》，新星出版社，2006年。

余嘉錫：《目録學發微　古書通例》，中華書局，2007年。

嚴佐之：《古籍版本學概論》，華東師範大學出版社，2008年。

錢穆：《中國史學名著》《中國近三百年學術史》《中國歷史研究法》《中國學術思想史論叢》，九州出版社，2011年。

姚名達著，羅艷春、姚果源選編：《姚名達文存》，江蘇人民出版社，2012年。

劉延苗：《章學誠史學哲學研究》，中國社會科學出版社，2012年。

劉巍：《中國學術之近代命運》，北京師範大學出版社，2013年。

唐愛明：《章學誠文論思想及文學批評研究》，上海古籍出版社，2013年。

羅炳良：《章實齋與邵二雲》，商務印書館，2013年。

李紀祥：《道學與儒林》，上海辭書出版社，2020年。

田曉菲：《塵几録：陶淵明與手抄本文化研究》，生活·讀書·新知三聯書店，2022年。

三、研究論文

姚名達：《章實齋年譜》，《國學月報》第2卷第4期（1927年4月）。

侯雲圻：《跋章實齋遺書稿本》，《燕京大學圖報》第28期（1932年）。

陶存煦：《劉承幹校刻的章氏遺書》，《圖書評論》第1卷第12期（1933年）。

張述祖：《文史通義版本考》，《史學年報》第3卷第1期（1939年）。

孫次舟：《章實齋著述流傳譜》，《説文月刊》1940年第2期。

潘鶴齡：《劉承幹與嘉業堂藏書樓》，《民國檔案》1988年第4期。

吳孟復：《文獻學家蕭穆年譜》，《安徽師大學報（哲學社會科學版）》1988年第 4 期。

黃兆強：《六十五年來章學誠之研究》，《東吳文史學報》第 6 期，1988 年。

黃兆強：《同時代人論述章學誠及相關問題之編年》，《東吳文史學報》第 9 期，1991 年。

宋家復：《章學誠的歷史構想與比較研究》，臺灣大學歷史研究所碩士學位論文，1992 年。

尚小明：《學人游幕與清代學術》，北京大學博士學位論文，1997 年。

何兆龍：《章學誠師執考》，《浙江社會科學》1995 年第 5 期。

何兆龍：《章學誠友朋考》，《浙江學刊》1995 年第 6 期。

何兆龍：《章學誠友朋考續》，《浙江學刊》1996 年第 1 期。

錢婉約：《〈章氏遺書〉與章實齋年譜》《武漢大學學報（哲學社會科學版）》1996 年第 5 期。

鄭吉雄：《章學誠"詩教"說析論：一個教學的省思》，《第四屆詩經國際學術研討會論文集》，學苑出版社，1999 年。

湯曉萍：《劉承幹與嘉業堂藏書樓》，《圖書館理論與實踐》2001 年第 6 期。

鄭麥：《盛宣懷與愚齋圖書館》，《華東師範大學學報（哲學社會科學版）》2002 年第 4 期。

鮑永軍：《汪輝祖研究》，浙江大學博士學位論文，2004 年。

喬治忠：《章學誠學術的百年來研究及其啓示》，《史學理論與史學史學刊》2003 年。

梁繼紅：《論章學誠校讎理論的發展脉絡》，《北京大學古文獻研究中心集刊》第 4 輯，北京大學出版社，2004 年。

梁繼紅：《朱錫庚鈔本〈章氏遺著〉及其利用價值》，《文獻》2005 年第 2 期。

張榮華：《章太炎與章學誠》，《復旦學報》2005 年第 3 期。

朱榮琴整理：《敬孚函稿》，上海圖書館歷史文獻研究所編：《歷史文獻》第 10 輯，上海古籍出版社，2006 年。

黃兆強：《錢穆先生章學誠研究述論》，《東吳歷史學報》第 15 期，2006 年。

梁繼紅：《章學誠〈釋通〉與〈答客問〉寫作時間考訂》，《史學史研究》2007 年第 2 期。

梁繼紅：《章學誠著作稿本考述》，《書目季刊》2007年第4期。

劉冬蕊：《章學誠與中國史學的近代轉型——章學誠學術接受史初探》，曲阜師範大學碩士學位論文，2007年。

劉巍：《六經皆史說的本源與意蘊》，《歷史研究》2007年第4期。

覃曉婷：《章學誠的兩次被發現與近代學術思想的變遷》，《華中科技大學學報》2008年第1期。

錢斌、宋培基：《藏書家徐維則事迹鈎述》，《文獻》2008年第4期。

劉巍：《經典的没落與章學誠"六經皆史"說的提升》，《近代史研究》2008年第2期。

劉繼堯：《錢穆先生對章學誠論述的轉變——以錢穆先生對浙東學術論述的轉變爲重心》，《東吴歷史學報》第24期。

陳誼：《嘉業堂刻書研究》，復旦大學博士學位論文，2009年。

曹德良：《試論章學誠的〈文史通義〉自刻本》，《大連大學學報》2009年第5期。

王標：《譚獻與章學誠》，《杭州師範大學學報（社會科學版）》2009年第1期。

尤小平：《陳群與澤存書庫》，《閩臺文化交流》2009年總第18期。

徐有富：《試論劉咸炘的成材之路》，《古籍整理研究學刊》2009年第1期。

黄政：《江標生平與著述刻書考》，北京大學碩士學位論文，2011年。

彭華：《華陽王秉恩學行考》，《中國典籍與文化》2011年第3期。

于延亮：《章學誠著述整理史研究簡述》，《浙江歷史文化研究》第3卷，浙江大學出版社，2011年。

張京華：《孫德謙及其諸子學》，《湖南農業大學學報》，2012年第5期。

章益國：《隱喻型的章學誠和轉喻型的戴震》，《山東社會科學》2012年第1期。

龍武：《清末湖南維新運動中的章學誠熱》，《浙江歷史文化研究》第4卷，浙江大學出版社，2012年。

王亞軍：《章學誠著述若干問題研究》，蘭州大學碩士學位論文，2014年。

王信凱：《從胡譜到姚譜：近代第一本域内章譜的問世及其後史》，"胡適與近代中國"學術研討會議論文。

後　記

　　這本小書由我的博士論文修改而成，時至今日，博士生涯已經過去了整整六年，學問却止步不前。因此，對於這本小書的出版，我内心惶惶難安，尤其是面對本書背後，關愛我的師長和家人，更有一種深深的負疚感。博士畢業之後很長一段時間裏，我總有浮萍無根之感。儘管我還是在校園環境内，但離開了老師，没有人爲我布置讀書任務和論文的最後期限，身份轉换後，反而需要我去爲學生分配任務，這常使我感到無所適從。

　　面對德高望重的師長們，我爲自己幼稚的文筆、淺薄的文章感到羞愧，深感不足以付梓。在日常讀書中，讀到一些經典的著作，也會反觀自身，懷疑自己這種文章到底有多大的存在價值。然而，面對現實的需要，當我最終决定出版時，我的老師們再次給我極大的支持鼓勵。嚴佐之師爲了寫序，重讀了章學誠的《文史通義》和余英時先生的《論戴震與章學誠》，細緻地指出我行文的不足，標點的訛誤，督促我要好好改善文章。李紀祥師洋洋灑灑的序言處處是對學生的鼓勵與肯定。虞萬里師則鼓勵我繼續努力，期待我取得更多的成績。三位老師對我的關愛、勉勵和鞭策，在這本小書出版之際再次盡顯無疑。這使我恍然意識到，本書的出版不衹是我自己學術成長之路上的第一份作業，也是我受惠於老師的一份成績單，更是一份珍貴師生情誼的見證。我真正應該做的，是將之視爲一個起點，而不是陷入不滿與焦慮之中裹足不前。

我三十五年的生命歷程，基本就是在家庭與學校兩種場景裏度過——父母育之而師教之，没有父母家人的支持和師長的教導，也就没有今天的我。

我祖輩都是面朝黄土背朝天的農民，如今我的祖母在八十高齡，仍然每天下地務農，勤勞稼穡。我的父母屬於第一代農民工，他們背井離鄉，靠自己的辛苦勞作，供養三個孩子長大成人。長輩們勤勞善良以及堅韌寬厚的品性始終鼓勵感染着我，他們是我成長路上堅强的後盾。

我的成長之路，一方面是父母辛苦鋪就的，另一方面則離不開衆多有愛心、有責任的好老師。小學到高中的學習，儘管目的是爲了最終的那場高考，但是在質樸的鄉村，人們對讀書成才的堅守是千百年傳下來根深蒂固的觀念。我的小學校長王朝老師，即使已經退休多年，至今仍堅持每年把村裏考上大學的學生名單和録取高校用毛筆寫在紅紙上，把"光榮榜"貼在全村各條大路兩旁的電綫桿上以慶祝表彰。我的初中班主任常俊嶺老師及其愛人韓亞明老師都是早期師範畢業的高材生，寫得一手好字，上課看他們的板書是一種莫大的享受。韓老師重病時仍堅持上課，英年早逝，這是我第一次面對死亡。而今韓老師帶病上課的場景，仍如在昨日一般清晰。蘇東壘老師多才多藝，他組織同學們練書法、演講和表演，帶我們野外跋涉去賞桃花，因他的存在，一個班級成了一個真正的大家庭，没人感到孤單。陳桂紅老師帶學生去她家裏看《媽媽再愛我一次》，給我們讀路遥《平凡的世界》，用《哈佛女孩》的故事激勵我們。這些在通訊發達的今天似乎並不是多大的事，但對於當時信息閉塞的鄉鎮中學，面對一大幫留守兒童，陳老師用母親般的慈愛啓迪着我們去追求内外都更高一層的世界。我的中小學老師們對教育近乎信仰般的投入，對人生理想的憧憬和踐行，給我幼稚懵懂的内心開啓了一道追光之路。

我考上大學的2006年是金融市場最爲瘋狂之際，也是金融危機來臨的前夜。在經濟發達的寧波，同學們深受此風熏染，紛紛尋找商機。拿幾萬元去炒股對浙江籍同學來説，是個很正常的事情。金融危機、時事政治、外交局勢等各種宏大的新名詞紛紛衝進我的生活世界，衝擊了曾經以讀書爲一切的學習觀念和生活認知。大學四年，現在回想起來是彷徨無所措，没有真正的人生理想和志向，被外界裹挾着盲目地來回晃動。幸虧在王萬盈、王瑞成老師的鼓勵下，堅持了考研之路。

人生的命運很大程度上是偶然的。我考碩士時偶然調劑到虞萬里師門下，真正讀書人的世界才開始在我生命中展現出來。虞老師是天生以學術爲職志的人，他對讀書發自天性的熱愛和投入，給我帶來莫大的震動。我第一次認識到自己是多麽的無知，第一次接觸到中國文化最傳統和最精華的經學，也第一次看到一個以全副生命和熱愛投入學問的人是怎樣一種精神狀態。在虞老師的指導下，我才認識到傳統文化的魅力，意識到一座高山一般不可企及的歷史世界就藏在"故紙堆"之中。

博士期間，我有幸跟隨嚴佐之老師讀書。嚴老師嚴肅的外表下，有着温暖、包容與開放的心胸。最初與嚴老師相處時，是"望之儼然"的敬畏；隨行愈久，愈發感受到的是"即之也温"的關愛；當然，始終如一的是"聽其言也厲"的精益求精的要求。嚴老師强調要將讀書治學和修身養性結合起來，他認爲不能衹把讀書圈定在書齋中，而是要内化進内心深處，又要向外走入生活與社會。他很認同章學誠提倡的"史學義例"與"校讎心法"，囑咐我把文獻學與學術史結合起來，做有思想的文獻學研究。嚴老師堅守着克己復禮的精神，他是含蓄的，又是深沉的，在他身上我深切體會到那種難以用文字表達的人格魅力。

博士期間，上天再次眷顧，讓我遇到來華師客座的李紀祥師。隨後，在華師校園、姚江之畔、雲起樓間、跑馬咖啡、聖域曲阜都留下了李老師講學論道、修改論文的身影。李老師是我見過最爲特别的老師，理性與天真、傳統與現代、中與西，在他身上完美交融，毫無違和感。也正是李老師的影響，讓我認識到古今、中西之學不應也不必存在那麼多難以逾越的鴻溝和壁壘，對古典的創造性閱讀是打開現代人眼界的重要途徑，對西方的借鑒和學習是自我完善不可或缺的應有之義。"道之所在，雖千萬人吾往矣！"跟隨李老師讀書的過程，也讓我深刻體會到一位以道自任者的艱辛與不易，無論是塞納河畔的咖啡，還是大沂河邊的香烟，都解不開那纏繞心頭的道義重負，這或許就是天下讀書人的共同命運吧。

　　三位導師的人生經歷、治學旨趣和行爲風格都各自不同，但他們無一不堅持爲己之學、道德踐履，他們各自爲我展示了一種高度的人生態度和生活氣象，使我逐漸開始有真正的人生方向，開始去尋找內心的那個世界。殘雪説："一般的看法是，內心的世界是小世界。但很少有人真正懂得，這個小世界有無限的層次，有純精神的邏輯和規律，並且它通向一個比我們通常所認爲的外部更爲廣闊的，隨我們的認識而可以無限擴展的巨大世界。"在嚴老師、虞老師和李老師的身上，我看到了殘雪所説的這個令人嚮往、令人感動的終極精神世界。我感到很幸運走上了如今的學習工作之路，儘管因資質愚鈍而倍感艱難，但是，它給了我足夠的時間讓我暢游於書籍的世界。如果説曾經考大學、考研都是世俗意義上的向上爬，今後的人生之路我則祇願回歸本心，努力做好本職工作，把諸位老師對我的教誨和愛護，付諸日常的工作，傳遞給我的學生們。

　　在此書出版之際，我還要感謝復旦大學陳正宏老師、華東師範大學黃人二老師、戴揚本老師對我博士論文的指導和教誨；也要感謝始終陪在我身邊的愛人，他嚴厲又溫柔，是我的半個老師。最後，感謝我的工作單位湘潭大學碧泉書院的資助，使拙著得以順利出版。

　　路漫漫其修遠兮，吾將上下而求索。

圖書在版編目（CIP）數據

章學誠著述稿鈔本研究／王園園著. —上海：上海古籍出版社，2023.9
　ISBN 978-7-5732-0843-9

Ⅰ.①章… Ⅱ.①王… Ⅲ.①章學誠(1738-1801)－史學思想－手稿－研究　Ⅳ.①B249.75②K092.49

中國國家版本館CIP數據核字(2023)第163675號

章學誠著述稿鈔本研究

王園園　著

上海古籍出版社出版發行

（上海市閔行區號景路159弄1-5號A座5F　郵政編碼201101）

（1）網址：www.guji.com.cn
（2）E-mail：guji1@guji.com.cn
（3）易文網網址：www.ewen.co

常熟市文化印刷有限公司印刷

開本635×965　1/16　印張21.5　插頁2　字數300,000
2023年9月第1版　2023年9月第1次印刷
ISBN 978-7-5732-0843-9
K・3451　定價：98.00元

如有質量問題，請與承印公司聯繫